开运风水

朱伟 主编

南方出版社

出版者序

"风水"古称"堪舆",古语有云:"勘,天道也;舆,地道也。"

我国的风水学源远流长。汉代《堪舆金匮》和《宫宅地形》等风水著作是对风水学理论的初步归纳和总结;晋朝郭璞《葬经》的出现,推动了人们对风水学的研究;宋朝陈抟、邵康节、朱熹等著名的易学家对风水进行了阐释和认定,从而出现了江西形法派和福建理法派风水学理论体系。

可以说,风水学是人们在长期实践中的经验总结,是先哲们根据自然原理推导出的结果。由于避凶趋吉、消灾免祸、求安、求富、求贵是一种普遍的社会心理,故堪舆风水从古至今都广有市场,所以历代统治者都对此类民俗文化不加干预。但是,由于执堪舆之业者中不乏滥竽充数的江湖术士、民间巫师,为了骗取钱财,往往夸张虚诞,滥说鬼神,使之平添了不少神秘色彩乃至迷信成分,降低了风水学的可信度。

改革开放以来,随着国家经济的发展、人民生活水平的提高以及精神环境的宽松,特别是近几年在房地产业大发展的推动下,风水之学日趋盛行。同时,江湖术士也大行其道,其夸张虚诞、滥说吉凶的理论颇受追捧。因此,我们的任务就是要对其进行清理,去其荒诞的外衣,揭示其合理的内核,还其本来的面貌,并且与现代科学相结合,进一步加强其科学性、客观性和实用性,形成现代科学风水学,为人类的进步和发展提供更好的服务。

由于风水学博大精深,加之我们水平有限,故书中难免出现一些失误之处,祈望天下同仁理解我们,对不足之处加以指正,和我们一起为弘扬中国传统文化而努力!

作者介绍

朱伟

易学文化研究者、风水学家,兼任中华周易协会常务理事、学术委员职务。

执业十余年来,朱伟先生一直致力于传统环境学、术数学问的探研,对各派方法均有较为深入的研究。朱先生将中国易经文化和风水术数运用于空间设计规划之中,在营造功能合理、舒适优美、满足人们物质和精神需要的空间环境的同时,追寻一种与本土文脉相结合的更为和谐的设计哲学。

朱先生立志要为弘扬中华易学文化而努力,令本土的风水文化更好地服务于中国的设计产业。他长期在香港《风水天地》等多家刊物杂志发表术数文章,是《上海建材》、《东地产》杂志风水栏目的专栏作家。主要著作有《玄空指要》、《营商环境风水设计》、《家居设计与风水》。

天助自助者

朱伟

古往今来，没有哪一个国度能像中国那样，重视人与自然的关系、重视生存的智慧。在长期体察自然界江河竞流、山川俯仰的变化中，人们精心选择适合人类生存发展的环境，形成了专门研究居住环境与营建布局之间关系的学科，即风水学。

真正的风水是能够造福人类的，通过方位的挪移、植物的摆设、颜色的选择、家具的布局达到因地制宜、依形就势、扬长避短的效果。所以，我鼓励那些对本土风水文化学习有兴趣的朋友，老祖宗留下的话里确实有许多是真知灼见。

但是，我坚决反对诸如"摆一摆风水局就可以主导人的运程"的言论和做法，这是对风水学的歪曲和误解。大家一定要明白，风水不是成功的充分必要条件，风水技术绝对不是万能的，它是一种催化剂，一种外界环境的帮助，其中也有部分内容是一种本土的吉祥文化。当人怀着全力以赴和正直诚信的心态去做事时，尽管客观条件中有许多困难和不利条件，他仍有机会取得成功。如果再加上好的风水布置，则可以加强信心，且获得由改善的环境带来的助力，从而更顺利地达到目标。

你不能赖在风水之床上，幻想着睡一宿以后，心仪的人就会来敲你的门，财富就正好掉在你的头上，天上掉馅饼的事你听说过吗？所以要成功还是要靠人，你必须要多出门交往、用心工作，才有可能呀！找机会与客户、同事、亲友多在一起见见面、聊聊天，在各种活动中认识彼此，增进了解，增进感情才好。如果你有良好的人际关系，有一些真正靠得住的朋友，事业就等于成功了一半，这个就是人缘，人缘是事业成功的很大助力。

功名利禄在绝大多数的情况下都是要靠努力争取来得到的，就连神话故事里的天上神仙也是人努力修为而成就的呀。所以读这本书前，我要你先明白一个极其重要的道理：自助者天助之！这其实也是中国文化里非常重要的精神。

目录

第一部分 开运风水知识总括

第一章 五行学说 ... 20
- 一、"五行"解说 ... 20
- 二、火 ... 21
- 三、木 ... 21
- 四、土 ... 22
- 五、金 ... 23
- 六、水 ... 23

第二章 八卦 ... 24
- 一、八个命卦 ... 24
- 二、东西四命 ... 26
- 三、八卦与四方 ... 26
  1. 八卦对应的方位 ... 26
  2. 如何标出风水八方位 ... 28
- 四、二十四山 ... 29
- 五、八宅游星 ... 29
- 六、八卦与四象 ... 30
- 七、八卦象征万物 ... 32

第三章 九宫 ... 34
- 一、九宫分数 ... 34
- 二、九宫与八卦的对应关系 ... 35
- 三、九星代表的事物 ... 36
  1. 一白坎（吉）... 36
  2. 二黑坤（凶）... 36
  3. 三碧震（凶）... 36
  4. 四绿巽（中）... 36
  5. 五黄土（凶）... 36
  6. 六白乾（吉）... 37
  7. 七赤兑（中）... 37
  8. 八白艮（吉）... 37
  9. 九紫离（吉）... 37

第二部分 财运篇

第一章 找到财位，招来财运 ... 40
- 一、教你怎样找财位 ... 40
  1. 住宅财位 ... 40
  2. 个人财位 ... 42
- 二、财位及其摆设物 ... 43
  1. 流年与财位 ... 43
  2. 财位的摆设物 ... 43
- 三、财位的布置 ... 44
  1. 财位布置要点 ... 44
  2. 财位布置宜忌 ... 45
- 四、财神有神力 ... 46
  1. 文财神 ... 46
  2. 武财神 ... 47
  3. 偏财神 ... 47
  4. 准财神 ... 48
  5. 大黑天财神 ... 49

第二章 阳宅风水旺财基础知识 ... 50
- 一、立极的方法 ... 50
- 二、立极规的使用方法 ... 50

三、九宫与财运的关系 51

第三章 室外风水局对财运的影响 53
一、真水为发财第一要义 53
  1.风水中的水与财的起源 53
  2.五行水局 53
  3.水深聚财 54
二、逆水旺财，顺水破财 54
  1.来去水的判断 54
  2.逆水旺财局 54
  3.送水局财难聚积 55
三、旺财山形与破财山形 55
  1.旺财山形与五行 55
  2.破财的山形及不利的事业 57

第四章 室内旺财风水局的布置 58
一、发财屋型 58
  1.米袋屋是一种招财旺运的好峦头 58
  2.扫把屋是一种很好的招财局 58
  3.红灯笼屋只旺五行缺火的人 59
  4.发财屋可自创 59
二、室内旺财布局的操作原理 60
三、9大宅运招财法 61
  1.雾化盆景生财 61
  2.风水轮催财 61
  3.养鱼催财法 61
  4.厨厕入中宫防破财法 64
  5.五帝钱、七帝钱招财法 64
  6.洞箫防破财法 65
  7.水晶聚宝盆招财法 65
  8.强化财位的灵动力 65
  9.龙龟招财法 66
四、图解家居旺财风水布局 67
  1.纵向屋坐子向午、坐癸向丁旺财布局 ..67
  2.横向屋坐子向午、坐癸向丁旺财布局 ..68
  3.纵向屋坐丑向未旺财布局 68
  4.横向屋坐丑向未旺财布局 68
  5.纵向屋坐壬向丙旺财布局 69
  6.横向屋坐壬向丙旺财布局 69
  7.纵向屋坐艮向坤、坐寅向申旺财布局 ..69
  8.横向屋坐艮向坤、坐寅向申旺财布局 ..70
  9.纵向屋坐卯向酉、坐乙向辛旺财布局 ..70
  10.横向屋坐卯向酉、坐乙向辛旺财布局 .71
  11.纵向屋坐甲向庚旺财布局 71
  12.横向屋坐甲向庚旺财布局 71
  13.纵向屋坐巽向乾、坐巳向亥旺财布局 ..72

目录 开运风水 Kaiyun Fengshui Contents

14. 横向屋坐巽向乾、坐巳向亥旺财布局...72
15. 纵向屋坐辰向戌旺财布局...72
16. 横向屋坐辰向戌旺财布局...73
17. 纵向屋坐丙向壬旺财布局...73
18. 横向屋坐丙向壬旺财布局...73
19. 纵向屋坐未向丑旺财布局...74
20. 横向屋坐未向丑旺财布局...74
21. 纵向屋坐午向子、坐丁向癸旺财布局...74
22. 横向屋坐午向子、坐丁向癸旺财布局...75
23. 纵向屋坐坤向艮、坐申向寅旺财布局...75
24. 横向屋坐坤向艮、坐申向寅旺财布局...75
25. 纵向屋坐酉向卯、坐辛向乙旺财布局...76
26. 横向屋坐酉向卯、坐辛向乙旺财布局...76
27. 纵向屋坐庚向甲旺财布局...76
28. 横向屋坐庚向甲旺财布局...77
29. 纵向屋坐戌向辰旺财布局...77
30. 横向屋坐戌向辰旺财布局...77 
31. 纵向屋坐乾向巽、坐亥向巳旺财布局...78
32. 横向屋坐乾向巽、坐亥向巳旺财布局...78

第五章 提升财运的室内装潢术...79
一、招来财运的玄关...79
二、招来财运的起居室...79
三、招来财运的浴厕...79
四、招来财运的厨房...80

第六章 实现不同财运的室内布局法...81
一、财源滚滚来，轻松赚钱...81
　1.容易出现赚钱非常辛苦的风水...81
　2.提升自己赚钱的智慧与行为能力的风水布置...81
二、到手的钱财飞不掉...82
　1.会出现到手的财运飞掉的风水...82
　2.到手财运飞不掉的风水布置...82
三、投资股市涨停板，理财一级棒...82
　1.投资（股票、基金、汇率、黄金、期货）失利的风水...82
　2.帮助投资（股票、基金、汇率、黄金、期货）带来好运的风水布置...82
四、守住老公的钱不外流...83
　1.老公的钱财守不住的风水...83
　2.守住老公钱财的风水布置...83
五、避免及预防为他人作保而破财的居家摆设...83
　1.容易出现帮人作保而破财的风水格局...83
　2.布置一个强化理财思路、杜绝因作保而破财的风水...84
六、不因帮子女背负债务而破财...84

第七章 让财源滚滚来的商业风水...85

一、8招打造生旺商业风水..................85
  1.选择在人多气旺的地段开商铺......85
  2.店铺朝向吉方位..................88
  3.取个吉祥店名....................90
  4.吉利数字........................92
  5.物以类聚........................92
  6.跟随"龙头"....................93
  7.生意兴衰，道路攸关..............93
  8.利用色彩刺激商机................95
二、商业风水知宜忌，财源自是滚滚来....96
  1.商业风水之宜....................96
  2.商业风水之忌...................100
三、利用植物风水增进财运.............105
  1.不动产运.......................105
  2.财运力.........................106

第八章 五官身材看富贵命运..........107
一、9大富贵相........................107
  1.鼻子为财灶，准头称土星.........107
  2.聚财看双翼，意外可得财.........107
  3.天仓主前业，额高富家子.........107
  4.福堂主运财，丰隆得四方.........107
  5.双目神清朗，财一生无穷.........108
  6.眼盖旺田产，好门遇好妻.........108
  7.晚财看库仓，人际招财富.........109
  8.仙库无痣败，生活丰足极.........109
  9.法令断见纹，晚景生败局.........109
二、手相富贵：男人手如绵、妇人手如姜..109
  1.手掌肉厚是富相.................109
  2.太阳丘看招财力.................109
  3.金星丘看家底...................109
  4.断掌之人有运行.................109
  5.手颈见有胜利纹.................109
  6.理财线直而横...................109
三、命理八字与富贵...................110
  1.八字学古书论富贵...............110
  2.在子平命理中论富贵.............110
四、尽量跟面相好、运气好的人交朋友...111

第九章 饮食帮你开财运..............113
一、风水食物开运法...................113
  1.食物对人生的影响...............113
  2.混合吃为的是运气...............113
  3.开运食物和养生食物的不同.......114
  4.从今天开始改变饮食方法.........114
二、认识食物内含力量的基本...........115
  1.食物所具有的力量有哪些.........115
  2.认识食材具有的运气.............115
  3.从颜色了解食物运气.............118
  4.烧煮食物的火与食物所含的运气...120
  5.同吃一锅饭，可以凝聚一家人的心..120
三、使运气跌落的吃法.................120
  1.你的吃法为何不行...............120
  2.减肥是否会使运气也变成空腹.....121
  3.何谓开运饮食法.................121
四、招财饮食菜肴.....................122
  1.帮助提高财运的菜肴.............122
  2.帮助提高不动产运的菜肴.........122
  3.帮助提高中奖率的菜肴...........122
五、开启智慧的五行食物开运法.........123

目录

第十章 旺财富贵类装饰画和吉祥物......124
一、招财挂画..........................124
1. 金元宝图........................124
2. 财神画..........................124
3. 运财童子画......................125
4. 山水画..........................125
5. 鹅鸭图..........................126
6. 猪图............................126
7. 鱼图............................126
8. 生旺植物图......................127
9. 橘图............................128
10. 牡丹图.........................128
11. 海棠花图.......................129
12. 百禄图.........................129

二、吉祥物..........................130
1. 大肚佛..........................130
2. 水晶球..........................130
3. 山海镇平面镜....................130
4. 桃木中国结......................131
5. 水胆玛瑙........................131
6. 福袋............................131
7. 招财进宝石......................132
8. 招财鼠..........................132
9. 雌雄双狮........................132
10. 金蟾...........................133
11. 招财象.........................133

第三部分 事业篇

第一章 让事业飞黄腾达的职场风水......136
一、地势与企业的发展运势............136
二、地形与企业的发展运势............137
三、建筑形状与企业的发展运势........139
四、山水与企业的发展运势............140
五、形煞与企业的发展运势............141
六、10招打造最吉祥办公室............142
1. 选择理想的办公室地点............142
2. 选择旺财楼层....................143
3. 布置兴旺门庭....................145
4. 择开运办公室户型................149
5. 打造吉祥布局....................150
6. 利用能提高工作效率的色调搭配....153
7. 采用催旺光源....................154
8. 选择合适办公用品................157
9. 布置一些能改善风水的办公饰品....158
10. 利用植物招祥纳吉...............164

七、12大不同职业者的开运职场风水....169
1. 公司经营者的办公室风水..........169
2. 总经理的办公室风水..............173
3. 业务主管的办公室风水............177
4. 秘书的办公室风水................178
5. 财务的办公室风水................179
6. 企划人员的办公室风水............180
7. 业务人员的办公室风水............181
8. 公务员的办公室风水..............182

9.自由职业者（SOHO）的工作室风水 182
　　10.文字工作者的工作室风水 183
　　11.美容美发从业者的工作室风水 184
　　12.家庭保姆的职场风水 185
八、9大博取老板欢心的风水布局 185
　　1.石狮借气 185
　　2.擦亮额头 186
　　3.宝塔高升 186
　　4.公鸡带冠 186
　　5.黄灯旺气 186
　　6.宝石助我 186
　　7.后有靠山 186
　　8.铜板大顺 186
　　9.水晶纳气 186
九、升职加薪的9大风水秘诀 186
　　1.座位在后 187
　　2.水晶启运 187
　　3.风扇运气 187
　　4.加强龙方 187
　　5.催旺桃花运 187
　　6.玉带缠腰 187
　　7.主命文昌 188
　　8.吉祥挂图 188
　　9.灯光上照 188

第二章　打造催旺事业的家居风水 189
一、要催旺事业，必须掌握好阴阳五行 189
　　1.找出自己的催旺禄神 189
　　2.根据自己的五行选择住宅 189
　　3.根据阴阳选宅的注意事项 189

二、利用八卦布局住宅催旺事业 191
　　1.特别注意对乾位的风水布局 191
　　2.在八运(2004~2023年)中，有助于事业发达的方位 192
　　3.有助于事业发达兴旺的八卦符号 192
三、利用九星催旺事业 193
　　1.九星八卦与事业 193
　　2.可为你带来贵人的飞星组合 194
四、利用家居园艺增强工作运 195
　　1.工作运 195
　　2.工作运力 195
五、实现愿望的家居风水 196
　　1.不因明堂失势而阻碍前程 196
　　2.老板重用一如往昔，绝不始乱终弃 196
　　3.前高后低者，为日落西山之象 197
　　4.从业务中获利轻松一点 197
　　5.避免小人来犯 197

目录

    6.避免有志难伸的风水 198
    7.避免住宅先天失调影响主人运程 198
    8.屋宅造型怪异会影响主人事业 199

第三章 提升事业运的化妆术 200
一、职场女性化妆开运术 200
    1.面试时的化妆要点 200
    2.能为工作增元气的化妆术 200
    3.职场彩妆的注意事项 201
    4.使你在办公室中增人气的化妆法 ...202
    5.助你在职场步步高升的化妆法 202
二、不同职业的化妆开运术 202
    1.医生和律师 202
    2.金融和投资理财行业人士 203
    3.服务业人群 203
    4.文学和艺术从业人员 204
三、五官破相后的补救术 205

第四章 影响事业运的物品 206
一、汽车——开拓事业的好伙伴 206
    1.分析自己生辰八字，得出自己命理喜用神 ...206
    2.根据车名格局，匹配自己命理喜忌 ...206
    3.了解汽车的颜色与五行的搭配状况 ...206
    4.如何选个吉祥号码 207
    5.根据自己的生肖选择合适的装饰物 ...207
    6.驾车时要特别小心的生肖之人 208
二、名片——为事业锦上添花 208
三、伞——加深印象的好工具 209
四、文件夹——选择颜色改变工作运 ...210
五、照片——人物、地点是开运的要点 ...210
六、钥匙——叮叮当当，运气逃之夭夭 ...210

第五章 为事业增添能量的食物 211
一、使自己更有斗志的食物 211
二、有助于事业发达的食物 211
三、可以使自己的精力迅速恢复的食物 ...211
四、实现工作愿望的各式菜肴 212
    1.提升工作运的菜肴 212
    2.提升企划力的菜肴 212
    3.提升事业运的菜肴 213
    4.提升人缘运的菜肴 213

第六章 催旺事业的挂画和吉祥物 214
一、促进事业的挂画 214
    1.鱼跃龙门图 214
    2.鹰图 214
    3.白鹭图 215
    4.孔雀图 215
    5.宝鸭穿莲图 216
    6.骏马图 216
    7.骆驼图 217
    8.鹿图 217
    9.猴图 218
    10.抽象画 218
    11.桂树图 219
    12.蜜蜂图 219
    13.蝉图 220
    14.杏花图 220
    15.陶瓷版画 221
二、吉祥物 221
    1.持水晶的龙 221
    2.知了 222

3.大鹏展翅 222
4.鲤鱼跳龙门 222
5.十八罗汉 223
6.节节高笔筒 223
7.一路荣华 223
8.一帆风顺 223
9.水晶柱 224
10.官上加官 224
11.文昌塔 224

第四部分 爱情婚姻篇

第一章 爱的智慧 228
一、坤卦的寓意 228
  1.讲"君王之道" 228
  2.讲"修身之道" 228
  3.讲"为人之道" 229
  4.讲"安身之道" 229
二、"缘"与"分" 229
三、失恋 230
四、爱别人与爱自己 231
五、不要猜疑 232
六、冲动是魔鬼 233
七、水清无鱼 234
八、礼物 235

第二章 生肖旺桃花 237
一、十二生肖 237

二、以立春日为计算依据 238
三、找到桃花月与桃花时 239
四、咸池桃花宫 240
五、认识"咸池" 241
六、四正位与桃花之间的联系 .. 242
七、催旺咸池桃花位布置 243
八、避桃花法 244
九、咸池掌诀 245
十、日支桃花 246
十一、如何找到自己的咸池星 .. 246
十二、咸池桃花位与年运之间的关系 247
十三、天喜红鸾 247
十四、孤辰寡宿星对红鸾星影响 248
十五、找到自己的孤辰寡宿星 .. 249
十六、化解孤辰寡宿运 249
十七、六合三合也是桃花 250
十八、鸡飞狗跳之说 251

第三章 方位定爱情 253
一、方位风水的运用 253
  1.方位风水的成功要点 253

目录

Kaiyun Fengshui Contents

2. 方位风水的具体运用 253
二、方位促进恋爱 254
 1. 方位增进爱情关系 254
 2. 方位改善爱情关系 255
 3. 方位增加寻找潜在恋人的机会 255
 4. 方位提高性爱质量 256

第四章 八宅稳桃花 257
一、安放桃花床 257
二、有益情缘的卧室风水布置 258
 1. 坎卦命人之卧房布置建议 258
 2. 坤卦命人之卧房布置建议 258
 3. 震卦命人之卧房布置建议 259
 4. 巽卦命人之卧房布置建议 259
 5. 乾卦命人之卧房布置建议 259
 6. 兑卦命人之卧房布置建议 260
 7. 艮卦命人之卧房布置建议 260
 8. 离卦命人之卧房布置建议 260
三、有益性生活的卧室风水布置 261
 1. 坎卦命人之鱼水之欢布置 261
 2. 坤卦命人之鱼水之欢布置 261
 3. 震卦命人之鱼水之欢布置 262
 4. 巽卦命人之鱼水之欢布置 262
 5. 乾卦命人之鱼水之欢布置 262
 6. 兑卦命人之鱼水之欢布置 263
 7. 艮卦命人之鱼水之欢布置 263
 8. 离卦命人之鱼水之欢布置 263
四、花瓶的颜色和形状 264

第五章 飞星派桃花 266
一、九紫一白 266

二、洛书 267
三、飞星掌法 268
四、月星九紫 269
五、催旺九紫的方法 270
六、催旺九紫桃花星的风水物品 270
七、避开五黄星 271
八、化解五黄有妙法 272

第六章 五官相桃花 273
一、化妆品与面相开发桃花运 273
二、面相开发桃花运法门 274
 1. 一白遮三丑 274
 2. 美丽的额头开智慧 274
 3. 加强眼部和眉毛的柔媚 274
 4. 突显嘴部的线条美 275
 5. 加强脸颊的丰腴度 275
 6. 鼻梁与额骨修正法 275
 7. 脖子的保养 275
 8. 头发会影响夫运 276
 9. 保养皮肤的重要性 276
 10. 培养眉宇之间的放电能力 276
 11. 预防眼睛四周太早出现皱纹 276
 12. 保持嘴唇的干净透明 276
 13. 鼻子不够大者，最好多笑 277
 14. 额头上不要有太多的皱纹 277
三、使用能量水 277
 1. 喷洒于脸部或全身肌肤 277
 2. 利用五行能量的芳香精油 277
 3. 可以补助家里或办公室的风水 277
 4. 五行的芳香精油加上乳液保养头发 .. 278

5.两汤匙的能量水加几滴能量精油泡脚…278
　　6.享受泡澡乐……………………………278
四、痣相与桃花……………………………278
　　1.痣相学对人的影响……………………278
　　2.判断痣的好坏…………………………278
　　3.痣长在身体与长在脸上的差异………278
　　4.桃花运差的痣相………………………278
　　5.桃花运特旺的痣相……………………279
五、面相与夫妻关系………………………281
　　1.阴阳配合………………………………281
　　2.三停比例一样…………………………281
　　3.型格相近………………………………281

第七章 食物壮桃花…………………282
一、饮食与桃花之间的关系………………282
二、提升恋爱运的主食……………………282
三、提升恋爱运的饮料……………………283
四、提升恋爱运的零食和小点心…………283
五、提升五行缺水命的人恋爱运的食物…284
六、增添女性魅力的食物…………………284
七、旺夫食物………………………………285
八、使你吐出更多的甜言蜜语的食物……285
九、增强异性缘的食物……………………286
十、旺妻运食物……………………………286
十一、催动性格外向的食物………………287
十二、桃花运食物…………………………287
　　1.帮助恋爱运的食物……………………287
　　2.帮助婚姻运的食物……………………288
　　3.帮助子宝运的食物……………………288
　　4.以红茶提升桃花运……………………288

第八章 配饰助情缘…………………289
一、宝石配饰………………………………289
二、木炭与宝石……………………………290
三、君子必佩玉……………………………290
四、宝石指环………………………………291
五、生肖佩饰………………………………292
六、水晶……………………………………293
七、香袋……………………………………295

第九章 格局助桃花…………………296
一、避免西南方有缺角……………………296
二、避免西北方有缺角……………………296
三、无窗的卧房……………………………297
四、卧房宜忌………………………………297
　　1.不可以有镜子照着床…………………297
　　2.避免不同床……………………………298
　　3.卧房忌用深绿色、深蓝色、深灰色系作为主要
　　　色调……………………………………298
　　4.卧房不可以乱挂杂件饰物……………298
　　5.卧房应注意整洁………………………298
五、注意门前的形象………………………298
六、阳台有土可以助桃花…………………299
七、18招改善爱情的风水格局……………299
　　1.房门对床，异性缘弱…………………299
　　2.厕所对床，恋曲堪忧愁………………300
　　3.床头临空，脾气火爆…………………300
　　4.床尾对电视，恋情受干扰……………300
　　5.摆空花瓶，桃花劫重…………………300
　　6.双层床铺，姻缘晚成…………………301
　　7.床不靠窗，恋情加分…………………301

目录

8. 梁不压头，减少猜忌 301
9. 床对落地窗，爱往外跑 301
10. 房选方正，爱情更顺 301
11. 床褥过软，不切实际 302
12. 尖锐物多，口角也多 302
13. 床后有靠，爱情稳当 302
14. 床底空净，感情亲近 303
15. 花俏吊饰，移情别恋 303
16. 镜子对床，心慌意乱 303
17. 卧室明亮，感情和睦 303
18. 床选圆形，婚姻动荡 304

八、利用植物风水增进爱情运 304
1. 能提高恋爱运的植物 304
2. 不同方位的桃花植物 305
3. 尽快找到另一半的植物摆设法 305
4. 招桃花贵人，防外遇的植物摆设法 306

九、利用色彩增进爱情 306
1. 有利姻缘的淡黄色 306
2. 利用粉色的能量延续、充实恋爱运 306
3. 象征爱情的桃红色与灰褐色搭配 306

第十章 嫁娶择日 307
一、黄道吉日 307
二、建除十二神 307
三、四离四绝 309
四、相冲宜忌 309
五、三合法则 310
六、"寡年"之说 311

第十一章 增加爱情运的挂画和吉祥物 312
一、挂画 312

1. 凤凰图 312
2. 龙凤图 312
3. 鸳鸯戏水图 313
4. 麒麟图 313
5. 燕子图 314
6. 鸿雁图 314
7. 比翼鸟图 315
8. 相思鸟图 315
9. 母子图 316
10. 橄榄图 316
11. 石榴图 316
12. 和合二仙图 317
13. 兰花图 317
14. 万年青图 318
15. 红豆图 318
16. 桃花图 318
17. 莲花图 319
18. 茶花图 319
19. 荔枝图 320
20. 青蛙图 320
21. 婚纱照 320
22. 枣图 320
23. 百合图 321
24. 合欢图 321

二、吉祥物 322
1. 绿檀百鸟朝凤 322
2. 八卦龙凤镜 322
3. 久久百合笔筒 322
4. 花好月圆 322

5. 如意玉瓶 323
6. 心连心 323

第五部分 健康篇

第一章 《易经》里蕴含着养生的奥秘 326
一、医易同源 326
1. 《黄帝内经》充分汲取了《易经》的精华 326
2. 中医将《易经》的阴阳五行学说创造性地与医学相结合 326
3. 《易经》天人合一的整体观对中医影响深远 326
4. 《易经》的整体思维模式成就了中医 ... 327
二、《易经》与现代遗传学 328
三、易医的诊断方式 329
1. 易医诊治的内涵 329
2. 易医诊断不完全等同于中医诊断 330
3. 易医诊断的功能属性 330
四、养气为养生的根本 331
1. 气的作用 331
2. 支撑人体生命的几种气 332
3. 气失去平衡会导致人体发病 333
4. 用养气法保养五脏六腑 333
五、维持阴阳平衡为生命之道 336
1. 阴阳平分天下的四个方面 336
2. 阴阳失衡是生病的根本原因 337
3. 阴阳平衡，健康一生 337
六、五行八卦中处处都是养生的奥秘 342
1. 八卦五行与人体的对应关系 342
2. 不同卦象体质的人的养生方案 345

第二章 命理风水与健康 348
一、四柱命理学的健康价值 348
1. 子女孕育培养方面的价值 348
2. 养生、防病方面的价值 348
二、如何运用四柱命理学预测、治疗疾病.... 349
1. 疾病的防与治 350
2. 阴盛阳亏、寒湿性系统病 351
3. 阳盛阴亏、热燥性系统病 352
4. 物化不良性系统疾病 353
5. 脏腑不和性系统疾病 354
三、易理对症诊疗 354
1. 易理防治脾病 354
2. 易理防治胃病 356
3. 易理防治糖尿病 357

第三章 阳宅风水与健康 359
一、8大影响身体健康的住宅外部风水 ... 359
1. 住宅接近公共厕所 359
2. 住宅接近垃圾站 359
3. 住宅接近变电所 359
4. 住宅接近坟场或殡仪馆 360
5. 住宅接近寺庙 360
6. 住宅接近地铁 360
7. 大门口对着天线 360
8. 窗户外有霓虹灯 361
二、12大不利健康的宅形 361
1. 丁字屋 361
2. 反曲尺屋 361

目录

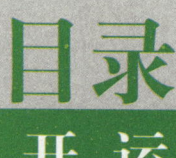

开运风水 Kaiyun Fengshui Contents

3. 扛轿屋 361
4. 曲尺屋 361
5. 捶胸屋 362
6. 单耳房 362
7. 双耳房 362
8. 白虎抬头 362
9. 塞胸屋 362
10. 射肋屋 363
11. 鹅头射门 363
12. 前后有枯树 363

三、健康家居风水的基本要求 363
1. 拥有好的磁场 363
2. 保持对人体有益的室内温度 365
3. 保持合适的室内湿度 366
4. 健康必论山 366
5. 选择有益健康的风水楼 367
6. 布置健康的生活环境 368
7. 布置明亮、温暖的光照氛围 369
8. 布置合适的色调、隔间 369
9. 布置出一个既利健康又旺财运的厨房 369

四、家具、电器风水与健康 370
1. 电视 370
2. 空调 370
3. 卧床 371
4. 镜子 372
5. 壁灯 372
6. 鞋柜 372
7. 墙壁上的钉子或挂钩 373
8. 家居中常用的电线 373

9. 吸尘器 373
10. 垃圾桶 374

五、12招打造健康家居风水 374
1. 别住得太高 374
2. 别离电器太近 374
3. 多接近水 374
4. 不要黑暗 374
5. 床头不要有音响 375
6. 电磁场就在你身边 375
7. 电扇魔力 375
8. 火宅去，健康来 375
9. 家里不要有"金字塔" 375
10. 天然清净机的功用 375
11. 路线畅通 376
12. 摆饰多，多到生病 376

六、日常起居中的健康风水 376
1. 时尚健康的家居布置 376
2. 根据自己的生肖选择健康开运的手机 377
3. 丢掉晦气 378
4. 改变自己运程的小窍门 379
5. 根据季节变换调整心态 380

七、健康长寿的布局法 381
1. 远离呼吸道疾病，让呼吸自然通畅 381
2. 远离睡眠烦恼，每天都能酣然入梦 381
3. 远离心血管疾病，让心脏健康强壮 382
4. 远离肥胖，纤体又健康 383
5. 远离筋骨酸痛，强身又健体 383

第四章 好风好水好磁场，健康有保障 384
一、科学风水好空气，家居也需要循环与呼吸 . 384

1. 你家房子空气新鲜吗............384
　　2. 谋杀空气质量的杀手............385
　　3. 让房子自由呼吸的方案..........386
二、好水才会保健康....................388
　　1. 你家的水够干净吗?............388
　　2. 躲在用水中的可怕杀手..........389
　　3. 让家中水质长清、风生"水"起的对策..390
三、增加正面能量，拥有良好磁场........390
　　1. 你家的磁场好吗?..............390
　　2. 危害人体健康的负面能量........390
　　3. 提升正面能量，健康有保障......392

第五章　保健康又保吉祥的食物........395
一、让你聪明又健康的食物..............395
　　1. 及第粥......................395
　　2. 爱因斯坦的健脑食品............395
　　3. 用神为火的人要多吃动物的头部..396
　　4. 补充记忆力的状元糕............396
　　5. 辣椒........................396
二、健康又开运的食物8问...............396
　　1. 带来健康的同时也带来好运的食物有哪些? 396
　　2. 哪些人更适合吃莲藕............398
　　3. 为什么说洋葱是风水宝物?......399
　　4. 五行缺火命人怎样利用食物来补运....399
　　5. 五行缺水命人补运的最佳食物是什么?..400
　　6. 用神为水的人怎样利用食物旺运?..400
　　7. 家人脾气不好，怎么办?........400
　　8. 吃多大的鱼才可以使其发挥最好的补运效果?..401
三、缓解亚健康状态的食物..............401
　　1. 去掉"起床气"的食物..........401

　　2. 对付忧郁症的食物..............402
　　3. 补救"电脑综合征"的食物......403
　　4. 让自己"动"起来的食物........403
　　5. 对上班一族的健康有好处的食物..404
　　6. 对皮肤有好处的食物............404
　　7. 想要留住青春活力的饮食要求....405

第六章　保健康增寿挂画和吉祥物........406
一、保健康增寿挂画....................406
　　1. 百寿图......................406
　　2. 八仙图......................406
　　3. 寿星图......................407
　　4. 麻姑献寿图..................407
　　5. 竹图........................408
　　6. 苹果图......................408
　　7. 月季图......................408
　　8. 菊花图......................409
　　9. 寿桃图......................410
　　10. 松柏图.....................410
　　11. 椿树图.....................411
　　12. 鹌鹑图.....................411
　　13. 鹤图.......................412
二、吉祥物............................412
　　1. 揭玉之龙....................412
　　2. 麒麟........................413
　　3. 玉兔........................413

第一部分

开运风水知识总括

　　风水的起源，可以追溯到原始人类的狩猎时期，那时的人们就已经知道选择避风向阳的洞穴作为住所。上古伏羲氏时，出现了"河出图、洛出书"的传说，伏羲依此而演成八卦，逐渐演变成《易经》；秦朝时有了地脉和王气概念，秦始皇给自己修建了宏伟的陵墓，现在出土的兵马俑只是其中的一部；魏、晋时期产生了像管骆、郭璞这样的风水宗师，有《管氏地理指蒙》和《葬书》等典籍问世；唐代风水分为形势和理气两大宗派，但二者之间又相互融合；明清时期风水术得到了极大的发展，各派别人物和典籍层出不穷……想了解纷繁复杂的风水世界，不妨先了解有关风水的基本知识吧。

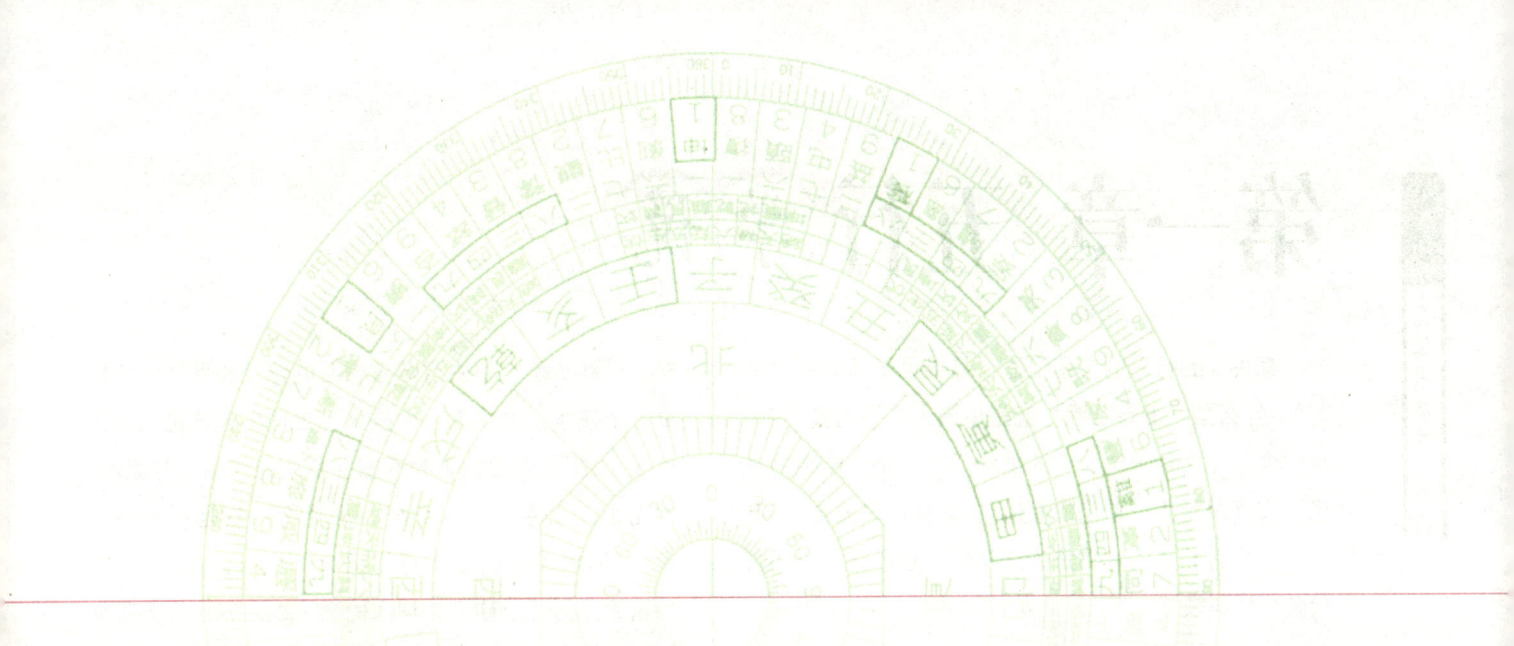

- 第一章　五行学说 …………………………… 20
- 第二章　八卦 ………………………………… 24
- 第三章　九宫 ………………………………… 34

第一章 五行学说

有关"五行"的文字记述，最早见于《尚书·洪范》。什么是"五行"呢？就是中国人常说的金、木、水、火、土之称谓也。在这里的"行"不是走路的意思，应该解释为"动态的能量"，这样比较妥当。"五行学"具有朴素的唯物辩证法思想，它贯穿于我国古代各个学科领域。

一、"五行"解说

"五行"是一种象征符号，"金"代表像金属物质一样具有特别坚固性能的能量；"木"代表像树木一样可以焕发生命功能的能量；"水"代表流动的而且时常在变化的能量；"火"代表向上的能量；"土"代表像泥土一样厚重的能量。

这五种能量会相互转化和影响，这种作用叫做相生、自旺和相克。金生水，水生木，木生火，火生土，土生金，这就是"五行相生"。凡是有水源的地方，矿物质也会比较丰富，金属熔化以后变为液体，树木需要靠水来滋养，生火需要木材，燃木成灰化为土，挖土得到金矿，相生意味着相互的依赖和促进；金扶金，水扶水，木扶木，火扶火，土扶土，这是"五行自旺"，相同特性的事物有相互帮助的作用；金克木，木克土，土克水，水克火，火克金，这是"五行相克"，形象点说就是水可以灭火，火可以熔化金属，金属的刀刃可以砍木，树木的根可以在泥土中无限伸展，堤坝则可以防止洪水的侵害。

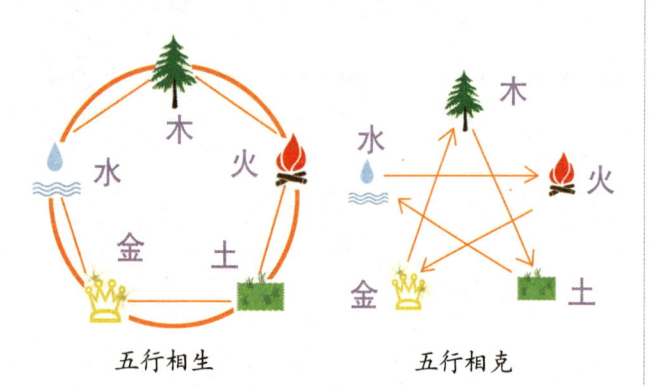

风水是以自旺、相生，相克的道理分别代入各种五行的事物之中。

风水学也把五行学说代入方位中，"正五行"其诀云：东方木，南方火，西方金，北方水，中央土。

中国古代的时候，风水又叫做地理，就是研究地球环境的。概其要，唯测其气、验其质而已。质以气成，气行质中。地理千变万化，关键在五行之气。"五行"用在人体器官上，金主肠、肺，木主肝、胆，火主心脏和小肠，水主膀、腰和肾，土主脾和胃，这个是中医的理论基础。人的身心、情绪均受五行的制约，有观点认为：向东者感性，靠西者多思，朝南者爽朗，向北者内敛，镇守中央者则气定神闲。

五行也可以代入不同行业来应用。把不同的行业归类于金、木、水、火、土中，如果摆放与此行业有关联、有生旺的吉祥物，就会增加好的运势，使生意兴隆、万事顺意。

古代中国人记录宇宙讯息，是用天干和地支来表示的。十天干是甲、乙、丙、丁、戊、己、庚、辛、壬、癸。十二地支是子、丑、寅、卯、辰、巳、午、未、申、酉、戌、亥。天干和地支其实是可以计算宇

五行相生　　　　五行相克

宙中的天体能量对地球上的居住者直接的或间接的影响和干扰关系的。十天干和十二地支配成"六十花甲"，如甲子、乙丑、丙寅等。五行代入天干地支文化来应用，从而形成了古代的"八字"算命术。八字也叫四柱（年柱、月柱、日柱、时柱），每柱两个字，正好八个字，所以称为八字。下面就五行、八字内容予以一一阐述。

"八字"算命术是古代中国计算不同时间里宇宙放射场对地球生命的作用的一种预测方法，通过五行的生克法则来运算和验证生命的大概规律。古代研究它的都是第一流的、最聪明的人，他们把天文规律变成了抽象的术数学问。

前些年，有一位后起之秀刘沧海先生向我问及一个问题，说香港名师李居明研究了一种叫"饿命改运"的方法，不知是否有价值？说生于阳历2月19日～5月4日（雨水至立夏节气）是缺金命人，生于阳历5月5日～8月7日（立夏至立秋节气）是缺水命人，生于阳历8月8日～11月7日（立秋至立冬节气）是缺木命人，生于阳历11月8日～2月18日（立冬至雨水节气）是缺火命人。我当时为他解释，基本上应知凡人受命，人的一生吉凶必然受到出生季节的五行之气的影响。其实这种观念就是以"调候用神"、受季节的五行气场影响而找寻平衡为第一，如果认真读过《栏江网》、《天元秀气咸巫经》的话，就懂得其中的原理了。

我把这个很简单的方法介绍给大家，是觉得基于一般性的简单实务论命层面来说，不用详细计算日元强弱，不用知道神煞，就是根据出生时的节气就可以大致知道自己的五行缺失，知道自己是缺金的人呢，还是缺火、缺木？每个人若知道自己的命理五行缺失，在工作和生活中有针对性地去做一些弥补行为，从事相关五行的行业等等，我相信一定会有所裨益。

二、火

生于阳历11月8日～2月18日（冬天出生）是缺火之人。

属火的职业门类：电子科学、医学、印刷、饮食、理发、美容、摄影、法律、演艺、思想家、宗教家、艺术家、作家等。

缺火之人阳历8月8日前都行运，运程中有很多贵人和发挥的机会。秋天可多去南方地区游玩。早上先开电视、电脑等电器，不可食用冷冻食物，多吃蛋。衣服以红、紫、橙、粉色为主，多用手机。秋天过后，金强木湿，运程会有所下滑，期间处事不可进取，要以火来助，才能确保不失。有决策须裁定的要避开下午3：00～7：00之金时和晚上9：00后这两个时间段。

三、木

生于阳历8月8日～11月7日（秋天出生）是缺木之人。

属木的行业：制造业、林木业、农作物、教育、建筑、装修、香料、中医、宗教、服装、广告、设计、策划、图书、报纸等。

对缺木的人来说，平时可多去旺木之地，如图书馆、花园、书店等地方；多开东面窗，出门最好向东走，身上带书和报纸；下午3：00～7：00为金克木之时，不要处理重要的决策。睡前看书、修花木有利提升运气，周围环境以多绿色为最好。

吉祥精品是诸如幸运竹之类的吉祥树。幸运竹又叫富贵竹。上班族在文昌的位置用净水养一盆幸运竹，有助升职。幸运竹对参加高考或升学考试者也有很好的催运作用。缺木之人养的植物要绿叶繁茂，生命力旺盛，才有利于风水，否则会造成负面影响。

四、土

属土的行业：开采业、房地产业、土石业、物业管理、珠宝以及从事文职等行业。

在汉字中，"佛"与"福"谐音，所以"佛"就代表"福"，福门就是佛门。在佛保佑的庭院必然有福，必然会吉祥平安。"福"与"富"也同音，《释名》一书曰："福，富也，其中多品，如富者也。"所谓"多品"，即完备也。康熙皇帝最喜爱的中文字，就是"福"字。他常说："福者，富也。"每年大年初一，他都会向子孙们送"福"字，并写上"多子、多田、多一点"的独特"福"字。古书上所讲的"五福"就是长寿、富贵、康宁、好德、善终。所有缺金、土、木、火、水之人均适合摆设"福"字，因为此字属土，土位居中，所以各方、各种五行属性的人都更爱它。此外，各行各业都需安置房产，每个人都要有宅院房屋，而此吉祥的文字正可带来家宅的好运，如开张大吉、生意兴隆、财源广进、合宅平安、事事如意、步步高升、五福临门、四喜同堂、子孙旺盛、富贵延年、热热闹闹、红红火火等。

属土之人及行业宜摆放的吉祥物是五福圆盘。五福圆盘是由五只蝙蝠相连而成的，是中国古代有名的设计，被称为"五福临门"。它意味着人生中的五种福（也是所有的福）都聚集到自己的门口。这五福分别是"长寿""富贵""康宁""好德""善终"。

长寿：寿命很长且福气相伴；

富贵：不会感到缺少钱财，地位高，受人尊敬；

康宁：身体健康，心神安宁稳定，心无所忧；

好德：常做善事，广积阴德；

善终：在生命终结时，心无牵挂，安心地离开人世。

另外，蝙蝠不仅具有祈福的作用，而且还有较强的化煞能力。例如，当天花板上有横梁突出时，为了化解房梁上的压迫感，可以在房梁上吊一两个蝙蝠吊坠，可起到化解煞气的作用。

五、金

生于阳历2月19日～5月4日（春天出生）是缺金之人。

属金的行业：金属加工业、金融、股票、银行、手表、保险、理财、会计、武术、运动、护卫、汽车、机械、彩票、电脑、通讯、钢材等。金代表权力，一切以管理为工作的都属金。

属金之人出门时最好向西南方行走，任何重大决策不在上午11：00～下午3：00时裁定，下午4：00～7：00可办理重要事情。缺金之人秋天行运，可全力出击，多穿白衣、金色拖鞋等，忌穿绿色衣服；勿往木多之地走，不可多去公园，身上以戴金表、金首饰为好；电脑旁最好放镇库钱或袋袋金等金属制品的吉祥物。另外，将此类吉祥物摆放在办公桌上的青龙位（即左上方），就可填补缺金的空白，这具有重大意义。

六、水

生于阳历5月5日～8月7日（夏天出生）是缺水之人。

属水的行业：物流、航空、船务、运输、旅游、酒店、夜总会、水利、进出口业务、贸易批发、经纪、水疗美容、桑拿足浴、管理中介、零售等。

对缺水的人来说，重大决定宜在下午3：00～7：00或晚上9：00后进行；少吃油炸、烧烤、辛辣、火锅等火性食物，多吃水果，喝牛奶、豆浆等；夏天多喝水；床单、家具以水蓝色为主，衣服以蓝、白、黑色为主。

缺水之人应在办公桌上的青龙位摆放一杯清水或琉璃聚宝盆精品。此聚宝盆是由琉璃和水晶做成，代表水，而在风水学中，水为财，所以也象征着财富，盆内放水晶、铜钱或水等物则更吉。摆放此聚宝盆，代表家中的财富会源源不断地从四面八方而来。根据佛教因缘法，此聚宝盆是促成积聚财富的缘起；根据文殊九宫八卦原理，此物可顺应天地之道而广聚财富，所以性空缘起，有了聚宝盆，财富就会源源不断地聚集。

第二章 八卦

八卦和"五行"一样，也是我国古代的一套有象征意义的符号。用"—"代表阳，用"--"代表阴，用三个这样的符号，组成八种形式，叫做八卦，称作乾、坤、坎、离、震、艮、巽、兑。每一卦形都代表一定的事物，乾代表天，坤代表地，坎代表水，离代表火，震代表雷，艮代表山，巽代表风，兑代表沼泽。八卦互相搭配又得到六十四卦，用来象征各种自然现象和人事现象，在《易经》里有详细的论述。

一、八个命卦

八卦是依据长期的科学求真而来的。西方以A、B、C、D、E、F、G等字母来作为表意的文字符号，而我们的远古先民却创造了乾、兑、离、震、巽、坎、艮、坤八个卦，他们用卦的形式来作为表意的符号。用这八种符号的演化及结合就可以比较全面地、整体地、准确地表述、类比、归纳万事万物及其规律特征。"仰则观象于天，俯则观法于地，观鸟兽之纹与地之宜。远取诸物，近取诸身，始作八卦，以类万物之情，以通神明之德。"对于八卦的缘起，还有一种说法，说上一个冰河时期的人类文明已发达到了最高点，把科学的无数法则归纳了再归纳，最后浓缩成了八个至简的符号，所以八卦是真正的智慧结晶。后来八卦被我们远古的祖先发现了拿来用，演化出了中华民族的易学。

由于八卦是从天地间万物的形象与变化中归纳出来的，反映了宇宙不同的场能效应的规律，所以八卦代表了最高智慧。

风水学典籍里有一本叫做《八宅明镜》的著作，依据这本书学习到的技术叫做"八宅风水学"。"八宅风水学"以《洛书九宫图》和《易经》中的《十翼传》为理论依据，作出八个"命卦"的配属。"八宅风水学"将人分成八种命卦，就是将人的命相同住宅方位的卦象和时空构成因素结合考虑，所以人的命卦是建立在易理和统计学的基础上的。

"宅命相配学说"现在也得到了"生命磁向学说"的支持，"生命磁向学说"认为人体生命的能场结构包括两大部分——电磁和非电磁部分。每个人生命能场的电磁部分都具有独特的磁向结构特征，当与外界空间磁向相协调时便可以使器官细胞有序化，从而产生生物磁化效应。当生命能场与周围环境

男女命卦对照表—1

公元年份	岁次	男命卦	女命卦
1901	辛丑	离	乾
1902	壬寅	艮	兑
1903	癸卯	兑	艮
1904	甲辰	乾	离
1905	乙巳	坤	坎
1906	丙午	巽	坤
1907	丁未	震	震
1908	戊申	坤	巽
1909	己酉	坎	艮
1910	庚戌	离	乾
1911	辛亥	艮	兑
1912	壬子	兑	艮
1913	癸丑	乾	离
1914	甲寅	坤	坎
1915	乙卯	巽	坤
1916	丙辰	震	震
1917	丁巳	坤	巽
1918	戊午	坎	艮
1919	己未	离	乾
1920	庚申	艮	兑

男女命卦对照表—2

公元年份	岁次	男命卦	女命卦
1921	辛酉	兑	艮
1922	壬戌	乾	离
1923	癸亥	坤	坎
1924	甲子	巽	坤
1925	乙丑	震	震
1926	丙寅	坤	巽
1927	丁卯	坎	艮
1928	戊辰	离	乾
1929	己巳	艮	兑
1930	庚午	兑	艮
1931	辛未	乾	离
1932	壬申	坤	坎
1933	癸酉	巽	坤
1934	甲戌	震	震
1935	乙亥	坤	巽
1936	丙子	坎	艮
1937	丁丑	离	乾
1938	戊寅	艮	兑
1939	己卯	兑	艮
1940	庚辰	乾	离

男女命卦对照表—3

公元年份	岁次	男命卦	女命卦
1941	辛巳	坤	坎
1942	壬午	巽	坤
1943	癸未	震	震
1944	甲申	坤	巽
1945	乙酉	坎	艮
1946	丙戌	离	乾
1947	丁亥	艮	兑
1948	戊子	兑	艮
1949	己丑	乾	离
1950	庚寅	坤	坎
1951	辛卯	巽	坤
1952	壬辰	震	震
1953	癸巳	坤	巽
1954	甲午	坎	艮
1955	乙未	离	乾
1956	丙申	艮	兑
1957	丁酉	兑	艮
1958	戊戌	乾	离
1959	己亥	坤	坎
1960	庚子	巽	坤

男女命卦对照表—4

公元年份	岁次	男命卦	女命卦
1961	辛丑	震	震
1962	壬寅	坤	巽
1963	癸卯	坎	艮
1964	甲辰	离	乾
1965	乙巳	艮	兑
1966	丙午	兑	艮
1967	丁未	乾	离
1968	戊申	坤	坎
1969	己酉	巽	坤
1970	庚戌	震	震
1971	辛亥	坤	巽
1972	壬子	坎	艮
1973	癸丑	离	乾
1974	甲寅	艮	兑
1975	乙卯	兑	艮
1976	丙辰	乾	离
1977	丁巳	坤	坎
1978	戊午	巽	坤
1979	己未	震	震
1980	庚申	坤	巽

男女命卦对照表—5

公元年份	岁次	男命卦	女命卦
1981	辛酉	坎	艮
1982	壬戌	离	乾
1983	癸亥	艮	兑
1984	甲子	兑	艮
1985	乙丑	乾	离
1986	丙寅	坤	坎
1987	丁卯	巽	坤
1988	戊辰	震	震
1989	己巳	坤	巽
1990	庚午	坎	艮
1991	辛未	离	乾
1992	壬申	艮	兑
1993	癸酉	兑	艮
1994	甲戌	乾	离
1995	乙亥	坤	坎
1996	丙子	巽	坤
1997	丁丑	震	震
1998	戊寅	坤	巽
1999	己卯	坎	艮
2000	庚辰	离	乾

男女命卦对照表—6

公元年份	岁次	男命卦	女命卦
2001	辛巳	艮	兑
2002	壬午	兑	艮
2003	癸未	乾	离
2004	甲申	坤	坎
2005	乙酉	巽	坤
2006	丙戌	震	震
2007	丁亥	坤	巽
2008	戊子	坎	艮
2009	己丑	离	乾
2010	庚寅	艮	兑
2011	辛卯	兑	艮
2012	壬辰	乾	离
2013	癸巳	坤	坎
2014	甲午	巽	坤
2015	乙未	震	震
2016	丙申	坤	巽
2017	丁酉	坎	艮
2018	戊戌	离	乾
2019	己亥	艮	兑
2020	庚子	兑	艮

男女命卦对照表—7

公元年份	岁次	男命卦	女命卦
2021	辛丑	乾	离
2022	壬寅	坤	坎
2023	癸卯	巽	坤
2024	甲辰	震	震
2025	乙巳	坤	巽
2026	丙午	坎	艮
2027	丁未	离	乾
2028	戊申	艮	兑
2029	己酉	兑	艮
2030	庚戌	乾	离
2031	辛亥	坤	坎
2032	壬子	巽	坤
2033	癸丑	震	震
2034	甲寅	坤	巽
2035	乙卯	坎	艮
2036	丙辰	离	乾
2037	丁巳	艮	兑
2038	戊午	兑	艮
2039	己未	乾	离
2040	庚申	坤	坎

男女命卦对照表—8

公元年份	岁次	男命卦	女命卦
2041	辛酉	巽	坤
2042	壬戌	震	震
2043	癸亥	坤	巽
2044	甲子	坎	艮
2045	乙丑	离	乾
2046	丙寅	艮	兑
2047	丁卯	兑	艮
2048	戊辰	乾	离
2049	己巳	坤	坎
2050	庚午	巽	坤
2051	辛未	震	震
2052	壬申	坤	巽
2053	癸酉	坎	艮
2054	甲戌	离	乾
2055	乙亥	艮	兑
2056	丙子	兑	艮
2057	丁丑	乾	离
2058	戊寅	坤	坎
2059	己卯	巽	坤
2060	庚辰	震	震

相协调时为有利，不协调时为不利。

生命能场的电磁部分还有许多个电磁集结点，它们的分布和中医经络穴位有颇多吻合之处，目前一些科学家们正在进行进一步的探索。

那么，怎样才能算出自己的风水命卦呢？根据出生的年份，按"野马跳涧诀"（《阳宅十书》："野马跳涧走，从寅数到狗，一年隔一位，不用亥子丑"。）或"排山掌诀"计算，配以后天八卦得出。为简单起见，我列出了1901～2060年间的"男女命卦对照表"供读者朋友直接查阅。每一年的立春日才是两年间的分界线。

上面介绍的"男女命卦对照表"其实是有公式可以推算的。只要依照公式求得《洛书九宫图》上的数字，就可以知道自己所属的风水命卦了。（注：2000年以后出生者，此公式不适用。）

男命公式：（100－出生年份的最后2个数字）÷ 9

女命公式：（出生年份的最后2个数字－4）÷ 9

所得的余数即是风水命卦，如果除尽，没有余数，那么无论男女，都把余数视为9。

例如：1974年出生的男性，其风水命卦就应该是

(100−74) ÷ 9 = 3…8，则风水命卦为艮卦，西四命。

1982年出生的女性，其风水命卦就应该是（82−4）÷ 9 = 8…6，则风水命卦为乾卦，西四命。

数字	星运	风水命卦
1	一运贪狼星	一白～坎
2	二运巨门星	二黑～坤
3	三运禄存星	三碧～木
4	四运文曲星	四绿～巽
5	五运廉贞星	——
6	六运武曲星	六白～乾
7	七运破军星	七赤～兑
8	八运左辅星	八白～艮
9	九运右弼星	九紫～离

由于五黄土位居中央，岿然不动，没有卦象，所以男命余数是5时当做2（坤土）用，是西四命；女命余数是5时当做8（艮土）用，也是西四命。

结合《洛书九宫图》，我们就可以知道左图数字所代表的星运及命卦。

二、东西四命

基于"天人感应"的思想，《黄帝宅经》中说："人因宅而立，宅因人得存，人宅相扶，感通天地。"住宅因受大环境的影响形成了微气候，它与天地万物一起运行变化，并与人类生活形成某种奇特的、隐性的互动关系。

计算出自己的风水命卦后，按其卦象五行相生相克的关系，可以知道自己是属于"东四命"还是"西四命"。

风水是以自旺、相生、相克的道理分别代入各种五行的事物之中。只要将卦象和五行相结合，我们就能看到：乾卦属金、坎卦属水、艮卦属土、震卦属木、巽卦属木、离卦属火、坤卦属土、兑卦属金。根据五行相生的关系，土生金，所以艮、坤、乾、兑四个卦被归为一类，称为"西四命卦"；又因为水生木、木生火，所以坎、震、巽、离四个命卦被归纳为一类，称为"东四命卦"。

如果将命卦结合方位来运用的话，按八卦的原则来划分住宅里的八个方位，八宅派的风水认为，属于西四命卦的人最宜使用艮、坤、乾、兑四个方位，也就是东北方、西南方、西北方、西方；属于东四命卦的人最宜使用坎、震、巽、离四个方位，也就是北方、东方、东南方、南方四个方位。进一步的工作是安排好空间内部的格局，使"人宅相扶"。人的"气场"与空间的"气场"相协调，从而使居住者获得好运气。西方的医学虽然已经达到了很高的水平，但西方人却不懂得"气场"的功能。

人宅是风水学的主流技法之一，在民间非常流行，它的优点是很容易学习。

三、八卦与四方

八卦与八方是一一对应的，找到属于自己的命卦，就能找到属于自己的吉方位。

1. 八卦对应的方位

（1）"坎"代表北方

北方在八卦上是"坎"的方位，象征着地面上的坑洼和洞穴，暗示着运气低落，具有冷、忧、病、暗等不好的意义。在五行中，北方位代表水，所以这个方位如果被不干净的东西污染，"凶"的作用表现就会极强。北方在一天当中代表的是寂静、是深夜，在季节中代表的是冬天，在植物中代表的是地里的种子，因此，北方也隐藏着世代交替、力量再生的方位意义。

(2) "艮"代表东北方

东北方在八卦上是"艮"的方位，象征着高山。因为山可以阻挡风，所以具有"使运气停滞"的意义，同时也暗示向新的方向发展的状态。此外，东北方是阴阳之气交替进入的方位，所以具有新陈代谢的意义。这个方位如果是吉相，就会得到意外的援助，能够逢凶化吉。东北方位禁止被不干净的物品污染。这个方位如果有凸出或是凹陷，也会扰乱运气。东北方是太阳诞生的神圣方位，在一天当中代表黎明，在一年中代表初春，在植物方面代表的是刚刚开始发芽的种子。

(3) "震"代表东方

东方在八卦上是"震"的方位，具有"震动"的意思，表示所有活动的开始。同时，因为东方是植物生长所依赖的方位，所以也象征着"前进"。如果东方是吉相，那么居住者的活动力、意志力就会提升，在事业、兴趣等方面就可以崭露头角。相反，如果东方是凶方位，那么居住者的能量就会被夺走，生活会变得懒惰，学业和事业方面的烦恼也会相继增加。东方在一天中代表的是早上5:00~7:00，在一年中代表的是春季。

(4) "巽"代表东南方

东南方在八卦上是"巽"的方位，代表风，暗示着各种各样的"情报运"。因为风可以呼唤阳气，所以东南方又是"吉报降临"的方位。如果这个方位是吉相，那么居住者在商业、交际、事业、婚姻等方面就会取得良好的结果；相反，如果是凶相，居住者就容易迷茫，在工作和人际关系上也会遭受失败。此外，东南方还是吸收能量、整理形态的最好方位，隐藏着

"整顿事物"的运气。东南方在一天中代表的是上午8:00~10:00，在一年中代表的是爽朗的初夏，在植物方面代表的是嫩叶，在人生方面代表的是体力、智力最充实的青年期。

(5) "离"代表南方

南方在八卦上是"离"的方位，象征着熊熊燃烧的烈火，能够使能量达到顶点，所以这是一个光明的方位，左右着名誉、声望、发明、艺术等运势。南方相当于人体的头部，如果这个方位是吉相，人的头脑就会清晰，女性会才貌兼备。南方是太阳能量最强的方位，在一天中，它代表的时间是中午11:00~下午1:00，在一年中代表的是盛夏，在植物方面代表的是生长最旺盛的时期，在人生方面代表的是体力、智力充足的壮年时期。

(6) "坤"代表西南方

西南方在八卦上是"坤"的方位，具有"孕育五谷能量的大地母亲"之意，隐藏着丰收的运气。同时，西南方位还是阳气和阴气交替进入的场所，所以会让积累至今的东西发生变化。此外，这个方位还具有沉

默、勤劳、努力等性质。如果这个方位是吉相，主妇就会获得健康。西南方在时间上代表的是太阳开始向西倾斜的下午2：00～4：00，在季节上代表的是残暑，在人生方面代表的是人的成年时期。

(7)"兑"代表西方

西方在八卦上是"兑"的方位。从字的表面来看，"兑"就像开口言笑的人，象征着喜事和家庭的和睦。同时，西方还象征秋天的收获——在春天播下的种子经过长时间的生长，结出了果实。此外，西方还具有饮食、金钱、魅力、装扮等方面的缘分。因为这个方位充满了阴气，所以要吸收阳气加以协调。西方也意味着经历辛苦后的充实感，在家相方面可以有助财运、恋爱运、结婚运等。但如果这个方位是凶相，人就会变得懒惰，并且养成浪费的习惯，对恋爱运和结婚运十分不利。西方是太阳沉落的方位，在一天当中代表的是下午5：00～7：00，在季节中代表的是收获的秋季，在植物方面代表的是成熟的果实。

(8)"乾"代表西北方

西北方在八卦上是"乾"的方位，代表一家之主，所以也是储备活力和财力的方位，象征着威严，具有领导其他人的力量。西北方关乎主人的运势和财力，更深深关系着一家的储财运（从古至今，西北都是建仓库的最好方位）。这个方位如果是吉相，则代表可以担任要职，可以通过自己的努力得到权威、尊重和发展。西北方在一天中代表的是晚上8：00～10：00这段时间，是储蓄明日所需体力的时间段；在季节上代表的是为冬天储备收获物品的晚秋；在植物方面，代表仓内储存的谷物；在人生方面则代表晚年。

2. 如何标出风水八方位

指南针是中华民族对人类作出巨大贡献的四大发明之一。北宋的大科学家沈括先生大约在1088年始撰写的《梦溪笔谈》之中说到："方家以磁石磨针锋，则能指南，然常偏东，不全南也"。这里的"方家"应该是古代的堪舆师、风水家的意思。在古代风水术典籍中，录有大量有关指南针的应用和对于七度磁偏角的认识的资料记载，由此也可以推论出指南针是古代风水师在其长期探索、辨正方位的实践活动中研究发明并应用着的。风水师发现了磁偏角，在人类历史上作出了伟大的贡献。

北方是指352.5°～7.5°之间的方位，用十二地支来表示，就是子方位。为什么呢？因为在子、丑、寅、卯、辰、巳、午、未、申、酉、戌、亥十二地支中，子是起始支，"子"的意思并不单指"老鼠"这种动物，它本来的意思是指事物的始端、阴阳的交接点。"子"是一个会意字，其来源是"终了"的"了"字与"一"字相交而成的。如果把"子"看做是适合大自然变化规律的冬至来考虑的话，就很容易明白了。所谓冬至是指一年中夜最长、昼最短的一天，换一种说法就是阴暗时间最长、光明时间最短的一天。以冬至为界限，一阳初生，光明渐渐变长，于是冬至就变成了阴阳的接点。中国人冬至进补也是这个道理，是按照宇宙规律来的。把这一点看做"子"的话，就容易理解"事物的始端"这一意思了。

找出北方后，我们再来考虑如何定出八个方位。在自己所住房屋平面图上作出中心点的记号，然后用放射线标出八个方向，从而把空间划分成八宫，并注明各宫所属的卦。进一步还可以找到二十四座山来分析局部的空间组织，这样你就可以从"宏观"进入"微观"的工作步骤。方位定好了，风水的门就打开了。

四、二十四山

除了八卦方位之外，还会以二十四个方位去断吉凶。一个圆周360°，风水文化将其分成二十四份，术语叫"二十四山"。"山"是方位的意思，"二十四山"即是二十四个不同的方位、二十四个干支，每个山占15°角。"二十四山"由四卦（乾、坤、巽、艮）、八天干（甲、乙、丙、丁、庚、辛、壬、癸）和十二地支（子、丑、寅、卯、辰、巳、午、未、申、酉、戌、亥）组成。

"二十四山"是风水学的基础知识，"二十四山"亦表示了二十四个具有不同五行力量的气场，它的划分比八卦的五行气场划分更为精密一些。有些风水学运用"二十四山"不单只是辨别方向，尤其重视的是他们的五行，二十四个气场的性质以五行来决定并且

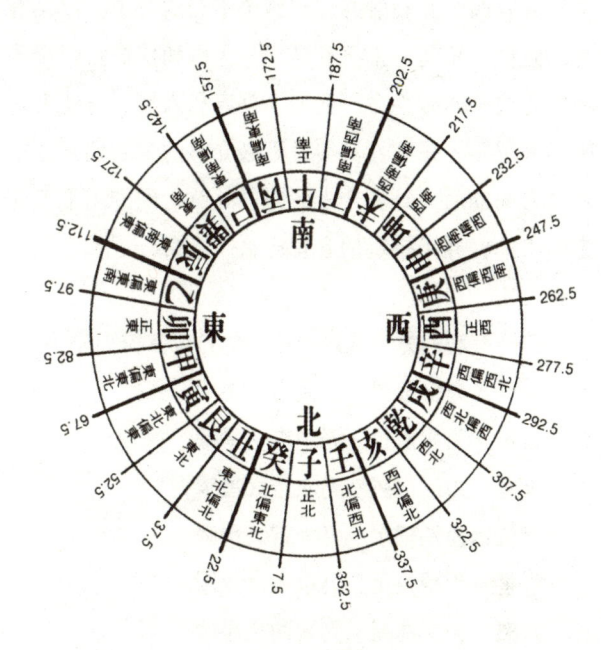

二十四山图

永恒不变。

申、庚、酉、辛、乾五行属金；寅、甲、卯、乙、巽五行属木；亥、壬、子、癸五行属水；巳、丙、午、丁五行属火；丑、艮、辰、戌、未、坤五行属土。

五、八宅游星

按八宅派的说法，每一个命卦在每一个住宅空间

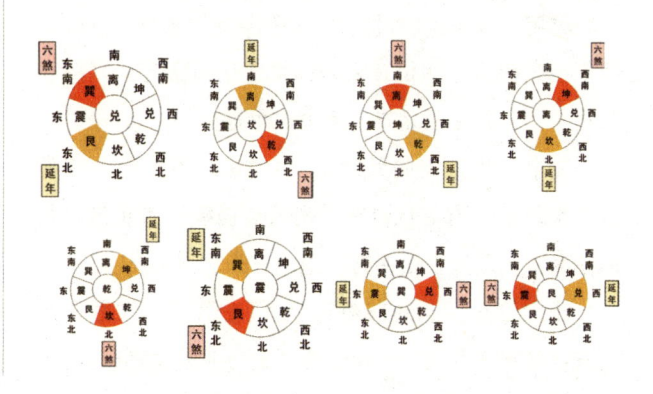

里都会有四个有利的方位和四个不利的方位。四个有利的方位分别是：生气、延年、天医和伏位。四个不利的方位则叫做绝命、五鬼、祸害和六煞。有些名字听起来很吓人是吧？其实是不必介意的，它们只是以八个方向的后天卦和个人命卦的卦爻之间的阴阳变化定出来的，并不是真的会有什么"绝命"、"祸害"的事件发生。

四个有利的方位和四个不利的方位其排列如下：

生气：为贪狼星，乃大吉之星曜。

延年：为武曲星，乃中吉之星曜。

天医：为巨门星，乃次吉之星曜。

伏位：为左辅星，乃小吉之星曜。

祸害：为禄存星，乃小凶之星曜。

六煞：为文曲星，乃次凶之星曜。

五鬼：为廉贞星，乃大凶之星曜。

绝命：为破军星，乃至凶之星曜。

不同坐向的住宅，其八游星分布的位置亦不同。

离宅（坐南向北）：生气在东方，天医在东南方，延年在北方，伏位在南方，祸害在东北方，六煞在西南方，五鬼在西方，绝命在西北方。

坎宅（坐北向南）：生气在东南方，天医在东方，延年在南方，伏位在北方，祸害在西方，六煞在西北方，五鬼在东北方，绝命在西南方。

震宅（坐东向西）：生气在南方，天医在北方，延年在东南方，伏位在东方，祸害在西南方，六煞在东北方，五鬼在西北方，绝命在西方。

巽宅（坐东南向西北）：生气在北方，天医在南方，延年在东方，伏位在东南方，祸害在西北方，六煞在西方，五鬼在西南方，绝命在东北方。

乾宅（坐西北向东南）：生气在西方，天医在东北方，延年在西南方，伏位在西北方，祸害在东南方，六煞在北方，五鬼在东方，绝命在南方。

坤宅（坐西南向东北）：生气在东北方，天医在西方，延年在西北方，伏位在西南方，祸害在东方，六煞在南方，五鬼在东南方，绝命在北方。

兑宅（坐西向东）：生气在西北方，天医在西南方，延年在东北方，伏位在西方，祸害在北方，六煞在东南方，五鬼在南方，绝命在东方。

艮宅（坐东北向西南）：生气在西南方，天医在西北方，延年在西方，伏位在东北方，祸害在南方，六煞在东方，五鬼在北方，绝命在东南方。

六、八卦与四象

"易有太极，是生两仪，两仪生四象，四象生八卦，八卦定吉凶，吉凶生大业"，《易经》如是说。犹如细胞分裂，由一生二，由二而四，四又分裂成八……如此不断分裂衍生，宇宙间万事万物莫不依此原理生成变化着。《易经》取象天地而认识万物。

《易经》里的太极是本体，两仪就是阴和阳，阴阳之中又分阴阳，则成了"四象"。"四象"是老阳、老阴、少阳、少阴，将这个理念引入节气时间的变化即是春、夏、秋、冬的交替，它体现了一种能量的循环和变化。而在风水中所说的"四象"，则是指四个方向，左为青龙、右为白虎、前为朱雀、后为玄武，青龙、白虎、朱雀（凤凰）、玄武（龙龟）是中国古代神话中的四灵兽，在方位上被赋予了方位象征的含义后，成为了峦头风水方法的一种，这是一个最原始，但又是很根本的理论，主要用来考虑基址的位置和周围情况的研究。

宅的左方叫做青龙，左青龙是指左手边的环境，青龙方的山叫做青龙山；宅的右方叫做白虎，右白虎是指右手边的环境，白虎方的山叫做白虎山；前面是明堂，是朱雀，是空间；后面是靠山，是玄武，应该要坚固和稳定。

四灵兽的形势各有要求，峦头风水往往是从外部环境来讨论一幢建筑、一个物业单位是否具备了好的气场。其实四灵兽的概念，基本上也是一种风水上的心理投射，它所描述的是一种理想状态下的环境模式。

建筑物要有玄武山也就是在背后有高起的山峦或是建筑物，可做背后的依靠。靠山就像是一个站立在你身后的长者，默默地支持你，维护你。没有靠山，就缺乏安全感，失去了依仗。在室内办公桌的摆放设置方面要尽可能去遵循这个传统观念，要背靠着墙或屏障才是好的风水设计方法。

风水学认为在缺乏"靠山"的情况下，是可以放置一些有助于增强背靠的物品予以弥补的，譬如放一座玉山的摆设或大型的高柜。古人云"玉乃石之美者"，玉山乃玉石雕刻而成，是石头的精华，这合乎风水要求。另外，大一点的高柜也是用来加强靠山的好道具。

建筑物的前方是"朱雀"的位置，要有明堂，明堂是指前方要有较宽阔的空间，如一个休闲的广场、球场、公园、游泳池或是一个停车场，明堂是生气能量凝聚的地方。如果建筑物的前方为了安全而需要修建屏障，那么应该选择透空的栏杆或是低墙，而不要使用坚实的高大围墙阻隔视线。坚实又高大的墙会阻碍明堂前方的气。歌诀有云"逼仄窒塞者凶，开阔舒展者吉"，这说明了明堂的风水要求，宽阔则吉，狭小则凶。明堂广阔才可以接纳八方来气，蕴藏财富，前途远大，商店和办公楼缺失明堂基本上可断定财运不佳，风水中说的"阳宅看局面"就是这个意思了。

那么对于明堂狭窄、有逼压感的商店和楼宇，有何办法来改善它呢？风水认为问题是出在阴气重而阳气轻。既然可以知道问题是出在阳气不足方面，我们就能对症下药进行化解了，最好是努力拆除门前的障碍物，使门面显露出来，使用鲜艳的颜色并把招牌加大、高悬。还有个简单的方法是在商店和楼宇的门外或门内做一点照明来照亮环境，以此来加强阳性能量。《易经》说阴阳消长，说的是阴阳两个面此消彼长，

第二章 八卦

此进彼退地动态平衡着，阳盛自然就减轻了阴气。

青龙山代表男性、助手及人丁，是风水学说里的阳极力量；白虎山代表女性、朋友及财富，是风水学说里的阴极力量。青龙和白虎是外局左右的护持，它们保持了一种平衡关系。我总以为这种环境上的对称和人体的左右对称结构有着某种微妙的关系，风水的直觉思维还认为通过现象可以反应规律。建筑物的左边有大楼，帮助了阳性力量的强大，会对男性的经理人有利，代表压服小人和是非；反之，如果白虎方的楼宇高过青龙方的则象征着女性得到权势，阴盛而阳衰。

左青龙方应该略强于右白虎方的形势，这样才可以获得长久的吉利的影响力。倘若你所使用的楼宇左青龙方缺弱的话，可以在左青龙方位置摆设一条龙形的饰物来弥补，而若是右白虎方缺弱的话，则可以放一只"麒麟"瑞兽的摆设。

"四灵山诀"是一种峦头风水的理念，也是中国古典建筑设计美学的一项重要原则，它体现了我们传统文化中的思想习惯，你弄懂了这一点就大致可以知道老祖宗为什么要把建筑建在这儿，而不是别的地方，以及这么做又有何寓意。当然，这也是一种整体意象模式，所说的象征意义也并不是放诸四海而皆准的，它强调的是一种前后左右都是平衡和谐的美感。这种峦头风水的理念比较适合于一些大型项目的建设规划，但是真正要在今天的城市规划中找到具备前明堂后靠山，左右龙虎伏抱的经商场所又是比较困难的，这也是强求不来的，或者就可以摆设一些我介绍的饰品来稍作补偿。

其实，我教诸位的是一种观察前后左右的地理位置的风水概念，把你的目标单位放在"四灵山诀"的中心位置上，经云："四势本应四方之气而穴居乎中央，固得其柔顺之气则吉，反此则凶。"如果被观察的建筑物的前后左右都有相对平衡和谐的感觉，柔顺而得生旺之气，就大致是好风水了。

除了以"四灵山诀"来论吉凶之外，风水还对周围的山峦环境和楼宇的形状作出评价。

七、八卦象征万物

乾，健也。乾为天，不息地运转，性质刚健（父）。坤，顺也。坤为地，顺承天而行，性质柔顺（母）。震，雷也。震为雷，雷能惊动万物，性质为动（长男）。巽，入也。巽为风，风无孔不入，性质为入（长女）。坎，陷也。坎为水，水流入低处，性质为陷（中男）。离，丽也。离为火，火附着于可燃之物，性质为附（中女）。艮，止也。艮为山，爬山爬到了顶点就上不去了，性质为停止（少男）。兑，悦也。兑为泽，为口为唱，吃喝唱歌，泽气洋溢，性质为悦（少女）。

八卦象征结构表

卦名	卦象	代表自然物	基本功能属性	时令	方位	生化	人体	家庭关系	动物	颜色
震	☳	雷	动、起	正春	东	万物乎出震	足	长男	龙	青、绿
巽	☴	风	入、散	春末夏初	东南	万物齐	股	长女	鸡	青、绿
离	☲	火	丽	正夏	南	万物皆相见	目	中女	雉	红、紫
坤	☷	地	顺柔、藏	夏末秋初	西南	万物致养	腹	母	牛	黄、咖
兑	☱	泽	说	正秋	西	万物所脱	口	少女	羊	白、银
乾	☰	天	刚健、君	秋末冬初	西北	阴阳相薄	首	父	马	大赤、金
坎	☵	水	陷、润	正冬	北	万物皆归	耳	中男	豕	黑、兰
艮	☶	山	止	冬末春初	东北	万物终始	手	少男	狗	黄、咖

第三章 九宫

何谓九宫？九宫与八卦的对应关系如何？九宫在五行、人物、陈设等方面又分别代表什么？陈设品的摆放与其有何关系？以下内容将重点介绍。

一、九宫分数

现代人说我们中国文化延续至今有五千年，这是西方人的说法，其实中国的历史文化应该远不止这些，按一些考古学家的说法至少有百万年以上，考据的事情我一点不懂，也很难去分辨孰真孰伪，不过可以肯定的是，我们的文化真是够悠久的。

我们远古的文化里有个非常伟大的图案，叫做"洛书"，风水学中的很多智慧就是从中而来。据说在漫漫的历史长河里，有个大禹治水的时代，当时有一只神龟从洛水里浮了上来，神龟背上刻有五颜六色的斑点记号，其数由一至九，圈圈点点有如天上的星宿一般形成图案。"洛书"是中华数理、哲学文化、阴阳五行术数之根源，最早记录在《尚书》之中，在《易传》、《汉书》之中也有记载，诸子百家也多有记述。

"洛书"数字的排列口诀是："戴九履一，左三右七，二四为肩，六八为足，五居中宫。"头上是九，下面是一，左边是三，右边是七，上面右角是两点，左角是四点，二和四如同在肩膀上，下面右角是六点，左角是八点，好象是两只足，五在中间的位置。这形象地说明了"洛书"图案里的数字的各自位置，这为风水理气学问提供了理论根据的同时，也是一道非常著名的数学迷题。数学迷题的命题是这样的：如何将1～9置入九宫格内，令横、直、斜加起来都等于15。如果你从未学过"洛书"口诀，一下子可能真是答不上来的。

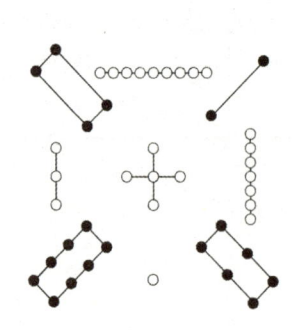

看看洛书九宫图，你就可以发现无论横、直、斜三个方向如何相加，结果都会是等于15，它们的对宫相加也正好是10。洛书九宫尽显五行之妙，是不是很神奇的排列呢？

从九宫数阵的分布结构来看，它体现了一种相对平衡、相对稳定的系统。

在"洛书九宫图"中央，按龟背的九格分为九数。

一是一白贪狼星，五行属水，主未来生气、文昌、升职、桃花、经常出门、好人缘。

二是二黑巨门星，五行属土，主疾病、怀孕、房地产、孤寡。

三是三碧禄存星，五行属木，主是非、争斗、官非、破财。

四是四绿文曲星，五行属木，主文昌、有学识、轻微桃花、出门。

五是五黄廉贞星，五行属土，是一个大凶星，有不稳定的煞气，多主凶灾、病祸、破财、孤克。

六是六白武曲星，五行属金，主权位、官职、驿马变动、意外横财。

七是七赤破军星，五行属金，有财利但会破耗、贼劫、受伤。

八是八白左辅星，五行属土，主财利大旺，富贵功名，升职发达，置业搬迁。

九是九紫右弼星，五行属火，主桃花姻缘、好人缘、喜庆、添丁。

二、九宫与八卦的对应关系

九宫中的一白（水）、二黑（土）、三碧（木）、四绿（木）、五黄（土）、六白（金）、七赤（金）、八白（土）、九紫（火），一般以简单的层面而言，认为

属紫、白者为吉，属碧、绿、黄、黑、赤者均为凶。当然，更进一步懂得双星交会，就是易学里的复卦的道理，那个吉凶的判断就不一样了。

以上是以五黄土星居于中宫的格式，此格式不是不变的，是按一定规律逐次改变样式的。规律很简单，就是九星图各区划的数字减去一，再换以相应星名就可以。例如，中宫是五黄土星，减去一得到四绿木星，就是翌年翌月或翌日的中宫；一白水星减去一为零，这时回到九紫飞星。以此类推。

有观点认为，九宫星也象征宇宙中九大行星，九星运转，关系着地球上一切事物的吉凶，从而决定命运。这种说法虽然有点牵强，但土、木两星每二十年相会一次，每次相会都会产生极大的影响，确是不争的事实。

四绿木星	九紫火星	二黑土星
三碧木星	五黄土星	七赤金色
八白土星	一白水星	六白金星

三碧木星	八白土星	一白水星
二黑土星	四绿木星	六白金星
七赤金星	九紫火星	五黄土星

二黑土星	七赤金星	九紫火星
一白水星	三碧木星	五黄土星
六白金星	八白土星	四绿木星

一白水星	六白金星	八白土星
九紫火星	二黑土星	四绿木星
五黄土星	七赤金星	三碧木星

九紫火星	五黄土星	七赤金星
八白土星	一白水星	三碧木星
四绿木星	六白金星	二黑土星

八白土星	四绿木星	六白金星
七赤金星	九紫火星	二黑土星
三碧木星	五黄土星	一白水星

七赤金星	三碧木星	五黄土星
六白金星	八白土星	一白水星
二黑土星	四绿木星	九紫火星

六白金星	二黑土星	四绿木星
五黄土星	七赤金星	九紫火星
一白水星	三碧木星	八白土星

五土黄星	一水白星	三木碧星
四木绿星	六金白星	八土白星
九火紫星	二土黑星	七金赤星

风水学中九个飞星，每个飞星管二十年为一小运，九个小运一共一百八十年，称为一个正元。每个小运都包含着不同的吉凶信息，九个星就是风水符号。

三、九星代表的事物

1.一白坎（吉）

五行：水；人物：中男、盗贼、匪；人事：险陷卑下，外用以矛，内序以利，飘泊不定，随波逐流；身体：耳、血、肾；疾病：耳痛、心疾、胃冷、水泻、涸冷之病；物品：门窗、台灯、珍珠、蓝宝石、冰箱、鱼缸、猪、弓箭；外形特征：连绵而呈水波状，且没有突出主峰；色彩：黑色、白色、银色可转换气氛、振作精神，海蓝色、橄榄绿可恢复平和、悠闲的心情；作用：开发潜力，增强思考力、创作力与加强意志力，并且对久婚不孕者有增加怀孕机会的作用；家具：波浪形的床、沙发、橱柜、衣架等。此星既是文昌，利人读书，也是轻微桃花人缘、旺财之星，可用水养四根富贵竹来增强运气。

2.二黑坤（凶）

五行：土；人物：母亲、农夫、老妇人、众人；人事：吝啬、柔顺、懦弱；身体：腹、脾、肉、胃；疾病：腹疾、脾胃之病、饮食停滞、谷食不化；物品：方形桌椅、寝具、静物、容器、地毯、垫布、拖鞋、手提袋、陶瓷器；外形特征：平坦、方形；色彩：土黄色、棕色、褐色、咖啡色、紫色可加强工作的干劲，白色、金黄色可松弛情绪；作用：使浪费者变得节俭，增进爱心，提高涵养，改善消化功能；家具：方形桌子、椅子、书柜等。此星是病符星，宜用一个金属铃化解。

3.三碧震（凶）

五行：木；人物：长男；人事：易动怒、虚惊、多动少静；身体：足、肝、头发、喉；疾病：足疾、肝之病；物品：木制家具、竹之雕刻或鹿的造型物、植物、萧笛、花草树木；外形特征：高大，呈长形（如大树）；色彩：绿色、黄色、草绿色、翠绿色、青绿色、深蓝色、青色可激发潜能；作用：使人积极进取，改善急躁情绪，拥有青春活力；家具：长形桌子、椅子、衣杆、长形衣柜等。三碧是是非星，可以用红地毯一块或者是蜡烛等火行物品泄化之。

4.四绿巽（中）

五行：木；人物：长女、寡妇、僧道；人事：柔和、不定；身体：肱、股；疾病：股肱之疾、风疾、肠病、中风等；物品：盆栽植物，如小的梅花、观章竹、茶花、含羞草等，还有毛笔、书纸等；外形特征：高大且长形；色彩：白色、绿色等素色；作用：提高名誉，增强理财能力，同时有利外迁及创作的灵感；家具：小巧、苗条、外观纤细的家具。此星也是文昌星，利于学生读书，可在其方位放一杯清水助旺文昌位。

5.五黄土（凶）

五行：土；人物：妇女；人事：厚实、平和、稳重、坚强、老实；身体：肚子、脾胃、大肠；疾病：肿瘤、癌症、精神分裂症等；物品：古董、罗盘、扫帚以及一些怪异的物品（因为这些物品的怪异，所以选用时必谨慎考虑）；外形特征：方形、扁形；色彩：黄、土黄色、茶色、棕色；作用：增强个人的权威性，提高领导能力，并且有逢凶化吉的作用；家具：方桌、方椅、方形沙发、黄色窗帘等。此为五黄瘟神，可用金属铃、纯铜葫芦或音乐盒一个化解。

6.六白乾（吉）

五行：金；人物：长者；人事：刚健勇武、果决，多动少静；身体：头部、肺；疾病：头之疾、肺疾、盘骨疾、上焦（三焦之一）疾；物品：六白金星的物品相对来说比较豪华尊贵，如宝石、黄金、钟表、真水晶等，一般人也可选择圆镜、水晶制品、玻璃杯、车辆模型以及天文仪器；外形特征：圆形、坚固、轮廓分明；色彩：金黄色、银色、素白色；作用：培养尊贵的气质，发挥潜在的能力；家具：圆形桌子、碟子、碗、白色窗帘等。六白财星，可用八颗白色鹅卵石，以八白土之象催旺六白财星位。

7.七赤兑（中）

五行：金；人物：保姆；人事：喜悦、口舌、诽谤；身体：舌、口、喉、肺；疾病：口舌、咽喉之疾，气逆喘疾，饮食不佳；物品：玩偶、明星照片、少女图片、象棋、葫芦、艺术刀、香水瓶以及五金制品；外形特征：圆形，表现为秀气、外柔内刚、有内涵、漂亮；色彩：白色、金色、银色；作用：利于口才发挥，增强决断力，同时未婚者能增加恋爱的机会；家具：小圆桌、圆形茶几等。此星是退财星，有破耗之影响力，可放一杯清水以水泄金气萧杀，可防漏财。

8.八白艮（吉）

五行：土；人物：少男；人事：宁静、进退不决；身体：手指、骨、鼻、背；疾病：手指之病、脾之病等；物品：桌椅、沙发、珠宝盒、印石、砚、陶器、水壶、花瓶；外形特征：方形、梯形，表现为高贵、诚信、优雅；色彩：茶色、褐色、咖啡色、土黄色、砖红色；作用：稳定的作用；家具：方形、梯形座椅、柜子。此星是八白财神，为目前八运中的最吉星，要用红、紫色火行事物催旺土象，放置一些动态的事物在该星占据的方位有助旺的影响力。

9.九紫离（吉）

五行：火；人物：中女、文人、军人；人事：聪明、美丽、有才华；身体：眼睛、心、上焦（三焦之一）；疾病：目疾、心疾、上焦疾、流行病；特品：镜子、水晶灯、太阳镜、彩绘玻璃、人造花、电灯箱、微波炉、电灯、手电筒、罗盘、化妆品以及飞机、枪炮等模型物品；外形特征：尖形；色彩：洋红、朱红、紫红等颜色；作用：培养敏锐的观察力，使做事光明磊落，增添成熟的魅力；家具：尖形柜子、桌子、椅子、书台、电脑等。此星是桃花、喜庆、贵人星，九紫飞临方位如放绿色植物为木火通明，光明之象。

第二部分

财运篇

"天下熙熙，皆为利来。天下攘攘，皆为利往"。这是司马迁的名言。财是人的养命之源，是激发潜能、培养才能和创造幸福的工具，人们对钱财的追求是天经地义的。

很多人为了获得更多的财富而奔波，更多的人为了发家致富而终日思索。但现实却是：尽管有许多人每天都在不懈地努力，但是却依旧被挡在财富的大门外。为什么呢？原因就在于：要获得财富，除了自身的努力外，运气也不可少。这种运气关乎风水，关乎自然法则，关乎宇宙之运行定律。

或许你现在很有钱，但若不合乎风水原则，违背自然法则，那钱财也不过是暂时的，前途令人担忧；或许你现在很穷，但只要你能好好地利用风水，财运自然就会找上门来。而那些招来财运的风水，就存在于你的衣食住行之间，存在于你的言行举止之中。因此，不管你是富裕还是贫穷，要想获得财富，现在就从点滴做起吧。

- 第一章　找到财位，招来财运 …………… 40
- 第二章　阳宅风水旺财基础知识 ……… 50
- 第三章　室外风水局对财运的影响 …… 53
- 第四章　室内旺财风水局的布置 ……… 58
- 第五章　提升财运的室内装潢术 ……… 79
- 第六章　实现不同财运的室内布局法 … 81
- 第七章　让财源滚滚来的商业风水 …… 85
- 第八章　五官身材看富贵命运 ………… 107
- 第九章　饮食帮你开财运 ……………… 113
- 第十章　旺财富贵类装饰画和吉祥物 … 124

第二部分 财运篇

第一章 找到财位，招来财运

从命理学的角度探索一个人的财运与求财方法，始终处于一种被动的境地，唯一的方法就是等待好运的到来，在有利条件下才能谋事求财，但阳宅风水学却能改变这种被动的状态。如果能尽量利用房屋中的财位，并且能在财位上作一些妥当调整，增强财星的活力，相信不久的将来，你必然会渐渐步出困境。这就是阳宅潜移默化的效果，也是解灾和调整财运的最佳方法。

一、教你怎样找财位

现在我们已经知道阳宅风水财位的重要性，这时一定会有人问：财位有什么标志？我们要运用什么简单方法来确定房屋的最佳财位呢？以初入门的观念而言，财位实际上分为两种：一种是住宅财位，一种是个人财位。

1. 住宅财位

住宅财位是以整个房屋为中心的，财位好坏影响整个家庭的财运。确定此财位不必分析个人命局。确定住宅财位有两种方法：

(1) "八宅派"确定住宅财位的方法

以我十几年的实战经验所知，"八宅派"确定财位在生气、延年、天医的方位。例如，震宅房屋的财位在东南巽宫和南方离宫以及北方坎宫。

卦象	宅屋坐向	财位
坤宅	坐西南朝东北	西北方、西方、东北方
乾宅	坐西北朝东南	西南方、西方、东北方
艮宅	坐东北朝西南	西南方、西方、西北方
巽宅	坐东南朝西北	北方、南方、东方
兑宅	坐西朝东	东北方、西南方、西北方
震宅	坐东朝西	东南方、南方、北方
离宅	坐南朝北	东方、东南方、北方
坎宅	坐北朝南	东南方、南方、东方

八宅财位表

(2) "飞星派"确定住宅财位的方法

风水学上有一句话："山管人丁水管财。"这句话在一定程度上泄露了风水的天机，风水中看"财位"的基本原则是看水。水动山静，住宅中属水的、具有流动性质的东西有喷水池、鱼池、水箱（鱼缸）、洗衣机、自来水、冷气孔、门路、窗户、空缺处、凹处等，凡是透光的、流动的、低洼之处都算水。

玄空学中的"水"并不是永恒不变的，它在每一座住宅、每一个元运中都有不同的变化。运用"玄空飞星"来确定住宅财位，一般都是以住宅飞星盘上向盘当旺或未来当旺之星所在的方位为财位。例如，下元八运巽山乾向下卦，飞星盘如下：

向盘旺星"九"在乾，"八"未来当旺之星在中宫，此二星所在的方位为房屋的财位。

运用"玄空飞星"方法来确定住宅的"财位"，除了以向盘当旺和未来当旺之星所在的方位来确定外，还可以运用飞星组合含义来确定财位。观察这些飞星（包括山星、向星、运星）的五行组合，具有连续相生且飞星组合含义有体现出一种吉利的特征。

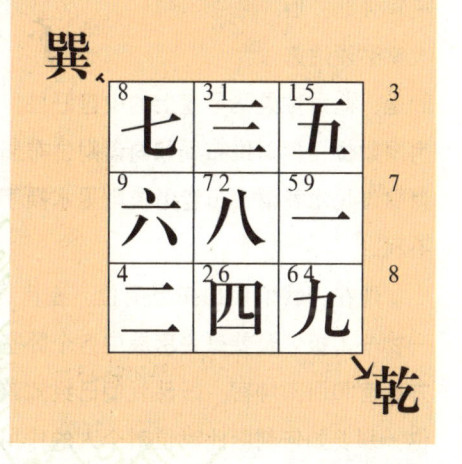

如，六八、七八、二六，这些飞星组合都是土生金，当旺之时组合的含义是富近陶朱，断是坚金遇土。

再比如，下元七运，午山子向下卦，飞星盘。现在我们以山盘当旺或次旺来确定住宅财位。山盘旺星"七"到向方坎宫，次旺之星"八"到西南坤宫。坤宫山向二星组合：八与六，八白土生六白金。其组合含义是：坚金遇土，富近陶朱，这个方位可以作为住宅山盘的财位。

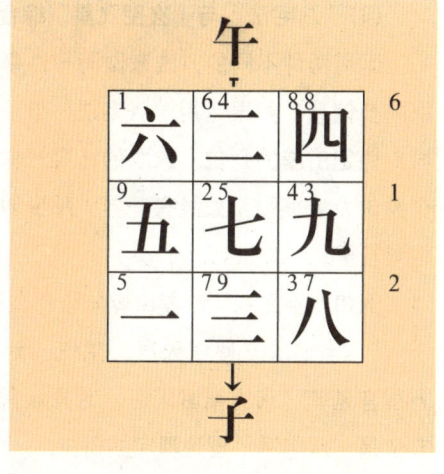

下面，笔者列出一些具有连续相生，而且飞星组合又能体现出财富信息的不同飞星组合：

二八组合含义：巨入艮坤，田连阡陌。

二一六、二一七组合含义：土制水复生金，定主田庄之富。

八二九组合含义：天市合丙坤，富堪敌国。

六八、七八、六二、七二组合含义：富近陶朱，断是坚金遇土。

另外如：一六、一七、一三、一四、二九、三一、三九、四一、四三、四九、六六、六七、七六、八六、八七、九九等组合，若当元得运，不但旺人丁，而且还催富贵。

(3)"八宅法"与"玄空飞星"综合确定财位

运用两种不同的方法来做同一件事情，主要是求取同步信息。如果运用"八宅法"与"玄空飞星"共同来确定房屋的财位，求取的结果一样，那么说明这个财位力量很强；如果有差异，那说明这个财位力量相对较弱。

例如，下元八运，巽山乾向下卦飞星盘。

"八宅法"一般以天医、生气、延年为财位，东方震宫延年，南方离宫天医，北方坎宫生气，这三个方位是"八宅派"理论巽宅的财位。

"玄空飞星"一般是以向盘的旺星或次旺星定方位，或者以山盘旺星以及次旺星所在的宫位的飞星组合含义有体现出吉利、富裕的信息为财位。

向盘旺星"八"飞到乾宫，六八组合当元得令，山盘旺星"八"飞到巽宫。八白土克一白水，不能为财位，又次旺之星"八"到中宫。

吉，又车方飞星九三，为火生土，九紫元气消耗不可言吉，所以乾宫和中宫为房屋的财位。

通过"八宅法"与"玄空飞星"都没寻到共同的财位，说明此房屋的财位力量稍弱。一般碰到这种情况，笔者都是以玄空向盘旺星作为房屋财位来计算，这是我的经验。

2.个人财位

个人财位一般都在个人卧室内或个人办公室内确定的某个地方，其确定方法和确定住宅财位的方法一样。在确定卧室或个人办公室内某个方位是财位后，再分析个人命局，最后判断个人财位的真假。

例如，某房屋子山午向七运飞星盘如下：

星盘上，向盘当旺之星到坐方位，次旺之星"八"到坤宫，坤宫六八组合，八白艮土生六白金，可以作为此房屋的财位。坤宫在八宅盘为绝位，说明此财位不是很强。

山盘的次旺之星"八"到离宫，离宫飞星八六组合，土金相生，同时又是八宅盘上延年吉位，此方位财星较强旺，但大家必须注意

	午↑		
4	81	66	8
	六二四		
5	39	12	4
	五七九		
9	75	27	3
	一三八		
	↓子		

的是，此财位是飞星盘上的山盘旺星，显然可以作为房屋财位，但财位布局和向盘财位布局截然不同，向盘财位见水发财，山盘财位则见水损丁或对身体健康不利。

现在，我们明白房屋财位，在南方和西南坤宫，一物一太极，也就是说房屋中各个卧室的财位均在南方离宫和西南坤宫。既然我们已经知道个人卧室的财位，那要如何判断此财位对个人的作用呢？这就要分析个人的命局了。

大家都知道"一卦管三山"，也就是说离宫财位有三个山，分别是丙、午、丁；坤宫财位也分别有三个山：未、坤、申。这两个财位占了二个天干和三个地支，在这二个天干和三个地支中，若其中一个干支是宅主命局中的财星或用神，那么此财位为个人的真财位；如果日主有力，能胜任财星，且与命局相配，则更是锦上添花。

日主壬水生逢亥月得令，同时又通年日地支申辰中气有力，在天干上有月干癸水劫财扶助，日主旺强，取年干戊土杀星克制日主为用神。月干癸水与年干戊癸相合，难以为日主所用，时干丁火财星与日主相合，可以取为日主的用神。

子山午向，离宫午位和坤宫未方财位是这个命局的真财星，身强能胜任财星，此财位又是命局用神，可谓一举双得，必然能填补命局不足，达到宅命相配。

如果财位的二十山干支不是宅主命局的财星或用神，则可称为假财位。假财位虽然不能发挥真财位那样大的力量，但只要通过妥当布局，增强财星的力量，使财位能发挥活力，也必然能增强命主的财运。

二、财位及其摆设物

1.流年与财位

飞星派风水有一种流年财位的计算方法，其实就是当旺卦气的流动轨迹。我在这里列出一张图表，查阅下表就知道流年财位的正确方位了，这是针对非专业人士而做的。

2004年东北方	2005年南方	2006年北方
2007年西南方	2008年东方	2009年东南方
2010年中宫	2011年西北方	2012年西方
2013年东北方	2014年南方	2015年北方
2016年西南方	2017年东方	2018年东南方
2019年中宫	2020年西北方	2021年西方
2022年东北方	2023年南方	

知道每年的"流年财位"在哪里之后，便可借助"财位"来催财了。

2.财位的摆设物

财位要催财，就是要设置动态的事物，在这个区域放挂钟、放鱼缸、风扇、用人工灯光聚焦打亮。一定要动才可以旺起财星，除此以外，财位上可摆设的物品甚多，可按个人意愿摆设，很多是属于吉祥文化的范畴。

（1）财神爷

财神爷的说法比较多，道教中，文财神为比干，武财神为赵公明或关公。另外，尚有五路财神、沈万三、陶朱公、石崇、刘海蟾等，土地公亦为财神。

（2）聚宝瓶或花瓶

"瓶"象征"平安"，"花"象征"源源而发"。瓶中放塑胶花、干花不宜。

(3) 招财树或盆栽

植物以阔叶、四季常青、绿意盎然者为佳，且要系上红缎带或红丝带，这样做一来代表喜气，二来可转阴（植物在宅外为阴）为阳（植物结彩后为阳）。详见拙作《营商环境风水设计》一书。

栽种招财树时，可在圆叶上系红缎带，或红、绿色五行搭配，吉祥又悦目。

(4) 水饰

水饰有水珠、水盘、水栽及湖水画等，均对财运有利。另外，水要用活水而非死水，水流的方向要向内而不可向外。瀑布图因水势过急为凶水，并无旺财之作用力。

(5) 象征财运的动物

财位还可摆放金钱豹、钱鼠、招财猫、玉兔、骏马及蟾蜍等象征财运的动物。

(6) 图画

如财神爷图、招财进宝图、牡丹富贵图、富贵如意图、聚宝图等，可挂在财位的墙上。

(7) 钱币

若财位无法放置物品，则可摆放钱币。用红丝带串外圆内方之古铜钱数个，挂在财位的墙上即可。

"财"为"我克"之物，故而取得钱财必须花费劳力及心血，除了财位上的布置外，"我克"也代表个人该有的努力及奋斗尤不可少。

大体而言，财位的布置应带吉祥意味，以摆放自己喜爱的物品、图案或吉祥物为宜，金元宝、聚宝盆、招财树、水饰、漂亮的玩偶、凤梨、财神爷等皆为较好的选择。在生意场所，财位如为柜台、财务室或老板坐位所在的话，比较好一些，效应尤为明显。

另外，尚有以五行之相生来决定在财位摆放何物的。若财位在东方，则取植物或水栽水饰；财位在北方，则取水晶、水栽或钱币等；财位在西方，则取玉石或金饰；财位在南方，以盆栽或财神爷等为优先。详细，论述在《家居设计与风水》一书有专门章节讲解，此处不再赘述。

三、财位的布置

财位代表财神降临、钱财聚集之所，财位放吉祥物的目的在于催财、得财、存财、护财。

1. 财位布置要点

财位的摆设应美观、优雅、整洁，和其他家具搭配适当即为上乘。不可堆放杂物或垃圾，放电器产品亦不宜。

财位忌阴暗潮湿，光线要充足，如果太暗可辅以照明设备，加强亮度。

财位所在之墙壁或天花板不可破损或脱落（其实，住所本来就不应该有此类现象），每隔几年就应将房间粉刷一次，有破损者应及时修补，用以续气、抢气，家运才会兴旺。

财位不可摆设镜子、化妆台或玻璃等，因为这些物件会反射财气，使钱财不易留存。

水饰的流水应向内不向外，植物盆栽则以圆叶常青者为佳，假花或干花不宜。

以上财位布置要点不只应用于客厅的财位，办公室或生意场的财位亦可相同处理。总之，财位的布局在于能纳宅中旺气，进而达到聚气催财的作用。

2.财位布置宜忌

财位的布置有诸多讲究，这里总结"五宜三忌"如下：

（1）五宜

◎财位宜有靠。财位背后最好是坚固的实墙，这样才能藏风聚气。若财位背后是透明的玻璃窗，这不但难以积聚财富，还会有破财之虞。此外，财位不宜在走道或门旁，并且不宜有开放式窗户，因为开窗对财运不利，气散则无财，若有窗户，可用窗帘遮盖或封窗。财位还要尽量避免柱子和凹处。

◎财位宜亮。财位明亮则居室生气勃勃，对生旺财气大有帮助。反过来，如果财位昏暗，则不利财运，需在此处安装长明灯来化解。

◎财位宜放吉祥物。财位是旺气凝聚的地方，摆放一些寓意吉祥的招财物件，如福禄寿三星或是文武财神的塑像，会吉上加吉，有锦上添花的象征意味。

◎财位宜坐宜卧。财位除了可放置生机盎然的植物外，也可摆放睡床或者沙发。在财位坐卧，日积月累，自会壮旺财运。此外，把餐桌摆在财位也很好，因为餐桌是进食之所，人在这里吸收食物能量的同时又吸收到财气，可谓一举两得。

◎财位植物宜讲究。财位宜摆放生机盎然的植物。植物不断生长，可令家中财气持续旺盛，运势更佳。在财位摆放常绿植物，尤其是以叶大、叶厚或叶圆的黄金葛、橡胶树、金钱树、巴西铁树等最为适宜。但要留意，这些植物应该用泥土来种植，不能以水培养。财位不宜种植有刺的仙人掌类植物，因为此类植物是用来化煞的，如不明就里地放在财位则会弄巧成拙。藤类植物的形状过于曲折也不宜放在财位上。

（2）三忌

◎财位不可受压。财位受压有被压制的意味，像沉重的家具，譬如衣柜、书柜或组合柜等都不要放在

财位，具体还要结合室内设计来综合考量。

◎财位忌受污受冲。财位应该保持清洁，杂物室、卫浴不能设在财位，否则会令财运大打折扣。财位也不宜被尖角冲射。

◎财位植物忌枯黄。财位上的植物枝繁叶茂，有助于财源滚滚。平常需要细心照顾，让它每天茂盛成长。若有叶子枯黄，一定要尽快剪除，否则宁可不放。财位上不能放人造花。

四、财神有神力

在中国民间传统观念中，财神是掌管天下财富的神，倘若能得到他的保佑眷顾，便可以财源广进，家肥屋阔。因此，很多人会摆放财神像在家里，希望财源广进，有些人更是朝夕上香供奉。但人们还是有一个疑问，那就是，民间流传的财神有很多种类，到底哪一种才是适合自己摆放或供奉的呢？

1. 文财神

(1) 财帛星君

他的外形很富态，是一个面白长须的长者，身穿锦衣，腰系玉带，左手捧着一只金元宝，右手拿着写着"招财进宝"的卷轴，面似富家翁。

相传他是天上的太白星，属于金神，他在天上的职衔就是"都天致富财帛星君"，专管天下的金银财帛，所以很多求财的人都对他非常尊敬，有些甚至日夜上香供奉。

(2) 福禄寿三星

"福星"手抱小儿，象征有子万事足的福气。"福星"身穿华贵朝服，手抱玉如意，象征加官进爵，增财添禄。"寿星"手捧寿桃，面露幸福祥和的笑容，象征安康长寿。

福禄寿三星中，本来只有"福星"才是财神，但因为三星通常是三位一体的，故此禄、寿也被人一起视为财神供奉了。倘若把福禄寿三星摆放在财位内，有这三星拱照，满堂吉庆，撇开风水不谈，单是视觉上及心理上也会觉得十分舒服的。

(3) 生财有道的陶朱公

范蠡也是一位文财神。他是春秋战国之际杰出的政治家、思想家和谋略家，同时也是一位生财有道的大商家。

范蠡辅佐越王勾践打败吴王夫差后，辞官隐退，来到陶地。范蠡认为，陶地处天下之中，为交易的必通要道，由此可以致富，以为后半生的保证，自此居住下来自称陶朱公。范蠡父子靠种地、养牲畜、做生意，积累了数万家财，成为陶地的大富翁，后又分财于百姓，天下人都赞美陶朱公，拜其为财神。

陶朱公的经营智慧历来为民间所敬仰，于是有许多经营致富术托于陶朱公名下。如《经商十八忌》：生意要勤快，切忌懒惰；价格要订明，切忌含糊；用度要节俭，切忌奢华；赊账要认人，切忌滥出；货物要面验，切忌滥入……十八忌多为商家经验之谈，托名陶朱公而已。由此可见，他作为财神在民间商人心目中的智慧形象。范蠡一生艰苦创业，积金数万，善于经营，善于理财，又能广散钱财，故称其为文财神也就理所当然了。

担任文职的以及受雇打工的人均宜摆放或供奉文财神。摆放文财神时，应向着自己屋内，而不应向着屋外，否则便会有向屋外送财的意思。

2. 武财神

（1）赵公明

世人奉祀的财神，影响最大的当推赵公明。据《三教搜神大全》载，赵公明神异多能，变化无穷，能够驱雷役电、唤雨呼风、降瘟剪疟、保命解灾，故人称"元帅之功莫大焉"。凡买卖求财，只要对赵公明祈祷，便无不称心如意，故而民间奉其为财神。旧时年画中，赵公明的形象多为头戴铁冠，手持宝鞭，黑面浓须，身跨黑虎，面目狰狞，因此人们又称其为武财神。

（2）关公

关公即关羽，在中国是一个家喻户晓、妇孺皆知的人物。近代以来，越来越多的人把关公作为全能保护神、行业神和财神。《民间新年神像图画展览会》的作者说："关公被人视为武神、财神及保护商贾之神。人遇有争执时，求彼之明见决断。旱时人们又向彼求雨，又可求病人药方，被人视为驱逐恶鬼凶神之最有力者。"

关羽一生忠义勇武，坚贞不二，为释、道、儒三门崇信。明清时代，关羽极显，有"武王"、"武圣人"之尊，由此关羽被世人附会成具有司命禄、佑科举、治病除灾、驱邪避恶等"全能"法力，民间各行各业对"万能之神"关帝顶礼膜拜。人们之所以奉关公为财神，大概是因为关羽不为金银财宝所动，与世间一些贪利忘义之徒形成了鲜明的对比。世人，尤其是商贾们都敬佩关公的忠诚和信义，希望关公作为他们发财致富的守护神。另外，人们希望商贾坚守诚信进行交易，把公正的关公奉为财神，来维护传统的道德秩序。

威风凛凛的武财神应面向屋外，或是面向大门，这样一方面可以招财入屋，一方面又可镇守门户，不让外邪入侵。

3. 偏财神

文武财神是民间所谓的正财神，在正财神之外，还有偏财神，这是针对财神所在的神像位置而言的。民间的偏财神经常是指被称为"五路神"的财神。在《封神演义》中，五路财神指的是赵公元帅、招宝天尊萧升、纳珍天尊曹宝、招财使者陈九公和利市仙官姚少司。"五路神"又指路头、行神。清人姚富君说："五路神俗称财神，其实即五祀门行中之神，出门五路皆得财也。"其中的五路是指东西南北中五方，意为出门有五路神保佑可以得好运，发大财。五路财神都是吉祥神，也是民间吉庆年画中常见的形象，他们深受人们的爱戴和崇拜。每年正月初五是五路财神的生日。这天天刚放亮，城乡各处都可听到一阵阵鞭炮声。为了抢先接到财神，商家多是初四晚举行迎神仪式，准备好果品、糕点及猪头等祭祀用品，请财神喝酒。届时，主人手持香烛，分别到东南西北中五方财神堂接财神，五位财神接齐后，挂起财神纸马，点燃香烛，众人顶礼膜拜，拜罢，将财神纸马焚化。

到了初五凌晨，人们抢先打开大门，敲锣打鼓，燃放鞭炮，向财神表示欢迎。接过财神，大家聚在一起吃路头酒，直吃到天亮开门营业，据说可保一年"生意兴隆，财源茂盛"。提防别处迎神早，隔夜匆匆抢路头。所谓"抢路头"即抢接五路财神，人们个个争早放头通鞭炮，以此祈盼发家致富。

在民间所供财神中，不管是赵公元帅，还是赐福天官，身边总要配以利市仙官（五路神之一），因此，利市仙官可说是地地道道的偏财神。有关利市仙官的来历，在《封神演义》中有记载：利市仙官本名姚少司，是大财神赵公明的徒弟，后被姜子牙封为迎祥纳福之神。所谓"利市"包含三重含义：一是指做买卖时得到的利润；二是指吉利和运气；三是指喜庆或节日的喜钱如压岁钱等。人们信奉他，是希望得利市财神保佑生活幸福美满，万事如意。到了近代，一到新年，有的人特别是商人，还把利市仙官图贴到门上，并配以招财童子，对联写道："招财童子至"与"利市仙官来"，隐喻财源广进、吉祥如意。

4.准财神

在中国民间信仰的众多财神中，有一类只能算作是准财神，意为未得财神封号，但此神也能为人们带来一定的财运，承担了一部分财神的职责，于是人们就将其作为财神看待。刘海蟾就是最具代表性的一位准财神。

刘海蟾，原名刘海，五代时人，籍燕山（今北京），曾为辽朝进士，后为丞相辅佐燕主刘宗光。此人素习"黄老之学"，是个悟后弃富的道士，本与财神无缘，他成为财神也许是源于他的道号——海蟾子。蟾，即蟾蜍，因此物相貌丑陋，分泌物有剧毒，对人体有害，被列为五毒（蝎、蛇、蜈蚣、壁虎、蟾蜍）

※ 三脚蟾蜍招财法

三脚蟾蜍可以招偏财。先用朱砂开光后，在寿金上画"五路财神运财咒"，将三脚蟾蜍压在寿金上。

可将三脚蟾蜍放在玄关、收银机上，或是放在收银柜台。白天要将三脚蟾蜍的头朝外，晚上要将头朝内，并对着三脚蟾蜍喊："刘海禅师到。"

偏财的祖师爷是刘海禅师，相传三脚蟾蜍是刘海禅师所养的，当三脚蟾蜍咬钱回来时，只要听到"刘海禅师到"，三脚蟾蜍就会把钱放入金库中。

之一。又因蟾蜍的分泌物蟾酥有强心、镇痛、止血等作用，又受人们所崇拜。《太平御览》引《玄中记》云："蟾蜍头生角，得而食之，寿千岁，又能食山精。"当时人们把蟾蜍当成了避五病、镇凶邪、助长生、主富贵的吉祥物，是有灵气的神物。刘海以"蟾"为道号而闻名，因"刘海戏金蟾"的传说被抬上了财神的宝座。

刘海戏金蟾出现在大量的民间年画和剪纸中，历代画家也有不少这一题材的佳作传世。在这些作品中，刘海皆是手舞足蹈、喜笑颜开的顽童形象，其头发蓬松，额前垂发，手舞钱串，一只三足大金蟾叼着钱串的另一端，作跳跃状，充满了喜庆、吉祥的财气。刘海所戏金蟾并非一般蟾蜍，而是三足大金蟾，举世罕见。金蟾被看做是一种灵物，古人认为得之可以致富。这是刘海被塑造成财神的主要根据。据说，刘海用计收伏了修行多年的金蟾，得道成仙。刘海戏金蟾，金蟾吐金钱。他走到哪里，就把钱撒到哪里，救济了不少穷人，人们尊敬他，感激他，称他为"活神仙"。为此，人们还修建了刘海庙，把他的故事编成戏剧，到处传唱。

5.大黑天财神

中国人所知的财神，有文昌帝君、五路财神、文武财神、聚宝盆沈万三等等。在过年时的年画中，可以看到这群财神的福相。但在密宗供奉的诸神中，却以"大黑天"为真正的财神。据说这天神能令修法者一年小发，三年大发。

大黑天，这个名字十分特别。东密相传，大黑天是大日如来为降伏一个食人部族荼吉尼，化作那食人族的形相，以愤怒药叉形天神降伏族人，所以大黑天的法相手拿血大腿，好不吓人！荼吉尼伏后誓救众生，大黑天神从此流传后世。

在密宗诸天神中，愤怒相不多，一致体认的是，大黑天神是以吓人法相降伏心魔的天神。大黑天具有战斗神、厨房神、冢间神及福德神4种性格。

战斗大黑天——由于此神有无量鬼神眷属，且擅长隐形飞行，因此在战争时加护那些向他祈求的众生。

厨房大黑天——此神能使食物经常丰足，因此很多人在厨房灶前供养大黑天。

冢间大黑天——此神乃佛教徒在坟场中祀奉的神之一。

福德大黑天——相传大黑天与其眷属七母天女，能予贫困者大财富。

第二章 阳宅风水旺财基础知识

要了解旺财的风水，得先了解寻找中心点的方法。了解九宫中哪些是旺财的星，哪些是破财的星；八卦中哪些是旺财的方位，哪些是破财的方位……只有了解了这些旺财的基本知识，你才能趋利避害，找到旺财的最佳风水。

一、立极的方法

每个住宅都有一个中心点，这就好比人都有心脏一样，这个中心点是一个空间能量的点场。风水学中把定中心点叫做"立极"，所以这个中心点又叫做"立极点"。立极除了要找到中心点外，还有就是要确定屋宅内的八个不同方位，以便排出星盘。如飞星派排出的紫白星落到何方宫位，八宅派排出生气、延年、天医等星到了何方宫位等。

现代建筑的不规则形体给定中心点带来了不便，要正确确定中心点，应遵循以下五个原则：一是无论是住宅地或住宅的中心点，都在对凸的部分和凹的部分作出调整。如果凸的部分超出2/3的，应以额外的部分来补齐，以加补后的正方形或长方形的对角线定中心点；如果凸的部分少于1/3的，则裁减掉，姑且不计在内，以裁减后的正方形或长方形对角线定中心点。同理，凹的部分超过2/3的，应将其补齐，凹的部分少于1/3的，忽略不计，以加补或忽略不计后的正方形或长方形对角线来定中心点。二是某些比较大型的高级别墅住宅的中心点，以主体屋宇来定。如果有辅楼、警卫室、仓库、车库等建筑物时，只要它是和主屋衔接着的，就应该以主屋为准。三是多层的建筑，每一层楼的中心位置均需单独研究，分布九宫、八卦气场。四是住宅扩建或改建时要看修改的部位及面积，依照平面图再确定一次中心点。这是因为修改会引起住宅形状的改变，中心点当然也被移动了。所以，必须再重新测定一次。五是住宅地增加或减少时，中心点要按照新的地形重新确定。

如果原住宅的凸出或缺的部分本来就已经很大了，倘若再增建一小部分时，往往不会影响到假想的长方形。因为长方形不变，其对角线也不变，所以中心点不会移动。又如把凸的部分拆掉，而增建缺的部分，此时中心点也不会移动。换句话说，扩建或改建住宅时，并不意味着中心点就要移动。

二、立极规的使用方法

现代人在选择楼宇时，不是每一个单位都会做实地勘察的。不过，房产商一般都会提供楼盘的平面图。

先根据平面图断定楼盘的吉凶，发现吉利单位时，才亲身去勘察其峦头环境的配合，这会节省大量时间和精力。这时，立极规就能派上用场。用立极规配合平面图，便能够初步判断楼宇各单位的吉凶。

立极规其实是现代科技的风水用品，它是一张透明的胶纸或者是亚克力片，上面印有几层罗盘内的层数，而罗盘的层数是视乎各派计算方法的需要而定。

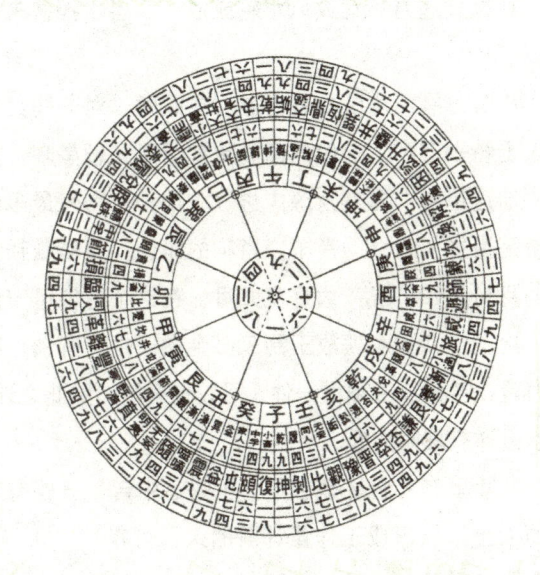

但通常一定会有二十四山和八卦，在八宅派来说，立极规一定分八宫。三元家的立极规上会印有六十四卦，而飞星派的会有二十四山和九星。

平面图的绘制方法：使用立极规在平面图上勘察是十分简单和实用的方法。首无用飞线定中宫的方法在平面图上找出中宫的位置所在，另外找出楼宇的单位坐向。只要将立极规的圆心（立极规的中央有一中心点，亦即是圆心）和中宫的位置交叠，把笔尖插在圆心上然后转动，配合其平面图的坐向，便能知道大门在哪一宫位，主人房在哪一宫。然后再查阅本书的九宫飞星组合图和八宅图，便能判断其祸福吉凶了。

立极规和图则配合运用也方便计算床、灶、书安放的位置，对购买楼盘的读者是有帮助的。

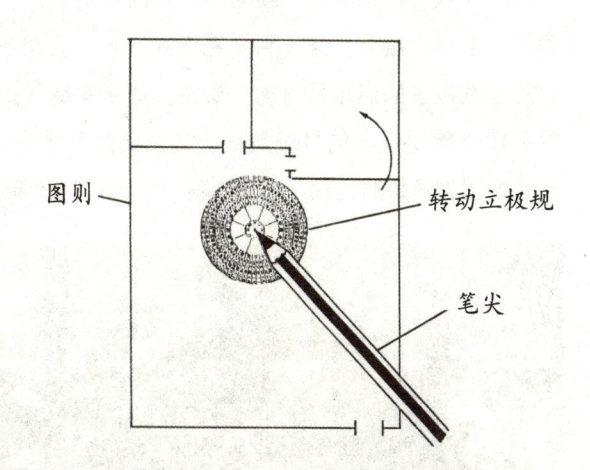

三、九宫与财运的关系

一白飞星：主财运稳定，对一些在大机构工作或有固定收入的人士特别有利，主财帛容易积聚起来。应期——最吉利的流年是肖猴、肖鸡、肖猪及肖鼠的年份，每年财运最强的月份是七、八、十、十一月。宜于在这方安门、房、灶、水位等。

二黑病符：二黑星是凶星，主破财，深入一步来说，会因疾病方面的问题破财。应期——最差的流年是肖蛇、肖马、肖羊、肖狗的年份。每年破财最多的月份是四、五、六月及九月。不要在这方安门、房、灶及作水位。如果门、房、灶及水位在这方，则要摆放一只铜貔貅来化解。

三碧是非星：三碧星是凶星，主破财，进一步分析，会因受他人欺骗而破财，又或是被盗窃而破财。应期——最差的流年在肖虎、肖兔、肖猴及肖鸡的年份，每年破财最多的月份是正、二、七月及八月。不要在这方安门、房、灶及作水位。如果门、房、灶及水位在这方，宜将水位改移他方，而门或房是没有可能改动的话，宜以红色地毯一张来化解。

四绿星：四绿星是一颗闲星，吉凶要视乎环境而确定，至于财运方面属于平平稳稳的一类。应期——储蓄金钱最多的流年是肖虎、肖兔、肖猪及肖鼠的年份。每年破财最多的月份是正、二、十月及十一月。在这方摆放翠绿的盆栽，如黄金葛、兰花、笼骨等。

五黄煞星：主破财，进一步分析，收入入不敷出，意外破财，借债欠款有增无减。应期——破财最多的流年是肖蛇、肖马、肖羊、肖狗的年份。每年最差的月份是四、五、六月及九月。不要在这方设门、房、灶及水位，更不宜供奉神灵。若门、房、灶在这方，摆放一对铜貔貅来化解。

六白财星：六白星是吉星，对于管理阶层的人士特别有利，主财帛能够积聚。应期——储蓄最多的流年是肖牛、肖龙、肖猴、肖鸡的年份。每年存款最多的月份是三、七、八月及十二月。在这方可安门、房、灶、水位，催横财则放玉貔貅一件，催正财可摆放铜制三脚金蟾一件。

七赤星：七赤星是凶星，主破财，进一步分析，会与他人在金钱上发生纠纷，因此而破财。又或因一些交通意外之事而破财，包括因被金属所伤而招惹血光之灾的入院费用。应期——破财最多的流年是肖牛、肖龙、肖猴、肖鸡的年份。每年破财最多的月份是三、七、八月及十二月。不宜在此方安门、房、灶，若门、房、灶位于这方，宜放风水轮或放一个盛水铜盆来化解。

八白财星：八白星是吉星，主旺财，对一些经商的人士特别有利，一般的商场更要留意这颗星曜，只要催动这星曜，自然财源广进。应期——得财最多的年份是肖蛇、肖马、肖羊、肖狗的年份。每年赚钱最多的月份是四、五、六月及九月。在这个方位可安设门、房、灶，亦可摆放玉制三脚金蟾一件，有催正财的力量；若摆放玉貔貅一件，可以催横财。除此之外，紫水晶亦有催财力量。

九紫星：九紫星是吉星，主财运中吉，一些有兼职的人士，以日或工作量计薪的人，可在这个方位布局。应期——得财最多的流年是肖虎、肖兔、肖蛇、肖马的年份。每年赚钱最多的月份是正、二、四月及五月。在这个方位可安设门、房、灶，亦可摆放铜制三脚金蟾一件或摆放紫水晶一件。

第三章 室外风水局对财运的影响

在风水学上，有这样的说法："有局无气，人丁不旺；有气无局，财禄不丰。"这句话点出了住宅外部环境对财运的重要性。那么，影响财运的室外风水有哪些呢？下面将为大家一一阐述。

一、真水为发财第一要义

地理五诀（龙、穴、砂、水、向）中，以"水"对财运的影响最大，所谓"山管人丁水管财"。因此，要想利用风水改善财运，必须从"水"入手。

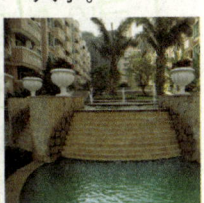

水在风水学中的另一个重要性就是，水是"财源"的象征，这是人们乐此不疲所追求的。"山旺丁，水旺财，只见山峰不见水，各为孤寡不成胎"（《堪舆漫兴》）；"水深处民多富，水浅处民多贫"（《管氏地理指蒙》），可见风水学中水管财的思想，这也是古人生活实践的总结，因为水有鱼虾生财，灌溉土地生财，舟楫流通生财等。

1. 风水中的水与财的起源

水是生命之源，水与生气有什么关系？"气者，水之母；水者，气之子"（《水龙经·气机妙运》）；"夫阴阳之气，噫而为风，升而为云，降而为雨，行于地中而为生气"（《葬经》）；"气随水而走，故送脉必有水""气行则水随，而水止则气止"（《发微论》），即水由生气转化而来，并且遵循水的循环规律，气蕴于水中，气随水走；"风水之法，得水为上，藏风次之"（《葬经》）；"未看山，先看水，有山无水休寻地，有水无山料可载"（《三元地理水法》）。由此可见，水在风水学中地位之重要和风水学家对水的痴迷程度。

2. 五行水局

风水中，水局也可以分为五形五类。

（1）金形水

水局最重环抱有情，主旺财。因此，圆形环抱的水源必能聚财，属于金形水。圆形或者呈"S"形行走的泳池、河流，都是金形水，能孕育出许多富豪。

（2）木形水

如果说金形水为有情水的话，那么木形水则是无情水了。如一条直线的真水，主财过其门而不入。

（3）水形水

如水浪纹的泳池或呈现S形的河流，为水形水，均主旺财。

(4) 火形水

火形水，如三角形的泳池或喷泉等，主破财。容易招惹是非，导致小人当道。

(5) 土形水

四方形或长方形，水势平静主吉。但水池为两个四方形，为哭字水，主凶。

3. 水深聚财

水的深浅清浊与财运又有什么关系？

水深：水深代表运长，财厚丰足。

水清：水清主财。日本是一个很重视和爱惜水源的国家，因此战后经济恢复很快。日本水清才将鱼作生食吃，因此，日本风水地很多。而且，日本人很讲究自然环境的保护，因此，日本很多地方的风水很好，财运很旺。香港地区的水也是非常清的，也有着非常吉利的影响力。

水浊：水浊代表发"不净"财。澳门水浊，因此以赌以色繁荣。

水静：水静不急，无水声，为吉水。

水急：水声大且水流急，为急煞水，主宅主性急，财来财去。水局宜静不宜嘈，听到水流声的住宅，宅主八字必被水欺，如水管去水声太吵或有水渠怪声，均主宅主被水欺负。如果住宅前面的水源水声很大，来势汹汹，而且气味腥臭，不但主破财，而且也会让住在屋子中的人身体不健康。

二、逆水旺财，顺水破财

1. 来去水的判断

前面讲的是真水。不过，更多时候，人们面对的是假水——路。本来，门前的路，长的一方为来水，短的一方为去水。但当商铺对着马路时，则不能只用以上的方法来衡量来去水，要配合行车线。

如最接近商店门前的行车线，车辆是由左方往右方驶去，来水便是在右方，去水便是在左边，这店铺宜开左方门，这便是开青龙门来收白虎水。

除了从行车线的车辆行驶方向来判断来去水外，再深入一步研究，有些道路的来去水是不能用行车线的车辆行驶方向来判断的，而是要根据地形来判断。

商场内，店铺的来去水不容易推断，因为它的大门不是向着车水马龙的道路。通常是以手扶自动扶梯的位置作来水，而各商铺的来去水的吉凶便要以"怀抱"、"反弓"、左方路长抑或路短、右方路长抑或路短来作推算。

2. 逆水旺财局

在风水学理上，"逆水"局为旺财，"顺水"局为破财，"逆水"又称为"迎水"。住宅是收"逆水"抑或"顺水"，是从行门及门外的街道或走廊来配合判断的。这些峦头都是从山形水势的学理变化而来。

经云："或有龙而无虎，须水自右来（图一）。或有虎而无龙，必水从左转（图二）。水从左转虎必长而包龙（图三），水自右来龙必长而包虎（图四），逆关则吉，顺关则凶。"

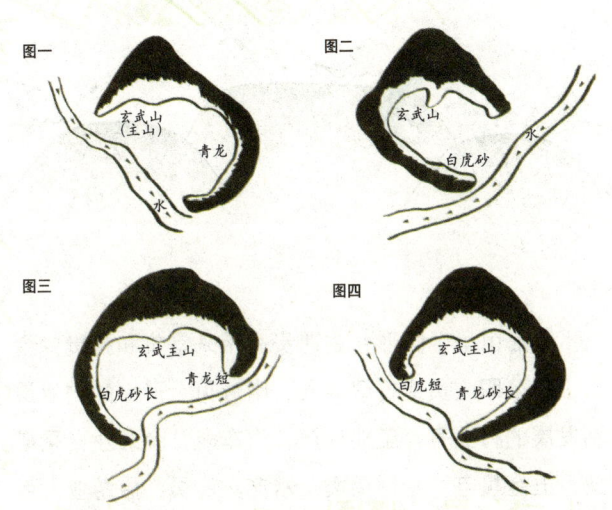

图一　图二

图三　图四

在阳宅风水中，习惯上以门来作收水之用，故门开何方，影响着写字楼、商铺及住宅的吉凶。

宅外的道路、走廊都可以作为水论，风水师称为虚水，若果门开迎水（又称作收水或接水），则商铺主生意兴隆，写字楼主财源广进，住宅主财运亨通。

若果观看河流溪涧，见到水的流动，自然清楚知道哪一方为来水，哪一方为去水，但是在一般人来说，要判断道路及走廊哪一方是来水，哪一方是去水，必须花一番功夫。

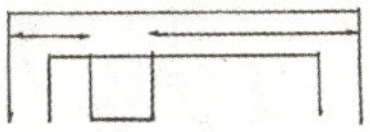

左来右接：若果左方水来，商铺住宅宜开右方门，这是以白虎门收青龙水；右来左接：若果右方水来，商铺住宅宜开左方门，这是以青龙门收白虎水。

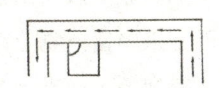

天桥道路的来去水界定与楼宇各单位走廊的来去水界定是有些分别的。

楼宇内各宅走廊的来去水界定法为：左方走廊长则为来水，右方走廊短则为去水；右方走廊长则为来水，左方走廊短则为去水。

以上是基础的判断来去水之方法，再进一步研究，要看电梯在哪一方，电梯在的这方便是来水。因为在现代楼宇，很多都设有电梯，而每人都以电梯为通往各层楼的主要运输工具，这方位便属于来水。

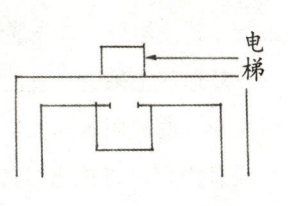

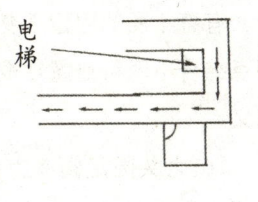

住宅门对着电梯口，被视为对着水口，此为财来财去之局，因来去水都在这里。化解方法：一是在门内用屏风化解；二是门向须是最当运的卦线。

3. 送水局财难聚积

与迎水相反的便是"送水"了，如果门前来路左长右短，门开左方青龙，便是"送水局"。又假设门前来路右长左短，门开右方白虎，亦是"送水局"，主财来财去，难以聚积。

而开前门中门的"朱雀门"，最好前方有一小片空旷面积，作为明堂聚气之用，这样，财运亦颇顺利。

三、旺财山形与破财山形

1. 旺财山形与五行

风水把高的事物、静止的事物叫做山，低的事物、流动的事物叫做水。山又叫做"星体"，并按照中国的五行学说结合山的形状把它们分作五个大类，一律"以貌取山"。

五行者，就是"金、木、水、火、土"之称谓也，"五行"是属于原理性的学术，可以代入各种层面研究和观察它们。五行是阴阳相互作用的产物，是中国哲学把事物分类的系统，中国所有术数研究都离不开五行学说。学风水首先要认识五行。

从形状上来说，直的叫木形，平的叫土形，圆的叫金形，曲的叫水形，尖的叫火形。阴阳五行，本身是没有固定的吉或者是凶的，只是有了五行的生克，刑冲合会，生旺休囚，才出现吉凶的验证。不同的山形，有着不同的固定不变的特质，风水以五行学说的观点结合不同行业属性推论和定义吉凶，具有一定的意义。

"山之头圆足阔者为金，头圆身直者为木，头平身浪者为水，头尖足阔者为火，头平体方者为土。"木形山多呈长直形，是山形比较高而且顶部是半圆形的，它代表了和睦和谦厚，主出文人或贵人带来名誉，大利文职人员。附近见木形山的物业，最利发展的行业有：燃料、酒类、化妆品、医生、装饰品、广告业、眼镜行业、纸业、种植业、花店、电子产品、家具业、出版业、制衣业等。这是因为这些行业从大五行的观点来看属性是木、火。我是以木生火、木扶木的观点来论之。

土形山呈方平的形态，山顶是平的，主遇贵人带来财富，故对经商特别有利。附近是土形山的物业最有利发展的行业有：玉石雕刻业、房地产、建筑工程业、汽车业、金融业、采矿业、五金机电、制陶等。这是因为这些行业从大五行的观点来看属性是土、金。我是以土生金、土扶土的观点来论之。

金形山呈半圆形，主遇贵人带来官位和矜贵，金形山利公职人员或行政人员。附近见金形山的物业最利发展的行业有：工业生产、汽车业、金融业、采矿业、五金机电、金饰买卖、水产、海员、旅游业、百货贩卖业、音乐、水族馆、冷冻食品、保险、销售业等。这是因为这些行业从大五行的观点来看属性是金、水。我是以金生水、金扶金的观点来论之。

水形山是由几个半圆形的山峰组成，呈波浪形态，有如水波一般。因象成名，主出有智慧的人，遇贵人而带来财富。物业附近见水形山大利一些利用脑力工作赚钱的人，大利营销顾问、设计、艺术、演艺、花

店、种植、纸业、家具、药店、医院、制衣、宗教、文化、出版、木制品、海员、旅游、水族馆、运输业、水产、饮品店等。这是因为这些行业从大五行的观点来看属性是水、木。我是以水生木、水扶水的观点来论之。

火形山的山形呈尖三角形，主威仪与权力，不过因为火形力量有过旺的气质而令吉凶走向极端，不利于经商而且容易造成损伤。附近见火形山的物业最不宜发展的行业有：易燃物品行业、酒品业、化妆品、广告业、饰品店、电器产品店、燃料业、玉器业、陶瓷业、建筑业、地产业等。这些行业不利于在火形山周围经营的原理亦是依据于五行学说论其"不利"，只是层面就有一点不大一样了。

以上所介绍的吉利的山形，最好要有大门或窗户向之，这样最能吸纳其吉气。

金生水，水生木，木生火，火生土，土生金，这是"五行相生"；金扶金，水扶水，木扶木，火扶火，土扶土，这是"五行自旺"；金克木，木克土，土克水，水克火，火克金，这是"五行相克"。事物的起源、存在和发展变化被视为对立统一地、有秩序地运动着。风水是将"自旺、相生、相克"的道理分别代入各种五行的事物之中，这种五行的原理也完全可以代入其他的色相、材质、灯光、数理之中而使用之。

2. 破财的山形及不利的事业

一般地理师都把山形分为五行，其中以属火的山形对财运最不利，无论你是经商抑或是替老板工作的人，如果居宅附近有火形山，定主财帛不聚，更会为金钱而引起争执。

火形力量有过旺的气质而容易使吉凶走向极端，不利于经商，而且容易造成损伤。这种令人不安的心理暗示也造成了三角形状的地自古以来就不为人们所常用，古人认为屋前尖（三角）为火咀，后方尖（三角）为倒田笔，皆主财帛不聚或易发生意外。从实用价值角度而言，三角形的尖角也是很难处理的，往往会造成动线的死角，除了会导致进出不便，也不能有效使用空间。

如果你正好有一块三角形的用地，那么应该如何去规划处理呢？我以为首要应在其中找出比较规则的长宽比例适当的用地形状来安排主体建筑空间，然后把锐角的部分作为次要的功能区来使用，可以设置库房、食堂或停车场等。其次，要在锐角的部分多种植一些高大的树木，树木在光合作用时是会动"气"的，通过这种生命的呼吸可使死角的能量得以流通。种植的树木还可以用作噪声和粉尘污染的过滤工具，因为植物对空气中的浊物具有很强的吸收力。总之，种植树木可以美化环境、活跃气氛、净化空气，还可以起到一定的柔化空间的作用，在室内的锐角部分也宜种植树木。

第四章 室内旺财风水局的布置

如果你的八字不是那么主财，那么，不妨好好地布置一下你的住宅风水吧。一般来说，如果一个人住在一间旺财的房屋，那么他会招来更多的财富；如果这个人住在一间破财的住宅内，那么这个人的财运会受到命运的牵制，发财也会有限，绝不会达到他命局应该得到的那个数量的钱财。所以，千万别忽视室内的财运风水。

一、发财屋型

好的屋型能给住在里面的人招来财运，不过，一般来说，除非自己亲自参与房屋的设计与建筑，否则，对于从房地产商那里购买房子的大多数人来说，招财旺运的屋型是可遇不可求的。当你拥有一间招财屋型时，一定要心存善念，所谓屋型配德相，讲的就是这个道理。如果没有遇到发财屋型，也可以根据自己的五行，自己来创造发财屋。

1. 米袋屋是一种招财旺运的好峦头

"米袋屋"在风水学中，是一种招财旺运的好峦头，这种峦头非常难得。风水首重形相，能成形的地必吉。"米袋屋"入口特别窄，看上去恰似中文的"由"字。而出了袋口便豁然开朗，拥有一片假水内明堂。

但从袋口进去的现成建筑物中，不可能找到"米袋屋"，因为其形奇怪，但加花园外围地而形像米袋的情况是有的。例如在北京及上海我均碰过一级的米袋屋，均是因为花园形状形像米袋。不过，有的米袋屋在花园另一边开有一后门，呈现"米袋穿网"局，结果招财有余，守财不足，在座山酉位见门，乃山星下水，水星登山之局，此门后来再扩建为车房出入口，顿成败局，结果大好米袋，变了穿洞米袋。

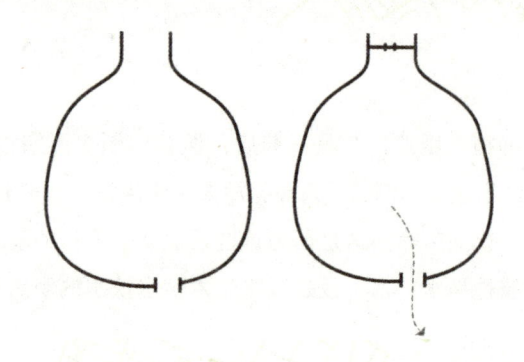

2. 扫把屋是一种很好的招财局

扫把你见过没？扫把（俗称）是上窄下阔，如一个梯形之物。如屋形如梯，便是扫把屋了。大概是在2007年的时候，我应邀为江苏昆山的一家药庄勘察风水，入门之后，我就告诉业主这是一间扫把屋。业主面色不佳，以为风水不佳，神色之间颇为沮丧。我笑着告诉他，"扫把屋"在风水学中是一种很好的招财局，如果能按我的指点善加应用梯形的扫把屋，自然是生意兴隆、福慧天成。后来果然没有负其所托，该店铺开业以后生意一直很不错。2008年的秋天，这个药庄的业主再次请我去昆山为他勘察风水，不过这次是去看他新买的两百多平米的复式大宅了。

当然，并不是所有人都可以住进这样的招财局，这个里面有些机缘的问题，你不是我的门人，我不方便对你说。不过有一种说法是,佩戴一个与自己的五行相合的宝石制成的扫把形饰物,也可以起到很好的招财作用。这个说法你姑且听之,不可以为典要。

当我们对"扫把屋"进行建筑规划时,门一定要开在窄的一边,因为只有这样,才能越向里走越敞亮,有前程一片光明的意味。而且,财气由窄的一边进而聚敛于宽大的一方,不仅不易外泄,而且只有足够宽大的空间才能聚敛越来越多的财气。反过来说,如果我们把门开在了宽的那一边,因"内存"太小,自然

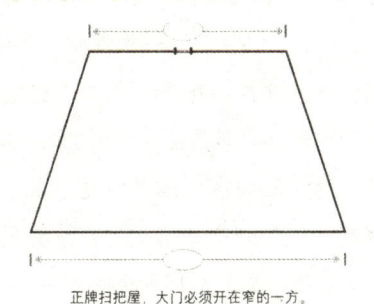

正牌扫把屋,大门必须开在窄的一方。

存不住多少财,再加上口那么大,存不住的时候当然会全都"吐"出去。而且,从宽大处向窄处进入,使路越走越窄,这样会给人一种压抑、没前途、绝望的感觉。

3. 红灯笼屋只旺五行缺火的人

所谓"红灯笼屋",是指两头窄中间宽阔的地形。这样的地形比较常见,但形状规整的也很少见,且这种形状的房屋大概还没有进入建筑设计的领域,如果不是自己去盖,大概是不可能在房产市场上找到这样的住宅或办公楼的。

虽然这种"红灯笼屋"的地形比较常见,但并不是适合所有人。八字五行缺火的人,利用这种地形可以对自己的财运及事业起到很好的帮助作用。而对于那些五行不需要火甚至是为火所克的人来说,"红灯笼屋"则没有太大的旺财作用。

因此,在看风水的时候,有某些门派的观点认为可以同时考虑屋主的八字和风水命卦来参考选择,使人与周围的环境能相互协调统一,最终融为一体。不过风水和命理是两个独立的系统,是否要结合起来研究,应该如何去结合,坦白地讲,这个问题我也还没有完全想明白。希望有更多经验以后可以再为读者说明。

如果命卦缺火,而且遇到了一块"红灯笼屋"的地段,在进行建筑规划的时候,千万不能在"灯笼"内修建喷泉、游泳池等有水的人文景观。因为我们知道,灯笼所以叫灯笼,是因为其内有火可以照明,而在"灯笼屋"中建了水池、喷泉等水景之后,水能灭火,灯笼之功能自然得不到发挥,那么,作为"灯笼地"之招财旺业之效也自然为水所灭。

上述都是中国术数文化里的"形象"的观念。

4. 发财屋可自创

拥有一所宅向很好的房屋来为自己的事业及财运加分,那是可遇不可求的事情。因为生活的空间有限,而吉地的数量更是有限。那么,在先天条件没有得到满足的情况下,就需要利用后天条件来为自己打造出一所可助自己事业兴旺发达、财运顺畅亨通的住宅。

如果有"入地眼"的功夫,也就是年轻时有走遍名山的经验,都知道风水师有"呼形喝象"这一技法,就是任何一山不管形相属何,只要由一德行高深的风水师向其大声呼喝其形,其地灵便会衍生这种灵气予山形。这"呼形喝象",是在赋予山灵魂,属于念力传送的一种,也有深层次的文化心理的意味。这种方法同样可以用到我们的住宅中。

因此只要了解自己要什么五行，便可为自己的住宅呼形喝象。如果五行缺火，可以将住宅叫做"辣椒屋"，因为辣椒是火性很强的食物；如果五行缺水，可以将住宅叫做"水云间"；如果五行缺金，可以将住宅叫做"金生水起"……由此，我们可以知道为什么古代的书生总是给自己的书房或住宅起一个雅致的名字，表面看来是为了附庸风雅，其实这也是呼形喝象的一种风水技法。

当然，在"呼形喝象"时也要注意，必须先确定自己需要什么，所呼喝的是否是自己确实需要的。如果不能确定的话，最好还是不要乱起名字乱呼喝，否则会适得其反，呼喝来自己不想要的结果。

二、室内旺财布局的操作原理

旺财局的首要事情，便是要找出财位。找出财位后，便要开始布局了。初学风水的人会依八方五行来布局：

东方、东南方五行属木——摆放属水及木的物品，可以增加财运，如摆放植物、金鱼缸等。

南方五行属火——摆放属木、火的物品可以增强财运，如摆放植物、发出红光的灯或发出紫色光射线的镭射灯。

西南方及东北方五行属土——摆放属火、土的物品可以增加财运，如摆放镭射灯、瓷制品或玉石制品。

西方及西北方五行属金——摆放属土、金的物品可以增加财运，如瓷制品、玉石制品、铜貔貅、铜麒麟、五帝古钱等。

北方五行属水——摆放属金、水的物品可以增加财运，如用六帝古钱、铜貔貅、铜麒麟、风水轮等。

真正可以旺财的方法，不是只依方位五行来摆放一些风水用品，必须要以"水"为用，青囊序曰："水主财禄山人丁。"又曰："一水发城门须要会。"均以水为重点，因为水能界地气，国外已经成功地利用水来断玻璃，故水之力量是不能小觑的。

河、溪、海、湖为水，属于地局之水，水井之水乃一家内之水。现今都市环境，大多数房屋都不可能随意改变以上水位，故只能以后天之水来加强财运。

当找出旺财之星卦后，便可以利用水位来布局旺财。

除了放水可以旺财外，大门开在某些方位亦会旺财，但新式大厦的大门不能轻易改，以下提供的方法，只供参考而已！

玄空飞星财位开门，会旺财，例如八运的财星八白或桃花星九紫所飞到之方，开门会旺财运或人际关系；八宅游星财位开门亦会旺财，如生气、延年所到之方开门，旺财运。

玄空大原卦以当运之卦位开门才旺财，六、七、八、九运以开西北、西、东北、南方门为当运，八运（2004～2023年）以东北（艮）及南（离）方开门为旺，其中开东北门为正财，开离门为间接得财。

三、9大宅运招财法

1. 雾化盆景生财

现代的风水用品越来越进步，有一款新的风水用品，便是雾化盆景。

雾化盆景是一个盆栽，四周有水围着，中央才是山水草树的盆景，然后利用一些先进的科学仪器，将水激射而引至雾气弥漫于盆景的四面八方。如果你伸手接触那些雾气，会感到冷冷的、凉凉的，当然还有潮湿的感觉。

经云："山管人丁水管财。"这个雾化盆景放在屋内的水位吉方，自然会令财运加强，但要切记，不可放在忌见水的方位。经云："山上龙神不下水，水里龙神不上山。"犯之不但破财，连以往的积蓄也会花掉。

2. 风水轮催财

风水轮是近期颇为流行的催财用品，它的物质装置以铜盆为主，然后在中央做一条铜柱，围绕铜柱有多个小兜或小盆、小杯，水由中央的铜管引到顶部，当顶部的小兜盛满水后，便会流到下一层的小兜，如此类推，最后的水流回盆内，又开始作一个循环。

铜属于五行中的金，而水主财帛运，水的不断循环是制造川流不息之意，而铜盆为盛水之用，这便是聚水了，故风水轮便是聚财盆了。

在动静阴阳法当中，以水合动诀为吉论，风水轮正合这一点，有些风水轮再加灯盏灯胆，以收更实用及装饰之效，以灯光合阳诀，水上阳，山主阴，这是略懂风水的人都懂的，其强盛的阳气可用来催财。

另外要注意的，有些风水轮只得六个小水兜，这是合乎风水规则的。因为在河图当中，六的数目是属于水的，有加强水汽的力量。除此之外，假设小水兜的数目属于九个或四个，都有加强财运的力量，因为四数及九数的五行属金，金能生水，故水旺财的力量又能升一等。

3. 养鱼催财法

养鱼催财，要留意以下几点：一是鱼缸的形状；二是养鱼的种类；三是养鱼的数目；四是鱼的颜色。

（1）鱼缸形状与五行的关系

◎圆形的鱼缸，五行属水，可以生旺水，故为吉利之论。

◎长方形的鱼缸，五行属木，虽然泄水气，但亦是有情的相生，亦可作吉论。

◎正方形的鱼缸，五行属土，土能克水，会出现互相克制的力量，故选择金鱼缸不宜选择五行属土的正方形。

◎六角形的鱼缸，以六为水数，故其五行属水，但多角形的五行又属火，为水火驳杂，亦不宜用之布局催财。

◎三角形或八角形的鱼缸，五行属火，遇水成为互相克制之象，亦不宜选用。

据以上五行的分析，最吉利的形状有长方形及圆形，大家在日后选择金鱼缸时，要多加注意。

(2) 养鱼的种类

很多做生意的人喜欢饲养金鱼。金鱼一般有以下几个种类：

◎咸水鱼：咸水鱼是用接近海水咸度的水来饲养的鱼，其颜色鲜艳，令人赏心悦目，可以怡情养性及作催财之用，但要留意，咸水鱼颇难照料，是容易死掉的。

◎热带鱼：热带鱼的饲养比较困难，必须悉心照料，否则这些鱼很快便会死去。家中的生物常常死去，不是一个好兆头。

◎金鱼：一般金鱼的生命力都比较强、比较耐养，容易打理，一般家庭适宜饲养这类金鱼来催财。

另外，还有一些做偏门的行业喜爱饲养煞气较大的金鱼，这些金鱼多口部阔大、银牙利齿，例如龙吐珠。

(3) 养鱼的数目

很多人都认为养鱼数目以单数为吉，如一、三、五、七、九；以双数为凶，如二、四、六、八、十，这些人以双数的"双"字与"伤"字谐音相同，故云不吉。实则不应如此推断，因为风水另有学理分析。在风水中，一般把鱼的数目用河图来配合或以洛书来配合，两者配合，相得益彰。

现以洛书数来配合养鱼尾数而论风水。

一尾：一白贪狼星，为吉星，可以旺财。

二尾：二黑巨门星，为凶星，不利财运。

三尾：三碧禄存星，为凶星，不利财运。

四尾：四绿文曲星，为吉星，可以旺财。

五尾：五黄廉贞星，为凶星，不利财运。

六尾：六白武曲星，为吉星，可以旺财。

七尾：七赤破军星，为凶星，不利财运。

八尾：八白左辅星，为吉星，可以旺财。

九尾：九紫右弼星，为吉星，可以旺财。

十尾作一尾论，十一尾作二尾论，十二尾作三尾论，依此类推。

以上以洛书来论鱼数的吉凶，继续再用河图五行来论吉凶。

一尾：河图五行属水，可以加强水的力量，水为旺财之气，故作吉论。

二尾：河图五行属火，会损耗水的力量，水气被损耗，故作平平之论。

三尾：河图五行属木，会泄耗水的力量，水气被泄，作不利之论。

四尾：河图五行属金，可以生旺水的力量，水气加强财自旺，作吉论。

五尾：河图五行属土，会克制水的力量，水气被制，故作不利论。

六尾：河图五行属水，可以加强水的力量，水为旺财之气，故作吉论。

七尾：河图五行属火，会损耗水的力量，水气被损耗，故作平平之论。

八尾：河图五行属木，会泄耗水的力量，水气被泄，作不利论。

九尾：河图五行属金，可以生旺水的力量，水气加强财自旺，作吉论。

十尾：河图五行属土，可以加强水的力量，水为旺财之气，故作吉论。

从河图与洛书的配合，养鱼最吉利的数目便是一尾、四尾、六尾及九尾，各位希望利用养鱼作布局催财者要多加注意。

（4）鱼的颜色

不同颜色的金鱼，都有不同的五行所属，对风水或多或少都会带来影响。

假设饲养的鱼类颜色是金色或白色，便是五行属金，金可以生水，故催财力量较强。

假设饲养的鱼类颜色是黑色、蓝色或灰色，便是五行属水，水能旺水，故催财力量亦强。

假设饲养的鱼类颜色是青色或绿色，便是五行属木，木会泄水，故催财力量较弱。

假设饲养的鱼类颜色是红色、紫色或橙色，便是五行属火，火会损耗水的力量，故催财力量会较弱。

假设饲养的鱼类颜色是黄色或啡色，便是五行属土，土能克水，故催财力量亦很弱。

（5）如何摆设鱼缸

风水上认为山管丁、水管财，也就是有水才会有财。纵观当今社会，富庶的地方都是水量丰沛之地；大的都会、城市、公司绝大部分也都设在有水的海港、湖泊、大河附近。这便是水的重要性最好的证明。

室内放置鱼缸有两种作用，一是聚气，即聚集旺气，如此便能聚财、旺财；二是挡煞，也就是可以利用水的力量将衰败之气挡住。古人认为：气乘风则散，界水则止。所以水具有止衰气、聚旺气的双重作用。

水方位的对错、吉凶是根据元运、空间来决定的。元运是古人计算风水周期的基础，以一百八十年为三元（上元、中元、下元）九运，由黄帝轩辕氏出生开始主民数，每元为六十年（含有三运），每运有二十年。例如，值下元运中，举凡鱼缸、水车或厨、厕有水，皆不宜放置于南方离卦，西方兑卦，东北方艮卦，西北方乾卦。这四个方位有水，于风水不利。房屋空间的方位不同，摆放鱼缸必须选对位置，才能真正发生效力。放置在北方坎卦、东方震卦、东南方巽卦及西南方坤卦等四个方位上，为安全卦位，对风水有利。

办公室内的鱼缸最好能置于进门附近，即公司前方明堂位置，接近进门气口。这样不但感应迅速，同时也可作为景观的一部分，令人心旷神怡，有助于提振员工精神，增强人际关系。

至于四个吉利方位的选择，必须在房屋的正中央依据八卦九宫的空间方位来规划，千万不能有错误。要用罗盘来测定，或请教专业人士。

如果要在办公室内养鱼，最好的选择是红色的鱼，因为红色代表吉利，会给公司带来祥和的气氛。可以用单数，因为单数为阳数。数量也可依公司负责人的命卦来决定：如坎命人，鱼数应为一或六或七；离命人，鱼数应为二或七或九；震命及巽命人，鱼数为三或八或十一；乾命及兑命人，鱼数为四或九或十三；坤命及艮命人，鱼数为五或十或十五。另外，在鱼缸附近最好能植栽一些树木予以美化，也有增强生旺之气的作用。

鱼缸（水）的高度应在人站着时膝盖以上到心脏之间为宜。但是如果摆放在座位附近，则水不宜高于坐下后肩膀的高度，尤其不可高于头顶，会形成淋头水，于风水不利。

如果是第一次养鱼，最好能选择在良辰吉日放水和放鱼，要避免冲到主人的出生年支。吉日可以是黄历上为天德、月德、天月德合日或天喜、天医、风禄等有吉星的日子。选日子要参考黄历，即使是对一个专业的术数师而言也似乎是约定俗成的事情了。

通常如果鱼缸放置的方位正确，养殖方法得当，所养之鱼都会活泼、有生气。如果常死鱼的话，就要研究是否水的温度、水质或鱼的本身有问题，如没有，则可能是方位摆错了，应予以纠正。

4. 厨厕入中宫防破财法

居家房子的厕所或厨房位在整间房子的中央，我们称之为"厨厕入中宫"，这在阳宅学上是一个大忌，也就是"秽处中宫"。

从现在科学的角度来看，厨厕在房子的中央，空气无法流通，秽气流在整个屋内，当然是非常不好，严重影响到居住者的财运和健康。在各门的风水学上，厨厕入中宫，都是主破财运。破解的方法是，用一圆桶（形状类似像垃圾桶那样），铺上三分之一桶的粗盐，准备长条型的木炭，每条木炭的中间贴一圈两公分宽的红纸，将木炭插在桶内，最好是将桶子插满。放在厕所或厨房，可以防止破财。红纸代表隔离废气，盐可以防潮，木炭可以去湿，这个化解法在古代是有其科学根据的，不过时过境迁，现在的座厕已是水厕，可不必再这么搞了，只要放四个盆栽在这个洗手间里就可以了，用的是水生木的原理，详见《家居设计与风水》。

5. 五帝钱、七帝钱招财法

清朝国运最旺的五位皇帝，顺治、康熙、雍正、乾隆、嘉庆所铸造的钱，俗称为五帝钱。五帝钱象征着升官发财、步步高升，可以保平安，并有招财、镇宅的功用，可放在居家财位或挂在门上。

七帝钱是五帝再加上道光和咸丰所铸造的钱。七帝钱和五帝钱一样，也有招财、镇宅的功用，但七帝钱还多了避邪的功用。通常大家对五帝钱比较熟悉。

※ 三脚蟾蜍招财法

中国风水学目前已经发展为多流派的风水学。

形势派：峦头派、形象派、形法派

理气派：八宅派、命理派、三合派、翻卦派、飞星派、五行派、玄空大卦派、八卦派、九星飞泊派、奇门派、阳宅三要派、廿四山头派、星宿派、金锁玉关派。

6. 洞箫防破财法

阳宅的门口,就像是一个人的嘴巴,若你吃的食物干净卫生,那么可以身强体健,但若是吃了不干净的食物,就会拉肚子。所以若门的位置开得不对,会很容易发生事情与破财。

门口的里面上方,挂一支洞箫,箫有"消"之意,洞箫的口在下,取其"抵消"的意义,洞箫的头在上,斜挂在门上方的墙上。这样就可以抵消门位不当所造成的不良影响。这是很民俗化的说法。

7. 水晶聚宝盆招财法

可将水晶聚宝盆放在办公桌或是书桌的左侧,因为桌子的左侧为龙边,管财。若你目前还没有能力购买水晶聚宝盆,也可以自行制作,准备一个盒子,在盒子的底部放一张红纸,将金戒指或旧的金属手饰放在红纸上,放入五种颜色的石头,一样有招财的功用。

8. 强化财位的灵动力

首先要确定家中的财位,并配合财位的五行。在财位的位置上,摆设财宝箱、珠宝、水晶、鱼缸,或是时钟、植物等,这样就能够加强财位的灵动力,使你的财运更提升。现针对不同方位的财位,一一解说其适合摆置的物品。不同的宅向其财位都不同,增加财运的五行物品亦不同,如果方位五行属水,却摆五行属土的物品,非但不能增加财运,还会减少财气,所以五行物品的摆设必须依不同方位来决定。

(1) 东北方,艮卦

财位在东北方(如图中之红色圆点),属土,宜在财位摆设水晶、紫砂茶壶、陶瓷等厚物件及一盏灯(灯属火),火生土,相生为吉。

(2) 西南方,坤卦

财位在西南方(如图中之红色圆点),属土,宜在财位摆设水晶及灯,让灯光照在水晶、紫砂茶壶、陶瓷等厚物件上。

(3) 西北方,乾卦

财位在西北方(如图中之红色圆点),属金,宜在财位摆设金银珠宝、储钱罐、重要价值物品,或摆水晶(水晶属土),土生金,让财位灵动力加强。

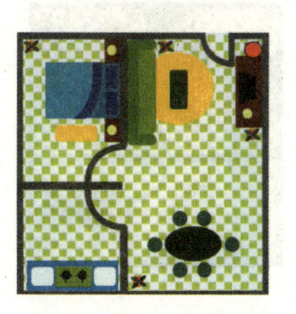

(4) 北方，坎卦

财位在北偏西北方（如图中之红色圆点），属水，宜在财位摆设水流活动之水库、鱼缸、水缸，但要注意鱼缸里的鱼要妥善照料，数量若有减少应立即补足。由于金生水的原理，在该方放金属制品也有效益。

(5) 南方，离卦

财位在南方，属火，可在财位摆设灯、壁炉、龟、烛台、植物、书报等物品。

(6) 西方，兑卦

财位在西方，属金，宜在财位摆设金银珠宝、储钱罐、重要价值的物品，或置水晶、陶瓷器摆饰，都可增加财运。

(7) 东南方，巽卦

财位在东南方，属木，宜在财位摆设发财树，或是不容易凋谢的圆叶盆栽，还可利用五行相生原理中的水生木，摆设水库鱼缸等物品。

(8) 东方，震卦

财位在东方，属木，宜在财位摆设发财树，或是不容易凋谢的圆叶盆栽，还可利用五行相生原理中的水生木，摆设水库鱼缸等物品。

9. 龙龟招财法

"龙龟"的外形是龙头龟身，具有龙与龟两种特质，龙有招贵人、招财的作用，龟有长寿、化煞的作用。摆放龙龟时，都要将龙龟的头朝内。

龙龟过檀香后，用朱砂开光，开光的顺序为头顶、眼睛、鼻头、嘴巴、耳朵、尾巴、四肢。

开好光的龙龟可放在玄关或金库上招财，切记一定要龙头朝内，这样才能将外面的财背进来，如果你

把龙龟的头朝外放，那就是"龙游大海"咯！龙龟在水一些古玩、工艺品商店可买得到。

四、图解家居旺财风水布局

前面讲过，屋宅的立极方法根据房屋形状的不同而有所不同，但是，尽管屋形千变万化，万变还是不离其宗。本章摘录白鹤鸣著作《家居旺财风水32局》一书，藉七运星盘（1984～2003年）举例，并以目前常见的钻石形（纵向）及长方形（横向）为蓝本，以玄空大卦、八宅及玄空飞星作为催财之布局。

在运用旺财风水布局之前，让我们再强调一次，在实际操作时，先定向，然后找出屋的中心点及立极点，再将星盘套入屋中，然后再参考本章的有关布局。

以下是纵向屋及横向屋取中心点及立极点的图解。

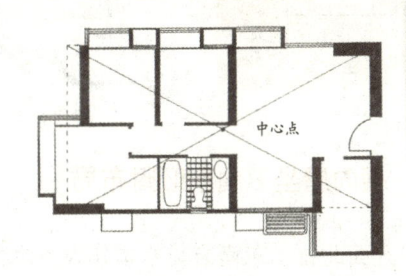

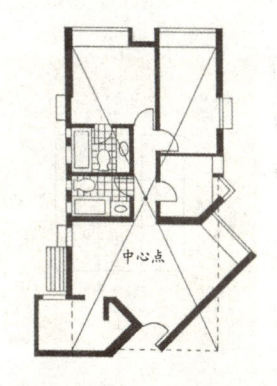

※ 风水学上说的"大太极"和"小太极"是指什么？

将整所住宅套入星盘中的做法，称之为"大太极"。进入每个房间之后，再将星盘分别套入各个房间，使其形成不同的"小太极"。小太极就是我们所住的房间。具体到每个房间如何布局，则要将这些小太极再分别划分为9格，并在此将星盘套入，这样就推断出了各个方位的吉凶，而哪个方位适合摆放什么物品或布什么局，也就一目了然了。譬如，将卧室分成9格，你马上知道应该睡在哪个方位。如果房间出现当旺的卦气占据，你当然选择睡在那个方位。如果出现衰死的卦气占据，你最好避免睡在那个方位。

1. 纵向屋坐子向午、坐癸向丁旺财布局

全屋的大太极，南方为延年金星及六白、八白吉星飞到，摆放玉貔貅一只，八白五行属土，可以生旺延年金，故主财旺，尤其肖蛇、鸡、牛之年，财运更

盛。

入屋后的第一个空间（小太极）的北方，为伏位吉星及双七吉星飞到，北方五行属水，金、水、木相生，吉星之气流行，故在北方摆放三脚金蟾蜍一只，有旺财作用。

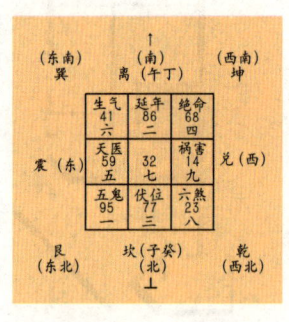

从玄空大卦而论，开北门，在东南方见水为旺财水，尤利正财。

2. 横向屋坐子向午、坐癸向丁旺财布局

大门开西位，在玄空大卦而论，东方见水旺正财，西南方见水旺横财，现将水位布在大太极的西南位（全屋立极）、小太极（客厅）的东位，则正偏财皆大旺，是上等的布局法。而零神位（东方）见五黄星，五为五鬼，这是"五鬼运财"布局，但旺的是正财。

全屋立极（大太极），东方得九紫及五黄星及天医星，九紫五行属火，天医五行属土，天医为吉星，主贵人，放玉貔貅一只，主得贵人帮助而得财。

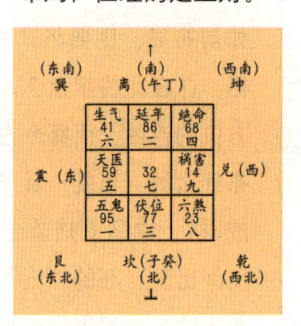

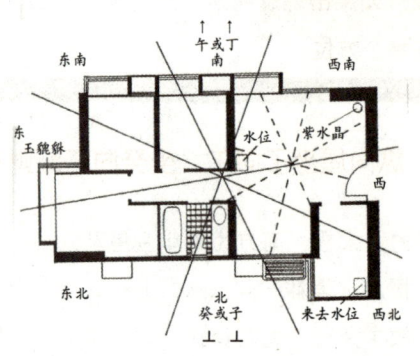

入屋后的第一个空间（小太极），在客厅的立极论，西南方得到四绿文昌，六白武曲金及八白左辅土，最凶之星是绝命，放紫水晶，以紫色属火去克制绝命金，然后去生旺八白土，得土去生六白吉星，亦是旺财之局。

3. 纵向屋坐丑向未旺财布局

全屋的大太极（全屋中心）论，西南方为七运照神位，见水称为催官水，旺偏财，故可在这个方位摆放雾化盆景来催旺横财。

而小太极（客厅）的西南方，亦是大太极的北方，在这个方位摆金鱼缸一个，养黑色或灰色鱼九条，另在小太极的北位放一个紫水晶，有旺财的力量，无论正财或偏财，都能催旺，因为已布了一个"五鬼运财"局。

因为北方为六白金及八白土吉星飞到，而五鬼火本属凶星，且克六白金，幸现八白土泄五鬼火生六白金，吉星愈见兴旺，经云："三昌并陶朱，断是坚金遇土。"故知这些星卦被催旺时，财运愈强，得五鬼运财时，连横财也旺起来。

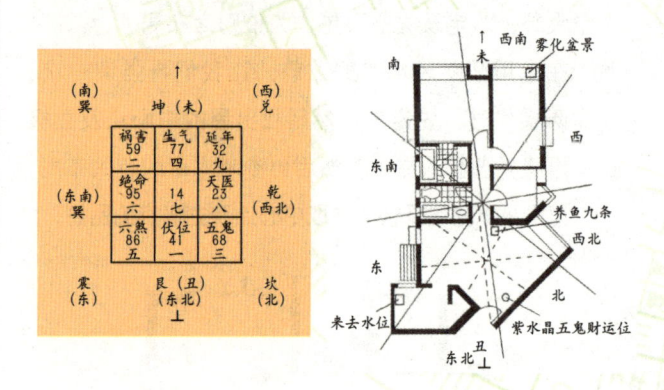

4. 横向屋坐丑向未旺财布局

大门开西北位，东南方见水本作大吉之论，惜星

见九紫火生五黄土，五黄土生绝命金，绝命若见水，主破财连连，严重者可引至破产。在玄空大卦中，东位为零神位，见水为正水，亦旺正财，东位的星卦为五黄土，八白上生六白金，六白金生六煞水，六煞凶星见水反主耗财，故此宅的东方及东南方切不能见水。

全屋的大太极，西南方为照神水，见水利横财，且令小太极"收山出煞"，吉上加吉。

至于全屋的北方，客厅的北方，皆在接近厨房的客厅一角，北方星卦及五鬼火生八白吉星，八白土生六白吉星，经云："位位生来，连添财喜。"五鬼煞星去生吉星，放紫水晶为"五鬼运财"布局，正偏财皆旺盛。

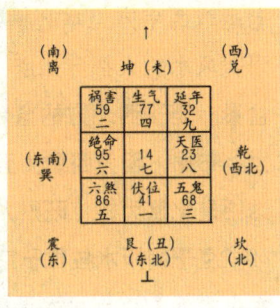

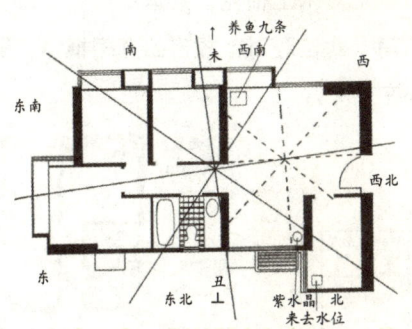

(东南)巽	(南)离(木)	(西)兑
祸害59 二	生气77 四	延年32 九
绝命95 七	14 七	天医23 五
六煞86 五	伏位41 三	五鬼68 八
震(东)	艮(丑)(东北) ↓	坎(北)

5. 纵向屋坐壬向丙旺财布局

水位在东及东南，这是下元旺水，东为零神水，主财旺。而开北门，东南方为水位，亦主旺财。

全屋的大太极，南方为七赤星及延年吉星飞到，延年金与七赤金五行相同，为吉气，故在接近南方的睡房

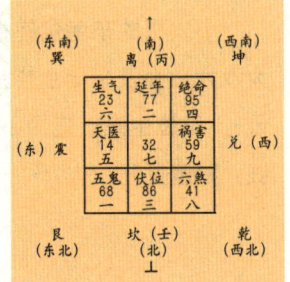

(东南)巽	(南)离(丙)	(西南)坤
生气23 六	延年77 二	绝命95 四
天医14 五	32 七	祸害59 九
五鬼68 一	伏位86 三	六煞41 八
艮(东北)	坎(壬)(北) ↓	乾(西北)

摆放雾化盆景，用以催财。

入屋后的第一个空间（小太极），在客厅的南方摆放金鱼缸，养鱼一条或六条，可以旺财。若果不想养鱼，避免换水的麻烦，可以做一矮柜，摆放铜貔貅一只，自可催财。

6. 横向屋坐壬向丙旺财布局

厕所水位在北，这水亦属下元水，但起不了旺财之力量。

在全屋的南方养鱼六条，全家人的财运亦会好转，但位于小太极的东南方，易惹是非，幸为八宅的生气位，亦为吉利。又东方为天医星飞到，适宜摆放玉貔貅一只，可以旺财。而摆放玉貔貅的日子，宜在成日或定日进行。

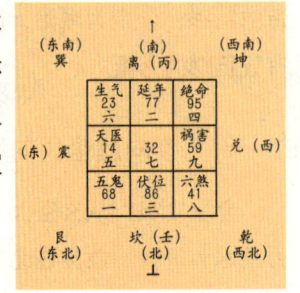

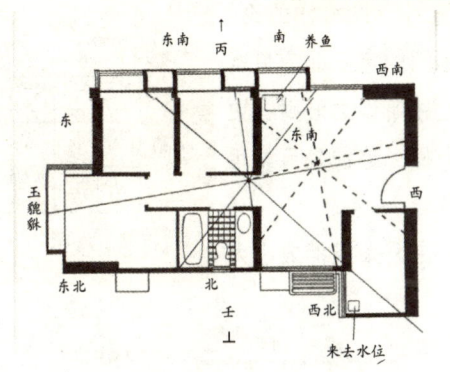

(东南)巽	(南)离(丙)	(西南)坤
生气23 六	延年77 二	绝命95 四
天医14 五	32 七	祸害59 九
五鬼68 一	伏位86 三	六煞41 八
艮(东北)	坎(壬)(北) ↓	乾(西北)

7. 纵向屋坐艮向坤、坐寅向申旺财布局

全屋的大太极，坤方为生气木吉星飞到，又值玄空大卦的催官水，放雾化盆景，以水去生木，生气之吉力更强，财运自然兴旺。

而小太极（客厅）的西方为四颗吉星飞到，论玄

空卦理五行，九紫火生八白土，八白上又生六白吉星及延年吉星，经云："三虽并陶朱，断是坚金遇土。"在这方位挂五帝钱（五帝钱是清朝五个皇帝时代所铸造的铜钱，分别为顺治、康熙、雍正、乾隆、嘉庆），有旺正财的力量。

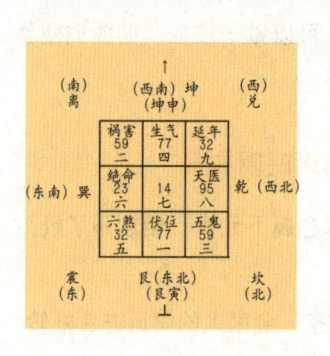

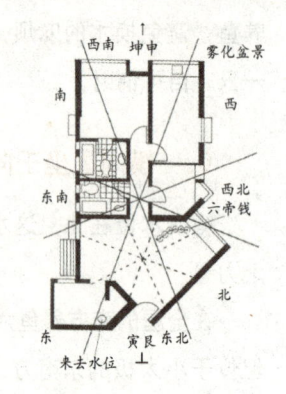

8. 横向屋坐艮向坤、坐寅向申旺财布局

全屋立极，从玄空大卦而论，大门在西北方，北方见水为旺财，故应在北方养鱼六条。本来，北方为五鬼星所到，见水作凶论，幸开西北门的宅，北方见水不但如上述所说之旺财，更可化煞为权，这便是五鬼运财的布局。

不论在大太极抑或小太极而论，西位为延年吉星飞到，又遇飞星九紫火、八白土及六白金三颗吉星相遇，重重生入，在这个方位摆放玉貔貅，每逢四月、七月、十一月财运大旺。

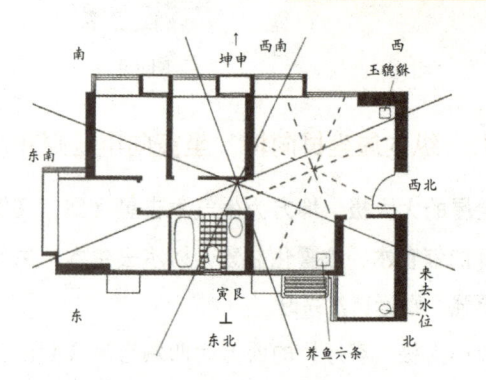

厕所水位在东北方及东方，一个方位吉，一个方位凶，作平平之论。

9. 纵向屋坐卯向酉、坐乙向辛旺财布局

大太极大门开东位，东门以西南方见水旺正财，七运以西南方见水旺横财，这是玄空大卦派的基础，研究风水的人都会知道，故在西南方的窗台摆放雾化盆景。至于西北方的窗台，摆放风水轮则合"五鬼运财"布局，因为西北为五鬼火煞生旺两颗八白土吉星，这便是化煞为权，旺财力量倍增。

至于厕所水位位于南方，犯五黄煞水，见生气木，水生木而木克土，木土相克，财运不稳定，幸套房厕所水位在西南，此位旺财，故吉凶互相抵消。厨房的水龙头宜安在东南方。

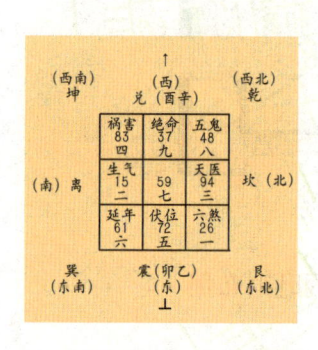

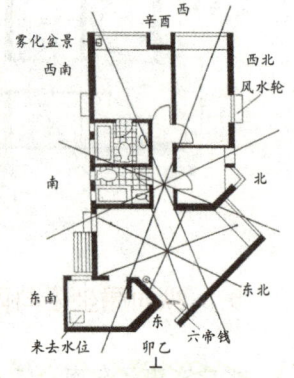

小太极的东南位在接近门口的厨房墙壁，这方位为双六白金及延年金吉星飞到，且生一白水吉星，经云："位位生来，连添财喜。"在这一个方位挂六帝古钱，财运更旺。

10. 横向屋坐卯向酉、坐乙向辛旺财布局

大太极（全屋取中心点）开北门，于玄空大卦当中，开北门宜于东南方见水，主旺正财，所以在主人房的厕所之墙角摆放风水轮，可以旺财。

而七运的西南方见水本主旺横财，惜原局犯祸害土煞星，财运亦作平稳论。

厕所水位在东位（零神位）及东南位，亦主财旺。

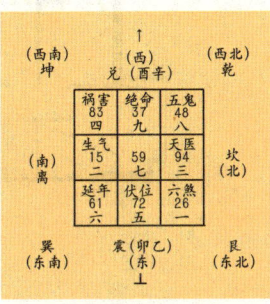

厨房来去水位在北方，北方的三碧四绿两木星生九紫火星，火星又生旺天医土吉星，于财运方面，会得外力相助而旺财，即是贵人助己得财。

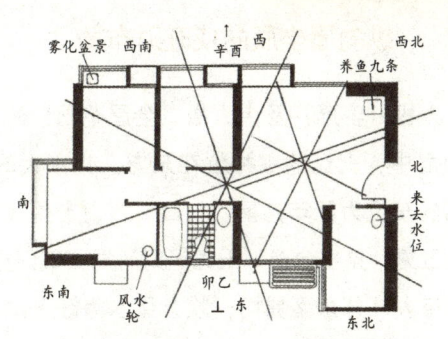

（西南）坤	↑（西）兑（酉辛）	（西北）乾
祸害 83 四	绝命 37 九	五鬼 48 八
生气 15 二	59 七	天医 94 三
延年 61 六	伏位 72 五	六煞 26 一
（东南）巽	震（卯乙）↓	（东北）艮

不论大太极抑或小太极，西北位皆为五鬼煞星飞到，但此星生旺八白吉星，见水为"五鬼运财"布局，宜于西北方养鱼九条来旺财。

11. 纵向屋坐甲向庚旺财布局

此宅开东门，厕所水位在南及西南，西南为催官水，旺横财。南方为失运水，财位平平之论。

全屋立极（大太极），西北方（睡房窗台）为吉位，五鬼煞火生八白土，八白生六白，六白生一白吉星，猴子及龙龟有加强一白吉星的力量，故可旺财。

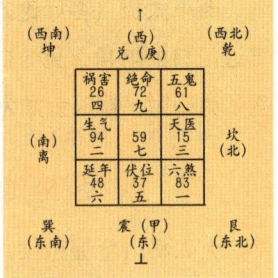

西南位对开东位的住宅而论，于玄空大卦论之，西南见水旺横财，故于西南位的窗台摆放雾化盆景。

小太极（客厅立极）的东位及大太极的东位，都在接近门口的厨房墙壁，而七运的零神方在东位，见水为当运正水，旺正财。

厨房水位在东南，得延年水，亦旺财。

（西南）坤	↑（西）兑（庚）	（西北）乾
祸害 26 四	绝命 72 九	五鬼 61 八
生气 94 二	59 七	天医 15 三
延年 48 六	伏位 37 五	六煞 83 一
（东南）巽	震（甲）↓	（东北）艮

12. 横向屋坐甲向庚旺财布局

大太极（全屋论）的东位为厕所去水位，东水为七运的当运水，此宅财运不错。

西南位放水为催官水，主旺偏财，宜放雾化盆景。

东南位见水为延年水，主旺正财，亦宜摆放雾化盆景。

厨房去水位只有北位及东北位作选择，北位见五黄星，见水为煞水（五黄星放水，必须合收山出煞或城门诀方可用；否则，反主丁财两败），故宁愿选择东北方，而厨房的来水位是水龙头，去水位为涤洗盆。

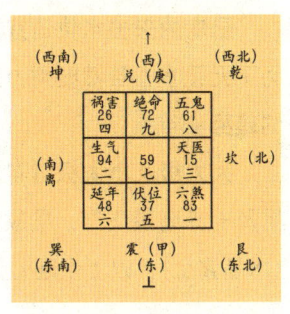

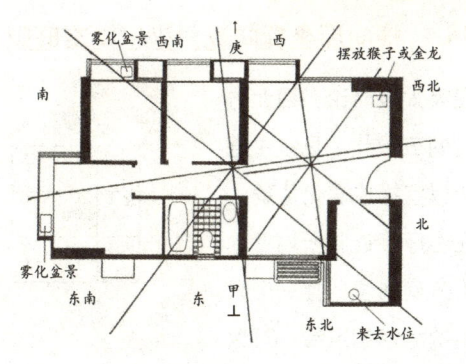

（西南）坤	↑（西）兑（庚）	（西北）乾
祸害 26 四	绝命 72 九	五鬼 61 八
生气 94 二	59 七	天医 15 三
延年 48 六	伏位 37 五	六煞 83 一
（东南）巽	震（甲）↓	（东北）艮

而小太极（客厅论方位）及大太极的西北位皆在接近门口的墙角，见一白、六白、八白三吉星，摆放猴子为旺财，摆放金龙为五鬼运财格。

13. 纵向屋坐巽向乾、坐巳向亥旺财布局

大太极（全屋范围）的西北位养鱼九条，合七运三般卦，对财运的增加会有很大之帮助。

于玄空大卦中，此宅在北方见水是旺正财的，且北方为生气木吉星飞到。

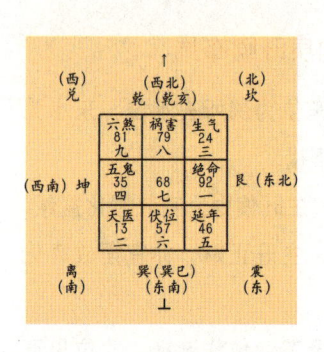

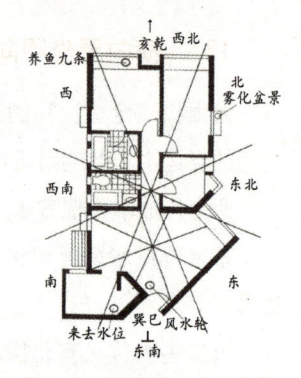

厨房的来去水位适宜安在东南方，因为此位见水为下元正水，虽然旺财力量较小，但有将财帛运稳定的趋势。

大太极及小太极（客厅范围）的东南方为伏位吉星及七赤旺星飞到，摆放紫水晶，可以以火泄木生土（水晶属土），以上生旺七赤星，所以旺财。

14. 横向屋坐巽向乾、坐巳向亥旺财布局

在大太极而论，西北方为七运的三般卦，见水主旺财，所以宜摆放雾化盆景。

在客厅接近厕所墙壁的一角为东南巽位，挂一个只得一层的塔形铜风铃，可以旺财。

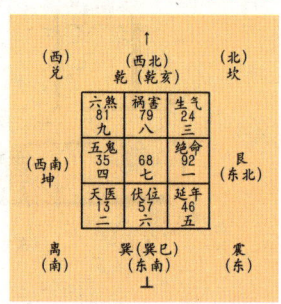

至于厨房水位，只得东及东北可作选择，东北方见水为绝命病符水，在东位见水，于玄空大卦为零神水，主旺财，于八宅派论，延年见水亦主旺正财，所以来去水位适宜安置于东震方。

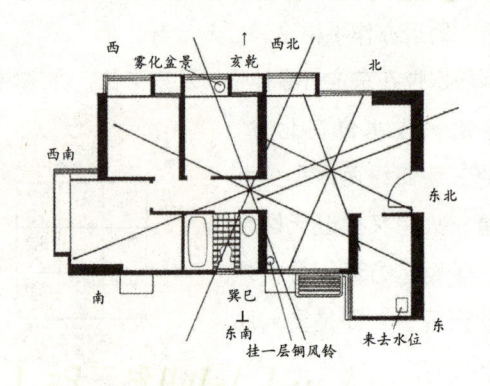

15. 纵向屋坐辰向戌旺财布局

小太极（客厅）及大太极（全屋范围）的东位皆在客厅之中，七运的零神位在东方，见水大旺正财，况原局的东位为延年吉星，一白、八白吉星飞到，而五黄为五鬼，见水合成"五鬼运财"局，偏财亦旺。

玄空大卦开东南巽门，坎方见水为旺正财，原局坎方生气木吉星为八颗游星中的最吉之星，见水亦旺财，故宜在坎方摆放风水轮。

厨房的来去水位宜置在东南方，因为东南方为伏

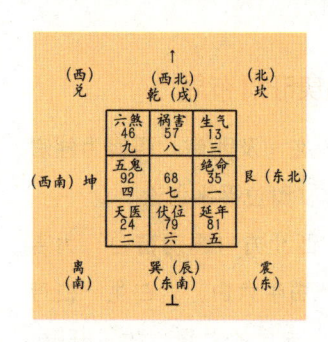

位，木生九紫火吉星。

东南巽位摆放紫水晶，亦可以旺财。

16. 横向屋坐辰向戌旺财布局

大太极（全屋范围）及小太极（客厅范围）的北方为生气木飞到，可以养鱼六条，但最旺财的水应在主人房内，因为西南方为七运的照神，于玄空大卦中，开东北门以西南方见水旺正财，在这方位摆放风水轮一个，正财和横财皆旺，因为合成"五鬼运财"布局。

大太极的东位墙角便是小太极的东南方，这两方位合共见伏位、延年、一、六、八、九等吉星，摆放雾化盆景可以旺财。

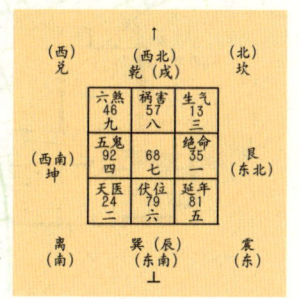

厨房的水龙头便安装在东面震位，因为玄空大卦派开艮门以东震位见水旺横财，且原局星曜五黄及八白土生旺延年吉星，延年金又生一白吉星，经云："位位生来，连添财喜。"这是一个旺财的方位。

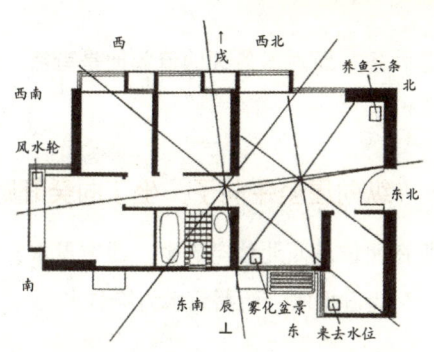

17. 纵向屋坐丙向壬旺财布局

大太极的北方在睡房当中，适宜在窗台养鱼六条，这是大吉位，旺财力量极强，在玄空大卦派以开南门

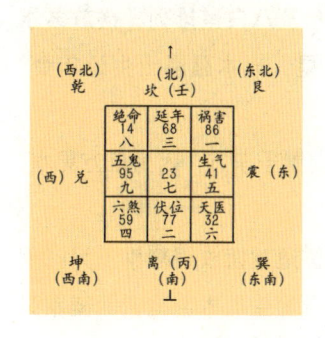

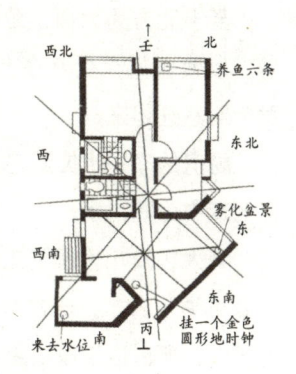

来论，在北方见水为旺正财的水。在飞星中，六白及八白吉星见水亦旺财。在八宅派中，延年星见水亦旺财。在三派风水学说都如此吻合的吉利，实不常见。

厨房的来去水位在南方，南方得伏位及七赤旺星，主旺财。

大太极及小太极的南方宜挂个金色圆形的时钟。

大太极的东位及小太极的东位都在客厅中，而东位见水为七运的正水，故宜在此方摆放雾化盆景。

18. 横向屋坐丙向壬旺财布局

在大太极的西南位摆放雾化盆景，则正偏横财皆旺，因为开东震门以西南方为五鬼运财位，七运以西南坤方为旺横财位。

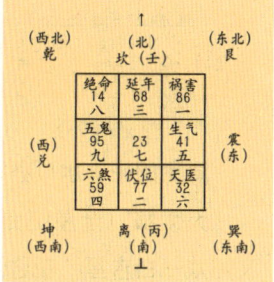

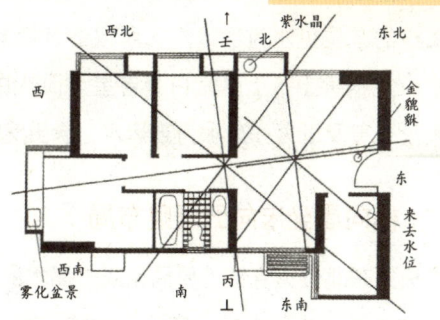

至于北方为六白、延年及八白星排列，摆放紫水晶，以紫色属火生八白土星，以水晶属土生延年金，财运自然旺起来。

厨房的来去水位适宜安置于东方，因为东方见水，在七运中为旺财水。

大太极及小太极的东位适宜摆放铜貔貅一只，因为金可生一白水，一白水可生生气木吉星，而貔貅又可旺财，所以应该以摆置貔貅来布局。

19. 纵向屋坐未向丑旺财布局

在玄空大卦当中，七运以西南方见水为催官水，旺横财，故在大太极及小太极的西南方摆放风水轮，可催旺横财运。

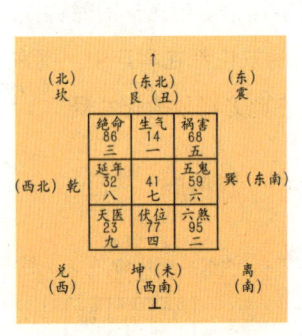

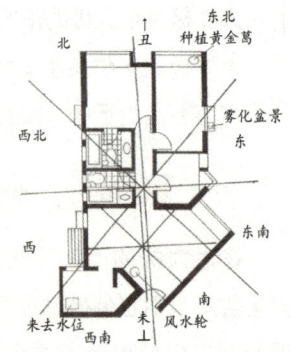

厨房的来去水口亦宜安置于西南方，原因同上。

大太极（全屋范围）的东北方为生气吉星飞到，又见双一白吉星，在这位置种植黄金葛，财运会转旺。

大太极的东位见水为当运水，所以适宜摆放雾化盆景，东位见祸害土，土生六白金吉星，而八白亦为吉星，天盘五黄及五鬼，东水为当运水，合五鬼运财。

20. 横向屋坐未向丑旺财布局

大太极的东北位为吉位，原局见双一属水的吉星，然后又见文昌星及生气木星，在这方位挂一套六帝古钱（六帝古钱是顺治、康熙、雍正、乾隆、嘉庆、道光六个皇朝所铸造的铜钱），六帝钱于数为水数，卦属乾金，金水木相生，而木为吉星，正应经文所云："位位生来，连添财喜。"

厕所水位占在坤方，七运以坤水为催官水，旺偏财。

大太极及小太极的东位在客厅的一角，七运以东震方见水为旺水，大旺正财。

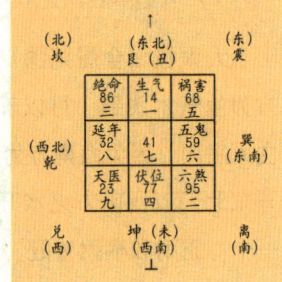

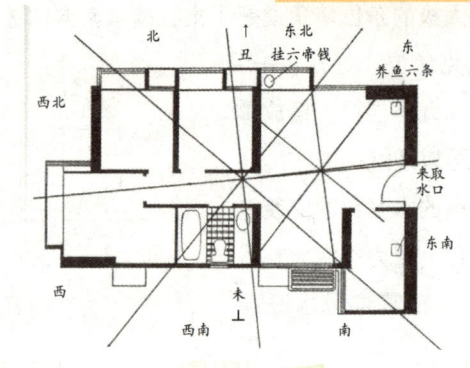

故宜养鱼六条，而财运最旺的流年便是肖猪、肖兔及肖羊的年份。

21. 纵向屋坐午向子、坐丁向癸旺财布局

厕所在西位及西北位宅破财，西方见水，七运为失运水，又为五鬼水，而西北水为绝命水。

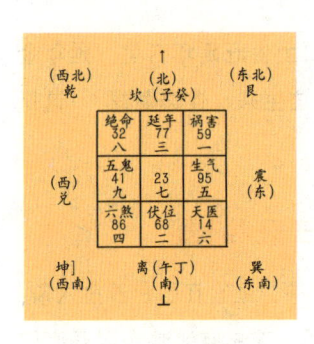

此宅呈破财局，目前急需的是旺财，大太极（全屋范围）的北方宜养黑色鱼六条，为延年水，主旺财。

厨房的来去水口宜在南方，南方为伏位吉星及六白、八白吉星，见水作旺财论。

大太极及小太极的东南位，适宜摆放风水轮一个用以旺财。除此之外，大太极及小太极的南位适宜摆放紫水晶，用以旺财，因为南位为财星飞到。

22. 横向屋坐午向子、坐丁向癸旺财布局

由图所见，摆放雾化盆景的位置，于大太极而论，属于南位，于小太极而论，属于西南位，开东门以西南位见水旺正财，七运以西南位见水旺偏财，而原局南位为伏位、二黑、六白及八白飞到，吉星满地成群，见水会旺财。

厨房的水位在东南巽方，这是天医水，且见一白及六白吉星，作吉利论。

大太极的坎方为延年金及双旺七排到，摆放金龙为上吉，金龙在北方即是龙见水，旺财力量颇强。

在小太极的北方挂一个金色圆形的时钟，如果是摆钟则旺财力量更强。

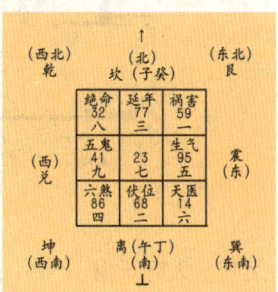

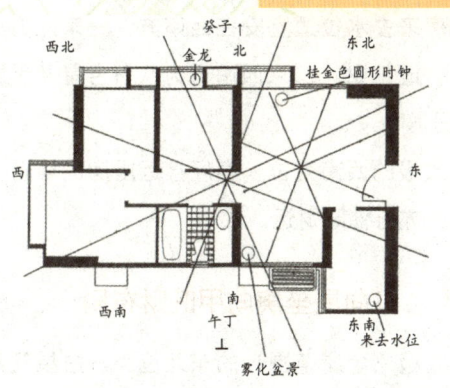

23. 纵向屋坐坤向艮、坐申向寅旺财布局

大太极（全屋范围推算），东北位为吉位，因为生气吉星到方及双七旺星到方，在这方位摆放雾化盆景，当可旺财。

厨房水位在坤方，坤方为七运的催官水，亦主旺财，尤其横财，此财虽来但留不住，正是左手来、右手去，因为是水多木飘的缘故，伏位不稳定。

大太极及小太极的西南方适宜摆放风水轮，以此旺财。

大太极的西位，小太极（客厅范围）的西北位，在这里养金鱼九条，得六白、八白、九紫吉星，而延年、天医亦为吉星，只得一颗凶星，便是五黄，五黄为五鬼，被众吉融化，成"化煞为权"的布局，财运大旺特旺。

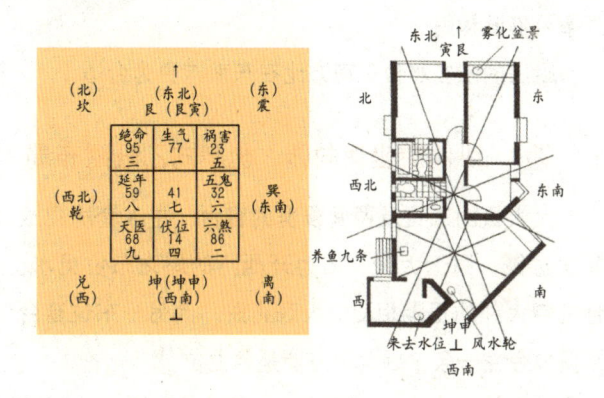

24. 横向屋坐坤向艮、坐申向寅旺财布局

大太极的西北位为吉位，九紫火生五黄及八白上，八白土又生延年金，在这方位摆水，财运就会自己旺盛起来。

大太极的东北位亦为吉位，这是双旺星及生气吉星

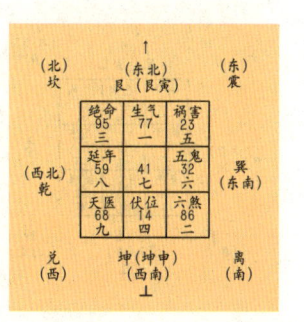

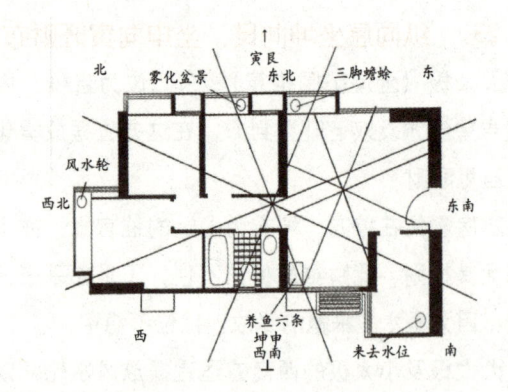

飞到，只要摆放雾化盆景便可以旺正财了。另外再摆放一只三脚金蟾，财运亦旺。

厕所水位在坤方，这方位为七运的照神位，旺偏财。

大太极的坤方，小太极西方，为伏位，天医吉星飞到，且飞星一白、六白、八白三颗吉星排到，养鱼六条可催旺横财。

厨房的来去水位在南方比在东南方更为合适。

25．纵向屋坐酉向卯、坐辛向乙旺财布局

大太极的东位及两间睡房的窗台、主人套房摆放雾化盆景，财运大旺，因为开西门的屋之东位见水，合玄空大卦的正零相配，大旺正财。而另一东位窗台则摆放金龙一条，因为东方便是青龙位。

厨房的来去水口在西北方，西北方为生气吉星飞到，亦有旺财之效力。

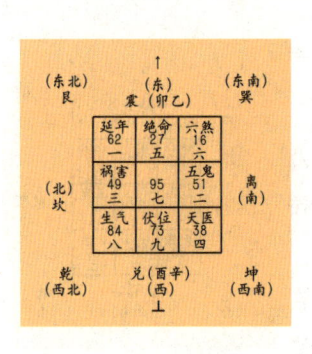

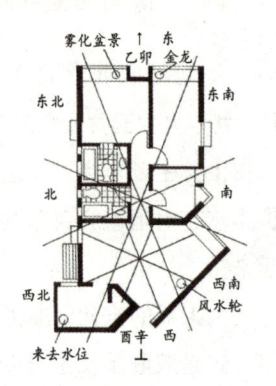

大太极（全屋范围）及小太极（客厅范围）的西南方在贴近门口的墙壁，这方位得天医吉星飞到，且玄空大卦开西门的屋以西南方见水旺正财，七运以西南方为催官水，旺横财，所以在这方位摆放风水轮，不单旺正财，连横财也旺起来。

26．横向屋坐酉向卯、坐辛向乙旺财布局

大太极（全屋范围）开南门，于玄空大卦的原卦论，开南门以北方见水为大吉，经云："坎离水火中天过，龙池移帝座。"便是收天地之气，大旺正财。

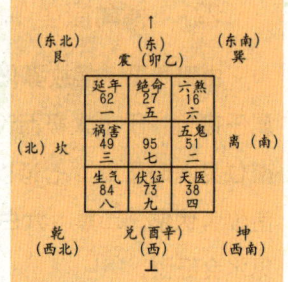

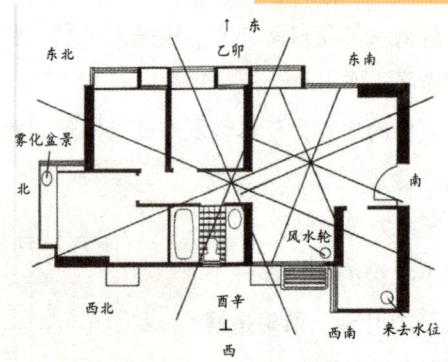

厨房来去水位适宜安在西南方，一来此方见水为催官水，旺偏财，二来西南方为八白吉星及天医星飞到，旺正财。

大太极的西南方位，客厅接近厨房的墙角，摆放风水轮，亦可催旺财运。

27．纵向屋坐庚向甲旺财布局

大太极（全屋范围）的东北位为一白星及延年吉

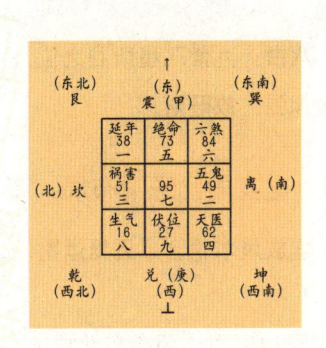

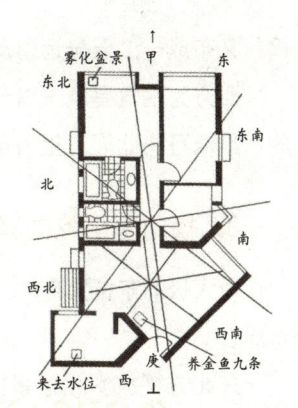

星、八白吉星飞到，经云："土制水后生金，定主田庄之富。"在这一方摆放雾化盆景，主旺财且能聚财。

厨房水位在西方，本来在七运内，西方不宜见水，否则主破财，所幸者为伏位吉星飞到，七赤金生水位之水，水又生伏位木，吉星被生，作旺财之论。

又大太极与小太极的西方适宜养金鱼九条，这也是可以旺财的。

28. 横向屋坐庚向甲旺财布局

大太极（全屋范围）的东北方为三碧凶星、一白吉星、延年吉星及八白吉星飞到，吉星满地成群，单凶难以发挥力量，在这方位摆放雾化盆景，财运大旺。

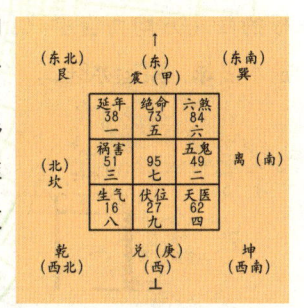

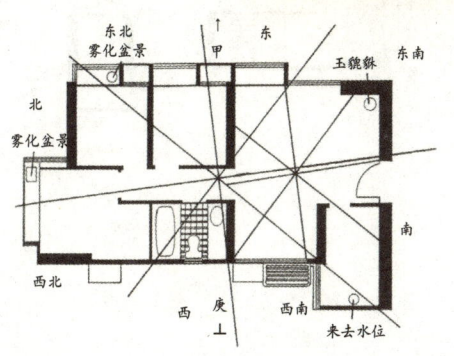

大太极与小太极（客厅范围）的东南方八白吉星飞到，摆放一只玉貔貅亦可以产生旺财的力量。

厨房水位在西南位，七运的西南方为照神方，见水为催官水，利横财。

在玄空大卦中开南门的屋，北方见水旺正财，故摆放雾化盆景最适合。

29. 纵向屋坐戌向辰旺财布局

大太极（全屋范围）的东方为零神位，见水为旺正财，原局星盘东位见五鬼、一白及八白星，吉星多而凶星少，放水为"五鬼运财水"，正偏财皆大旺，所以在布局方面，东方的窗台宜摆放风水轮。

另一房间的窗台位于东南方，玄空大卦的原卦学理中，开西北门以东南方见水，称为正水，大旺正财，所以可摆放雾化盆景为旺财水。

大太极的西南方在七运为催官位，见水旺横财，原局星盘见延年，亦作旺财论。

厨房水位在西方比较西北方吉利。

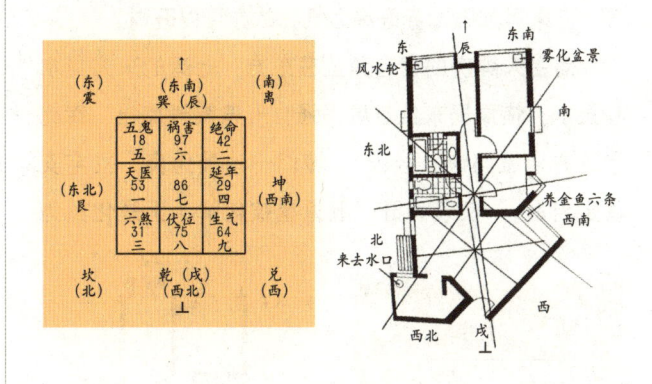

30. 横向屋坐戌向辰旺财布局

玄空大卦的原卦中，东方震位为零神位，见水为正水，大利正财，而游星见五鬼，在这方位摆放雾化盆景，布局成为"五鬼运财"，正偏财皆大旺。

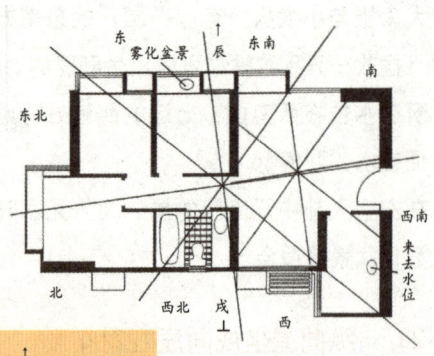

权，又布成一个五鬼运财局。

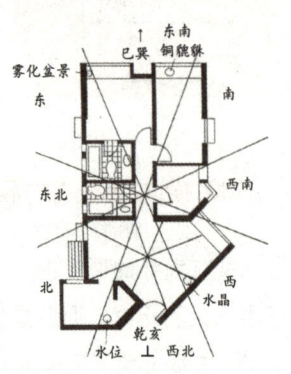

西方为生气星及一白、八白、九紫飞星所到之位，放水晶球可将此等吉星力量加强，故旺财。

32.横向屋坐乾向巽、坐亥向巳旺财布局

大太极的东位为吉方，摆放风水轮合"五鬼运财"布局。

东北方摆放雾化盆景亦可以旺财，因为东北位的一白、九紫及游星天医均为吉星。东南方摆放三脚金蟾，亦可以旺财。

厨房的西位为正神位，见水本主破财，所幸者，一白、八白及九紫吉星与生气游星均为吉星，见水，财气反而大旺，所以，正神方是不能够随便布水位，必须吉星满布才可以安设水位。

另大太极的西方、小太极的西北方均为吉星飞到，放水晶球，财运亦旺。

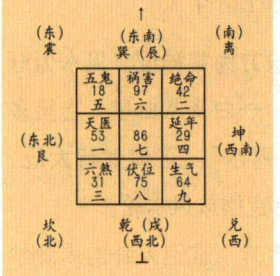

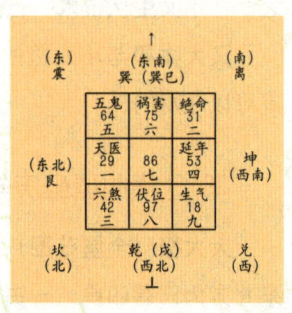

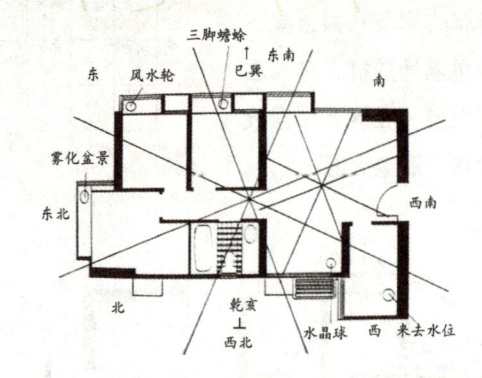

大太极的西南方便是厨房位，来去水位适宜安在这方，一来此方见水为催官水，旺横财，二来游星见延年，亦主旺财。

31.纵向屋坐乾向巽、坐亥向巳旺财布局

大太极的西北方在七运而论，合三般卦，游星见伏位吉星，厨房来去水位在此为旺财。

东南方的窗台摆放铜貔貅，一来化祸害上凶星煞气，二来可加强七赤旺星之气，故亦可以旺财。

而主人睡房的窗台角位在东方，七运的东方见水旺正水，惜原局东位吉星不强，五鬼煞气加强，幸此宅东方合城门诀，经云："城门一诀最为良，立宅安坟定吉昌。"反衰为旺，五鬼星被化解，正是化煞为

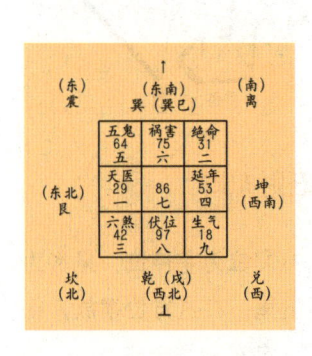

第五章 提升财运的室内装潢术

现代人，特别是年轻人装饰房屋，一般都是从美观的角度考虑，很少有人从提升财运的角度去考虑。不过，要是既能美化家居，又能招来财运，何乐而不为呢？以下就是关于招财的装潢风水参考。

一、招来财运的玄关

每天将大门擦得亮亮的，且金属部分要擦得闪闪发亮。

在玄关的泥土上洒水，加强"明堂水"的形象。

必须常检视照明设备，使玄关明亮、光线充足。

摆放适合玄关方位的幸运物品。例如位于东方的玄关，可以放置植物、木制品、手工艺品等有关的陈设物品；而位于南方的玄关，则可以绘画作品、贝壳、植物等陈设品装饰。

踏垫的色彩、材质等也要符合玄关的方位固有五行特性。

玄关的"影壁"墙正面请勿吊挂大型镜子，会把进入大门的生气能量反射出去。

二、招来财运的起居室

起居室是发挥才能的场所，如何布置得舒适是相当重要的。

装潢的重点在于尽量采用天然素材。

要使室内环境具有整体感。

采用山水或花的图画等，以提高各方位的运气。

特别是要在南方太阳照不到的房间里放一对观叶植物或一对台灯，以利才能的提升。

聚财的起居室方位装饰可以参考下表的意象。

方位	植物	图画
北	橘红、黄、白、粉红、紫色花卉	夜空或星星
东北	橘红、粉红、紫色、黄色花卉	黄色建筑物
东	绿色阔叶植载	大红色苹果
东南	橘红、紫、绿色花卉植载	花卉图案
南	橘红、紫、绿色花卉植载	草原或森林
西南	橘红、紫、粉红、黄色花卉	黄色系作品
西	黄色、白色花卉	仕女像
西北	橘红、白色花卉	宝箱或宝瓶

三、招来财运的浴厕

浴厕是放松的地方，也是对健康影响相当大的场所。

没有窗户的浴厕可摆设紫罗兰色小物品。

觉得健康不佳、经常要花钱看医生的人，可以摆放一个铜葫芦，以增进健康。

摆设符合各方位风水的物品。

聚财的浴厕方位装潢。

方位	浴室	厕所
北	肤色、粉红、橘红、白色用品	深色用品
东北	白色浴室用品、黄色百叶窗	图案踏垫或拖鞋
东	黑、灰、蓝、绿色用品	放一盆植物
东南	木制品、香料	放一盆植物
南	龟、贝壳、海产品	绿、红色用品
西南	黄、咖色系、酒红色用品	财宝箱
西	黄、咖色系、白色用品	镜、金属制品
西北	黄、咖色系、白色用品	财宝箱

四、招来财运的厨房

采光好、通风佳是招来财运之厨房的基本条件。

装潢重点是尽量把环境布置得自然舒适，采用不易滑倒摔跤的地板、防火力强的墙壁，使用适合各方位风水的物品。

厨房是容易有油污的场所，通常都不宜摆设图画或花卉。不过，于日常生活中，可视实际状况进行布置。

第六章 实现不同财运的室内布局法

在居家风水中，与金钱财富有关的有以下几个区域：厨房代表的是财库位置；入门后的区域被称为内明堂，代表这一家人的财路、财运；个人投资理财与存私房钱，则要看个人卧室内的梳妆台；如做生意要靠人气、公众人物要靠大众支持、演艺人员要靠影迷，就要格外重视大门外的区域——外明堂了。

一、财源滚滚来，轻松赚钱

赚钱的速度快慢及轻松与否，要看个人的专业与智慧及赚钱的策略，接着就是赚钱的运气了。有好的赚钱条件加上好的运气，赚钱就会轻松许多。如果有好的赚钱条件却没有好的赚钱运气，赚钱就会像卖命一样，劳苦到生出病来。

1. 容易出现赚钱非常辛苦的风水

横梁横跨过大门内主管财路（财运）的内明堂（玄关）的区域，或内明堂的区域内摆设时钟，都属于让赚钱非常辛苦的风水。

破解法：如果内明堂的楼板够高的话，可以利用装潢将横跨的横梁用天花板包起来，让横梁不外露。若不允许改变装潢，可于横梁的正下方墙面上，装设朝天壁灯，将灯光向上打；或钉一个层板，在层板上摆设一盆小盆栽，或天然柱型水晶，利用光或植物的生命力或水晶的物理能量，来反推横梁所延伸下来的压力。如果挂置了时钟，就把时钟移开，这样便可以解决赚钱辛苦的问题。

引申：横梁是整栋建筑物重量、压力集中的地方，因此若主管财路的内明堂有横梁或直或横的延伸的话，就像是赚钱的时候，肩上挑着极重的负担，当然轻松不起来。至于内明堂内有时钟，则像是赚钱的脚步有如秒钟一般滴答着，马不停蹄当然会很辛苦。

2. 提升自己赚钱的智慧与行为能力的风水布置

如果风水上没有太大问题，稍作变化也可以增加自己轻松赚钱的能量。

将大门内主管财路、财运的内明堂（玄关的区域）打理清洁、保持干燥、灯光加强白光的亮度。

可于大门内主管财路、财运的内明堂（玄关的区域）摆设器物（风水盆、流水盆、涌泉或养鱼），或手工写实画风的风水流水油画，或天然黄水晶圆球。

二、到手的钱财飞不掉

从事制造业的何老板前些天接手了一笔价值上千万的单子，原本已经谈定了，不料，却只因为合约上的一个小细节，一笔年度大单就这样飞了。何老板左思右想参不透其中的原因：难道是刚搬进了新别墅，在风水上有禁忌问题吗？要如何自我检视？

1. 会出现到手的财运飞掉的风水

主管人际关系的外明堂（大门外面的空间）有冲煞物（消防栓、路冲、屋角、壁刀、电线杆）正对着大门风水（主管事业）一直线地射过来，大门一打开，当然又射进门里主管财路、财运的内明堂（玄关的区域）。

破解法：在冲煞物的前面用一盆盆景或屏障物挡住，阻挡冲煞物对大门的冲射。

2. 到手财运飞不掉的风水布置

如果门外没有冲煞物，可更进一步稳住快到手的业务进财而不节外生枝的风水布置：

将外明堂及内明堂打理清洁、保持干燥、除秽气。

于外明堂及内明堂各摆设一盆黄色品种的金橘盆景，代表生意会开花结果。

三、投资股市涨停板，理财一级棒

从事食品加工业的李老板，最近将大笔资金投于海外基金。他投资的基金原本在美金最高点，投资国内股市时市场一片看好，等到他买了，却一路下滑，又被套牢了。李老板的财运实在不怎么样。如何靠着简单的风水调整，帮助李老板投资获利呢？

1. 投资（股票、基金、汇率、黄金、期货）失利的风水

煤气炉一直线正对或紧贴冰箱、水槽，未隔开达五十厘米以上。

破解法：使两者不要一直线正对或紧贴即可。

引申：投资会失利代表财库受损，原因是煤气炉和冰箱或水槽正对着或是紧邻着，前者属火、后两者属水，水火相克，容易造成因投资酿成财产的损耗。

2. 帮助投资（股票、基金、汇率、黄金、期货）带来好运的风水布置

只要厨房整齐、干净、采光通风、无秽气，厨房及厨房内门一直线正对火炉或其他门窗，煤气炉不一直线正对或紧贴冰箱、水槽、窗户，横梁不压制煤气炉，厨具坚固耐用，厨房照明良好，不在里头养宠物等等，就能获得帮助投资获利的基本能量。

四、守住老公的钱不外流

别墅的男主人，大多是多金的主。如何在风水上做到守住老公的钱不外流，这大概是每一栋别墅的女主人都会关心的问题。

1. 老公的钱财守不住的风水

先生睡在靠临房门的位置，而卧室房门又紧贴或正对厕所门或大门。

破解法：在先生躺卧的位置与房门之间，装设一盏壁灯或台灯，或放一屏障物。房门与厕所门，或房门与大门之间放置屏风或屏障物，随手关门加置圆球，或于房门与厕所门、房门与大门之间摆设一盆栽植物或天然水晶饰品。

2. 守住老公钱财的风水布置

在卧室的西南方设一个财宝箱，西南为坤卦，把先生的存折放在卧室的西南方的财宝箱里，这样就可以让太太达到代先生看守财库的目的了。

五、避免及预防为他人作保而破财的居家摆设

经营文化公司的高先生最近郁闷不已。他一个经营一家小公司的朋友向银行贷款，央求高先生替他作保，口口声声保证绝对没问题，结果好友卷款逃走，倒霉的是高先生这位担保人，莫名其妙地成为了银行追讨债务的对象。高先生除了交友不慎之外，在居家风水上，有可能出现什么影响财运的问题？

不当的风水容易造成帮他人作保而破财的结果，最主要是对理财的思路不清造成的，因此要利用风水的摆设，提升理性的能量，才不会糊里糊涂替人作保。

1. 容易出现帮人作保而破财的风水格局

主管财库的厨房内有厕所。

厕所就紧贴在大门内主管财路与财运的内明堂。

破解法：首先一定要将厕所的秽气、潮气处理掉，勤于打理厕所，维持干净、干燥、整齐、清洁，对外要有良好的采光与通风，厕所内要摆上绿色植物来吸

收秽气，潮气、秽气降低或异味完全消除了，自然不会影响这两区域的风水问题。如果能做到随手关上厕所门，减少秽气外流的机会，并挂置十分之九长度的布门帘，防堵效果会更佳。也建议多利用现代科技的臭氧机或负离子机，来一并解决厕所的秽气问题，效果更好。

2. 布置一个强化理财思路、杜绝因作保而破财的风水

如果在风水上没有上述问题，则可能是因为其他的因素（如面相、姓名、紫微、运势等）造成因作保而破财，这类情况可以积极地借助风水上的摆设，来避免衰运上门。

布置法：在主管财库的厨房及大门内主管财路、财运的内明堂，将理性光的白色灯光打亮一点，当这两个区域白天的光线不佳时，仍然要保持灯光的亮度，让自己更具有理性的能量，不会为任何感性的因素动摇，而能坚持不作保。

读者如果要更强一点的能量来抑制不好的事情找上门，可以在厨房和玄关两处摆设大小与空间比例适中的天然骨干水晶，来避免钱财被人强取豪夺的问题。

六、不因帮子女背负债务而破财

电视剧中，常会出现富豪因为子女败家而破财的情景。如果你的子女中有人花钱如流水，或者常作出错误的投资举措，那么，你就要注意了。

住在城市富人区豪宅里的刘太太是典型的全职太太。当公司总裁的丈夫每个月给她三万块钱做家用。几年下来，刘太太积攒了上百万的私房钱。没想到，儿子欠银行卡债，刘太太为了帮儿子还债，只有将自己辛苦攒下的私房钱全部拿了出来。现在，刘太太早已经放弃了"养儿防老"的想法，只求私房钱能安稳地放在自己的口袋里，到老时能不再为子女债务而伤脑筋就好。

是否家中住宅容易出现不得已须帮子女偿债的风水，依照下面的方法来判断：

将住宅面积平均分成九宫区，以"井"字型格出九个方位，利用指南针找出每个格子的方位，主管财库的厨房，若压在代表母亲卦位的"西南位"（父亲的卦位是"西北位"），主掌烂事的厕所压在"东南位"，则母亲积蓄不保，将会为长男偿债；厕所压在"北位"，则母亲将会为二男偿债；厕所压在"南位"，则母亲将会为二女偿债；厕所压在东北位，则母亲将会为三男偿债；厕所压在"西位"，则母亲将会为三女偿债。

破解法：首先将厨房及厕所打理清洁，保持干燥、干净、除秽，并于厨房及厕所放置一些黄水晶碎石头，可以用来招财。放置一些木炭也有辟邪、增益的效果，花费也不会太高。

第七章 让财源滚滚来的商业风水

我们常常看到这样一种情况：同一个人开的几个商业门店，风水不一样，盈亏结果也不一样。商业风水直接影响人的财运。那么，什么样的商业风水才能保证商家精力旺盛、顾客盈门、生意兴隆呢？相信每一个生意人都想知道答案。下面，就让我们去了解和掌握商业风水，以达到旺铺的目的。

一、8招打造生旺商业风水

1. 选择在人多气旺的地段开商铺

店铺销售的商品种类不同，其对店址的要求也不同，考虑的一个基本出发点就是便捷。从大的方面来讲，就是要在消费者日常生活的行动范围内开设店铺，诸如距离居民生活区较近的地方、上班或上学的途中、停车场附近、办公室或学校附近等等。同时还要注意，并不是所有的店铺开在闹市区都会有好的营业额，要视店铺的性质来定，即要考虑店铺如何靠近自己的顾客群。有的店铺要求开在人流量大的地方，比如服装店、小超市，而像性保健用品商店和老人服务中心，就适合开在偏僻、安静一些的地方。又如卖油盐酱醋的小店，开在居民区内生意肯定要比开在闹市区好，而文具用品店，开在黄金地段也显然不如开在文教区理想。各行各业均有不同的特征和消费对象，黄金地段并不是唯一的选择，应该遵循"合适就好"的原则。

选择店铺的位置，需要知道有哪些地段适合开店，这涉及到对商业开设区域的定性分析。

（1）车站附近

零售店的经营者应该重视附近的有利地形，千万不要小看车站，车站附近（包括火车站、长途汽车站、客运轮渡码头、公共汽车的起点和终点站）是往来旅客集中的地区，聚集了天南海北的旅客，所以车站附近一直被看做是开店的黄金地段。这些地段的优势在于这里的顾客主要是过往乘车的旅客，与上班族和学生有很大不同，他们选购的商品虽然非常广泛，但大多以购买不费时间、容易携带的商品为主。开店的地址在离车站100～200米左右最为合适，零售店的方向如果能够选择正对车站的出入口或是可以顺利进出车站的交通便利的路上，那么就是最好的。

由于人群流动量大，车站的附近可以开设一些土特产店、礼品店、饮食店、箱包店、食品店、旅店、书店、代办托运店、公用电话亭、物品寄存处、饮料店、快餐店、旅游纪念品店、相机出租店等等。开店经营的商品需具备价位不高、易于携带、符合生活需要的特点。车站主要以搭乘大众运输工具的乘客为主，但其年龄、职业、爱好和目的各不相同，有旅游的、有出差的、有探亲的，故开店时应针对特定的消费客户，在开店方向和经营方式上多下功夫。

（2）商业区地段

商业区地段是居民购物、逛街、休闲的理想场所，也是店铺开业的最佳地点。但由于商业区场地费用比较高，因此并非是一切店铺的理想开设地点。这些地段费用高，竞争性也强，除了大型综合性的商场外，还比较适合开设一些有鲜明特色的产品或服务的店铺。这一地段的特征是商业效益好、投资费用相对较大，所以应有针对性地对顾客提供服务。

（3）办公区集中之地

这些地段是上班族集中之地，其光顾商店的目的不外是果腹或采购日常生活用品、办公用品以及谈生意、聊天。该地段的特征是：午饭与晚饭时间为营业高峰期，周末与节假日的生意清淡。

当前在很多城市，纯粹的办公区很难找到，多半是商住混合型的。这里所讲的办公区只是相对而言，意指公司聚集较多的地段。在这些地段开店，应充分考虑到主要消费者是上班族。这类消费者的消费档次、消费水平较高，而消费者年龄也不大，一般多是二三十岁的年轻人，因此开店应以这部分人为主要目标。

上班族有一个特点，就是只有中午短暂的用餐和休息时间，因此他们不会去离办公地点太远的地方，办公地点附近便成了他们用餐、休息之处。因此，离办公楼越近，顾客的来店率越高，尤其是用餐的地方或咖啡厅、冷饮店。

开店地址应多以下班路线为主。上班时要赶时间，来去匆匆，光顾店铺的机会少，下班时因心情松弛，逛街购物的机会就自然较多，故在下班路途中设店最好。

开店位置的选择除了考虑区内行业分布、下班路线外，还应考虑到区内大楼的排列，道路的分布、延伸，店铺的串联或断裂以及人潮方向等。在办公区开店，最好以休闲行业、餐饮业和为办公提供服务的服务行业为主。由于消费者的时段集中且短暂，在服务和经营上都应充分考虑。

（4）学生聚集地附近

这些地段位于学校附近。学生去商店的目的主要是购买学习用品、书籍、生活必需品，以及聚会谈天、消遣时光，此时应针对学生的需要，提供适当的服务和商品。

这里所指的学校，主要是指大、中专院校。大、中专院校又分两种：一种是位于城市的郊区，交通闭塞；另一种是位于交通便利的地方。后一种由于其处于市中心位置，故学生的需求不一定依赖周围的店铺。

一种风险小而又有盈利的开店方式就是在地处郊区或比较偏僻的大、中专院校附近开店。店址最好在离学校几百米以内，以顺道为最佳。这类店铺包括流行服饰店、眼镜店、文具店、日用品店、书店、音像店、运动用品店、自行车店等。除寒暑假外，这些零

售店的收入一般都比较稳定。经营此类店铺，关键的一点是商品价位要经济。

（5）住宅区地段

这些地段的顾客一般是住宅区内和住宅区附近的居民，以家庭主妇为主。这些地段的特征是：有关家庭生活的商品消费力强，尤以日常用品消费量最大，凡能给家庭生活提供独特服务的商店，都能获得较好的发展。

一般情况下，人们习惯到一些大中型的商场或繁华市区去购买时尚流行商品或是一些较为高档的耐用品，但是一些如食品、烟、酒、五金、杂货之类的日常用品，就喜欢到离家比较近的地方购买。另外适合开的小铺还有米店、发廊、报刊亭、裁缝店、托儿所、送水店、水果铺、洗衣店、食品店、药店、服装店、童装店、修理店、杂货店、五金店、化妆品店等。在居民区开店，房屋租金一般不会太高，这就说明零售店经营者开店的投资不会太大。在居民区，学生的消费水平也不可低估，经营者也可在学生消费上仔细琢磨，寻求更高的利润。

（6）公园名胜、影剧院附近

因为是娱乐、旅游的地区，顾客的消费需求主要在于吃喝玩乐，故适合于餐饮、食品、娱乐、生活用品等方面的商店发展。但这些地段常有时段性的特征，高峰时人潮汹涌，低谷时门可罗雀。当然，如果靠近居民区、商业区的话，则另当别论。

（7）医院附近

特别是以带有住院部的大型医院为佳，这些地方孕育的市场潜力不能小觑。一般人去探视和照顾病人，总会就近购买一些生活和礼节性用品，所以在这里开设水果店、鲜花店和一些日用品店是个不错的主意。

如果能考虑医院自身的特点就更好，比如：在妇产科医院附近开设妇女用品商店，在儿童医院附近开设儿童玩具商店，在眼科医院附近开设眼镜店等。另外，一些不起眼的小吃铺、书报亭都是不错的选择。

（8）市郊地段

这些地段以往被认为是不太理想的开店之地，但是随着城市交通的迅速发展和车辆的大量增加，市郊地段的商业价值正在上升。这一地段的特征是：主要向驾驶各种车辆的人提供生活、休息、娱乐和维修车辆的服务。

我国城市的市郊地段具有相当的可变性，许多目前人口并不多的市郊地段，随着城市建设的发展，会变成繁华的社区中心。眼光长远的投资者如能把握机会，提前一步择地开创基业，日后财源定会滚滚而来。

以上几种地段的分类并不是绝对的，有的地方可

能同时具有两个到三个地段的特征。所以，商店在选择位置时，还需要具体问题具体分析。

2.店铺朝向吉方位

店铺朝向的好坏取决于多方面的因素。首先，应根据店铺经营的生意和所属的行业，找到适宜的大门朝向。其次，应结合经营者的属相来选择店铺朝向。再次，应根据各行各业的吉方位，设计入口、门厅等处的位置。

（1）影响店铺朝向风水的因素

店铺的朝向是商家十分重视的问题，往往也是经商成败的关键。现将某些店铺适宜的朝向列表如下：

商行、公司、店铺	适宜的正门朝向
律师事务所、医疗中心	北或东
船业公司、财务公司、保险公司	西北或东南
银行、建筑公司、进出口公司	北或东
批发店、餐饮店	北或东南

此表是按五行相生相克的原理编制的。实际上，商业的兴衰主要取决于顾客，顾客是财源所在。顾客盈门，店铺就会兴旺发达，反之，店铺就要倒闭，所以店铺应做到"门迎顾客"。店铺的门向还跟店铺的选址有很大关系，如店铺的选址为坐南朝北或坐西朝东，而顾客的聚集点也在房屋所坐朝的方向，那么店铺的门就只有设在朝北或朝东。如果是这样，那么店铺又犯了"门不宜朝北"的忌讳，在夏季店铺就要受到烈日的直晒，在冬季店铺就要受到北风的侵袭。在这种情况下，不妨运用阴阳五行相生相克的定律处理。如果是经营旅馆业的，在夏季里，除了在旅馆门前搭遮阳篷外，还可以在旅馆的前厅摆放一个大的金鱼缸，摆上若干盆景。金鱼缸属水，盆景属木，都可起到使室内热气减弱的作用，而且人在暑天里看到一缸清凉之水，其中又有生气勃勃的金鱼，就会获得清新之感。

如果是有楼层的店铺，二楼用作办公室，一楼店铺的门朝向顾客，那来自店铺门口的噪音就有可能干扰到二楼的办公室。为了避免这种干扰，楼梯口不可正对着店铺大门。按照风水学的说法，将上楼的楼梯口正对着大门，聚集在大门口的煞气（噪音）就会直接顺着楼道进入二楼。理想的做法是将楼梯开置在侧面，楼口避开正门，由侧墙引阶而上。有可能的话，最好还是在大门和楼口之间放置一扇屏风，作为噪音的间隔层。

在街市上，常可看到一些利用原有的沿街房改建而成的店铺。这种店铺的房屋原来大多是作为住宅使用的，大门上方往往没有伸出来遮阳、遮雨的预制板或平台。这样的店铺，门虽然开向了顾客，但也不利

于顾客的出入，应在大门的上方搭出一个遮阳篷。有了这样一个遮阳篷，在夏季就可以避免店铺受到烈日的暴晒了。在雨季，还可避免店铺被雨淋湿。否则，店铺门前无遮无挡，在烈日之下热气逼人，顾客不耐酷暑，自然止步；在阴雨之下湿气袭人，顾客当然不会来。

(2) 经营者属相与店铺朝向

关于店铺朝向的宜忌，有一种以店铺经营者的属相来确定的观念。这种以经营者属相来确定店铺朝向宜忌的做法附表格于此，供参考。

◎属鼠的人	忌：坐南（未山）向北方
	宜：坐东向西方、坐北向南方、坐西向东方
◎属牛的人	忌：坐东（辰山）向西方
	宜：坐北向南方、坐西向东方、坐南向北方
◎属虎的人	忌：坐北（丑山）向南方、坐西（中山）向东方
	宜：坐东向西方、坐南向北方、坐北向东方
◎属兔的人	忌：坐西（酉山）向东方
	宜：坐北向南方、坐南向北方、坐东向西方
◎属龙的人	忌：坐南（未山）向北方
	宜：坐西向东方、坐北向南方、坐东向西方
◎属蛇的人	忌：坐西（辰山）向东方
	宜：坐南向北方、坐北向南方
◎属马的人	忌：坐北（子山）向南方
	宜：坐东向西方、坐西向东方、坐南向北方
◎属羊的人	忌：坐西（戌山）向东方
	宜：坐北向南方、坐南向北方、坐东向西方
◎属猴的人	忌：坐南（未山）向北方
	宜：坐北向南方、坐东向西方、坐西向东方
◎属鸡的人	忌：坐东（辰山）向西方
	宜：坐北向南方、坐南向北方、坐西向东方
◎属狗的人	忌：坐北（丑山）向南方
	宜：坐南向北方、坐西向东方、坐东向西方
◎属猪的人	忌：坐西（戌山）向东方
	宜：坐北向南方、坐东向西方、坐南向北方

(3) 各行各业的吉方位

人说"三百六十行，行行出状元"，经营生意不同，所属行业也不同，店铺朝向的选择亦不尽相同。现介绍各行各业的吉方位如下，以供参考。

餐饮业：餐厅、咖啡店、酒吧等关键在于北方，若在北方建大堂则吉，东南方有突物则生意兴隆。烤肉店、炸鸡店等用火多的生意，厨房在东方或南方为吉，倘只是用火则南最佳。食品店，如鱼店、海产物批发店应把厅建在东南、东、南方位，用陈列台或箱子等掩盖正中线、四隅线更吉。加工食品店在南、东南方造突物为吉，南、西方摆商品陈列台、客人用的椅子等即可，入口最好设在东南、南、东方。

果蔬业：把新鲜的货品摆在北、南方则生意兴隆，入口设在东、东南、南、西北方为吉。

西点业：西点面包店把入口置于东南、东、南方为吉，但开闭门不可在正中线、四隅线。至于糖果公司，则东南方与南方有突物为吉。

家具业：家具店、木工工厂在东南、北、西方造突物为吉。倘若西南面与西面有入口，则应使用陈列台等堵塞。

电器业：电器店、水电路店将厅的门建在东、南、东南方为吉。钟表店：可在东、北、西北方任一处造突物。若规模大则造二方位的突物，即使小店也要造一方位的突物。出入口若在东、东南、南方为大吉位，即使在西亦为吉相。此种行业宜选择东侧与南侧二方位有道路经过的东南角地。

摄影业：东南、东、南、西四方位有入口为吉。从店的中心看照相馆，柜台若是在西北、东南方，则经营稳定。

纸业、制药业：药店的入口若在东南、东、南方为吉，但要避免正中线、四隅线。若在西北造突物，门在东、东南、南为佳。

杂货店：把柜台置于西北、东南、南、北任一方位即可。

园艺店：花店将入口设于东、东南、南方为吉，设于西北也可。

服饰店：入口在东南方为大吉，其他依次是东、南、西北方。

3. 取个吉祥店名

店名是一个店铺的标志，也是一个店铺经营的商品特点的反映。在风水里，店名又往往被看成是与店铺经营成败攸关的重要名称。店名要简明易懂，上口易记，除特殊需要外不要使用狂草或外文字母。

结合术数取名，常见有三种方法：一是以文字搭配五行相生相克的原理，二是按用字笔画的阴阳进行选用，三是被奉为主流的八十一数命名法。

(1) 按五行相生相克原理取店名

这种方法是将一些店名的常用字按五行分为五类，然后选择其中的字，按相生相克的原则进行搭配，相生的为吉，相克的为凶，最后选用相生的字为店名。

风水认为五行相生的吉利店名用字的组合是：

水+木——水滋养木生长

木+火——木使火更旺盛

火+土——火使土纯净

土+金——土保护金

金+水——金使水富贵

风水认为五行相克的不吉利店名用字的组合是：
水＋火——水使火熄灭
火＋金——火使金熔化
金＋木——金使木穿透
木＋土——土将木覆盖
土＋水——水将土冲毁

(2) 按字笔画的阴阳取店名

此方法是选用一些字，按笔画的单与双，附以阴阳属性，然后按阴生阳的定律选取店铺名的用字。具体做法是，笔画为单数的字为阴，笔画为双数的为阳。如果选用作为店名的字是一阴一阳，即一个字的笔画为单数，一个字的笔画为双数，而且这个字是按先单数后双数，即先阴后阳的顺序排名的店名，就是吉利的店名。属于吉利店名的排列还有阴一阴一阳和阴一阳一阳等。反之，不吉利店名的排列是阳一阴和阳一阴一阳。

(3) 八十一数命名法起名

八十一数命名法的根本是由中国传到日本，又再传回来的起名方法。姓名学离不开河洛数的变化，显然是河洛数理图的应用演变，但是宋代以前没有史料记载。宋代隐士蔡九峰，创立了九峰学派。蔡氏认为能体察天地无穷奥秘者唯有易经，能记载天地之变化者，则属洪范之数。数之始为一，再而三，三而九，至九已尽。象成于二，二而四，四而八，故八卦之象备矣。蔡九峰谓河图更四圣，而象已著，洛书锡神禹而数不传，故作是书，以究极其数，其演数之法，纵横皆九位，而终之以九九，纬之亦终之以九九。九而八十一。九峰先生演八十一数，必定参照易经卦象而定吉凶，考九峰先生作八十一数图之原义，并非专用于姓名学数理判断，而为占卜事物吉凶而设。九峰先生除作八十一数原图外，又另作皇极八十一名数图，以八十一字分别诠释八十一数之吉凶涵义亦可证实也。后世之姓名学之八十一数理，应是皇极八十一数图之阐发。

日本著名易学家熊崎健翁在中国曾跟蔡九峰先生学习过一些玄学，后来才回日本创造了熊崎氏姓名学。日本人善于学习中国文化的精神仍然是值得我们学习的。熊崎健翁所创那一套笔画数字吉凶法，只学了蔡九峰本事的一半，还未能完全掌握数理的神髓，我以为尚不及"梅花易数"的方法来得厉害。

我起名会考虑九九八十一数的吉凶，再结合八字命理和梅花易数同参。八字命理和梅花易数是很上乘的技术，以后有机会再专门著述为大家说明。

4.吉利数字

中国人关于吉祥文化的内容十分广泛,不仅将动物、植物、颜色、方向、房屋造型等赋予吉祥的说法,就连数字也有特殊的讲究。

在易学文化中,强调象、数、理。数字是具有科学性的,懂得数的奥秘就可以通达规律,万事先知了。而在一般的民俗文化里面,数字也被赋予有特殊的意义。有观点认为2、5、6、8、9、10是吉利的数字。"2"意味着容易,"5"意味着五行的谐调,"6"代表财富,"8"意味着致富,"9"是长寿之意,"10"是指美满。因此,"289"其意义就是"容易长期致富"或者"生意长期繁荣"。"4"在风水中是不吉祥的数字,特别是在广东话中,"4"字的发音听起来像"死"字。如"744"就是一个被认为是不吉利的数字。

中国人喜欢数字中的偶数,认为这表示成双成对。然而,也有些人偏偏喜欢用"3",如数字"7373"中就有两个"3",被赋予"肯定生存"的意义。其实,大部分数字赋予吉凶含义,如常见的"8"被看成是汉字"发","9"被看成"久","6"被看成"路"和"又"。这几个数字的组合,因与人们的发财观念相契合而最受人们的欢迎。如"168",汉语的谐音是"一路发";"8888",汉语的谐音是"发发发发";"868",汉语的谐音是"发又发"等。因此,这几个数字的汽车牌、电话号码、门牌号都被认为是吉利号码,能给人们带来好运。

中国人对吉利时间的选择上,是人们对吉祥数字的又一种附会,认为选在某一吉利的时刻为落成的商场剪彩,或者为店铺的开张鸣炮,或者为大桥通车剪彩等,就能使生意兴隆、事业发达。

一般来说,新店铺开张的时刻大多选择在上午。因为在风水看来,上午空气新鲜,太阳从东方升起,对新店开张是一个极好的兆头。

在上午的吉利时刻中,常被选中的数字是"8"和"9",也就是借喻所经营的店铺能"发"和"久"。如有的商家把新开的店铺的鸣炮和剪彩定在上午的8时8分8秒这一时刻,借喻店铺从此以后能"发发发"。有的生意人把新店开张时刻定在上午9时9分9秒,借喻商场从此时开门,就能生意长久,长盛不衰。也有的经商者将新店铺开张迎客的时刻定在上午的11时8分,借喻店铺此后能"日日发财"。

人们对吉祥数字的追求,特别是商人对吉利日期和吉利时刻的追求,来自于市场的激烈竞争。虽然,商人不辞辛苦已有所成就,但仍感以后的商道上风云莫测,于是就想借助于信仰支撑,借助于神灵的保佑,以求得心理的平衡、信心上的鼓舞。

5.物以类聚

中国有一句老话说:"物以类聚,人以群分。"在选择经营场所时有意识地和同行业的单位汇集在一起,利用店多隆市的聚集效应,这是一个简单的且大多情况下是正确的选择。

店店连成街,街上皆是店。中国浙江省的义乌市宾王市场是著名的小商品集市,上海市的福州路是文化用品和书局的集中地,上海闵行区的九星市场是著名的建材批发地,深圳市的八卦一路是餐饮一条街,这样的例子比比皆是。

大量事实证明，对于那些耐用品的经营而言，把一些同类型的商店整合在一起形成商圈，人多力量大，则有利于汇聚人气，这会让客人认为货品齐全、选择较多，从而产生积极购买的影响力。许多顾客为了买到满意的商品，往往不惜跑远路来购物消费，这使商家走向很有利的经营局面。

6.跟随"龙头"

除了"物以类聚，人以群分"之外，中国人还有句古话说："山不在高，有仙则名，水不在深，有龙则灵。"这句话其实也是说是否名川大山，是否好山好水，是可以根据是否有仙、有龙居住来判断的。

在租用物业时，有一个比较取巧的方法，最好能先打探了解一下周围的邻居都是做哪一种行业的，经营情况如何，以作为判断的参考。如果你对选址没有什么经验，那么你可考虑这个跟随同行业"龙头"的方法。你可以把商店开在著名的品牌店、连锁店的附近，你也可以考虑和业绩良好的大公司租在一起，譬如你可以租在它的楼下或是隔壁。一般来说，成功的大企业除了长于经营管理、战略管理外，同时也拥有了比较好的运气。运气这种概念不是一日所形成，从某种层面上说，它是通过长时间的成功经营从而拥有了较准确的判断和选择能力。常人一时半会是没法想通此中奥妙的。

挨着"龙头"开店，不但可以省却考察、调研的时间，还可以借助他们的品牌效应获得人流，捡些客户。例如，挨着就餐人数众多的麦当劳、肯德基这些洋快餐的旁边开餐厅，只要环境令人喜欢，就很容易吸引人光顾，这种现象也叫做借用了"人气"。

7. 生意兴衰，道路攸关

"山管人丁水管财"，意思是说水与钱财的关系最为密切，水是流动的事物，正如钱财有来有去一般，有投资有回报，只要投资合宜，经营得法，一份耕耘总有一份收获。在城市风水中，街道公路都被视作河流，道路产生的"气"对商店及办公楼建筑直接造成了影响，左右了生意的表现。

在考虑外部空间中街道的影响力时应考虑以下几个方面：

（1）路口经商聚财

四面道路的人流车流来去汇聚于此，车水马龙，汇集于明堂水口，当然是好格局了。马路又称为水龙，两条水龙交汇的地方叫做汇水口，车子和人流行经必定会缓慢通过，有利聚集生气。开店在这样的位置一定要做一块或数块吸引公众注意的清晰招牌才会带来好的生意表现，依据商店的经营特点，设计师可塑造

出具有个性特色的外观。但是有一点要注意,就是面临的马路不能太宽,太宽的道路会造成过于的通畅,从而使水流过快,并不能聚集人气。将十字路口的转角处选择为店址一般是获利最快的方法,很多成功商家都有这样的经验,马路为水,十字路口又在风水中称为"四水到堂",如果向着路口再做一部自动扶梯的话,这一个布局就叫做"抽水上堂"了,自动扶梯就是抽水抽人流的工具,迅速感应,效果极好。

(2) 大马路边不宜商业经营

中间有隔离带的,上面有高架路的,四车道的,这些因素都阻碍了人流的方向,就算人们看到马路对面有店铺,也不会特意地过去。你一定要看清马路所承担的职能,要去那些人流大于车流的地方经营。大多时候选择一些中小马路是很适合经商的,但一定要注重店面和招牌的设计。

(3) 路冲

如果一座写字楼或商店位于"丁"字路口,它的大门面对一条笔直的道路,这样的办公大楼或商店位置从风水的角度来说可不可以租用呢?前面我们说形煞的时候已经介绍过了这种情况叫做"枪煞",《都天宝照经》中说:"水直朝来最不祥,一条直是一条枪。"风水视一条笔直的来路就好似是一杆刺面而来的长枪一样,来势凶狠,容易造成伤害,并且为祸甚烈。"枪煞"又俗称为"路冲",路冲还会带来噪声和夜间的光线污染。路冲的化解方法是在面对道路的地方建造水池,设置屏障或植栽花草树木来进行阻挡,将快速而来的气流吸收并化解。这种象"中介"一样的景观设计其实是一种过滤器,它可以平衡缓冲这些冲击过来的不利能量。风水师认为直路冲射的情况大多是不好的,主张建造有弯曲弧度的马路,正所谓"车如流水马如龙",道路像水流一般有转折,但很顺畅,选在这样的路段经营较容易获取财利,这是因为曲路令交通流量和缓平稳,容易聚集、储蓄和稳定生气的缘故。

(4) 曲路聚财气

依据风水典籍《水龙经》的提法,临近弯曲的马路开店,要择取在弧形的道路内侧一边的单位比较好一些。道路呈现了一种环抱的形态我们称之为"内弓水"或是"腰带水",商业空间面对的是这样的一种"玉带环腰"的道路,导引了一种良性能量缓缓进入

大门，有利于聚旺人潮，大旺财利。相反，如果选择在弧形道路的另一边，则称之为"反弓水"，风水上认为反弓的道路不利于生气的聚集，有破坏的导引力，除非是合乎三元九运的当旺卦星临门，否则经营起来就要逊色一些。

（5）**如果碰到马路是单行道的话，一般选右边的位置较好**

由于地球的南北磁极信息较强，而地球又是自西向东自转，河流的右岸会先接收到好的信息而发达起来变得繁荣一些，中国大多城市都会建在河流的右岸并且繁荣昌盛，这是历史上的客观现象，所以就马路车行的方向来看，道路右手边的商业会较左边的兴旺一些，其实这也是交通便利的一种表现。

（6）**接近天桥口的商铺**

在城市中会有跨越马路的人行天桥的交通形式，天桥也是路的一种。天桥口是水口位，可以接水。风水说"山管人丁水管财"，靠近水口位的商店一般会有好的生意表现。

（7）**近隧道口的商铺**

和接近天桥的商铺多以旺财论恰恰相反，接近隧道口的店铺是不聚财的。这是因为隧道口是向下凹下去的交通管道，也是把车流引走的地方，无法聚气，也就不利生意表现了。但是若是行人的隧道且是通向地铁车站的话，这个隧道是为疏通进出地铁车站的聚集地的"人气"之用途，店铺接近隧道口也就可以收到人流，作吉论。

8. 利用色彩刺激商机

色彩会影响一个人的心理情绪，在这方面心理学家已有科学的研究结果。色彩对人的日常生活有很大的影响，它会使人感到兴奋、放松、愤怒、疲倦等等。因此，在店铺或办公场所规划设计时，不要忽略对色彩的选择。

一般而言，红色具有强烈、活跃的特性；绿色有令人宁静舒适的感觉；黄色有使人觉得友善、快乐和理智、稳重的倾向；黑色对某些人来说令人沮丧不安，但也有人认为黑色是美妙的，有令人高深莫测的感觉；白色是较中性的颜色，使人感到纯净可爱；粉色常有令人丧失理智的感觉等等。

至于应该如何选择颜色，调配色彩，大多取决于个人喜好。每个人对色彩的喜好，与其先天潜在属性有关，有些人可能并不是真正地清楚，有些人因为习惯或追求时髦而误以为自己喜欢某种色彩。如果细心观察研究，从个人对色彩的喜好分析，可以了解一个人的个性、嗜好和心理状态，以作为生意上知己知彼的重要参考，有助于商务谈判或商务拓展。

根据传统的五行学说，五行配有五色属性，五行既然包含了时间和方位，同样，时间和方位也有五色属性。在季节上，春木为绿色，夏火为红色，秋金为白色，冬水为黑色，四隅土为黄色。在方位上，东方属木为绿色，南方属火为红色，西方属金为白色，北方属水为黑色，中央属土为黄色。

至于店铺有宅局五行，要选择生旺的颜色来调配才是有利，如果克泄便是不利。也就是说，选择的色彩要能对个人的精神产生舒适、加强、调和、疏导或刺激等效果。以下为各宅局的有利色彩：

乾宅（坐西北朝东南）	宜以白色系或黄色系为主调
兑宅（坐西朝东）	宜以白色系或黄色（浅）系为主调
离宅（坐南朝北）	宜以淡红色系和黄色系为主调
震宅（坐东南朝西）	宜以浅蓝色系或绿色系为主调
巽宅（坐东南朝西北）	宜以绿色系或夹有黑色系为主调
坎宅（坐北朝南）	宜以白色系或浅蓝色系、浅绿色系为主调
艮宅（坐东北朝西南）	宜以浅红色系或黄色系为主调
坤宅（坐西南朝东北）	宜以红色系或黄色系为主调

由于各种行业的性质不同，所以必须针对其特征来选择适当的色彩，例如：需要汇聚人潮、热闹的场所，便需要选择较兴奋性的颜色，这样可以帮助提振场内气氛，刺激消费欲望。根据色彩学的研究，男性较偏爱暖性色彩，女性偏爱冷性色彩，年轻人喜好暖色系，老年人偏重冷色系。暖色令人产生激励奋发的感觉，冷色会有冷静消极的感觉。商铺应根据自己的目标客户群来选择色彩。

二、商业风水知宜忌，财源自是滚滚来

前面我们已经介绍了各种与商业场所相关的风水知识，比如选择店址时要注意的问题，内外部装修时的讲究等等。在此，我们会介绍更多的商业风水宜忌，以供参考。

1. 商业风水之宜

（1）商铺橱窗宜有广告招贴

在现代商业活动中，橱窗既是一种重要的广告形式，也是商铺店面装饰的手段。一个构思新颖、主题鲜明、风格独特、手法脱俗、装饰美观、色调和谐的商店橱窗，与整个商店的建筑结构和内外环境构成一幅立体画面，能起到美化商店和市容的作用。从整体上来看，制作精美的室外装饰是美化销售场所和装饰商铺、吸引顾客的一种手段。商铺橱窗引人注目，天长日久后商铺自然美誉远扬，顾客也会越来越多。

(2) 商铺设计宜有特色

一间商铺的形象是否适合、设计是否美观，不但要以该商铺设立的时间、地区和顾客对象的喜好为依据，还要根据市场的需求和顾客的购买动机、消费习惯及与同行的比较等因素来确定。要通过详细调查、研究然后再着手设计。总的来说，商场的设计装修要讲究个性、特色，这样才能突出卖点，更能招揽顾客。

(3) 商铺收银台宜设在白虎位

风水上认为，商铺的收银台应设在白虎位（人站在室内往大门方向看去的右边就是白虎位），也就是在不动方，这样才能守住入库的钱财。收银台是钱财主要的进出之地，切不可设在流动性较大的龙边，否则不利财气。其实，这也是为了符合人们靠右行走的习惯，从里面出来时一般习惯性靠右走，而这边正好是白虎位的付账处。收银台在不动方的地方如果正好是玻璃，则应该把这一面玻璃加以遮盖，也可安装窗帘或用装饰板将其遮掩。

(4) 商铺的大门前宜开阔

居家风水一般讲究屋前要开阔，以接纳八方之气。商铺的门前开阔，则能广纳八方来客。商铺选址时要注意，大门前不能有任何的遮挡物，比如围墙、电线杆、广告牌和高大遮眼的树木。商铺门前开阔，不仅可以使视野广阔，也可以使商铺面向四方，让在较远处的顾客和行人都可看到。商铺门前有了顾客，就有了人气和生气。顾客愈多，生气愈旺，生意也就会愈来愈好。

(5) 商铺的颜色宜明亮

按照风水上的说法，对地面的装饰就是凝聚生气。地面生气的强弱，除取决于地板砖表面的光滑明亮外，还取决于地板砖的颜色。颜色对于风水来说，有象征性的意义。商铺装饰首先要保证墙面颜色的明亮，因为明亮的颜色才会给人带来光洁舒适的感觉。风水学认为，明亮就是生气，有了一个光洁舒适的经营环境，就能赢得顾客，更能赢得良好的经营效益。

(6) 商铺宜选用吉祥字号

旧时人们采购物品时，大多选择商铺字号的吉利性，甚至会舍近求远，许多商铺就因吉利的字号而声名远扬，生意日渐兴隆。商铺的字号，除了要突出商铺特色，配合经营者阴阳命理之外，还宜给买卖双方带来兴旺发达、吉祥如意的好兆头。旧时民间商铺字号的用词用字，总在乾、盛、福、利、祥、丰、仁、泰、益、昌等吉利的字眼上选择，意为招财进宝，一本万利，大发鸿财。经营文物、古玩、书刊、典籍、文房用品、医药等业的商铺字号，则多取典雅的字眼。

(7) 商铺名称宜依照笔画取名

商铺名称笔画的阴阳之说是选用汉字笔画的单与双，辅以阴阳属性，然后按照阴生阳的定律来选取商铺名的用字。具体做法是，笔画为单数的字为阴，笔画为双数的字为阳。如果选用作为店名的字是一阴一阳，则一个字的笔画为单数，另一个字的笔画为双数。如果这个字是按先单数后双数，即先阴后阳的顺序排列的店名，就是吉利的店名，属于吉利店名的排列还有阴—阴—阳或阴—阳—阳等。反之，不吉利店名的排列是阴—阳或阳—阴—阳。

（8）商业场所的楼梯口宜宽敞

有的商铺开设在二楼或二楼以上，需要通过楼梯才能到达。在设计商业场所时，上下的楼梯口不可狭窄、拥挤，否则容易产生压迫感，使顾客不愿意光顾。理想的楼梯应该宽广、明亮，不仅从视觉上看起来心里舒畅，而且还要兼顾安全。同时，楼梯也是财气进出的通道，楼梯口宽阔，也就意味着财路宽阔。

（9）商铺宜有圆形水池

在传统风水学中，水代表"财"，"水"的安排恰当与否和公司的财富有密切关系。圆形可以藏风聚气，所以商铺前若有喷泉或瀑布等水景，最好将水池设计成圆形，并要向商铺稍微倾斜内抱（圆方朝前）。从风水学的设计角度来讲，水池设计成圆满的形状，圆心微微突起，这样才能够藏风聚气。同时，圆形也不应有犄角旮旯隐藏污垢，要便于日常清洁。在家里设动水可增加居住空间的清新感和舒适感。

（10）天桥两端的出入口宜开商铺

风水学认为道路即为水，天桥口也就是水口。《葬经》云："登山看水口，入穴看明堂"。一般来说商铺靠近天桥不吉，但是天桥口在当运之星位或在生气进气之位，便为吉论，商铺的生意也会逐渐增长，而且天桥来往的行人较多，人气较旺。

（11）商铺的地面宜平整防滑

商铺地板应平坦，不宜有过多的阶梯，也不宜制造高低的分别。有些商铺采用高低层次分区的设计，使得地板的高低有明显的变化，而财运也会因地板的起伏而多有坎坷。还有的设计者会将商铺内的地板凹下去一阶，或将室内某部分的地板加高一阶，以使之看起来有变化，其实这是一种不好风水的表现。风水学结合文化心理观念认为，不平坦的地板意味着坎坷。从实际运用的角度来分析，高低不平的地板也容易发生意外，不小心会因一脚踩空而跌倒，对经营者和顾客都不利。

（12）商铺内宜通风透气

风水上说房屋的纳气，也就是指房屋内部气的流动。商铺是一个人群密集的区域，是一个商品堆积的区域，所以更需要纳入新鲜的空气，也需要厅堂内气体反复的流动。气体流动可以驱走浊气，带来新气，也可以驱走湿气，带来干爽之气。风水中的"纳气"，在一定的意义上，可以理解为通风透气。商铺的通风透气，对商品的保管与交易都是很有好处的。使商铺通风透气，也是商铺装饰时所要考虑的重要原则之一。

（13）商铺的店面宜宽敞明亮

宽敞、明亮的商铺的店门，按风水的说法就是宽敞的气口，利于纳气、招财。气的流入较快，商铺内充满

生气和人气。狭小的店面，容易造成人流拥挤，令一些顾客见状止步，甚至还会因人流的拥挤而发生一些争论及扒窃事件，最终影响到商铺正常的营业秩序。

(14) 商铺内宜设镜子

镜子可以反射灯光，使商品更鲜亮、更醒目、更具有光泽。有的商铺会运用反射灯光，使得商品更鲜亮、更醒目、更具有光泽；有的商铺则用整面墙作镜子，除了上述的好处之外，还可给人一种空间增大了的假象。所以最好在商铺内光线较暗或微弱处设置一面镜子。镜子又分为凹镜、凸镜和平面镜。一般而论在屋内放平面镜有收聚财气的作用，而朝向窗外或屋外的平面镜则有反射煞气的作用。凸镜有分散的作用，可以将电灯柱、尖形物体、路冲、旗杆冲射、天斩煞、道路指示牌、烟囱这些煞气卸去，故属于"化解煞气"的风水用品。凹镜有更强的"收聚"的力量，当某些方位出现地气逸走或吉利物体远离商铺太远时，可利用凹镜来收聚。

(15) 商铺的保险柜宜摆放在财位

商铺的财位放置落地式保险柜，是非常符合风水要求的做法。保险柜里面可放置贵重金饰、珠宝、存折等，但必须秉持"财不露白"的原则，不可买回保险柜就大大方方的往财位一放了事。可以做一些室内设计，将保险柜加以遮掩装饰，使人不知道里面是保险柜，外观应形似一般的橱柜为好。同时金柜口不宜朝向门口，否则容易导致财来财去；商铺保险柜的门也不宜向着顺水流，否则容易导致耗财连连。

(16) 天花板高度宜与商铺面积相宜

商铺天花板的高度要根据其营业面积来决定，宽敞的商店应适当高一些，狭窄的商店则应低一些。一般而言，一个10~20平方米的商铺，天花板的高度在2.7~3米左右，可以根据行业和环境的不同作适当调整。如果商铺的面积达到300平方米，那么天花板的高度应在3~3.3米左右；1000平方米左右的商店，天花板高度应达到3.3~4米。天花板太高，上部空间就太大，会使顾客无法感受到亲切的气氛；反之，天花板过低，虽然可以带给顾客亲切感，但却使店内的顾客倍感压抑。

(17) 商铺宜近"三流"

三流指的是水流、车流、人流。风水上讲究阴阳，水流属阳、属柔、属虚，而商铺则属阴、属实、属刚。以商铺迎取来水，便是旺财铺。水流为流动之气，车流、人流亦属于流动之气。故选择商铺，最好选择水流停聚之处，如码头等；选择车流停留之处，如停车场、地铁站、火车站；人流则需看其大规模的来去走向。经商的风水必须收得水流、车流、人流方能旺财，没有三流，生意则难以开展。

(18) 商铺的财位宜摆放吉祥物

商铺的财位是旺气凝聚的所在地，若在那里摆放一些寓意吉祥的招财物件，例如金橘盆栽、福禄寿三星或是文、武财神的塑像，则会吉上加吉，有锦上添花的作用。

（19）商铺的财位宜明亮

财位宜明亮，不宜昏暗。财位明亮的商铺会生机勃勃，因此财位如有阳光或灯光照射，对生旺财气大有帮助，如果财位昏暗，则有滞财运，需在此处安装长明灯来化解。安装在财位的灯，一般来说，数目应以1、3、4或9为宜，而光管亦以这些数目为宜。

（20）商铺的财位宜置植物

财位上宜摆放长势茂盛的植物，可令家中的财气持续旺盛，运势更佳。因此在财位摆放常绿植物，尤其是以叶大、叶厚或叶圆的黄金葛、橡胶树、金钱树及巴西铁树等最为适宜。但要留意的是，这些植物宜用泥土来种植，不宜以水来培养。财位不宜种植有刺的仙人掌类植物，因为此类植物是用来化煞的，如不明就里，则会弄巧成拙，反而会造成伤害。而藤类植物由于形状过于曲折，也最好不要放在财位上。

2. 商业风水之忌

（1）商铺忌处偏僻地段

按照风水的说法，有人的地方就有生气，人愈多，气愈旺，而生气是生意兴隆不可或缺的条件。如若将商铺开设在偏僻地段，就等于回避顾客，没有人光顾商铺，商铺就会缺少生气。生气少就会阴气生，阴气过盛，则商铺的生意就会不景气。所以如果一个商铺的地段太过偏僻，阴气过盛，不仅经营会亏本，严重的还会损伤店主的元气，致使商铺关门停业。

（2）商铺忌临高速公路

随着城市建设的发展，高速公路越来越多。由于快速通车的要求，高速公路边一般有固定的隔离设施，两边无法穿越，公路旁也较少有停车设施。因此，尽管公路旁有单边固定及流动的顾客群，也不宜作为商铺选址的区域。通常人们不会为了一项消费而在高速公路旁违章停车。另外，高速公路的路冲煞比较严重，对附近人的健康也会造成一些不利的风水影响。

（3）商铺忌临隧道出入口

隧道口是向下凹下去的地方，象征引水走的地方。风水上水为财，所以商铺门口向着隧道，代表不能聚财。商铺向着行人隧道的出入口，不能聚财；若向着汽车进出的隧道，则更加难以聚财。但是，隧道若是通往地铁站则不在此例，因为这种隧道有疏导聚水局之气，商铺接近之，也能受到此气的影响，所以商铺处在通往地铁隧道附近或接近之，则作吉论，经营者旺财。

（4）商铺忌开在坡路上

正常情况下，商铺场所的地形应与道路的路面处在一个基本的水平面上，这样比较有利于顾客进出商铺。商铺设在坡路上是不可取的，因为这种格局难以招揽顾客。如果商店不得不设在坡路上的话，就必须考虑在商店与路面之间的适当位置设置入口，以方便顾客进出。商铺大门的路面与商铺的地面高低悬殊较大，也会妨碍顾客的进出而影响商铺的生意。

（5）商铺忌开在商业饱和地段

商业网点已经基本配齐的区域，称为商业饱和地段，这种地区开商铺投资较大，竞争激烈，不宜作为商铺的首选地址，发展前景不是很大。这是因为在缺少流动人口的情况下，有限的固定消费额并不会因为新开的商铺而增加。

（6）商铺忌前门、后门相对

一些大的商铺会在店面的前方和后方各开一扇门，以方便顾客的进出，吸引更多的顾客。这种格局似乎对生意有利，但从风水的角度而言，气流可以通过前门而直通后门。风水理论中最忌气流互通，"气流直通财气流空"，这种格局难以聚财。除了少数的情况之外，"两门相对"会令财气不聚，所以即使有必要开两扇门，也不宜出现两门相对的格局。

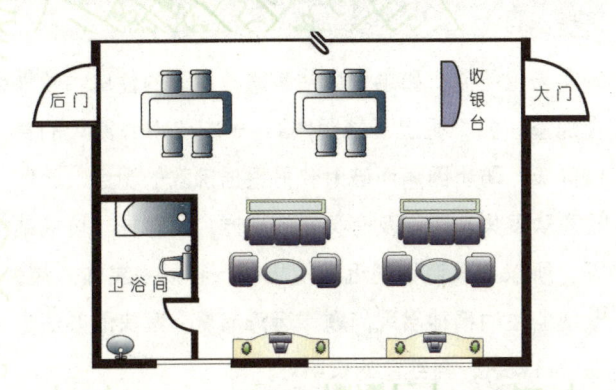

（7）商铺忌临反弓路

"反弓路"呈弯曲型，住宅之门正对此路，易犯"反弓煞"。"反弓煞"即住宅门前有弧状道路向外拱出，住此住宅区的人易受血光之灾或破财。当商业大厦或商铺门前同时出现反弓路或怀抱路时，会出现财来财去的状况。一方面经营收入十分丰厚，但商铺中大数目的开支也会使经营者失去预算，正所谓"有钱赚而无钱剩"。如果遇到此种情况，可于门前设一块镜子来化解，具体还需咨询专业人士。

（8）商铺方位忌坐南朝北

商铺一般应该坐北朝南，如果商铺朝向北方，冬季来临时会不堪设想。不管是刮东北风，还是西北方，都会向着门户大开的商铺里钻。风水中也视寒气为煞气，寒气过重，对健康不利，进而会影响到经商活动。同时也会使店内物品的流动速度减慢，造成商品的销售量减少。

（9）商铺大门忌有"光煞"

如果商铺大门是朝东西方向开的，那么，夏季火辣辣的阳光就会从早晨照射到傍晚，风水上将此视为光煞。光煞对于商铺的经营活动是相当不利的。煞气进入店内首先干扰到的就是店员，而店员在烈日的暴晒之下，会口干舌燥、眼冒金星、全身大汗，很难维持良好的工作情绪。商品在烈日的暴晒之下，也容易变脆发黄，严重的还会影响到商品的质量。另外商铺在烈日的炙烤之下热气逼人，自然少有人会登门拜访，更难说消费。

（10）商铺忌临"孤煞地"

阴代表黑暗、深沉、消极的气氛和环境，如寺庙教堂、坟场都是所谓的"孤煞地"。阳代表旺盛、热闹、喧哗，所营造的环境包括戏院、餐厅、酒楼、闹市等。很明显，阴阳环境属于两个极端，对于商业经营来说，人流穿梭，人气就盛，人越拥挤，气氛就越热闹。开店做买卖需要的就是以人气来带旺生意，而"孤煞地"的阴气则与之相反。阴气过重的孤煞之地附近是不适合开设商铺的。

（11）商铺忌临立交桥

长长的立交桥就像一把利剑直冲而来，路上的车辆往来穿梭，产生的煞气非常重。而立交桥上高速行驶的车辆也会形成强大的噪音和冲击气流，对低层楼内人员的身体和气运都会造成不良影响。立交桥在风水上有聚财的功效，因此，五楼以上的高楼内的商铺临近高架桥，不但可以抵挡煞气，而且也可以起到兴旺财运的作用。总的来说，向着立交桥的商铺，一般风水较差，因为立交桥大多高过商铺，比商铺低的不多，除非是商业大楼。

(12) 商铺忌与直路、"Y"字路相冲

道路若直且长，而中间又没有红绿灯截气，就有可能产生副作用，出现直路冲射的现象。商铺的前方如果正对一条直路，则为直枪煞，象征商铺内的工作人员健康日渐恶化。"Y"字型的路口往往都是繁华的地段。在此处开店，虽然较繁华，但易受到来自大道的煞气冲击，若不在此开店，又避开了有利于发财的生气。这样的情况可采取以下几种风水"制煞"的方法：要求在开设"Y"字型路口的商铺前，加建一个围屏、围障，或将商铺门的入口改由侧进，以挡住或避开迎大路而来的风尘；在店前栽种树木和花草，以增加店前的生气和消除尘埃；多在门前洒水消尘，以保持店前空气的清新；勤于清扫店前的卫生和擦洗店面的门窗，以清除沉积的尘土。

(13) 商铺忌正对停车场

停车场的入口一般弯弯曲曲，有人认为这是聚财之局，其实在风水上，这表示运气受阻塞。商铺面对地下停车场的入口则更为不利，因为地下停车场是气运下降的场所，如果低层住家或商铺的大门靠近入口，势难聚气，更难获得发展。

(14) 商铺忌临近垃圾站

商铺不宜选在垃圾站、加油站、电力房或锅炉房旁。正所谓"孤阳不生，独阴不长"，大厦的前面有公厕或垃圾站便是犯了"独阴煞"。五楼以下的商铺较容易犯此煞，如果垃圾站紧贴着自己的住房，凶性会加重。如果犯上"独阴煞"，一定要小心家人的身体健康，防止因病而破财。另根据佛教的观点，灵体是喜欢聚集在阴森及有臭味的地方，如森林、垃圾站等。所以如果商铺附近有垃圾站，容易引灵体入屋，致使业主的精神出现问题，运势反复。解决的办法是在门口安装一盏红色的长明灯。

(15) 商铺大门忌对窄巷

商铺大门不可面对窄巷，否则商铺内的气流易受阻，运势也不顺畅，容易聚积秽气，对经营者健康有不良影响，而且商铺的发展前景也被封死，在事业上象征没有出路，事业发展缓慢。另外，如果窄巷的尽头比入口大，处在其中的妇女都很难怀孕。

(16) 商铺大门忌对下行的扶手电梯

商铺的门前若是向着由下层移动上来的自动扶手电梯时，这种状况称为"抽水上堂"，属吉利论，主旺财。反之，商铺门前若是向着通往下一层的扶手电梯的话，情况便有变，主退财，又名"卷帘水"，即是将门前之财水卷走，为破财之相。建议在最初设计商铺时，就将店门向着上行的扶手电梯，不宜将店门向着下行的扶手电梯。

(17) 商铺门前忌多条道路交汇

有的商铺前方由左右两条道路交汇，而形成三角

形，冲射到商铺。这种情况易使经营者因财失义，而且身体也容易多病。若三条或四条道路相交，犹如一把剪刀剪向商铺，则犯剪刀煞，象征破财、损丁、易受意外伤，非常不宜，交汇的道路越多就越凶。

（18）商铺忌临医院

医院是救死扶伤的地方，本身并无是非，但是医院会让人联想到疾病和死亡，给人的心理上笼罩了一层阴影。除非是经营与医院有关的商铺和企业，比如鲜花水果店、保健品店等，这些商店出售住院者需要的物品，适宜在医院附近。至于娱乐场所，更应尽量远离。

（19）商铺大门忌正对电梯口

有的商铺的大门正对着电梯口，称为"虎口"，电梯口一张一合，产生较重的煞气，对商铺的风水影响极不利。在风水学上，电梯门的开合，有如一把镰刀，对商铺里的人造成煞气。化解方法：在电梯口与大门之间设置珠帘屏风，既可阻隔视线，也可增添商铺的美感，但也阻碍了部分顾客的光临。

（20）商铺大门忌对不吉建筑物

风水中所说的不吉的建筑，主要是指一些如烟囱、公厕、牛栏、马厩、殡仪馆、医院等容易使人感到心理不适的建筑。这些建筑，或黑烟滚滚，或臭气熏天，或是哭号，或是病吟，都是由不吉祥的建筑带来的气流，风水上视之为凶气。如果让商铺的门朝着不吉的建筑而开，则那些臭气、哭号、病吟的煞气就会席卷而来。商铺的工作人员在这样的环境中也会精神不佳、心气不畅，重者还会染病成疾。

（21）商铺忌临公交车总站

商铺不宜临近公交车总站，因为时常会有公交车起动的声音来骚扰。从风水上来讲，这种情况称为声煞，因为这些声音会影响到商铺的经营。另外，临近公交车总站除犯声煞外，还会犯另一个风水问题。公交车在开动时，会产生一定的磁场，令道路上的气流急速转动，这些动象会对商店员工的情绪和健康造成影响。化解方法：把商铺内的窗关闭，以减少噪音的分贝，但关闭窗户后，最好打开空调，否则，空气就会不流通。

（22）商铺店面忌太狭窄

商铺店面狭窄，或者是店面被物体遮挡住了，商店的商品信息就不能有效地传递给顾客，这样势必将商店的商品经营活动局限在小地域和小范围之内。有限的经营空间难有大的经济收益。如果要凭借灵活的经营手段来改变这种状况，就需要经过一个相当长的时间，也就是经商行话所说的"熬码头"。熬码头对于本小利微，或者是要急于见经济效益的经商者来说，是承受不起的。即使是熬出了头，使商品的名声逐渐外传了，也会因商店店面的狭窄而找不到地址，失去一些新顾客。

(23) 商铺大门忌与道路斜冲

商铺旁如果有道路斜冲向本商铺的大门，则犯斜枪煞，象征容易发生意外、破财。左斜枪伤青龙，主伤男性；右斜枪伤白虎，主伤女性。斜枪煞可用挂珠帘或放置屏风来化解。

(24) 商铺大门忌对屋角

商铺的大门如果正对附近其他房屋的屋角，在风水上称为"隔角煞"。远看上去像是一块巨大的刀片直划而来，为大凶之兆，主健康不利，财运也不济。以现代的观念来看，从大门看出去，一半是墙壁，一半是天空，在心理上也会有种被切成两半的不佳感觉。而从气场上看，两边的气流被阻隔，完全失衡，则非常之不好。

(25) 商铺的神桌忌放祖先牌位

有些商铺把自家祖先的牌位照片摆放在神桌上，与观音、关帝、黄大仙等并排，放在一起供奉。其实这并不适宜，因为祖先只是家神，与这些天神自难相提并论，所以应该把祖先放在"天神"之下，那样较为适宜。

(26) 商铺的门忌四面相通

无论是商铺或居住楼宇，都不宜大门前后相通，更不能四面相通，否则地气会前进后逸或后进前逸。如果屋的大门对着窗门，通常主财运不聚，也就是从大门入来的气会从窗门流走。大门正对窗门，已对风水不利，大门前后相通，后果则更加严重。如果商铺的门前后左右都相通，则经商者的生意时好时坏。客人要求过高，以至生意难做，四面楚歌。化解方法：用"铁马"把门的其中一个方位拦截，或者干脆选择将顾客流量少的门关闭。这样就不会前门通后门，构成了"藏风聚财"的格局。

(27) 商铺的骑楼忌住家

有些街边建有三、四层楼的旧式房，多数设计为楼下开商铺，楼上住家，这种楼称为骑楼。一楼开店，二楼住家，这在风水上大为不吉，特别是骑楼上方忌做卧室、书房等，最好是做储藏室。中国人最讲究睡觉时要有安稳的磁场，这种卧室的下方即是商铺的房子，因为是空的，有气流和人潮流来流去，住的时间长了自然会破坏身上的稳定磁场。同时楼下过往的人气太杂太乱，会驱散财气。

(28) 商铺地势忌四周高中间低

商铺的地势如果是四周高而中间低，如邻近街道，则行人的脚像是踩在商铺头顶，一方面是通风和采光不好，另一方面，如果周围的道路明显高于商务中心，那么在道路上只能看到商铺的屋顶。屋顶上是布满灰尘的管道和设备，也可能会导致招揽顾客的气场下降。

(29) 商铺的财位忌受压

在风水学上来说，商铺的财位受压是绝对不适宜的。倘若将沉重的大柜、书柜或组合柜等压在财位上，那便会影响商铺的财运。

(30) 商铺的财位忌水

郭璞的《葬经》有云，生气是"界水则止，遇风则散"，而财位是聚气之所，所以此处忌水。有些人喜欢把鱼缸摆放在财位，其实这是不适宜的，将鱼缸置于财位会造成财气阻滞。财位忌水，故此不宜在那里摆放用水培养的植物，同时也不宜放置饮水机等物品。不过有一种情况例外，如果业主的命里缺水，则可于财位摆放有水的器物。

(31) 商铺的财位忌无靠

商铺财位的背后最好是坚固的墙。背后有靠象征有靠山可倚，可保证无后顾之忧，这样才能藏风聚气。反过来说，倘若财位背后是透明的玻璃窗，这不但难以积聚财富，而且还因为容易泄气，会有破财之虞。

（32）商铺忌路牌冲大门

在风水学中，指示交通的路牌，有时也会给商铺带来影响。如商铺的大门对面有电灯柱、电线杆或停车路牌正立着，称为"对堂煞"，又叫"穿心煞"。"穿心煞"会导致破财，易招口舌是非及产生生离死别之患，不利经营者。商铺的人犯此煞容易患上心腹等疾病，若再逢上流年正煞或三煞、太岁等飞到，后果则更为严重，建议不要选择这种格局的商铺。

（33）商铺忌摆放干燥花

木五行属阳，是五行中唯一具有生命的东西，可以生长、繁殖，因此商铺里摆放的植物一定要健康美观，不可出现枯萎的情况。干燥花由真花制成，容易保存，但从风水的观点来看，干燥花并不适合放在办公室或商店内。干燥花会吸收阴气，在风水上是不好的。另外，干燥花是已经死的花，是人工的，虽然这是一种艺术，但它还是无法代替鲜花的。

（34）商铺的财位忌尖角冲射

风水学上最忌尖角冲射，商铺财位附近不宜有尖角，以免影响财运。一般来说，尖角愈接近财位，它的冲射力量便愈大。所以在财位附近，应该尽量避免摆放有尖角的家具杂物。无论是为了风水，或是为了顾客安全，都应该尽可能选用圆角家具。

（35）商铺的鱼缸忌摆放过高

商铺里如果需要摆放鱼缸，则鱼缸的高度应以人站立时膝盖之上到心脏之间为宜。如果鱼缸摆放在座位附近，则鱼缸内水不宜高于坐下后的肩膀，尤其不可高于头顶，否则会形成"淋头水"的局面，对店铺内人士造成压力和伤害。

三、利用植物风水增进财运

1.不动产运

想要钱的人或是希望提升不动产运的人，要重点选择会在二月、六月、八月、十一月开花的植物。

黄色象征着财富，所以，要想提升不动产运，最好多使用黄色的花。如果单种植蓝色或白色的花，无法提升金运。黄色的花在西侧的庭园种植就可以了。

水仙有白色和黄色。开花比较早的紫罗兰或藏红花，选择黄色的也可以。非洲菊或小金盏花也可以。

胡枝子、黄色的金鱼或淡蓝色的草樱都不错。蓝色的洋牡丹与白色、黄色的花一起种则为大吉。黄色的郁金香或玛格丽特、苋花对于金运也不错。

六月、八月提升金运时会开的黄色花代表有锦鸡菊。金色玛丽和向日葵也是黄色的。向日葵是非常气派的花，大朵又持久，还可以带来财运。黄色百合搭配白色与蓝色的花也不错。

十一月会开的黄色花为菊花、斯坦堡花、欧亚花棘等，木梨的果实也是黄色的，十一月时会结果。

2.财运力

"西用黄色"是提升金钱运的好方法。在西边最好种植会结黄色果实的植物，如橘子树等。

东南边种植常绿树能重新唤回财运。尽可能种植四棵小的植物，比如终年青翠的细竹等。

建筑物旁种一些茂密的植物，对于财运有效。如杨树枝叶茂盛，象征着财富的兴旺。故种植此类植物能给主人招来财运。

财运需要人际关系，为了提升人际关系，在庭园东南方种植白花，南方种紫色或蓝色的花，北方种白色的花。如北侧可种植栀子花，栀子花是白色的而且非常香，白色且香气扑鼻的花，能够提升人际关系。

第八章 五官身材看 富贵命运

我国在很早的时候，就发现富贵与人的长相和身材有着千丝万缕的联系，古代很多相书对富贵人的相均有详细表述，例如《麻衣相法》石室赋言："河目海口，食禄千钟。""三光明亮，财自天来，六府高强，一生富足。""边地四起，过五十始得荣享，辅角高隆，才三九则居官位。"……《何知歌》《何知诀》云："何知人家渐渐荣，颧如朱色眼如星；何知人家渐渐贫，面如水洗耳生尘。""何知人家不聚财，但看法令破兰台。"等。

一、9大富贵相

在我国古代面相书及现代实际经验相结合的基础上，香港风水大师李居明总结了关于富贵面相的9种特征，请大家对照一下，看自己是否有一张大富大贵的好"面子"。

1. 鼻子为财灶，准头称土星

男性看面相财运，主要是看他们的鼻子。因为"财灶宫"在面上的准头及鼻翼位置，主钱财及事业的好坏。一般而言，鼻见黄桑之气主得财，赤黑或枯白都会败财。虽然我们常说"问富在鼻"，但这并不意味着鼻子大便有好财运。尽管鼻子是财星，但也要与两边颧骨的势头相配合方能发挥财星的作用。再加上嘴角上弯，唇齿相照，此相便为上吉。准头有肉，意味着心存坦荡，与人为善，好阴德而招吉果。"准头对司空，扬名于祖宗"，是说鼻直而挺，如丰厚有肉正对司空（额头中部），两相呼应，则必是有财有名之旺相。而且，一定是在青年时代便已声名远播。从面相学来看，5种主富贵的鼻型有"截筒鼻"、"悬胆鼻"、"虎鼻"、"蒜鼻"及"狮子鼻"。而鼻子上不管什么部位有痣或瘤等，均作破财论。如果鼻梁弯曲、鼻头如钩，或鼻梁太薄、鼻头太尖等，均主失财。

2. 聚财看双翼，意外可得财

用一个比较形象的说法来讲，我们脸上的保险箱就是左右两鼻翼。左边为偏财，右边为合作之财。如果两个鼻翼生得饱满有型，则可获意外之财。

3. 天仓主前业，额高富家子

前额两眉上方被称为天仓，表示祖辈所积攒的财富。如果前额饱满圆润，且有亮光，必为招富生财的富贵相。

4. 福堂主运财，丰隆得四方

如果左右额角的迁移宫及眉骨上方的福堂丰隆宽厚，则预示此人可得四方之财，而且名扬四海。

107

5. 双目神清朗，财一生无穷

从我们的面相而言，双眼虽不是直接管财的，但双眼主人心术是否正。在人生最重要的35～40岁，双眼与财运有连带关系。只要眼神清澈坦荡，五官端正，面上没有为黑点或痣所破，便可名利双收。瞳孔要过够黑，白的部分要够白，要黑白分明才算有神。

6. 眼盖旺田产，好门遇好妻

眼盖是指两眉之间的部位，此位一般来说，以一指胀（约1厘米）为合适。如果超过这个高度，代表眼盖宽，预示着此人田产丰厚，可居大宅，非常适合做房地产之类的工作，且会拥有大量房地产，成为此行业中的佼佼者。反之，如果眼盖高度不足一节的话，一般来说，这样的面相是没有地产运的，而且财运及事业运都不太好，为贫穷相。眼角妻妾宫又叫好门，这个位置饱满且没有痣和斑点、纹路等破相的话，就预示着夫妻恩爱，二人协力共旺财运。而且，丈夫还可获得妻子在事业经济方面的支持，即妻子有所谓"帮夫运"。

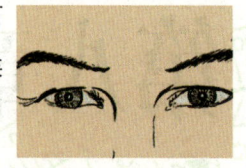

风水知多一点点

※ 怎样化一个小富婆发财妆？

有些女性尽管家境丰厚，但给人的印象却总是比较寒酸或穷气，无法表现出其雍容大气的一面。这与她们的妆容有很大关系。当然，我们并不是说要把大量的金银珠宝之类的东西都挂在身上，以显示自己身家百万或千万，那反而会给人一种穷人乍富的寒酸感。实际上，真正的高贵雍容并不是几件值钱的首饰或是一身名牌可以表现出来的，而是由里到外散发出的一种高贵典雅的气质，可以让你从人群中跳脱出来，自然而然地受到人们的尊重。

眼妆：首先，我们要将眉毛周围的杂毛都清理干净，再用栗棕色的眉笔强调眉型，眉头及眉尾可适度加强，使自己眉目清晰，有"守财"之意；眼影可选择浅栗色膏状的为底色，涂满眼窝，再以带珠光的金黄色眼影轻轻涂满整个眼窝。眼窝较高处和眉骨可用金色亮粉提亮，表现出自己高贵的气质；睫毛膏要使用黑色的，上下睫毛都要刷，使自己看上去眼神明亮、神采奕奕，充满自信与智慧，这样才能财源广进。

面部妆容：从两眉之间到鼻梁的T字部位要用浅色粉底提亮。鼻梁表现出一个人的财运，对这个地方的重点修饰可以使我们事业发达、财运顺畅；腮红可选择红棕色从两腮斜涂至鬓角，使颧骨不再突出，给人一种稳重、踏实的感觉，在描画双唇时，要恰到好处地表现出略有棱角的唇峰，并使唇瓣显得丰厚饱满，口红可选择略深一些的带金粉的红棕色系，润泽而不轻佻。

7. 晚财看库仓，人际招财富

下巴下颌的地库要丰隆，这意味着在年老之后依然受人爱戴，而得众人财，并有子女财。下巴方圆宽厚，且左右两腮成犄角之势的话，其子女亦会通过自身努力成为富贵之人。

8. 仙库无痣败，生活丰足极

在人中左右的仙库宜宽厚，最重要的是不能有痣或黑点来破相，这意味着人50～60岁的时候，拥有地产及财产。

9. 法令断见纹，晚景生败局

不管一个人的面相有多好，如果在法令位见一横纹侵断，意味着此人晚年必有大冲击，如突然破产或受其他挫折打击。面上有此条纹这在51岁后要格外小心。

二、手相富贵：男人手如绵、妇人手如姜

骨相学对手有着详尽的描述和划分，一双手，胖或瘦，长或短，硬或柔，贯穿着一生的悲欢，似乎贫贱富贵，早已前生注定。那么，象征富贵的手相有哪些特征呢？

1. 手掌肉厚是富相

手掌肉厚，一生必有机会致富，如男子掌厚，又软绵绵的，是富有而叹世界之手相，为上吉的富业。如为朱砂掌，更是巨富之征。

但女性手软，便不算吉星，反之女性手硬才富有。手软女性靠男人，很多时是风尘掌。

我的经验告诉我，掌中软而隆起小丘者，一定是富贵之手掌。掌薄而平的人，很难发达。女读者选夫婿，不要挑掌薄丘平的人。

2. 太阳丘看招财力

一个人的生意是否成功，也就是是否能赚到钱，只要看无名指（太阳指）下的太阳丘，如果此位极为饱满，又在无名指的中节有3枝旗杆，此人必有横财运，得财极快。太阳指特别长的人也有财运。

3. 金星丘看家底

金星丘是指大拇指以下的位置，此位置看健康、性及财运。金星丘饱满色润，出身富有家庭。如果扁平又狭窄，代表出身贫病之家。

4. 断掌之人有运行

断掌的人好胜心强，由于有孤注一掷的勇气，很多时候有投机运，但如无贤内助，必财来财去，不听人言。大捞家均有断掌，但财运不长。

5. 手颈见有胜利纹

在手相学上所谓胜利纹，便是一个V字型的纹，在手颈位置，V字纹上见天地人三条线，便成为招财的吉运线局。

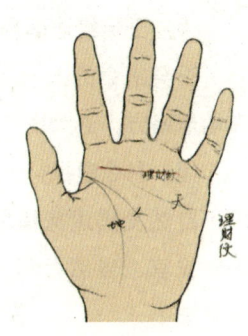

6. 理财线直而横

在感情线上，见一条直而横的幼线，很多时与感情线平衡或暗暗出现，此线的人必有理财及投资的热情，如配合水星丘（尾指下）有一神秘十字纹，此人必具招财大能力。

三、命理八字与富贵

1. 八字学古书论富贵

八字与富贵，古人多有研究。现将八字学古书上记载的关于富贵格局的歌谣整理出来，以供有一定专业基础的读者参考：

(1) 财宜藏、财有库

辰戌丑未为库，八字见库如能冲开，必大发特发，而凭库得财，无人知晓，方为上格。

(2) 身旺财旺再带官为妙

古代以官为星，官能生印，源源不绝，身旺财旺再加官星，不杂而清上品人也。

(3) 男命四库全，富贵之尊

男见辰戌丑未四库在八字中，或大运会之，必主大发。

(4) 癸日坐向巳宫，财官双美

巳内藏戊土丙火及庚金，见印见财见官，此种格局必发。

(5) 壬癸经途南局、财贵双全

壬癸水命的人一入大运"巳午未"南方局，如住在地球南方，必大发，皆因水克火为财。

(6) 月令建禄，一见财官

自然发福建禄指甲寅、乙卯等禄神，代表身强，见财见官，当然大利了。

(7) 人富者，必财为用神

任何一个八字均有用神，如果用神为财，此命入财的大运，必大发。

(8) 财多全靠印来护身

生我者为印绶，财多的人，必有印绶来助，但太多印绶，人会较迟钝。

(9) 身弱财多，行比劫运发财

如果自己很弱，行印星很好，但行比劫也可发达。所谓比劫就是与自己同一个五行。

(10) 印绶通根，逢财则发

印星如天干地支都通根，自身源源不绝，无病无伤，一见财大运便有钱。

(11) 财库临三合之地，必发万金

在八字学上，有三合的理论。申子辰合水局，酉巳丑合金局，戌午寅合火局，卯亥未合木局，如果属金的人遇卯未亥木局，便大发。

(12) 伤官伤尽能生财，财旺生官

伤官生财，如有能力自强而伤官生旺，自然可生财，如辛金命主水为伤官，水可生木故，木为辛金之财。

(13) 伤官遇劫可聚财

如上命辛金遇水生木为财，如见劫财，自己强旺，当然财能聚起来。

(14) 我克驿马，发外邦之财

如财星刚巧为驿马星，代表可赚外国钱。

2. 在子平命理中论富贵

在子平命理中，有以下几种发财局。

(1) 身财两得

就是八字中的自己五行和代表财富的五行均很强壮，两者都有力气，这格局便是富命。

如此命造甲木生于甲子时，子内有癸水生甲木，甲木又生于归禄寅日，本身艮壮旺，而财为土这个五行，生于巳月，巳有丙火、戊土成伤官生财，源源不绝，八字产生身财两停之局。

(2) 独财为富

自己身强而面对不犯任何刑冲的财星，便为独财，此命必大发。

此命有寅木时支为木火长生，生旺丙火，丙火又生巳土，源源不绝，子水有天干庚辛来生，又为冬令，财不受任何合刑煞冲，为旺水，独财而富。

(3) 财来就我

财与日主相合，合而有情，称为财来就我格。戊土生于未月，身强而足，而时为癸丑，癸水通关，戊与癸合，财我有情。

(4) 从财格

弃命从财是一种富命。在八字中财很旺，连自己的五行也站不稳，索性弃命从财星，这种人叱咤风云，必从苦中暴发。

生于炎炎烈火的五月，午来巳三会火局，午与寅又三合火局，天干甲丁丙均为木火，癸水单薄无援，被迫弃命，一生行火运再暴发！

(5) 财星通门户

年月的地支均为财星，《滴天髓道》："何知其人富，财星通门户。"亥与卯半会成木局，又逢日支卯木，强大的辛金挟庚申之力，可得通门户之财。

(6) 从儿格

是富命之一，由于伤官生财，从儿又生财，这是一种富翁的命格。己土从金，巳酉丑又会合成金局，己上泄化太甚，自我无力，从而反见大吉。

(7) 火夏长天金叠叠

夏天出生的丁火，有"牛"为宋旺，身强而足，而在八字中见三酉强会，如叠重来，八字学上为偏财，此入富命之一。

四、尽量跟面相好、运气好的人交朋友

在从风水学的观点来探讨使财运好转的方法之前，要先理清一些观念。

朋友见面时，有的人会说"我没钱"，对于这一点，我并不赞同。因为这么做，会使在座的人对你的印象不佳，而且一开始就把话题扯到"钱"上面，会使气氛变得非常尴尬。因为并不是每个人都喜欢讨论"钱"的话题。

发牢骚说自己"没有钱"的人，不见得真的没有钱。当然偶尔也会遇到一些善良、热心人士为你介绍相当好的工作，但是在不景气的情况下，最好还是不要谈"钱"的问题。"没有钱"的人，大半原因在于自己。愈是说出来，就愈会觉得自己很可怜，这样只会导致压力积存。

"没有钱"，可能是因为判断或选择错误，或是被人骗了，或是起因于根本的运（先天运相后天运）。总之，一定要找出问题的症结，否则就无法改善机运。

"哭穷"固然不好，那"露富"就好吗？真正有钱的人绝对不会说："我赚了很多钱。"通常当你问别人："有没有赚钱呢？"大部分的人都会回答："小赚一点啦！"愈是有钱的人，一不小心就会失去很多的东西，所以一定要好好管理财产，有效地运用钱财。而真正懂得这么做的人，在人前是绝对不会骄傲的。

尽量去见一些运气好的朋友。做生意的时候，无法自己完成，就一定要和别人携手合作。首先，合作对象可能是亲朋好友、配偶或兄弟姊妹，至少需要两

个人。其次，要考虑处理的是什么样的物品，要制作什么样的东西。

现在在网络上可以找到一些制造商或代理商，先请他们寄商品样本过来，加以检视。一旦决定之后，就要签订合同，进行销售以获取利润。

踏出最初第一步的关键就在于合作者或交易对象，也就是"人"。要花多少时间才能赚钱，依"人"的不同而有所不同，所以最重要的就是"人"。遇到好的人——遇到好的物品——得到好的利润。在这个过程当中，当然也要花费通信费、交通费、应酬费等各种费用，很自然地就会动用到钱。与其让钱停留不动，还不如使其流通，这是比较自然的做法，对于社会也真正有所帮助。

到底要和哪种人交往比较好？应该如何分辨？

健康的人、有元气的人：生病的人在衣、食、住某一方面会有缺陷，不健康就无法达成一些事情。与不健康的人交往，会使自己的心情变得沉重，个性变得消极。虽然我也同情这些人，但是如果和不健康的人在一起，确实就是很难产生财运。

认真工作的人：不管再怎么有才能，都必须要认真工作。有才能的人，对自己的想法深具自信，在和别人共同工作时，很容易与他人意见对立。和不发牢骚、工作态度积极的人交往，比和有才能的人交往更有意义。

和父母、兄弟姊妹相处和睦的人：和父母或兄弟姊妹之间，平时虽然应该要尊重隐私，但只要是亲戚的话，就应该亲密地交往。这样，有朝一日一旦须求助于人时，亲戚就能够成为你最大的支持者。

善于倾听、也能够说出自己想法的人：自视颇高或独断专行的人，无法与人亲密相处。能够了解别人想法，不坚持己见，希望能够从周围的人那里得到更确切情报的态度，非常重要。

不光是希望自己好，同时也会体贴周围的人：和这种人交往，不要在意眼前的事情，应该长期交往。在你遇到困难时，这种人将会帮助你的。只希望自己好而不顾别人的人，是绝对无法成就大事业的，他们会过着孤独的人生。

这些都是"适合交往"的条件。虽然我们无法轻易地看穿人心，但也并不是说完全没有方法。中国人和日本人一样，都重视面相。就算再怎么掩饰，毕竟"面相"是无法隐藏的。以这样的观点来判断对方是否适合交往，是非常重要的。

第九章 饮食帮你开财运

生活环境可开运。那么，食物呢？食物也是影响人的因素环境之一，而且它和室内装潢或家相几乎不相上下，也对人会产生重大影响。和用眼看、用手摸不同的是，食物是直接由口吸收，可见它对人造成的影响有多大。

一、风水食物开运法

1. 食物对人生的影响

我们在地球上生活，摄取地球所形成的食物。不论是米饭或蛋糕，一切都是地球的产物。由此可见，饮食本身就是吸收大地力量的行为，也是调整环境的行为。

为了开运，必须顾虑好的家相或吉方位，但进食带来好运的食物也绝不可忽视。食物上各有其独自的力量。而食材也有其运气，至于其产地或颜色也是重要的因素。了解食物所具有的力量，有系统地根据各个"运气"来摄取，正是结合了术数文化的饮食法。

食物并没有"吃了会歹运"的凶作用。不过，如果零乱摄取各种不同的运气，恐怕会无法实现开运。

在实践中，我意识到，走到吉方位时，就该进食该地的吉祥食物。即使自己并不实际前往，只要有朋友到此地，央求其代购该地的吉祥食物，也可以吸取该地的力量。另外，如果有礼物可拿，最好指定与方位投合的物品。

食材充满着大地精髓。譬如，同样一包米，在鱼米之乡的长沙与盛产大米的东北所采收的，蕴藏的五行力量就不一样。

现代人喜欢喝果蔬汁，认为蔬菜汁含有丰富维他命，对身体非常有益，但我却认为其中含有丰富的术数学观点。例如，蔬菜孕育着最浓厚的大地热能，尤其是根菜类能够在紧要关头提供忍耐力，也适宜心浮气躁的时候食用。

因此，在实践中，不要只单纯地从营养学来考虑维他命量多与否，能不能从术数观点摄取食物，其间的差别在最后会显现出来。

2. 混合吃为的是运气

人们常说："混合食不当会弄坏肚子。"相信有不少人曾听爷爷奶奶教导，什么和什么不可一起吃等等。

但是，现代人尤其是年轻人似乎已不在意混合吃的内容。其实我也是"随意族"的一员，但有一次突然想到一个问题："混合吃难道毫无根据吗？"于是针对"混合食"做了一些调查。

结果，发现一个非常有趣的事实。原来在术数上混合食通常是不好的。并非只是简单的"肚子疼"或"腹泻"等生理上的影响，还有运势不佳、运势跌落等组合。

譬如，梅干和鳗鱼。梅干是圆的，圆的东西代表"处事圆通"，可以改善人际关系，尤其是改善

上下级之间的关系。至于鳗鱼，其实它也是具有提升人际关系的运气的食物，但它的作用主要在于"与异性结缘"。同是人际关系，一个是提升事业运，一个是与异性间的恋爱运，混在一起自然会失去平衡。正如同搭一条船，船上的水手所设定前往的岛屿如果是零零散散，有些人往那边划，有些人往这边划，船根本无法前进。还有鳗鱼与西瓜的混合食，这也是"圆形相长形"的组合，所以，变成"目的不同的一条船"。

养生学里还警示说，螃蟹和西红柿不能混合吃。螃蟹主要是带来直觉力的食物，同时还具有"秀才"、"才女"的力量。至于西红柿除了可以融合人际关系外，还具有"天真浪漫"、"可爱、无邪"等力量。秀才和天真浪漫、才女和纯真无邪，一般情况下应该是难以并立的范围吧。

3. 开运食物和养生食物的不同

中国人自古以来即重视食物和疾病、运气之间的关连性。而重视食物与健康之关连性的食物，就是养生食物。如养生营养学认为酸的食物对内脏、眼睛有效，苦的食物对心脏、脑、精神有益。与此同时，传统术数学问是把"食物和运气"相提并论，这正是养生食物与风水食物之间的不同点。

4. 从今天开始改变饮食方法

一般人常以为食物只对肉体产生影响，对精神方面毫无关系，其实并不然。据说我们人体的细胞约三个月会新陈代谢，如果改变食物，自然可改变体质。自古以来，人们就知道，肉食者肝火较大易动怒，菜食者个性温和较沉着。可见食物不仅对肉体，对人的性格也会产生重大影响。

而我认为除此之外，食物还会改变人的欲望或梦想。我们常说人的生活深受环境影响，梦想或欲望也会因个人所处的环境而不同。所以，我们说环境创造

风水知多一点点

※ 古籍对风水学的论述

《宅经》说："人之居处宜以大地山河为主，其来龙气势最大，关系人们祸福最为紧要。"

《相宅经纂》称："四正四隅，八方之中，各有其气，气之阳者，从风而行，气之阴者，从水而行，理寓于气，气囿于形。"

明代《阳宅十书》："凡宅，东下西高，富贵英豪。前高后下，绝无门户。后高前下，多足牛马。"

晋人郭璞在《葬经》中形容四神的神态："玄武垂头，朱雀翔舞，青龙蜿蜒，白虎驯府。"

《黄帝内经》载："夫宅者，乃是阴阳之枢纽，人伦之轨模。……人因宅而立，宅因人得存，人宅相扶，感道天地"。

人、制造梦想一点也不为过。环境其实包罗万象，而对我们影响最强的还是气候，因气候不同所孕育的食材不一样，味觉也会改变。

我们常说出外旅行时，要注意水质。这是因土地（气候）也会改变水质。在同一个国度内不同地方的水质也不尽相同，更何况是在外国。

换言之，因土地的位置不同会使食材本身的力量产生极大的变化，而摄取食物的人所拥有的欲望或梦想自然也会改变。

由于交通网络的发达，现代人可以幸运地吃到国内甚至世界各地的食物。因此，可以根据自身的需要摄取不同的开运食物。生活在现代的我们，如果不积极享受这个时代的恩惠，那就太可惜了。

二、认识食物内含力量的基本

1.食物所具有的力量有哪些

食物所具有的力量大致有以下几种：

其一，食物拥有其采收地的方位所具有的力量。众所周知，风水极重视方位。东西南北各有其独特的力量，它的力量不仅影响走到该处的人或物，当然也涵盖所收获的食物。

其二，食材本身也具有力量。自古以来，传统饮食文化里有一贯的主张"某种食物具有某种运气"。譬如，马铃薯或红萝卜等根菜，会使人变得执著刚强。

其三，食材拥有其"颜色"的力量。如前面色彩风水中提到过，黄色能带来财运等，其实黄色所具有的力量，也适用于食物。

其四，味道也会使运气改变。同样是菠菜，清烫后调理成酸味来吃，与加些芝麻做成甜味来吃，其中的运气并不相同。

其五，还有个人的本命星与食物之间的投缘性。如果食物与本命星投缘，则有助于提升个人的运气。

2. 认识食材具有的运气

各种食物中各有其独特的力量。在此区分为肉类、鱼类、蔬菜类，做一番综合整理。这是判定食物的运气最容易了解而重要的基准，务必审慎测定。

（1）肉类

根据肉类品种不同而有不同。

首先，鸡肉、牛肉会提高财运。

鸡肉具有使生意兴隆的力量，这是具有利用宣传、口碑、面洽等直接的营业活动，使商品畅销而营利之运气的食物。鸡肉在人体消化吸收后，有股"肉缩聚集"的磁性，为中医系统分类为"金"的五行能量，对体内气场能量的集中及补气相当有帮助。经营商店或营业员，应积极摄取鸡肉食物。

企业经营能够成功顺利，在竞争激烈的今日社会不是件容易的事情，不管创业、守成都是一样，想要占有先机保持不败，一定要具备高超的智慧和旺盛的斗志。高超智慧的最好来源是"活氧"，这部分需要多做森林浴并多吸收植物芬多精及大自然之负离子，而旺盛的斗志和体力，非牛肉莫属了。

猪肉是提高事业运的最佳食品。猪肉蛋白质能使人精力充沛地四处活动，通过踏实努力之后，获得周遭肯定而在事业上掌握成功的运气。

总之，正逢盛年的上班族、职业妇女所不可或缺的，可说就是肉类食品。

(2) 鱼贝类

白色鱼肉具有加深男女感情的力量，而红色鱼肉则具有对任何人敞开心胸、广结友谊的力量。

对恋爱或人际关系烦恼时，吃鱼可以使运气好转。此外，贝类具有相当于虾、蟹等甲壳类的力量。无法购得甲壳类时，可用贝类来取代。

(3) 甲壳类

虾、蟹等甲壳类具有增强直觉力、提高企划力的力量，同时还具提高人缘运的作用，可说是上班族不可或缺的食品。

甚至，甲壳类还能助人发挥文才，拥有闪耀才能。每次我在写杂志或书籍的稿件时，一定吃螃蟹。

(4) 蔬菜类

蔬菜是从大地摄取的食物，大地代表母爱。因此，蔬菜类整体而言是能提高家庭运的食物。

至于根菜类，可增强耐性或紧要关头的执著力。请你让正准备考试的孩子，多吃根菜类食物。

不过，应特别注意的是，吃得过量恐怕会导致直觉力的衰退，可配合甲壳类或贝类来吃。

除了蔬菜之外，吃当季的东西也非常重要。

因为，当季的食品拥有更多的大地精髓。现在流行所谓室内栽培，任何蔬菜一年四季都吃得到，但人所需要的食物，追根究底还是在应该收成的时期采收的作物。

吃当季的食品，会使人活力大增。

(5) 面类

面食类的形状是长的，长的东西具有"结缘"的运气，因此最适合改善人际关系。若想改善人际关系，请尽量吃面食。

(6) 牛奶、乳制品

牛奶、乳制品具有拓展上下、长幼的人际关系或商业网络的运气。不过，它仿佛是背后的支持者，而非立即有效。

总之，食用牛奶、起司或奶油的食物，有助于积极开拓人际关系。

（7）面包和米饭

对东方人而言，米饭远比面包的价值高。因为，从自古以来人们把米供奉来祭祀神明的事实来看，东方人一直对米饭极为重视。因此，当其他食物的运气并不好时，选择米饭就能使吉凶调相。

面包因可以做成三明治，因而具有包含事物的综合作用。它适合各色人等的口味，因此，无论何时何地，吃起来都无碍。我和一群志同道合的伙伴用餐时，会选择面包。如果口含着米饭并与同桌者交谈，米饭恐怕会喷口而出，但面包则无此顾虑。因为，它是最适合志同道合的伙伴们闲聊着用餐的食物。另外，三明治或比萨也具有提升奖券、赌博的运气。

（8）蛋

向新事物挑战时，吃蛋能使人更具积极性。

碰到欲振乏力或不知如何着手而大伤脑筋时，它是最具效果的食物。同时，当工作陷入老套而渴望有所变化时，适合吃蛋类食物。

早餐的菜单上最常出现蛋制品，这也相当符合"产生干劲"的风水作用。

（9）酒类

米酒：米酒具有串连人际关系的运气。它是男女间、亲子间、夫妇间、尤其是诉诸感情的人际关系之特效药。因为米酒是由摄取大地精髓的米和地下水酿造而成，米酒中充满着大地的力量，因此很容易将人与人之间的感情沟通起来。

啤酒：啤酒最适合大伙儿不分彼此起哄着嘻闹时来喝。由于它是具有使人开怀畅谈的饮料，因而不适宜一个人喝闷酒。同时，啤酒也适合任何人群且合乎口感，因此，不知选择何种酒类时，就选啤酒吧。人们常说："暂且来一瓶啤酒！"这句话据实地传达了啤酒的性质。

威士忌、白兰地：威士忌、白兰地具有展现、提高自己格调的作用。因此，可以和长辈或上司等位阶较高的人一起饮用，以获得长辈、上司的信赖。

葡萄酒：略微正式的用餐所不可或缺的是葡萄酒，根据其产地而有运气上的变化。

葡萄酒不限定是某年代产物，一瓶几十块钱的便宜货也可以。我当然也重视口味，但选择葡萄酒时更重要的是以它具有何种运气为优先。我抱持的观念是，古老的物品通常没有运气。因此，在渴望发展鸿大的事业运或名誉运时，即使出现多么难得的年代产品之高价葡萄酒，在术数文化层面上一点也不值得庆幸。

当然，并非叫大家只挑新上市的葡萄酒。平常仍可享受自己喜爱的葡萄酒，只在重要关头选择"运气好"的葡萄酒。

(10) 点心

点心通常是蛋糕或冰激凌等甜食。甜食具有西方的运气，换言之，可以带来财运。

因此，想要金钱时，不妨在餐后吃点心。不爱吃甜点的人，改吃香蕉或哈蜜瓜等甜的水果，也具有同样效果。

(11) 茶、咖啡

喝茶时间或饭后不可或缺的是咖啡或红茶，它们都具有带来"转换"的作用。换言之，是最适合有点疲倦或调节气氛时饮用的饮料。同时，它们也具有综合作用。

例如，即使用餐的运气支离破碎，餐后喝咖啡或红茶，也可以使各种运气有某种程度的调和。一般会在咖啡、红茶内添加奶精或砂糖，添加之后多少会影响运气，牛奶是人际关系运，砂糖是财运，柠檬是健康运，而白兰地也是人际关系运。总之，即使添加也是微量而已，作用并不太强。此外，还有日本茶、乌龙茶或抹茶，它们本身并没有吉凶之分。但乌龙茶比日本茶或抹茶较具有财运及事业运。

3. 从颜色了解食物运气

食物因其颜色而有运气上的极大变化。在此暂且区分为红、黄、茶、透明、米色、黑、绿。大致掌握颜色的运气，有助于判断食物的吉凶。不过，同样颜色也会因放在其中的材料不同而使运气有变化。

(1) 红色

番茄酱或番茄、番茄调汁、红萝卜、苹果等可说是代表性的红色食物。在减肥的单元中也曾提及，红色是元气极为充沛的颜色，当然会给饮食者带来活力。

同时，红色也具有提高灵感或企划力的功能。将提升企划力的食材之虾、蟹等配合红色做成的食物，譬如虾仁综合寿司，是最适合用来提高企划力的食物，可在重要会议或拟定企划书之前拿来吃。

(2) 黄色

提起黄色，最具代表的食物无非是咖哩。此外还有蛋、玉米及黄椒等。

黄色是让人在精神上增强最后一把劲或耐性的颜色。因此，碰到"在这紧要关头要卯足劲勇往直前"的情况时，最好吃黄颜色的食物。同时黄色也是能够提高财运的颜色，如果和能增强财运的食材搭配则更具效果。譬如，鸡丁咖哩具有使生意兴隆、财源滚进的运气；鸡肉咖哩则是蓄财的运气；如果是添加虾子等海鲜咖哩，创意及灵感会产生作用，可从这些方面提高财运；添加马铃薯、红萝卜等根菜的蔬菜咖哩，会产生耐性并提高不动产运；而放入奇异果或香蕉等水果咖哩，健康与财运兼得，具有奋发努力工作而提高财运的运气。

（3）茶色

茶色的食物，首先要提的是味噌汤和油炸食品。

茶色食品在运气上，具有和其他食物充分协调的作用。换言之，它是提高整体运气的颜色。习惯喝味噌汤的日本之饮食生活，正好能表露日本人"以和为贵"之国民性吧。

而味噌汤根据其中所放的食材，也会改变运气。例如，嫩海带和豆腐的味噌汤中，豆腐代表儿女运或爱情，嫩海带表示友情与活力。嫩海带与豆腐的味噌汤是最普通的组合，但其实它具有让全家人和谐相处，建立开朗家庭的作用。

总之，煮一碗茶色的味噌汤，不仅可使用餐的营养取得均衡，也能大幅提升"运气"的平衡。

（4）透明

汤类、洋菜、甜汤、果冻等透明的食物。

透明的颜色代表男女间的爱情，而且是比较正式的关系。因此，约会时二人一起吃甜豆汤，有助于提高亲密度。但是，必须注意的是，这个关系并非适合家庭（结婚）的运气。

此外，透明的食物也会根据其中所添加的食材不同或与其他食物的组合不同，使运气改变。比如汤中加入白色鱼肉，有助于让男女间的情感更融洽。

（5）米色

白色也包含在内，奶油白菜、牛奶烩菜、豆腐等都可分类为米色。

米色具有改善上下人际关系或亲子关系的力量。碰到"和公司的老板相处不来"时，不妨和那位上司一起吃奶油白菜。

家庭里的亲子关系进入僵局时，米色食品也能带来效果，且掺入多量蔬菜更具效果。因为，蔬菜是象征大地与母爱的食物。

（6）黑色

平常我们吃的食物五颜六色、香气四溢，惹得人食指大动。可是，你知道吗？看上去并不起眼的黑色食品才是食中之王呢。从中医的角度看，黑色食物大多性味平和，补而不腻，食而不燥，对肾气渐衰、体弱多病的老人以及处在生长发育阶段、肾气不足的小

孩尤其有益。因此，黑色食品是颇能带来健康运的食物。另外，很多黑色食物如黑芝麻等有助于增加大脑的养分。人变聪明了，各种好运自然来了。

(7) 绿色

它是代表"健康、生命、安全、安心"的颜色，术数学问的解释也一样。身体情况不太好的人、胃肠不佳者，应积极摄取绿色食品。

4. 烧煮食物的火与食物所含的运气

运气会因调理法而改变增强力量的"火"的作用。

供奉神明的祭品，正式的做法据说是供奉用火煮熟的东西。而火有两个种类，利用太阳光的"火"或燃烧的火。以鲍鱼为例，从前是晒干或做成食物再供奉神明。为何要透过火？因为，透过火后，食物者的"心情"才能融入，借由火使食物者的"气"融入食物中。

我常说："吃运气好的妻子所做食物的丈夫大多会出人头地。"就是这个道理。人是指"使用火的人"。人类的发明中最重要的是使用火，使用火也是人类文化的首要前提。

因此，请各位务必要留意火的作用。

5. 同吃一锅饭，可以凝聚一家人的心

同样是一家人，在同一个时间、同一个饭桌用餐的家人，和用餐时间各自分离、常吃外食的家人，整体的凝聚力自然不同。

我有一个从事工业设计的朋友，简称为S先生，他在某大厦租了一间办公室。S先生办公室的隔壁房间，有一家四口租赁而居。但是，那栋大厦是办公室格局，虽有厨房却小得可怜，仅有煮开水用的电炉。S先生虽事不关己却也担心："隔壁有小孩，到底怎么处理三餐？"

果然不出所料，据说那户人家的三餐完全外送，门前随时堆满着一堆餐盘。小孩早上上学时，也是用外送的比萨或饭店的快餐。但是，那户人家的孩子是令人棘手的小坏蛋，有时会从阳台护栏跑进别人家里，把房内弄得乱七八糟，还盗取东西，令人伤透脑筋。据说S先生的事务所也曾被破坏，搞得人仰马翻。

在厨房没有火的家庭成长，儿童多误入歧途。

我想各位从上述的事例，应可明了"同吃一锅饭"是何等重要。一家人围坐着吃融和着母亲的"气"的饭菜之家庭，很少会有夫妇失和或儿女行为不端的情形发生。

三、使运气跌落的吃法

1. 你的吃法为何不行

我曾说，运气好的菜单无需每餐摄取，一日一次即可。不过，当时所寄望的运气只限定一项。绝对不可把各种想获得的运气全部混杂在一次的饮食上。胡乱组合，反而会分散食物的运气，使效果减低。

同时，尽可能不要"今天那个运气、明天这个运气"地更替，最好锁定某个目标在一定期间内进食。

至于吃多久才会产生效果，有个人差异，一般而言，连续三个月，每星期吃3~4次，情况必会改变。

总之，不要贪得无厌，最好锁定某个目标。一旦获得某个运气后，再设定下个目标即可。

2. 减肥是否会使运气也变成空腹

减肥的人大概都试过苹果减肥。苹果众所周知，是红色的食物。不必以斗牛为例就能明白，红色是挑起斗争心的攻击性颜色。同时，红色也是产生活力、呈现青春气息的颜色。从这些方面来看，苹果和"减肥也能保持健康与年轻"的形象结合，因而受到欢迎。我认为苹果减肥的重点在于那个"红色"。

从风水学的观点来解析减肥，也挺有趣的。

不过，减肥过度而搞得形体消瘦倒也值得考虑。我并非基于学者们常说的"基于营养学该怎么样怎么样"或"对身体不好"等观念而对减肥持反对论，而是自古以来太瘦的人给人一种薄幸或病弱的印象。不仅是印象，事实上贫穷而薄幸者都因无法充分摄取饮食而消瘦。

"福态"这个词本来是赞美人的。但在现今减肥风气盛行下，"福态"反而不受人欢迎。但是，福态的"福"乃幸福的意思。当然，皮下脂肪太多的胖子令人不敢恭维，但事实上人长得有点福态较容易招揽运气。眼看有钱的富翁，一般而言多半是体态丰腴者，太瘦的人的确是较难掌握运气。

所以，胡乱减肥的小姐，如果减肥过度变得太瘦，连运气也减掉，岂不是得不偿失？因减肥而使运气变成"空腹"是不行的，尤其是以拒食来减肥是最低等的做法。原本应该来临的运气也会过门不入。

3. 何谓开运饮食法

纵然面前摆着带来鸿运的菜肴，在饮食法上略有疏忽，恐怕也无法运用难得的运气。换言之，某些饮食法会错失运气，反之，也有能更加活用运气的饮食法。

活用运气的饮食法之根本，唯有"前呼后应"的法则：最初和最后的菜肴前后呼应，餐饮过程的内容不拘。若是西餐，摄取前菜与糕点的吃法比较开运；若是日本食物，最好吃下酒菜和最后的一杯茶与换口味的菜肴。

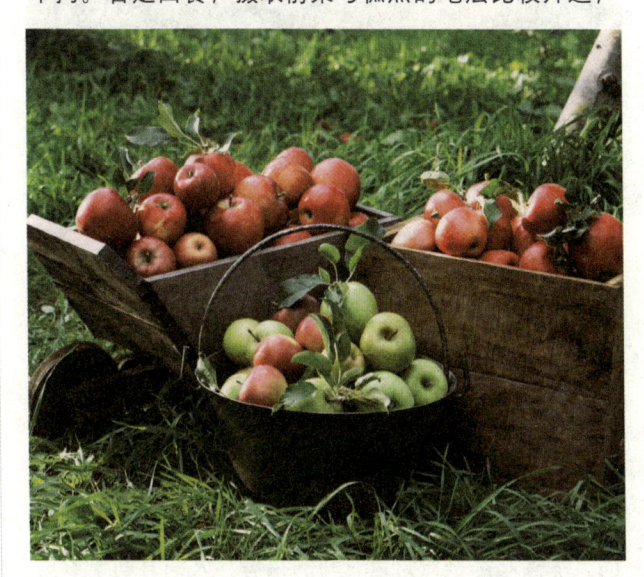

如果你想拥有财运，最好选择鸡肉沙拉作前菜，饭后点小蛋糕当点心。

总之，挑选适宜财运的菜肴。

如果不点餐后的点心，那么在主菜上点叫带来财运的菜品也是可以的。

常见有人起初点叫一些适当的食物，再告诉服务生"等一会再看菜"。从风水的角度看，这是不适当的行为。如果想增强运气，应该一开始就在脑中精打细算地组合菜肴。

"不知道能吃多少，所以……"这种态度也不行，

总之，最初和最后所吃的东西影响最大。随便点叫菜肴，根本无法带来运气。

四、招财饮食菜肴

1. 帮助提高财运的菜肴

牛肉、鸡肉会助长财运。牛肉具有蓄财的力量，而鸡肉具有生意兴隆的力量。所以，日式烤肉锅、火锅、水煮鸡都是对财运有利的菜肴。火锅有助于家庭运，因此，鸡肉火锅不仅能提升家庭运，也能改善财运，同时，日式烤肉锅所用的条状萄薯、豆腐、长葱都可改善人际关系并提高财运，可谓一石二鸟的菜肴（所以，火锅在术数观念上是大力推荐的料理）。

颜色上最好是黄色，尤其是金黄色，因为黄色就是金钱的颜色。

2. 帮助提高不动产运的菜肴

想拥有不动产运者，吃菠菜、小松菜等蔬菜可带来效果。这类蔬菜须根密布、扎根于大地，因此，具有不动产运的运气。凉拌菠菜、芝麻拌小松菜，这类活鲜绿色的简单菜肴都不错。不仅像家常菜一样可以用炒的，菠菜还能生拌洋菇做成沙拉。

此外，青江菜或萝卜叶也OK。这类蔬菜营养相当丰富，也是应该每天进食的蔬菜。同时，芜菁也能提高不动产运，它和萝卜叶一样，都是带有绿色叶片的根菜。

而竹笋虽非根菜类，但也同样具有"在大地生根"的形象，因而也是呼唤不动产运的食物。

3. 帮助提高中奖率的菜肴

能够提高中奖率的是以面包为主的食物，如三明治、比萨等等。尽可能选择添加红、白等颜色与根菜的菜肴。譬如，热狗一定要加番茄酱和黄瓜泡菜，有时还加洋葱。

番茄酱是红色，具有东方力量所代表的"胜负"的运气。黄瓜泡菜具有灵感与耐性的力量。而面包象征坚持到底的执著力，具有和根菜类似的作用。香肠尽量选择小一点的，其实没有香肠也可以。白色、红色与根菜类相面包，这些力量混合后，必能培养在胜负关键中拔得头筹的运气。如果没有面包，其余三项食物齐全也可以。同时，有重大的决胜战时，白米也不错。

五、开启智慧的五行食物开运法

任何一个人的运程，都深受八字五行影响。中医师透过"把脉"来了解一个人身体金（主肺）、木（主肝）、水（主肾）、火（主心）、土（主脾）五行，然后，依据五行所对应的五脏状况来进行医疗。而一个人的"八字"与中医研究五脏六腑的原理是相通的。因此从八字可看出应吃什么，来平衡运程及健康。

在日常饮食中，能启开智慧，增进聪明食物是什么呢？现在依出生年、月、日，简单区分为二类：一是生于阳历2月4日～8月7日出生者，在五行用神粗略定为缺"金、水"，用神"金、水"，开启智慧的五行食物为用神金水的食物。二是生于阳历8月8日～2月3日出生者，五行用神粗略定为缺"木、火"，用神"木、火"，开启智慧的五行食物为用神"木、火"的食物。

用神金水的食物有：牛肉、海带、海草、海苔、豆浆、鱼头、鱼眼睛等，用神木火的食物有：羊肉、动物内脏、蛋黄、核桃、辣椒、红萝卜、奇异果等。以上的五行食物，如能尽量吃，将有助脑力激发，亦可补足自己先天不足而带来好运！

> **风水知多一点点**
>
> ### ※ 什么样的地脉叫龙脉
>
> 龙脉，是指如龙般矫健妖娆、忽隐忽现的地脉。地脉以山川走向为其标志，故风水家之龙脉，即是随山川行走的气脉。《阴阳二宅·龙说》有云："地脉之行起伏曰龙。"《撼龙经》云："大率龙行自有真，星峰磊落是龙身……龙神二字寻山脉，神是精神龙是质。"龙行飘忽，即所谓神龙见首不见尾，山脉亦多起伏逶迤，潜藏剥换。郭璞《葬书》所谓"委蛇东西，忽为南北"即是此意。

第十章 旺财富贵类装饰画和吉祥物

现代社会是一个商业型的社会,人们每天都要与金钱打交道。无论是经商人士,还是普通的上班族,甚至家庭主妇,都希望能够求得好的财运。以下介绍一些招财、开运、改运的装饰画或吉祥物,希望能给您招来好的财运。

一、招财挂画

1. 金元宝图

(1) 寓意及效应

金元宝,古时硬通货,用金铸成锭子,形状如一只船内扣个大圆球。金元宝图,可招财进宝,生财旺财,其道理与古钱一样,是依"物以类聚"的道理的。

(2) 宜忌

◎金元宝图,宜挂在家居的财星位,以加强招财进宝之气。

◎金元宝图,若其材料为铜或镀金的,其效能更佳。

◎金元宝图,宜挂在正对门或正对窗口的室内墙上,目的是将屋外的财气吸纳进来。

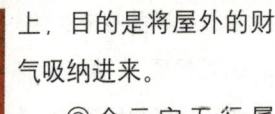

◎金元宝五行属金,五行喜金的人最适宜挂金元宝图,忌金者则不宜。

◎金元宝五行属金,挂在西北方、西方及北方相生相助的方位,旺财效果较好,而挂在东方、东南方、东北方相克、泄耗的方位,旺财效果较差,挂在正南方为中等论之。

2. 财神画

(1) 寓意及效应

财神有文财神和武财神,文财神有财帛星君和福禄寿三星中的禄星,武财神有关羽和赵公明。据说官场竞争要有文财神做后盾,商场竞争要以武财神做靠山。谁的诚意虔诚,谁就能得到财神的福佑。

文财神——财帛星君: 财帛星君神像,身穿锦衣玉带,相貌厚重,面白须黑长,乃富贵无限之相,号称金神,是天上的太白星君,专门主宰人间财禄,而且他样貌祥和,有求必应,最乐于助人间的信男信女求"正财",助人间做正常生意的人士求财。

福星手抱小儿,象征子女昌盛,一团和气,福泽绵绵。禄星身穿华贵朝服,手抱玉如意,象征加官晋爵,增财添禄。寿星捧寿桃,象征安康长寿。本来只有禄星才是财神,其他两位主寿和福。但因为三星通常是三位一体的,禄星不宜从三位一体中拆分出来。

赵公明是专司人间财富之神,其形象多为头戴铁冠,手持宝鞭,黑面浓须,身跨黑虎,面目狰狞。赵公明神异多能，变化无穷，能够驱雷役电，唤雨呼风，降瘟剪疟，保命解灾。相传做买卖求财，只要对赵公明祈祷，便无不称心如意，故而民间奉其为武财神。

(2) 宜忌

◎财神像一定要挂在吉方位置，不宜挂在凶方。否则不会添财进禄，反而不利。

◎挂文财神画时，面一定不可以向门外，只可以向宅内。因为文财神是送财的，若他面向宅内，则送财予宅内之人，相反，文财神面向门外的话，则送财予宅外之人，将宅内的钱送出去。

◎挂武财神画时，与文财神面向不同，武财神应面向门外。因武财神一脸正气，神威凛凛，面向大门可使一切邪魔俱不敢进入宅内。

◎武财神像不宜挂在房间内，尤其是女性房内。其中关公武财神面不可以向东，而带刀的关公不适宜挂在大门旁的墙上。

◎一套家宅内不宜挂两位武财神像，但可以挂两位文财神像，而挂一位武财神像再挂一位文财神像亦是可以的。

3. 运财童子画

(1) 寓意及效应

观世音菩萨身旁有一对金童玉女，金童专以世间财源匮乏的人作为施报对象，相传只要诚心向他祈求，财利上必然大有进展。所以很多人称他为"运财童子"或"善财童子"。据说，因为观世音菩萨法力无边，运财童子亦十分灵验，有求必应。

(2) 宜忌

◎运财童子画，最适宜挂在未婚男士房间里的床头附近，或挂在未婚男士的书房里。不适宜已婚人士选用。

◎家里若挂了武财神像后，就不宜再挂运财童子画了。

4. 山水画

(1) 寓意及效应

经云"山管人丁水管财"，山水图两者具备，可主家人健康，工作顺利，财运日有进益，财运亨通。

若是风景水画，则主旺财，且有利于兼差赚外快，若是风景山画，则主旺丁，有利人口健康。

山水画还给人安宁祥和的感觉，对人具有安心的作用，可使自己的愿望早日达成。山水画为大自然的景象，还会为家人带来和谐的感觉。

(2) 宜忌

山水画宜挂在客厅的财星位或吉利方位，或挂在书房的吉利方位。

山水画挂在居室中，应观其水势向屋内流，不可向外流。因水流入为进财宝，水流出为丧财势。

有水的山水画，五行属水，五行喜水的人最适宜挂；忌水者则不宜。

只要能看到水的山水画，在八运（2004～2023年）期间，可挂在西南方和正东方两个旺财位上。

山水画中的波浪起伏不宜太大，起伏太大的波浪主财源不稳定。如惊涛骇浪图，是不宜挂在居室中的。

5. 鹅鸭图

(1) 寓意及效应

鹅、鸭是喜水的，唐代诗人骆宾王写的《咏鹅》："鹅鹅鹅，曲项向天歌。白毛浮绿水，红掌拨清波。"宋代苏轼的"春江水暖鸭先知"。可知鹅鸭装饰画是与水有关的，而"山管人丁水管财"，可见鹅鸭图是主财的，且主的是外财，即人在正业以外所赚的钱财。

(2) 宜忌

◎若想兼职赚外快，须将鹅、鸭装饰画挂在正北方。因北方属水，更易吸纳财气。

◎鹅鸭图，宜挂在家居的财星位，以加强招财之气。

6. 猪图

(1) 寓意及效应

猪的外表胖胖圆圆的，是传统所认为的财富、福气的象征，因此猪具有财富的灵动力，不过由于外表与生活特性，所以并没有所谓的尊贵可言。

在生活当中，很多人喜欢在家里摆置一个猪模型的存钱罐，若天天投零钱豢养，便能催起猪的灵动力而增进财源，但应知道这个存钱罐是不可移动的。

挂猪的装饰画，照样能旺动财源，且能招福，给家人带来圆满。

(2) 宜忌

◎因猪是招财的，选择猪的装饰画最好是金属版画，若是黄金做的版画则最好。

◎猪是旺财的，所以猪画最好挂在财星位上，会更好地发挥招财旺动的能力。

◎生肖属虎、兔、羊的人与猪相合，最适宜挂猪图；生肖属蛇、猴、猪的人与猪不合，不宜挂猪图。

◎住宅的东南方是不宜挂猪图的，因东南方为猪的相冲位置。而适宜挂在东北方、正东方、西南方相合的位置，或挂在西北方猪本身的方位上。

◎对于家中小孩挑食或体瘦不长肉的小孩，可挂一猪图在餐厅，面向着小孩所坐的位置。

7. 鱼图

(1) 寓意及效应

"鱼"与"余"谐音，鱼则象征着富贵。所以，中国吉祥画中常有鱼的图案。

在鱼的图案中，以锦鲤、金鱼最为旺财，因锦鲤

的"鲤"与"利"谐音，寓意做生意会获得利益，金鱼的"金"是值钱的物品，寓意是能赚钱而得到更多的财富。

鱼最常见的装饰画是"年年有余"，图案由莲叶和鱼组成。"莲"与"年"谐音，"鱼"与"余"谐音，所以"莲莲有鱼"即为"年年有余"或"连年有余"，表示人生富足，年年有余。

现在很多人喜欢挂的是"九鱼图"，即一幅绘上了九条鱼的图画。其中，"九"取长长久久之意，"鱼"取其万事如意，寓意年年有余。

有的鱼群图，画了十一条鱼，"一"可表示一年，十一条鱼亦表示"年年有余"。其实，不管图中有几条鱼，有关"鱼"图，都是表示富贵有余的。

(2) 宜忌

◎有关鱼的装饰画适宜挂在客厅的吉利方位，有利于发挥空间的灵动性。

◎鱼的五行属水，五行喜水的人最适宜挂鱼图，忌水者则不宜。

◎鱼的五行属水，鱼图适宜挂在东方、东南方和北方相生相助的方位不宜挂在南方、西北方和西方相克、泄耗的方位，挂在东北方、西南方以中等论之。

◎有关鱼图，在八运(2004～2023年)期间，可挂在西南方和正东方的两个旺财位上。

◎有关鱼图，挂在餐厅中，亦能很好地营造出"吃"的情调。

8. 生旺植物图

(1) 寓意及效应

生旺植物的品种有：铁树、橡树、喜树蕉、芭蕉、万年青、金钱树、发财树、宽叶树、散尾葵、虎尾兰、富贵竹等等。

所谓生旺植物，是指高大而粗壮，或叶厚大、叶青绿的植物。如：万年青的片片大叶伸展开来，便似一只只肥厚的手掌伸出，向外纳气接福；金钱树的叶子圆厚丰满，易于生长，生命力旺，吸收外界金气极利于家中运财；橡胶树树干伸直挺拔，叶子厚而富光泽，接纳财气；发财树是干茎粗壮，树叶尖长而苍翠，充满活力朝气；摇钱树叶片长，色泽墨绿，极有富贵气息。

在装饰画中的植物图案，只要能表现出有生机、有生气，即是有生旺的寓意。如"蕉鹅图"，由芭蕉睡鹅构成，其图案生机勃勃，能接福纳财，有生旺的效能，能增加住宅的财气。

(2) 宜忌

◎生旺植物图，宜挂在吉利方位或财气位上，使其"生旺"能发挥得更好。

◎生旺植物五行属木，五行喜木的人最适宜挂生旺植物图，忌木者则不宜。

◎生旺植物五行属木，生旺植物图适宜挂在南方、东方、东南方相生相助的方位；而不宜挂在东北方、西南方、北方相克、泄耗的方位；挂在西北方、西方以中等论之。

◎生旺植物图不能挂在西南方位，因为传统认为西南是"鬼门"方位。

9. 橘图

(1) 寓意及效应

传说，橘是北斗的天璇星散开而形成的一种珍果，"橘"与"吉"谐音，简化字通用"桔"字，人们则以"桔"趋吉祈福。橘的种类有多种，其吉祥意义是比较丰富的，金橘兆发财，四季橘祝四季平安；朱砂红橘挂床前，祈"吉星拱照"。

在吉祥图案里，画几个大橘子，表示"大吉"，画一幅柿子和大橘子在一起的图案，表示"事事大吉"，画一幅百合根（或柏树）、柿子和大橘子的图案，表示"百事大吉"，画一幅一个篮子里盛两条鱼和两个橘子在一起的图案，表示"年年大吉"的吉祥意义。

(2) 宜忌

◎橘图，适宜挂在各居室的吉利方位，也适宜挂在餐厅中。

◎金橘图，适宜挂在财气位，可旺财催财。

10. 牡丹图

(1) 寓意及效应

牡丹雍容大度，牡丹花开，香能盖世，色绝天下，雍容华贵，确实是"花之富贵者也"。欧阳修赞之曰："天下真花独牡丹"。牡丹花成了富贵和荣誉的象征。

旧时富贵人家，厅堂中定挂有彩色的牡丹吉祥画。若把与牡丹其他音韵相同的花草、物象以及文字等相搭配，可以组成种种内涵丰富的"吉祥语"图案。

牡丹与芙蓉画在一起，表示"荣华富贵"。

牡丹与长春花画在一起，表示"富贵长春"。

牡丹与海棠画在一起，表示"光耀门庭"。

牡丹与桃画在一起，表示"长寿、富贵和荣誉"

牡丹与水仙画在一起，表示"神仙富贵"。

牡丹与松树和寿石画在一起，表示"富贵、荣誉与长寿"。

牡丹与石头或梅花画在一起，表示"长命富贵"

牡丹与玉兰或海棠画在一起，分别寓意"玉堂富贵"、"富贵满堂"。

牡丹与竹叶或苹果画在一起，寓意"富贵平安"。

牡丹与莲花画在一起，表示"年年富贵"。

牡丹与寿石、如意画在一起，表示"富贵寿考"。

牡丹与柏树、灵芝画在一起，寓意"富贵百龄"、"富贵长寿"。

牡丹还常与荷花、菊花、梅花等画在一起，象征春、夏、秋、冬四季。

(2) 宜忌

◎牡丹图，宜挂在居室的吉利方位，或挂在居室主人的三合、六合方位。

◎以牡丹为主体的装饰画，五行属火，五行喜火的人最适宜挂，忌火者则不宜。

◎牡丹五行属火，牡丹图适宜挂在居室的南方、西南方、东北方相生相助的方位上；不宜挂在东方、东南方、西北方、西方相克、泄耗的方位；挂在北方则以中等论之。对于牡丹与其他物象组合的装饰画，因其五行较复杂，可不必考虑五行方位。

◎牡丹图，若挂在桃花位上，则可催旺桃花。已婚人士则不宜挂在桃花位上。

11. 海棠花图

(1) 寓意及效应

海棠花开，占尽春色，艳丽娇娆，深受人喜爱。海棠的"棠"与"堂"谐音，而花开富贵，即是堂内富贵，因此在家居中挂海棠花表示"富贵满堂"。

玉兰花和海棠花画在一起，表示"预祝荣华富贵"。

五个柿子和海棠花画在一起，因"柿"与"世"谐音，则表示"五世同堂"，即人希望升官、富贵、五代团聚的美好愿望。

金鱼和海棠花画在一起，意为"金玉满堂"。

(2) 宜忌

◎海棠花图，是祝人乔迁的好礼物，表示祝人家"荣华富贵"。

◎海棠花图，宜挂在客厅的吉利方位，可增强招富贵的效能。

◎海棠花图，若挂在桃花位上，则可催旺桃花。已婚人士则不宜挂在桃花位上。

12. 百禄图

(1) 寓意及效应

一幅字画内，用不同笔法写出一百多个"禄"字，便称为"百禄图"。

相传好意头的语句对人的隐性帮助是较大的，可以令运程朝着这个方向走。"禄"字的吉祥意义表示人的事业可飞黄腾达，生活富足有余。

(2) 宜忌

◎从文字五行来说，"禄"字属火，五行喜火的人最适宜挂百禄图，忌火者则不宜。

◎百禄图，宜挂在各居室的吉利方位。若是个人居室中，宜挂在个人的三合、六合方位上。

二、吉祥物

1. 大肚佛

(1) 寓意及效应

大肚佛大腹便便，长耳、笑眼、姿态动人，笑意醉人。大肚能容天下难容之事，佛脸尽笑天下可笑之人，象征安乐自在。

(2) 宜忌

◎大肚佛可摆放在大堂或客厅等公共空间，促进住宅紫气东来、财源广进；可保全家富贵、平安；使人心情愉快，忘掉忧愁之事。

◎大肚佛在摆放的高度上，要超过人的头顶，不可摆放得太低，一般以高过主人的身高为宜。

2. 水晶球

(1) 寓意及效应

大自然早在一亿年至八千万年前就孕育了水晶。水晶又属二氧化硅类矿物。石英水晶体含有对人体有益的化学元素：矽、铁、钛等。水晶在西方国家早已让人们感受到它的神秘力量。在西方古罗马时代就流行运用水晶的神秘力量为人们改善风水和财气等等，水晶物体所发出的七色光可以开发每个人的"七能中心"，水晶球可以改变人的运程。由于水晶的表面光滑，加之其物理性质本身都具有转动旋转的功能，配合适当的摆放地点可以起到改变运程的功效。

(2) 宜忌

◎水晶是改运的工具，在人的运气比较差的时候，使用水晶球能起到调节运程的作用。

◎水晶在使用上约束比较多，主要是结合个人的八字来分析，看适合什么颜色的水晶。按照普遍来讲使用各种水晶都没有坏的作用，只是使用不当起不到作用，很少会有起反作用的。

3. 山海镇平面镜

(1) 寓意及效应

镶在镜框中的山海镇平面镜，集齐了所有开运的要素，如招财进宝、福禄寿、镇宅、招贵人等。它有调整风水、平衡财运、营造人气、调和神佛、幸福人生、驱散邪气、镇家宅、平衡阴阳的功能。将它装

饰在大厅的起居室、店铺、办公室等地还可以提升运气。

(2) 宜忌

◎山海镇平面镜有集结吉气，提升运气的功效。在商业场所挂此吉祥物，可增加店铺的营业额。将它装饰在大厅、起居室、办公室等地可以提升运气，增强人际关系。

◎山海镇属于吉祥之物，在使用时不可以正对厕所或厨房等污秽之地，最好是正对大门，这样才能够带来好运。

4. 桃木中国结

(1) 寓意及效应

桃木一直含有吉祥之意。逢年过节，都要取桃枝挂在门边，用来镇宅纳福，取节日祥和之意。桃木中国结的直径约为29厘米，由纯桃木制作而成，将其雕刻成元宝形状，意味着招财进宝。再加上中国结，更具有中国特色。

(2) 宜忌

◎桃木辟邪传说在我国民间有着深厚的基础，是中国传统的文化风俗。桃木还可以提升运气，是化解不规则户型的专用吉祥物，可解决房子朝向不是正南正北，形状怪异，房屋缺角等引起的运气反复问题。一般将桃木中国结正对大门放置在客厅为好，还可增加财气。

◎桃木中国结不适合挂在厕所的墙上，也不适合正对厕所门挂放。桃木类的中国结经过开光后再挂在一个固定位置后，就不要轻易去移动了。

5. 水胆玛瑙

(1) 寓意及效应

水胆玛瑙最大直径约5厘米，为天然水胆玛瑙，经道教开光文化特殊处理。水胆玛瑙是随身改运、助运的宝石。玛瑙内含有一定的水分，非常难得和珍贵，对于改善运程、调节运气、保平安、促进婚姻都有很好作用，也是一款非常罕见和漂亮的随身饰品。

(2) 宜忌

◎水胆玛瑙对于改善运程、调节运气、保平安以及促进婚姻都有很好作用。一般可随身携带或放置在公文包、手提包内，女士使用效果极佳。

◎水胆玛瑙是非常难得的珍贵吉祥物，它喜阴不喜阳，尽量不要将其暴露在外面，应该放在包里、盒子里收藏起来。

6. 福袋

(1) 寓意及效应

福袋的最大高度约4厘米，为信用卡的二分之一大小，经佛家高僧开光处理。福袋内装有经文、宝石、

檀香粒、古钱、粗盐等，象征智慧、驱邪、招财、结缘等。

(2) 宜忌

◎福袋可随身携带，也可放置于车内。将其挂在床头，可保健康、平安。如果小孩使用，可令小孩健康成长。

◎福袋的使用禁忌主要表现在生肖上，因福袋与鼠相克，所以属鼠者不宜使用。

7. 招财进宝石

(1) 寓意及效应

招财进宝石直径约15厘米，为天然泰山石所制，经开光道教文化特殊处理。

(2) 宜忌

◎天然的泰山石，辅以红色朱砂书写的"招财进宝"，在摆放前先用清水清洗，最好是放置在公司门口或负责人的办公桌上，使之地位稳如泰山、招财进宝。

◎卧室、儿童房、书房不适合摆放招财进宝石，因为招财吉祥物一般摆放在商业空间或者居家公共空间，私密空间不宜摆放，否则会带来不好的运势。

8. 招财鼠

(1) 寓意及效应

招财鼠的最大高度约13厘米，为天然汉白玉手工雕刻品、经道教开光文化特殊处理。

(2) 宜忌

◎鼠为十二生肖之首，聪明异常，并且是招财守财的专家；结合天然玉石雕刻而成，效果更佳。招财鼠适合放置在书桌、办公桌上。

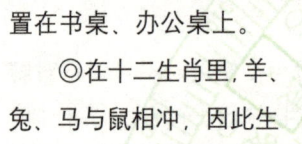

◎在十二生肖里，羊、兔、马与鼠相冲，因此生肖为羊、兔、马的人不适合摆放招财鼠，会有不良的冲克。

9. 雌雄双狮

(1) 寓意及效应

狮子是百兽之王，可避小人、躲是非。狮子不仅可以防御邪气，而且拥有招财的最高能力，是用以祈愿生意兴隆的最适合的风水动物。适宜将其摆放在大门、客厅、办公室。

(2) 宜忌

◎雌雄狮摆放在门口最为吉祥，同时摆放狮子时，狮头要朝外，并按照雄左雌右的顺序摆放，这是由阴阳五行中"左青龙男，右白虎女"的规定而来的。象征吉祥、平安、纳福、驱邪、避小人。

◎通常在摆设时宜雄狮居左，雌狮居右。雄狮的右爪下雕绣球，所谓"狮子滚绣球"，预示将权力掌握在手中，因为那球就是权力的象征；但狮子不宜摆在卧室和书房。狮子有超强的防御能力，雌雄一对的狮子一般摆放在入口，可抵御任何邪气，防止入侵。一般来讲，龙摆在室内，狮子摆在室外，这样分别镇守，功效显著。

10. 金蟾

（1）寓意及效应

金蟾象征招财、旺财、聚财、财禄满贯。此款摆件雕刻得非常细致，三条腿的蟾蜍趴在金钱币上，口中也含着金币。特别是金蟾的眼睛经朱砂开光，活灵活现，栩栩如生，仿佛金蟾有了生命力，颇具功力。"三脚金蟾"寓意财源滚滚，事事如意。

（2）宜忌

◎金蟾最大的功能就是招财，一般摆放在办公桌、收银台、商铺最佳，可令生意兴隆，财源滚滚而来。

◎在商铺摆放蟾蜍，要头向商铺内，不宜向商铺门，否则所招的钱财会流向屋外，同时也不宜头向窗户。

11. 招财象

（1）寓意及效应

大象是现代人家居中很好的吉祥装饰品，可抵挡外面不吉之气的冲煞。"象"谐音"祥"，象征着吉祥、平安、幸福，可抵御外来不吉之气的冲击，同时也具有招财之功效。

（2）宜忌

◎大象吸水最厉害，一般可摆放在门口或屋顶上。如果将大象朝着财位摆放，又正好碰见有水的话，那么水即是财，大象可为住宅吸财，是发大财的风水布局。将其摆放在客厅、办公区，特别是老总的办公室，可以使其管理有方，事业越做越大。

◎由于冲煞的关系，招财象不可与刀、枪等武器类物品一起摆放，会引起不良的冲克，也会使其失去应有的功效。

第三部分

事业篇

　　风水环境在一定程度上影响着企业的气运。有的企业设备并非先进，管理并非一流，产品也并非有特别的长处，但生意却是非常红火，财源滚滚。什么原因呢？那是因为它的内外环境、自然地形暗合了风水学原理，这些企业的领导人才会一帆风顺，春风得意。有见识的企业领导心里明白，除了自己确实有一定能力之外，命运好，得天时，遇地利，政通人和，才会事业兴隆，自己应该感到庆幸。也有的人发展顺利，没遇到挫折，因而以为取得成就都是自己的功劳，不相信风水环境的重要影响。

　　人的意志再强，也要顺应天道，顺应大自然的意志，因为自然的意志是不可违背的。有的企业家并非能力不强，意志不坚，一度落魄，而到了新环境中重新创业又取得了成功，这就是环境的影响。风水环境就是自然意志的体现，企业的内外环境、周边事物、厂内布局符合风水原理，则繁荣昌盛，不符则萧条破败。所以要奉劝企业家重视风水环境对企业生命力的重要影响。

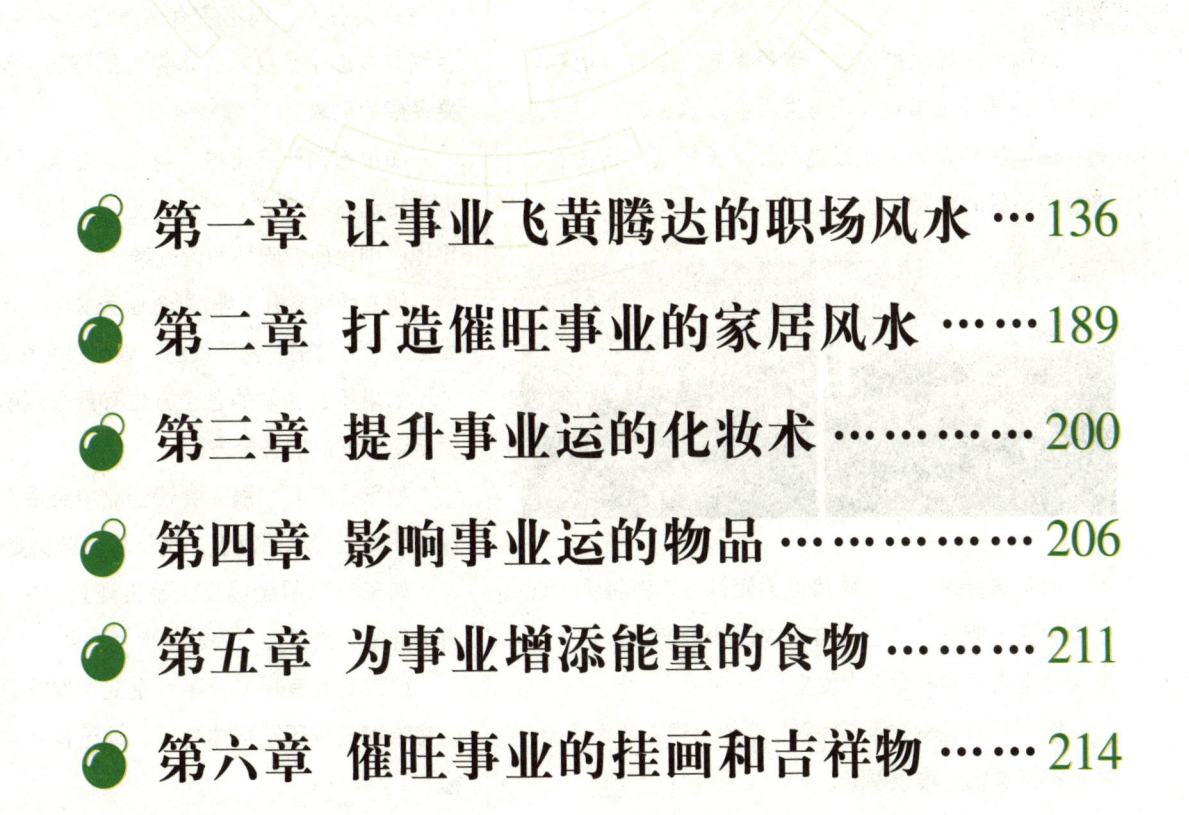

- 第一章　让事业飞黄腾达的职场风水 ⋯136
- 第二章　打造催旺事业的家居风水 ⋯⋯189
- 第三章　提升事业运的化妆术 ⋯⋯⋯⋯200
- 第四章　影响事业运的物品 ⋯⋯⋯⋯⋯206
- 第五章　为事业增添能量的食物 ⋯⋯⋯211
- 第六章　催旺事业的挂画和吉祥物 ⋯⋯214

第三部分 事业篇

第一章 让事业飞黄腾达的职场风水

环境对人的影响是无处不在的，营造好的风水是创运生财的利器。办公室是生财的重地，想要财运兴旺，生意兴隆，就得找个好环境、好风水的办公地点，这样才能因地启运，为公司抢得先机，为企业经营成功打下基础。

一、地势与企业的发展运势

为企业选择地块时，要注意地势给我们带来的利弊。

从阳光照射角度来说，选择南方、东南方地势较低的倾斜地开创事业，企业发展会步入正轨，步步升高，团队精神饱满，积极进取，充满朝气，给企业带来意想不到的发展机遇。

如果选择西、西北地势低的倾斜之地，将会出现企业发展多阻碍，并且还会有内忧外患产生，事业日渐衰败会在不知不觉之中发生。

地块东方显高，西方倾斜，企业易遭不测之风云，并且祸不单行，难以解除。

如果地块南北皆高，向中间倾斜，便属朱雀抬头之局，企业会出现是非口舌，官司不断，运势大起大落。

如果地块东西皆高、向中间倾斜，就构成了龙虎之争，会伤及无辜，常会出现工伤事故。

地块四面高向中间倾斜，就成了火烧地与血盆地，洪灾、火灾会相继出现。

最好的地势应该是平坦之地，然后在某个吉利方位的局部有隆起的土坡，且不同方位有不同的含义。

如在正北方有土坡，则能安居创业。

西北方有土坡，对增进企业凝聚力，团队的诚信、忠诚意义重大。但不宜有水流过，不能有木高于坡，否则就构成了土克水，木克土的布局，反而会出现多疑多虑的现象。

如果在东北有土坡，对企业发展、人际关系、与世和谐起积极意义，但若在土坡上栽树，或此地原是坟地，则反而会破坏和谐气氛。

如果西南方有土坡，则企业女主管权力将得到增加，如果在这方位另有河流横过，则会损害女主管权力。

如果所选地块的各个方位有严重塌陷的话，则会影响企业发展的各个方面。

如东北方有塌陷，会使企业中层活力减弱，显得保守而消极，思想意识、精神状态出现变化。

如东方有明显塌陷，易出现企业主管常犯错误，行为异常，经常会与人冲突。

如东南方有塌陷，不利企业掌握权力的男性，他们将难以适应团队群体生活，缺乏奋斗动力和奋斗目标。

如南方有塌陷，会使企业的女性工作者不安于正常工作，偏向分外的投机和冒险，人际关系日趋恶劣，对企业产生不良影响。

如西南方有塌陷，企业领导如果是女性，则会被小人所左右，目光变得短浅，而且还会影响家庭。

如西方有塌陷，则会使工作中的女性相互嫉妒，心胸狭隘，难以与别人相处。

如西北方有塌陷，企业之主会变得武断，意气用事，常遭他人非议。

二、地形与企业的发展运势

如果说地质、地貌、地势讲的是人与自然协调问题，那么地形则讲述了万物之本、阴阳五行（金、木、水、火、土）与人体五官、五脏、五谷、五洲、五方之间的协调关系，所以合理运用地块形状将对企业与团队、与领导协调发展起到十分重要的补益作用。因此在选择地块形状时要注意以下问题：

正方形属土，这是最尊贵的地形，符合天圆地方的自然规律，因此这种地形一般只适宜政府、寺庙、行业之头领，地方之主使用。这种形状的地块象征循规蹈矩，一切遵循原则办事，适合获得尊敬和荣誉的企业使用。对以利益为重且不断适应市场变化来调整自己经营行为的企业来说，选择这样的地块显得灵活不够。

长方形属木，这种形状的地块最能使企业蓬勃发展。

三角形属火，三个角象征火苗，无论对什么方面均为不利，选择这样形状的地块发展事业，必定会影响邻里关系，经常遭遇挫折，使得企业员工灰心丧气。

圆形地块属金，违反了天圆地方的规律，并且有包围之意，企业选择这样的地块会处处受制约、束缚、闭塞，毫无伸展的可能。如果是半圆形状的地，南方圆北方平的话考虑使用无妨。

"L"形地块，一般不能使用，这样的地块会使企业没有目标，没有中心，没有上下之分。

"T"字形地块，要慎重使用，第一要看"T"形凸出的三个部位合成哪一种五行，判断与其周围环境、企业的行业五行是否协调后才能定吉凶。

扇形地块，形如流星，企业在这块土地上创业，将速遭衰败。

十字形地块，因十字形地块四周缺陷，无法确定五行属性，属变化无常、成败难断之地，一般都敬而远之。

菱形地块要慎用，这种地块使用规划到后来总有地方是三角，这对企业发展会有局部的不利，至于不

利的具体影响要看三角所在的方位。

南宽北窄地块，也不理想，企业在发展过程中只有付出而无回报。

前窄后宽地块比较理想，象葫芦一样潜能巨大，能使企业渐入佳境。

狭长地块，要慎重考虑，如果设计不好，容易遭盗贼光顾，而且企业无论在生产、运输、周转、用工上都会增加成本。

复杂零碎地块，要使其连结起来，化零为整，使其气息相连，方可使用。一般来说这样的地块形势复杂，好坏很难分辨，还是不选为好。

凹凸形状地块，凸出的地方特别让人注目，有扩张、伸展的意义，表示积极、阳刚、明亮，接受阳光风吹较多。凸的部份越多，这方面所代表的五行、物象的意义就越被强化。如果凸得适当则吉祥，如果凸得过分则适得其反了。凹进部分代表不足、缺乏及阴柔和虚弱，凹得过分，缺点就会被强化了。

下面我们看看凹凸形状的意义所在——

东边凸出不超过主体的1/3则吉，企业有创造性、开拓性，有声誉，很圆满。

东边凸出太过，企业发展缺乏理性规划，容易过热、过分自信、目空一切、心浮气躁，也容易发生纠纷。

南边凸出部分适中，企业使人信赖，事业蒸蒸日上，团队团结向上。企业若以女士为主，男人辅佐，则前景更加宜人，企业的实力将得到社会的重视，声誉外扬，成就卓越。

南边凸出太过，企业过重于交际，开支大，常劳而无功，得不偿失；企业过于强调声誉，虚名远扬，本质虚弱，容易迷失方向，经常以攻击他人的方法来赢得自己的胜利，显得无法无天，没有规矩。

西北凸出适宜，企业领导会得到部下的合作。如果凸得太过则会出现领导妄想、傲慢、强制、独断，使部下失去信心，招致失败。

西边凸出太过，企业内部团队之间经常意见不统一，没有主心骨，常常节外生枝，议而不决，还会出现男女绯闻和官司口舌。

北边凸得适宜，企业领导会得到精干的部下，能克服艰辛，获得帮助，但如果凸得太过则以下犯上，部下傲慢、任性，处处坏事。

凸出部位亥卯未三合木局，企业像春天之万木逢春、发芽成长。

凸出部位寅午戌三合火局，企业受到强大的力量支持，事业蒸蒸日上，好运当道。

凸出部位巳酉丑三合金局，企业信誉大增，好运连连，积蓄日多，企业昌隆发达。

凸出部位申子辰三合水局，企业富有生机，社会关系得到发展，市场开拓灵活，呈现出一派灵活多变、欣欣向荣的繁荣景象。

东方凹进，企业开拓发展无持久性，会半途而废，经营失利会长期困扰企业。

南方凹进，企业人际关系破裂，威望、声誉尽失，易遭别人毁誉、诽谤攻击，丧失权力和地位。

西边凹进，企业财运丧失，靠借款度日，日后将名誉扫地，借钱无门。

北边凹进，部下欺下瞒上，偷偷摸摸，长期暗中损害企业利益。

三、建筑形状与企业的发展运势

建筑的平面形状可参照选择地块的形状而定吉凶，除此以外还要注意以下几种形状。

天斩形：指两幢建筑平列，中间留出一条间隙，这样的建筑容易使企业遭遇不测风云，美国世贸大楼就属这类建筑。

冲天形：单独一幢建筑高耸入云，企业会陷入孤立无援、遭劫而无防之境地。

露足形：单独一幢高楼，四角低矮建筑，这种形状好似动物爬行，企业负重而不稳定。

露首形：四周低，中间主楼高出不多，这种建筑使企业徒有虚名，会成众矢之的，社会关系不断恶化。

四害形：四周有高楼，中间低矮，这种状况的建筑，企业会遭四面楚歌难以伸展。

单耳形：在大楼的某一角上多出一块，象人的耳朵，这种建筑失去平衡，常会遭小人、盗贼暗算。

工字形：这种楼房东西有缺影响不大，但也属吉凶不明的平常大楼。如果南北有缺，企业会陷入内忧外患的境地。

囚字形：四周是房屋，中间明堂中再建房屋，企业渐入困境，无路可走。

凸字型：这种大楼凸出部分平均的话，受力平均，企业重担会压在一人肩上，其他人则游手好闲。如果中间主楼高大，边楼矮平则十分吉利。

凹字形：中间凹下，两边高出的大楼，只适宜租赁、分割转卖给经商之人使用，否则企业将出现领导无能，企业无财，个人却个个强大。

品字形：这种大楼，最大的问题在于中间通道上方的房间的利用，如果用做会议室等则会吉祥，做办公室则象空中楼阁。

流水形：这种建筑动感十足，需长久使用才能发展茁壮，企业在这样的建筑中进行事业开拓，显得阴柔有余，阳刚不足。

缺角形：缺角大的楼房应尽量避免使用，因为每缺之角所对应的人、事、物都将减弱它的性能，使企业在某个领域增加缺陷。如果大楼多方缺角，企业将遭多方烦扰，除非杂货行业使用可另当别论。

露骨形：在大楼盖好后有梁、柱外露。就像有的大楼，预计造十层，结果造了八层，另两层准备以后再建，钢筋水泥立柱暴露在外，企业将有忙于外围工作而疏于内务的现象出现，从而使企业内部机密不断被竞争对手知晓。

瘫痪形：大楼、厂房建到一半或拆到一半停在那里，长年得不到完工，企业会出现运作困难、停止、瘫痪。

多角形：大楼棱角繁多，企业会树敌太多，到处惹事生非，必将导致众人反对与攻击。如果多角大楼中间空地再建大楼，企业将成井底之蛙，专想攻击别人而内部空虚，一旦遭遇外来攻击便束手无策，美国五角大楼就是如此。

四、山水与企业的发展运势

山水风光是自然形态，看起来美妙动人，但任何事物的存在都有它的多面性，山水风光的合理运用与否会对企业发展起到很大影响。

山的形状，山有五行之分，半圆形山称金星山；几个半圆相连的山叫水星山；尖三角形山称火星山；高耸入云的山称木星山；四方形的山称之为土星山。

企业地块的西北、西方有水星山的话，企业内部员工充满智慧；如在东北和西南有水星山则会显得愚笨。

靠山泄气，企业会走向衰败。所谓靠山是指在地块的后面有山屹立，谓之靠山。靠山泄气指山形有缺损不完整，树木毁坏，或山体被挖掘而有土外露。这样山气被泄，靠山意义将失去。

四方形的土星山为富星山，这种山如果位于房屋的东北和西南，又能作为靠山的话，那么企业会得到大贵之人相助而兴盛。

如果东、北、西三面环山南面空地，那么这块地就是所谓的"盘龙地"了，企业将成为行业的巨头。

弧形山是金星山，弧度太大影响企业财运，平缓一点可增加企业主管权力和企业财富。金星山处在西、西北，且为靠山的话，其特性更加明鲜。

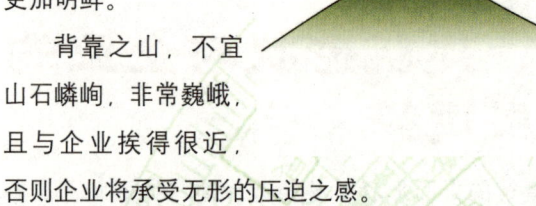

背靠之山，不宜山石嶙峋，非常巍峨，且与企业挨得很近，否则企业将承受无形的压迫之感。

靠山应树木茂盛，如果靠山草木不生，山石外露，则背靠穷山，企业会步入虚名。如果靠山在南方，则企业会迷失发展方向。

企业地块大门前不能有裸露山石的山坡，否则企业员工吃里扒外，企业财产常遭贪污盗窃。

在企业地块的南边，不能有尖三角形的火星山出现，否则企业常遭官灾是非。如果是远而平缓之山，则为案山，主企业聚才；远而高的山为朝山，主企业得贵人相助，但最好不要在南方和东南方。

除以上情况之外，门前见山还要注意如下事项：

门前不宜有两座弧形山相连向两边延伸，否则企业员工会因相互间有隔阂而难以相处。

门前不宜有山脉直冲而来，否则企业事业受阻，难以突破。

门前不宜有两座山的山脚尖角相对而中间留一道空隙，否则企业会走进死胡同，并好惹是非。

五、形煞与企业的发展运势

在日常生活中，我们可能会碰到被多角的建筑物撞伤、被挡路的砖石绊倒，或掉进无盖之井，或被关在电梯里等不利现象，这就是有形的物体和无形的隐患对人身的伤害。

然而，企业的吉凶和人一样，同样无时无刻不经受着各种有形和无形凶险的冲击，如何发现凶险、排除凶险就显得十分有意义了。首先让我们来认识各种凶煞和危害。

暗箭煞：建筑大门或院落大门正对大路，会造成莫名的工伤事故。

斗门煞：两幢建筑大门相对，或企业厂门正对其他厂门。地基较低的企业会经营惨淡，如双方地基相平等则两败俱伤。

扇形煞：建筑正面有如扇形一样的水池、河流、绿化、房屋正对，导致企业开拓受阻，难以进展。

刀割煞：建筑物旁紧挨天桥且天桥的弧度朝向建筑，象屠刀一样拦腰切割，"屠刀"所对层危险尤大。若将这种建筑作为企业办公楼，企业经营中会遭他人宰割。

擎头煞：企业厂门招牌巨大，厂房平矮，企业易陷入外强中干的空虚局面。

天斩煞：企业厂门或建筑正面有两幢平列大楼，中间留一缝隙直逼而来，企业会祸事不断。

火咀煞：指企业对面有三角形大楼正对，这种大楼五行属火，却锐角冲射，配合年份不利五行，会出现运气反复无常的局面。

镜光煞：企业正对玻璃大楼，阳光照射后，反射到企业内部，会影响员工视线。企业正门如在东面，对门有玻璃建筑，阳光照射在对面建筑上反射到企业院落，这就犯了白虎镜光煞，企业时常会有意外事故发生。

噪声煞：企业紧靠铁路、屠宰场、码头等终年不停发出噪声的地方，对企业员工情绪产生不利因素，长久下去，企业职工积极性会逐渐下降。

飞檐煞：企业对面如有建筑的屋檐挑出，或钢架雨篷挑出，好似飞行物体向我飞来，如飞来是屋檐之角，则企业运气滞阻。

白虎煞：企业建筑的右方有比较高大的建筑，则属于强虎压弱龙（因右为白虎，左为青龙），企业员工精神不振。

屋顶煞：企业建筑对面有各种不同形状的屋脊面对而立，对大楼内工作人员的身体有一定的影响。

飞刃煞：企业大门对面有建筑的墙角正对，象刀刃一样劈面而来，企业会遭遇外来的伤害。

六、10招打造最吉祥办公室

1. 选择理想的办公室地点

传统讲求"天时""地利""人和",其中"天时"主控在天,"人和"要各人自己来创造,唯有"地利"是我们可以选择的,这个地利也就是风水。由于风水是一个环境地点的现实状况,属于无法由我们决定或轻易改变的外在因素,因此事前的审慎选择就显得非常重要。

(1) 来路纳气

在挑选的时候,首先要看办公室是否能纳来路之气。有一条总的原则是办公大楼以开中门为吉,但很多楼宇的入口是开在前左方或前右方,并且大门向着马路,这种大厦究竟怎么样才算吉相呢?关于这个问题,有以下原则:

办公大楼入口在前方中央朱雀门,就不用理会汽车的行走方向,而且在入口前方有一平地、水池或公园等,这样的格局就是上吉之相,主旺财。

办公大楼前方,车辆由右白虎方向左青龙方驶去,则办公大楼前方靠左开青龙门纳气为吉。

办公大楼前方,车辆由左青龙方向右白虎方行驶,则办公大楼于前方靠右开白虎门纳气为吉。

办公大楼入口前方并非马路,全是平台,便以开前方中门及开前左方门为吉。

(2) 背后有靠

选择办公大厦时,它的背后要有山,即玄武方要有山,是为有靠山。坐后有靠,有不少好处。

山形千变万化,优劣需要仔细地观察,简单而论,可把山形根据五行分为五类:

金形山——山形圆润饱满,吉;
木形山——山形高瘦秀丽,吉;
水形山——山形波浪连绵,吉;
火形山——山形尖锐嶙峋,凶;
土形山——山形方正稳重,吉。

(3) 坐实向虚

大厦背后有山,属于坐实。如果没有山,便要从以下几点进行判断:

办公楼大厦后方,若有一座楼宇比自身的高大广阔,便属于坐后有靠,亦属于坐实之格局。

办公楼大厦后方,有几座楼宇高度与自身大厦相同,因为几座楼宇群集在一起,力量亦汇集起来,足够支撑本大厦,亦属于坐后有靠之格局,即属于坐实。

办公楼大厦后方有一座小山丘,但高度却很低,自身大厦比它高出了很多。本大厦虽然属于靠山无力之格,但由于此山是天然的,便可以用作靠山。因为天然的环境对风水的影响力很大,所以这座大厦亦属于坐后有靠。

办公楼大厦后方虽然有楼宇，但如果比办公楼矮了一大截的话，则属于靠山无力之格。如果背后没有其他的大楼依靠，那就形成孤阳办公楼了，不吉反凶。

(4) 龙强虎弱

办公大楼的左方称为青龙方，右方称为白虎方。在风水学上，最佳的格局是龙强虎弱。由于主有贵人相助，辅弼有力，因此是大吉相。反之，如果虎强龙弱，则不利风水。

龙强虎弱有四种类型：

龙昂虎伏型：办公大楼左方的楼宇较高，而右方的楼宇较低。

龙长虎短型：办公大楼左方的楼宇较为宽阔，右方的楼宇较为狭窄。

龙近虎远型：办公大楼左方的楼宇距离较近，而右方的楼宇距离较远。

龙盛虎衰型：办公大楼左方的楼宇较多，而右方的楼宇却较少。

(5) 朱雀争鸣

办公大楼的门前最好有明堂或朱雀池，一是有对外扩展空间，表示前途宽广；二是能引入财气。如有水池或喷水池的也比较好，朱雀池的水状要有情，流水或圆形或半圆形地围缠于前方，形成玉带环抱水，这就是象征聚财的朱雀争鸣格，而不是反弓。三角形的水等则是主财帛不聚的失运无情水。

2. 选择旺财楼层

办公室选好一个正在行旺运的坐向之后，还要选好旺财楼层，这也是公司经营发展至关重要的环节。因为楼层与五行密切相关，所以必须与公司的特征相符，并结合五行与五子运的关系进行研判。

(1) 河图洛书与楼层五行的关系

五行的每一元素不是独立存在的，而是互相依赖、互相制约的，这就是五行相生相克的道理。以下是五行的相生相克：

金生水	金生水	金生水	金生水
水生木	木泄水	水克火	水助水
木生火	火泄木	木克土	木助木
火生土	土泄火	火克金	火助火
土生金	金泄土	土克水	土助土

根据"河图洛书"的天地生成数口诀得出：

一楼和六楼属于北方，属水。因此，楼层逢一、六即属水，如十一楼、二十一楼、三十一楼等。

二楼和七楼属于南方，属火。因此，楼层逢二、七即属火，即十二楼、二十二楼、三十二楼等。

三楼和八楼属于东方，属木。因此，楼层逢三、八即属木，即十三楼、二十三楼、三十三楼等。

四楼和九楼属于西方，属金。因此，楼层逢四、九即属金，如十四楼、二十四楼、三十四楼等。

五楼和十楼属于中央，属土。因此，楼层逢五、十即属土，如十五楼、二十楼、三十五楼等

(2) 六十甲子与五子运

了解楼层的五行后，还要知道各个办公楼层在什么时期是最兴旺的，这样一来，在选择楼层时，便知道什么行业在什么时期应该选择什么楼层。

先贤教化万民生活，对于生命与大自然环境产生

信息的预测，发明了天干、地支组成六十甲子，配合宇宙与人类生活的标志。六十甲子、宇宙的五行与人出生年月日时的五行，是发生互动、生克制化的信息标志。

六十甲子以河图的"一乾甲二坤乙天地定位，三艮丙四兑丁山泽通气，五戊阳土六己阴土，七震庚八巽辛雷风相薄，九离壬十坎癸水火不相射"和洛书九宫八卦、地支日十二时辰的子、丑、寅、卯、辰、巳、午、未、申、酉、戌、亥相配而成，以天干五行配合地球上四季气候变化而组成六十甲子。

根据六十甲子理论，流年运数可分成五子运，每十二年为一个子运：

第一个子运，名为甲子运，因为它排第一，而在河图里一数属于水，所以这十二年的流年便属于"水运"。其年份为甲子、乙丑、丙寅、丁卯、戊辰、己巳、庚午、辛未、壬申、癸酉、甲戌、乙亥。

第二个子运，名为丙子运，因为它排第二，而在河图里二数属于火，所以这十二年的流年便属于"火运"。其年份为丙子、丁丑、戊寅、己卯、庚辰、辛巳、壬午、癸未、甲申、乙酉、丙戌、丁亥。

第三个子运，名为戊子运，因为它排第三，而在河图里，三数属于木，所以这十二年的流年便属于"木运"。其年份为戊子、己丑、庚寅、辛卯、壬辰、癸巳、甲午、乙未、丙申、丁酉、戊戌、己亥。

第四个子运，名为庚子运，因为它排第四，而在河图里，四数属于金，所以这十二年的流年便属于"金运"。其年份为庚子、辛丑、壬寅、癸卯、甲辰、乙巳、丙午、丁未、戊申、己酉、庚戌、辛亥。

第五个子运，名为壬子运，因为它排第五，而在河图里，五数属于土，所以这十二年的流年便属于"土运"。其年份为壬子、癸丑、甲寅、乙卯、丙辰、丁巳、戊午、己未、庚申、辛酉、壬戌、癸亥。

※ 办公区域的功能规划

在办公空间的设计中，主要应解决好空间使用功能的划分与联系，提供通风、采光、照明、供水、排水、供电、通信等基本设施保障，处理好办公流程和环境布置，创造出满足使用功能，具有鲜明个性特征、舒适、高效的工作环境。

为了避免办公室相互之间的声音干扰，空间分割的隔墙应完全封闭至楼层隔板底部，并应采取隔音性能好的材料作隔墙，或采用隔音工艺进行隔墙安装施工。

(3) 五子运与五行的关系

1984～1995年	属于水运（甲子运）
1996～2007年	属于火运（丙子运）
2008～2019年	属于木运（戊子运）
2020～2031年	属于金运（庚子运）
2032～2043年	属于土运（壬子运）
2044～2055年	属于水运（甲子运）
2056～2067年	属于火运（丙子运）

后面仍以六十年为一个周期进行循环

五子运的五行生楼层的五行、助楼层的五行，吉；克楼层五行、泄楼层五行，凶。而楼层的五行克运的五行，中等。

例如：从事地产行业，五行属土，则在1996～2007年丙子运属于火运当旺。而如果选择在5、15、25、35、45楼办公会特别吉利，因为火运的五行火可以生楼层的土，又得楼层之助，可旺本行业。而到2008～2019年，则属于戊子木运，既克行业，又不利楼层五行——土。

(4) 楼层谨防脚下虚空

选择办公楼时一定要注意避开架空层建筑的设计，因为如果办公楼在架空层的二楼，那么公司下方就是人来人往的过道，气流会很杂乱，气场也常受干扰，并且犯了"脚下虚空"的大忌，这样的场地不可当做重要的办公场所。

(5) 上下楼不宜是污秽场所

上下楼如果是污秽场所，办公室夹在不洁之地中，则代表办公风水容易受污，对经营、决策非常不利。

3. 布置兴旺门庭

自古显贵之家被称为"高门"，卑庶之家则被称为"寒门"。办公大门是出入口，影响着公司、企业的兴衰成败。大门是整个办公室空间最直接、突出的标志，甚至在人们看来，只要观其门便可判断其内。所以，办公室大门被赋予了重要的意义，它展示着企业的规模、社会地位、财富和权势。

"门第高低""门庭兴旺""光大门楣"等成语就是对大门与屋宅关系的形象比喻，这也就决定了办公者要对其大门外观的修造投入很大的精力，以显示公司的实力。当然，并非把大门修建得越高大豪华就好，出于传统思想的中庸之道以及安全方面的考虑，应避免办公室大门在视觉上过于突兀。《黄帝宅经》以"门大内小"为应当避讳的"五虚"之一，而"宅大门小"则属"五实"之列。因此，办公室并不应刻意追求徒具其表的"高门大院"之势，而应在大门的尺度适宜、形式优美、做工精细等方面用心，从而显示企业的品味追求和价值取向。

(1) 办公楼门位和门向的重要性

"乘气而行，纳气而足"是用来形容调和天、地、人之间的一种抽象概念，因此，"纳气"是相当重要的一个原则。

从两个成语就可以看出大门的重要性，一是"门

庭若市",二是"门可罗雀"。这两个成语都有"门"这个字,前者表示生意兴隆,后者表示生意萧条。大门是一切建筑物的纳气之口,所以大门的方位最为重要。如何使大门纳入生旺的财气呢?那就要看大门的门位和门向了。

一般来说,大门开在一栋房子的正中间才是正常的。但若以通俗风水来讲,宜左青龙、右白虎,所以大门最好开在左边,也就是人在屋内时向着大门的左方,人在室外时向着大楼的右边。

大门不可面对岔路,也就是说一出门就看到两岔路冲入门内,这种交叉的气场会影响主人的决策和判断,正常情况应面对横过的路。

大门不可面对死巷,否则气流会受阻,不顺畅,容易聚积浊气,对健康有不良影响,且事业上象征没有出路、没有发展。

(2) 办公室大门与行业的关系

由于大门与行业相关,因此从五行方位来看,有以下的朝向可供选择。

①五行属金的行业

五金首饰、珠宝金行、汽车交通、金融银行、机械挖掘、鉴定开采、司法律师、政府官员、职业经理、体育运动等,宜坐西向东、坐东南向西北、坐东向西、坐西北向东南。

②五行属木的行业

文化出版、报刊杂志、文学艺术、演艺事业、文体用品、辅导教育、花卉种植、蔬菜水果、木材制品、医疗用品、医务人员、宗教人士、纺织制衣、时装设计、文职会计等,宜坐西向东、坐西北向东南、坐东北向西南、坐西南向东北。

③五行属水的行业

保险推销、航海船务、冷冻食品、水产养殖、旅游导购、清洁卫生、马戏魔术、编辑记者、钓鱼器材、灭火消防、贸易运输、餐饮酒楼等,宜坐南向北、坐北向南。

④五行属火的行业

易燃物品、食用油类、热饮熟食、维修技术、电脑电器、电子烟花、光学眼镜、广告摄录、装饰化妆、灯饰炉具、玩具美容等,宜坐北向南、坐东向西、坐东南向西北。

⑤五行属土的行业

地产建筑、土产畜牧、玉石瓷器、顾问经纪、建筑材料、装饰装修、皮革制品、肉类加工、酒店经营、

娱乐场所等，宜坐南向北、坐东北向西南、坐西南向东北。

(3) 开偏门可以补运

办公楼不走旺运时，如空间允许，可以开偏门以达到抢运、补运的功效。然而，开偏门要适当，只可开一个，切记不可开太多，因为偏门太多对财运不利。

(4) 办公楼大门对面的景观

办公楼大门附近不要对着烟囱，因为烟囱是排废气之物，每天进出大门看到废气，心理上会不舒服。若是风将废气吹进来，被人吸进体内，更会影响身体健康。

办公楼大门旁边不可有寺庙、教堂等宗教建筑，因对方属清气，会影响生意。如果办公楼大门正对其他楼房的大门，而自己的又比对方的小，则属不佳格局。解决方法是在自己的办公楼大门前架一个帆布雨篷。

(5) 办公楼大门入口的三种形态

①葫芦口

形如葫芦，外小内大，既可有益吸纳外气，又可确保财气内蓄而不失，适合已经有一定发展基础的公司。

②畚斗口

大口展开，形如畚斗，将外气大力扫入，利于突飞猛进，适合刚刚起步创业、希望一蹴而就的公司。

③平行口

大门与内部空间平行，适合运势平平、无意开拓的公司。

(6) 办公楼大门入口四大忌

①门冲

公司大门正对着内部办公室的门，是风水上的冲，气流易直冲而进。当然更不可一进大门就正对着厕所的门，这是最坏的格局之一。

②电梯吸气

大门如果正对电梯，电梯上上下下，一开一合，将公司之气尽数吸走。同时也容易分散员工的精力，自然也会影响到公司的运势。

③穿心剑

大门如果正对走廊或通道，则形如利剑穿心欲入，这样的格局叫穿心剑。如果办公室内部的进深小于走廊的长度，则为祸最大。解决之道是内部装上屏风以收改门之效，不利之势才能得以缓解。

④隔角煞

站在办公室大门看出去，外头正面一半是墙壁，一半是天空，像一片刀砍过来，这就是常说的"隔角煞"。从心理上而言，办公室大门有被迎面切成两半的不良感觉；从气场上言，两半气流完全失衡，此格局大凶，对健康、财运都不利。

办公室若是遇到大门正对着对面屋角，最好的改动方法是将大门略为向龙边移动，避开隔角煞。若是无法如此移动，则应该改动一下大门的角度，以避开角煞。

(7) 办公楼大门的颜色

大门风水首重纳气，而门面的颜色也非常重要。从五行生克制化的角度来讲，办公大门最忌水、火两种极端色，即红、蓝、黑色，此三色均象征易招阴、惹祸、退财。而与五行合一的中和色彩，如黄、灰色则最为理想，主吉祥平安，又有利财运。

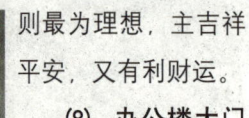

(8) 办公楼大门的材料

办公楼的大门要采用厚实的材料，不可用三夹板钉成空心大门。门框若有弯曲，要立即更换，否则会影响财运。大门不可有路冲，即常称的"直路空亡"，是指大门正对着一条大路，此表退财。从气场的角度来看，正对着路的大楼易受气场直冲。大门正面的外观不可呈现凹凸不平的设计和装潢，否则会对办公风水产生不良影响。

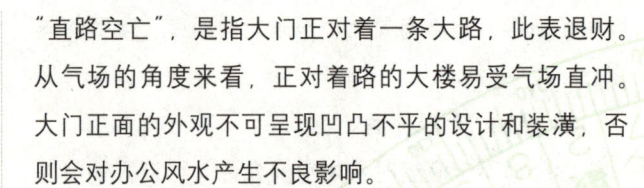

(9) 办公楼大门的其他禁忌

大门前面不可有高长旗杆，也不可正对电线杆或交通信号灯杆，因为这会影响人们的脑神经及心脏。大门前方如有巨石，则会加强阴气而使之进入门内，影响大楼内的人。大门前不可有藤缠树，也不可正对着大树或枯树，因为这不仅会阻挡阳气的进入，加重湿气，不利健康和财运，而且雷雨天时易招闪电，所以大门正前方不可有大树。

但大门外两旁可以种树。若要种树，就一定要保持枝叶茂盛，不可令其枯黄，也不可有蚁窝，否则对事业大不利。

若大门有冲电线杆、小巷、大树、对面墙角等无法改变的环境时，就必须找专人来变更。要配合大门景物及实际状况，适当安挂八卦镜或凹凸面镜等来挡煞气。

风水知多一点点

※ "风水"一词的来历

传说，"风水"一词是由郭璞（276~324年）在他所著的《葬经》一书中首先使用。这本书所写的几乎全部是有关阴宅风水的内容，包含了风水学的大部分基础知识。人们有时称郭为风水之父，据传他还写了一系列风水经典著作，其中一本名为《九天神女示海角》。郭曾被当时的皇帝召见，为其勘测灵寝。

原则上，若是要冲消对方之气，宜挂凸面镜；若是要吸纳对方之气，宜挂凹面镜；若是冲上死巷、深谷、近山、河流、岔路，最好是易地为宜。

大门前不可有臭水沟流过，门口地面也不可有积污水的坑洞。从现代观点而言，大门宛如一个人的颜面，如有污水，既给人肮脏的感觉，又影响形象，自然对财运不利。

有的办公大楼在大门口两旁设有两盏灯，这对风水是有帮助的，但是必须找出最佳位置及高度来设置才好。平常要注意夜间灯泡不可熄灭损坏，若不亮就要即时检修，不可只留一盏灯亮着，因为这在风水学上属不吉。

有些办公大楼为了保持凉爽，常在门墙上种大量爬藤植物，这是不利的象征。

现在办公大楼的大门，流行采用大面玻璃墙，有的是透明玻璃，有的是暗色玻璃。若行业是流通事业，则用透明玻璃较佳，如是汽车展示场，透明玻璃也会带来极佳的广告效果。若是一般的办公室，则不可用透明玻璃，最好是贴上汽车玻璃用的反光纸，或换用暗色玻璃。总之，不要让人在外侧看到室内情形为好。

4.择开运办公室户型

选个好的办公地点，在考察了外围环境之后，接下来要看的就是它的户型。办公楼的户型以及格局影响着这栋办公楼的通风、采光、纳气、排污等，也进而对办公人员的生活、事业以及健康等产生重大影响。

《撼龙经》云："山水广大，出度量宽宏之人；山川狭窄，出胸襟狭隘之人。"办公楼内部的环境其实就如山水，深刻地影响着办公人员的情绪与心性。在格局宽敞明亮的办公楼内工作的人，心胸宽广、思路开阔。相反，在格局怪异的办公楼中工作，会使人变得脾气暴躁、性情怪僻。因此，办公楼的内部格局与事业、财运息息相关，大意不得。

好户型就是要布局合理、清爽宜人、明朗宽敞，能够让人在知觉、视觉、嗅觉等各项感官以及心理感觉上有一个好的体验，在其中办公能有如沐春风的感觉。风水讲究方正，所以四方宽敞、布置协调的格局是选择办公空间的上乘之选。办公楼格局首选是正方形或纵深的长方形，这种格局利用率高，摆放家具也非常方便，并且容易满足通风、采光等要求，居住其中会令人思路明晰，心平气和。而不方正的办公楼则给人一种局促不安的感觉，而且容易引起工作不顺畅，三尖八角的办公楼户型更是不理想。

办公室户型十不宜

①锯齿形

户型呈锯齿状，前凸后凹，很不规则，这种户型在现实中有很多。从风水角度上来判断，这种户型的办公楼具有凶煞，表示公司运气反复多变，不适宜作为办公的理想场所。

②三角形

三角形就是属于三尖八角的户型，内部全为锐角，最不易聚气。

③长枪形

办公楼户型如同长枪,直入直出,最不易聚财聚气,也是种凶局。

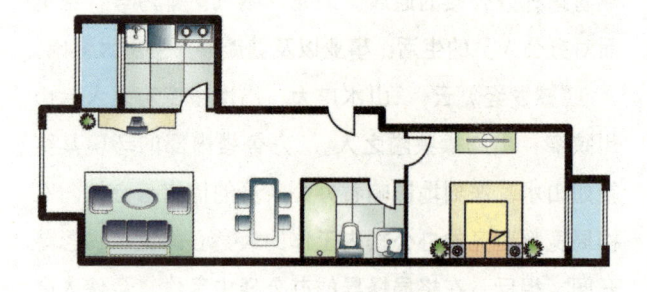

④曲折形

户型反复曲折,奇形怪状,如同迷宫,此户型代表公司财来财去。

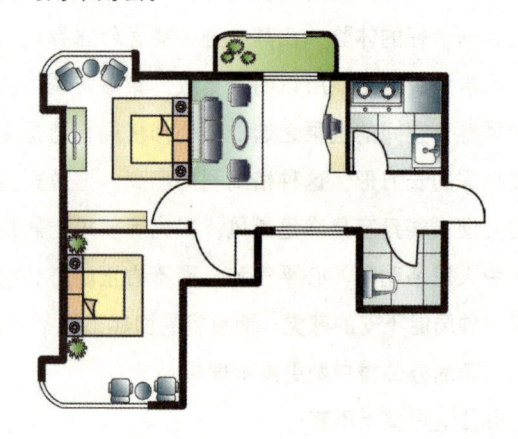

⑤走廊形

办公楼户型完全是个大通道,不宽,但很长。此户型代表公司福气薄弱,也不利于公司员工之间的交流。

⑥钻石形

带有许多锐角或钝角的办公楼,名为钻石形,其内部存在许多冲射之处。此户型代表公司内部不和。

⑦半弧形

这种格局把办公场所切成两半,既不利于员工间协调沟通,又不利于身体健康。

⑧"T"字形

"T"字户型如跷跷板,两头重,中间轻,这种户型容易令身居其间的办公者心不在焉、处事不慎。

⑨菜刀形

曲尺形的办公楼户型平面上像一把菜刀,在风水理论中也认为户型有凶相,不宜使用。

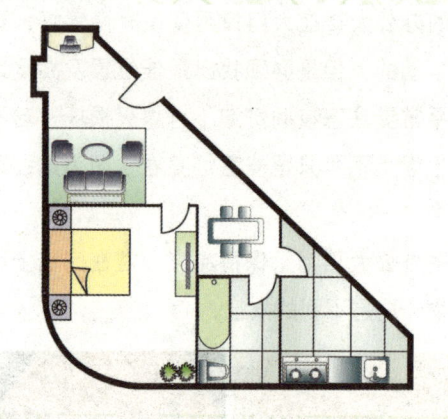

⑩回字形

回字形的户型容易导致室内气循环,不能与外界直接交换新鲜空气,就好像与世隔绝一般,致使在工作上孤立无援。

5. 打造吉祥布局

(1) 办公室内部布局

①办公家具

人体工程学理论为家具设计提供了科学依据。不仅在家具的尺寸、曲线等方面更符合人体特点,而且还考虑到家具的造型、材质运用以及色彩处理对人的生理和心理的影响,使办公家具设计更为科学合理。

②色彩

家具的色彩与空间界面的关系,常常是指物体与背景色的关系。利用家具的色彩来扩大或缩小人们的视觉空间，也是改变空间感的方法之一。如要使空荡荡的房间充满生机，可选择或局部选用一些暖色调的色彩，以造成充实的空间感受；在相对狭小的房间里，可选用浅色、白色或冷色基调的家具，以扩大视觉空间感。

色彩在以不同的形象、位置、面积出现时，它所起的作用是不同的。一般来说，在设计时应注意避免使用色值相等的、相互排斥的对比色，宜多用对人的生理、心理起平衡稳定作用的调和色，但也可用对比色来活跃气氛。

③档案管理系统

档案管理也会成为影响办公环境的一大要素。原因很简单，当工作人员不能够很好地利用空间，不能将繁杂而多样的各类文件管理好时，势必会使工作逐步陷入混乱的境地。因此，学会充分利用空间，使空间发挥最大的使用效率，这也是现代家具设计所追求的目标之一，使用文件储藏柜以及各式办公家具是办公档案管理常见的手法。

(2) 现代办公室布局的三大方向

从办公楼的特征与功能要求来看，现代办公室布局有三大基本方向：

①秩序感

办公风水的秩序感，是指形制的反复、节奏、完整和简洁。办公楼设计也正是运用这一基本理论来创造一种安静、平和与整洁的环境。秩序感是办公楼设计的一个基本要素。要实现办公楼设计的秩序井然，需考虑的因素很多，如家具样式与色彩的统一、平面布置的规整性、隔断高低尺寸与色彩材料的统一、天花的平整性与墙面的装饰、合理的室内色调及人流的导向等。这些都与秩序感密切相关，可以说，秩序在办公楼设计中起着关键性的作用。

②明快感

办公环境明快是指办公环境的色调设置干净、明亮，灯光布置合理，有充足的光线等，这也是由办公楼的功能要求决定的。在装饰明快的色调中工作可以给人一种愉快的心情和洁净之感，同时在白天还会增加室内的采光度。

③现代感

现代许多企业的办公楼，为了便于思想交流，加强民主管理，往往采用共享空间设计，这种设计已成为现代新型办公楼的特征，它形成了现代办公楼新空间的概念。现代办公楼设计还注重于办公环境的营造，比如将自然环境引入室内，营造一派生机之感，这也是现代办公楼的另一特征。

现代人机学的出现，使办公设备在适合人机学的要求下日益完善，办公的科学化、自动化给人们工作带来了极大方便。所以，在设计中充分地利用人机学的知识，按特定的功能与尺寸要求来进行设计，这也是现代办公设计的基本要素。

(3) 办公室如何安排才理想

通常在一个室内空间中，在房间分配的原则上应配合龙边和虎边，这就要求将办公楼内部分成左右两边。属龙的半边宜设董事长办公室、业务部、财务部

等，其他部门则设在虎边。

我们可能会看到有的企业老板（领导人）总是神定气闲、恬淡无为的样子，但是事业仍然蒸蒸日上，这是因为一切事务都能在制度规章正常运作中完成，领导人只要运筹帷幄，便能巨细靡遗，不必事事躬亲。

相反，有一种领导人事必躬亲，每天忙得焦头烂额，但仍然无法将事情处理得完善，这可能是由于制度不完善、规章不良、行政运作不顺所致。从风水学观点来看，整个办公室空间的安排是否合理，也可能会造成前后两者截然不同的效果。

从风水的原理来看，宇宙天地是有秩序、有规律地运行的，只要空间的安排适当均衡，便能顺利运作，正如孔子所说："天何言哉，四时行焉！"依据企业机构组织原则，在空间安排上，应将老板（主管）座位安排在最后面的位置，这样才会有领导的架势和权威，领导能力才能发挥。主管不宜在员工前方或房屋前方。

(4) 家居化布局

如果希望让自己的办公室看起来不像工作场所，那么可以把电脑、传真机、打印机、扫描仪等其他电子设备放在一个漂亮的壁橱里，或者不使用它们的时候用布罩住，这样办公室才显得干净整洁。为了营造家居的氛围，可以购买各色的容器、杯子、篮子、盒子安放纸张和文具，不要零散地到处摆放。还要放置一个档案柜。关上档案柜门，办公室就不会显得混乱，看起来也比较舒心。还有一种选择是购买有轮子的档案柜，可以在不用的时候把它放在储藏室里。

①金属用品尽量少用

现代办公楼大都使用中央空调系统，办公室用塑料屏风做隔间，也流行使用铁柜、金属办公桌，并配合电脑、传真机、影印机等多种事务机器，使得室内金属制品很多。其实这是极不符合健康的办公室布局，因为金属制品易导电及感应磁场，使室内磁场变得很杂乱，容易干扰脑波，使身体不适，对工作会有影响，家居式办公就应该减少使用金属制品。

从事静态工作离不开桌椅的配合，所以办公还要注意选择适宜的办公家具。办公室内应该使用木质办公桌，不仅格调高雅，而且有益健康。办公桌上应该有足够的空间安放电脑、电话、文件，以及其他个人物品。

②办公桌椅的形态

办公桌与工作环境及工作心态息息相关，一张稳定舒适的桌子会带给办公人员信心，而一张混乱的桌子则会导致使用者焦虑和缺乏自信。有边柜、中空并且组合严谨的办公桌，能够带动使用者的事业心。应尽量避免使用尖锐棱角的矩形办公桌，椭圆形的办公桌则比较好。

6. 利用能提高工作效率的色调搭配

心理专家认为，颜色与心情的关系非常密切。红色会让人激动，蓝色则让人平静；心情郁闷的人容易从红色当中产生激情，而在蓝色中会更加压抑和寂寞。所以不要小看办公室的色彩搭配，颜色可以影响心情，进一步说，就是会影响工作效率。那么，怎样才能利用办公室的色彩搭配提高工作效率呢？

(1) 低矮的办公室宜用浅色

老式的办公楼，每间办公室的面积都不大，但是房子非常高，容易产生空旷、冷清的感觉；而新式办公楼的办公室面积大，但是房子很矮，很多人集中在一间大屋子里工作，容易产生拥挤、压抑的感觉。要调节建筑本身带来的不舒服的感觉，就要善用色彩。

老式办公楼通常都有深棕色的木围墙，深色会使人产生空间的收缩感。另外，深棕色属于镇抑色。而办公室的墙面宜用浅色，地面可以选择用较深的颜色，以避免头重脚轻。

在新式的办公楼里，应该选用比较淡雅的浅颜色，因为浅色可以使人产生扩张感，还可以凸显办公室高大。用浅蓝、浅绿做墙面的颜色都不错，但不要用米黄色，因为米黄色会让人昏昏欲睡。如果有灰尘，还会显得陈旧。

(2) 背阴的办公室宜用暖色

阳光充足的办公室让人心情愉快。而有些办公室背阴，甚至还没有窗户，让人觉得很冷，这样的办公室最好不要用冷色调，砖红、印度红、橘红等颜色都能让人觉得温暖。墙壁一定不要使用反光能力强的颜色，否则会因光线刺激而导致眼部疲劳，没有精神，无形中降低工作效率。

(3) 创意人员的办公室宜用亮色

职员的工作性质也是设计色彩时需要考虑的因素。要求工作人员细心、踏实工作的办公室，如科研机构，要使用清淡的颜色；需要工作人员思维活跃，经常互相讨论的办公室，如创意、策划部门，要使用明亮、鲜艳、跳跃的颜色作为点缀，以刺激工作人员的想象力。

(4) 领导座椅颜色宜深

办公室所使用的色彩不仅要整体一致，还要考虑通过局部色彩的差异来区分员工不同的等级。比如，某公司的普通员工的办公桌为浅灰色，座椅为暗红色，

既是整个冷色调中活泼的点缀，又可以使领导一目了然地看到哪个员工不在座位上。如果中层管理人员和高层管理人员的办公桌用木纹棕色，那么中层管理人员的座椅可设为蓝灰色，而高层管理人员的座椅则设置成黑色，以便显示出庄重和权威。

(5) 会议室与办公室的风格应不同

很多公司的会议室和办公室几乎一模一样，只不过把办公桌换成了会议桌，让人不能将注意力集中到发言者的身上；还有的公司会议室布置得像领导的办公室，让人觉得缺乏民主气息。其实，会议室的主色调可以和办公室一致，但是桌椅的色彩可以和中层管理人员的桌椅近似，使普通员工感到"往上迈了一层"，而高级管理人员又能俯下身来倾听，给人以上传下达的感觉，使所有参加会议的人都能平等地畅所欲言。

7. 采用催旺光源

办公空间的环境设计中，采光的好坏直接影响工作的效率以及人们生理和心理上的舒适感和安全感。在空间设计时，我们一般从内部格局、工作性质等方面把握采光，从而满足办公空间的各种功能需求。

(1) 办公室宜采光充足

办公室的光线明暗度与公司事业的成败有绝对的关系。办公室采光充足、明亮宜人，才可以提振士气，使员工们各尽所长、通力合作，公司的业绩方能蒸蒸日上。而幽暗的办公室，则经常会有阻滞与不顺，士气萎靡不振，工作效率低下。

(2) 采光要接近自然

采光越接近自然，越容易调动人体基因，使其调整到最佳状态。当然，办公楼很难处处都有自然光，即使是四面都有大玻璃窗的办公楼，也不见得人人都能分到靠窗的位置。即使坐在窗边，如果角度不好，阳光从背后照到电脑屏幕上，也不利于工作，因此，我们可以用一些人工的方法来弥补这方面的不足。

人工补光，以尽可能模拟自然光为好。由于日光灯光度明亮、价格低廉、用电节省，办公楼内多半使用日光灯照明。事实上，日光灯会有肉眼看不见的闪烁，易造成慢性视力损伤。所以，使用日光灯时最好多盏同时使用，以减少对眼睛的伤害。另外，日光灯色调偏冷，可以在桌面放置一盏小台灯，这样既可以弥补日光灯的照明死角，又能增加视觉上的柔和效果。

(3) 内部格局与采光有关

现在很多办公室采用欧美流行的隔间，同一间办公室中有许多的小隔间，形成每人一个独立的办公空间。这种布局虽然照顾到个人办公的私密性，但是并不适用于所有的办公室。试想，一间大办公室分成许多的小隔间，形成许许多多的小办公室，必然影响整个空间的光线和动线，而这两者对办公室来说是很重要的。多数公司讲的是团队合作，一个宽敞明亮的空间才能开创佳绩，如果分隔成一个个小方块，不仅使人与人之间的互动减少，而且容易造成本位主义、固步自封。若是一定要做隔间，则隔板要做得低矮，以免遮挡光线。

(4) 采光和通风的关系

办公楼的格局宜整齐雅致，布局要紧凑、自然、和谐、温馨，最忌讳闲置、稀松、凌乱。办公楼是一个做重大决策的地方，光线一定要充足，并且应以自然光线为佳。

一般的办公楼已经安装了中央空调，自己不能开窗换气。事实上，人在换气量不够的办公楼里工作，往往会头昏脑胀，很难发挥好的工作状态。

(5) 防止反光煞

我们知道，办公楼风水的优劣主要是由地理环境、采光、通风等因素构成的，因此办公楼防止反光煞非常重要。过去的反光多是建筑外的池塘、河流造成的，当晃动的光影映在室内时，就形成了反光煞。反光煞会给人带来灾难，这是为什么呢？如果是河水的反光入室，则会在室内的天花板上形成这种晃动的光影，必然会使人的精神不够集中，甚至会使人不自觉地产生一种紧张的情绪。

现在都市中有许多建筑采用玻璃幕墙，从而会对近邻的建筑形成反光。这种玻璃幕墙的反光十分强烈，射进室内的光线非常刺目，这种强烈的光线不但易破坏室内原有的良好气场，还会使人产生烦躁、冲动的情绪。

若是办公室有强烈的反光进入，可使用厚窗帘挡住，也可以用绿色盆景置于窗台，这样既美化了室内环境，又化去了反光煞，一举两得。还可以用一排鱼缸之类的东西，挡一挡冲煞，进而带出风生水起的好运兆。

(6) 眼睛健康依赖光源

眼睛健康依赖光源，因此光源最好是从工作者左后上方照射过来。坐位不可对着窗，这是因为整日对着窗，光线强烈，对视力会有不良影响。

(7) 头顶上方不可有大吊灯

头顶上方最好不要有灯，更不可以有大型吊灯。这样一则会在桌面上产生反光，对眼睛不利；二则万一装修不牢掉下来，会砸到灯下的人。平常头上有灯，也会在潜意识中产生危机感，导致心神不宁。若光线不足，可在桌上加个台灯。

(8) 办公室光源设置的宜忌

现代大楼都给窗子加装窗帘或百叶窗，然后在室内开灯，这是不正确的做法。因为自然光源总比人工光源要好，所以不宜拉上窗帘再开灯，否则对眼睛害处极大。

大楼办公室的天花板习惯用吸音板间隔装设内嵌式日光灯，尤其是开放式的大楼办公室，通常可以看到成排的天花板日光灯，因此一定会有人坐在日光灯下，这实在不宜。头顶上方最好不要有灯，更不可有大型吊灯，否则会导致心神不宁。若光线不足，可在桌上加个台灯，而且光源最好是从左后上方射过来。

(9) 办公室的照明设计

办公室的照明灯具宜采用荧光灯。视觉作业的邻近表面以及房间内的装饰宜采用无光泽的装饰材料。

办公室的一般照明宜设计在工作区的两侧，采用荧光灯时宜使用灯具纵轴与水平视线平行，不宜将灯具布置在工作位置的正前方。在难于确定工作位置时，可选用发光面积大、亮度低的双向蝙蝠翼式的配光灯具。

办公室照明要考虑写字台的照明度、会客空间的照明度及必要的电气设备。会议室照明要以会议桌上方的照明为主，使人产生集中的感觉，还可以在周围加设辅助照明。另外，会议为主的礼堂舞台区照明可采用顶灯配以台前安装的辅助照明。

在有计算机终端设备的办公用房，应避免在屏幕上出现人和杂物（如灯具、家具、窗等）的映像。

(10) 灯具的配置

办公室是工作的场所，应讲究灯光的局部照明效果，灯具的选择不仅应充分考虑到亮度，而且应考虑到外形的色彩和特性，以适合于平静、雅致、高效的工作环境。一般工作和学习的照明可采用局部照明的灯具，以功率较大的白炽灯为好，而且位置不一定在中央，具体位置可根据室内的具体情况来决定。灯具的造型、格调也不宜过分华丽，以典雅、隽秀为好。这样就可以创造出一个人们阅读、工作时所需要的安静的环境了。

(11) 台灯的造型

台灯的造型应适应工作的性质，不宜选用有色玻璃漫射式的或砂罩装饰性的工艺台灯。因为工艺台灯较少考虑照明功能，而过多地注重装饰效果。应选用

带反射罩、下部开口的直射型台灯，也就是工作台灯或书写台灯，台灯的光源常用白炽灯和荧光灯。白炽灯显色指数比荧光灯高，而荧光灯发光效率比白炽灯高，二者各有优点，可按需要或对灯具造型式样的爱好来选择。而节能的新光源荧光灯不仅兼有白炽灯与荧光灯的优点，并且外形的设计非常新颖，节能效果显著，是台灯的最佳光源。

如果可能的话，应尽量避免坐在荧光灯下，而改选择白炽灯。当然，自然光才是最好的选择。

8. 选择合适办公用品

从事脑力工作的人群每天的工作环境大多是在办公室里。因此，无论是行政高官还是办公室职员，无论是集团老总还是大公司经理，办公室的方位和室内的摆设都是至关重要的。

(1) 办公桌

①办公桌的色彩选择

每个人都会有适合其选择的办公桌的色彩，这种选择需要配合自己的五行来进行：

属火的人适合的颜色：红色、紫色；

属土的人适合的颜色：黄色、咖啡色、茶色、褐色；

属金的人适合的颜色：白色、金色、银色；

属水的人适合的颜色：黑色、蓝色、灰色；

属木的人适合的颜色：绿色、青色、翠色。

也就是说，如果是属火的人，宜选择枣红色的办公桌，属水的人宜选择深蓝色的办公桌。

②办公桌的摆设宜忌

办公桌的摆设宜忌主要有以下几种情况：

办公桌品质不宜讲究昂贵、豪华。

办公桌高度以高为佳，颜色应配合室内光线，深浅协调。

办公桌不宜设于梁下，不宜面向外水之顺水流，最好逆水而坐。

办公桌不宜侧面对冲厕所门，也不宜背靠厕所门。

办公桌不宜面向进门直冲；办公桌右边不宜靠墙，左边靠墙为利；办公桌座椅不宜太小，宜适中；办公桌桌面不宜垫白纸。

会计、财务人员办公桌背后不宜有人时常走动。

办公桌上青龙方宜高，白虎方宜低、宜静，桌上电话、灯具宜置青龙方为吉。

主管的办公桌面上应放置致胜、成功的物件，不宜随意放置不属于自己生肖的东西（如本身属牛的人，若在桌上放一个属猪的水晶生肖或石雕猪），否则对自己的风水不利。那么在主管的办公桌上应放置哪些代表成功的小物件呢？文房四宝和代表自己五行的物件都是可以选择的，再放一个属于自己生肖的水晶饰物，上面以红色丝带绑一个小葫芦，有祝福、求好运的效果。

(2) 电脑

①合理摆放电脑

经常坐在电脑前打字、上网、传送文件和图片，或者每天要数小时不断地使用电脑，那么产生的电磁辐射会导致头疼和注意力下降。应尽可能离屏幕远一点，并且在不用的时候把电脑关上。不要坐在电脑屏幕的后方，因为电脑背面辐射最强，其次为左右两侧，屏幕的正面辐射最弱。

调整好电脑显示器和座椅的相对高度，以能看清楚字为准，这样可以减少电磁辐射的伤害。当人的视线与向地心垂线的夹角为115度左右时，人的颈部肌肉最放松。普通的办公桌为人低头书写而设计，作为电脑桌高度就不合适。使用电脑时，由于会长时间昂着头，颈椎会劳损。如果不能更换专门的电脑桌，可以将座椅逐步垫高，直到颈部感觉放松为止。办公人员面部衰老最明显的地方就是双眼，要注意用眼习惯，尽量不要在黑暗中看电脑。

电脑本身具有电磁波，对每天与电脑为伍、长时间从事电脑工作的人来说，其影响力不可小觑。电脑族要注意电脑的放置方向，以及如何阻拦电磁波干扰，以免影响到身体健康。这也是电脑族不可不知的基本常识。

电脑应放在哪里才会有利于风水呢？事实上，电脑的放置要遵循这样一个原则：当人站在座位前时面对电脑桌的左边，这对经常依靠电脑工作的人而言，是比较理想的方位。按风水方位学来说，就是"龙怕臭，虎怕动"，左方是吉方，放电脑最恰当。

②注意电脑辐射引发的健康问题

电脑是好的生财之器，但是每天坐在电脑前面，久而久之，总会出现腰酸背痛等身体问题。有些人对电脑过度依赖，整天面对电脑不说一句话，好像自闭一般，这绝对不利于身体健康。但有时这又并非个人可以控制，所以，解决的方法是不妨在电脑前放个水晶柱或太极石，来化解电脑辐射所带来的健康威胁。

9. 布置一些能改善风水的办公饰品

想要打造一个舒适优雅的办公环境，可以在办公室的适当位置上放一些办公饰品，一来增加美观，二来改善风水。但并不是所有的饰品都能在办公室随意放置的，比如一些金属品、一些与办公无关的饰品，这些都必须要了解。

(1) 如何摆设风水物品

为什么要摆设风水物品？古人看屋，都是先择地，后建屋，然后再买家具，即是先选择一处合乎风水法则的旺地，再依地形建造一间完全合乎风水法则的楼宇。门向可以自己决定，间格可以自己决定，家具的布置也可以自己选择。在这种情况下，风水摆设基本上是不需要的。

因此，如果可以的话，最好是在楼宇未装修前看风水，因为这样可以及早知道每个位置的吉凶。因为装修后就很难做出大的更改，只能做轻微的改变，这就说明了装修前看风水是非常重要的。

可是，现代几乎所有的住宅或写字楼都是现楼，其门向当然不是自己可以决定的。因此，风水摆设就

成了必需的东西。例如，室外有尖角等煞气，如果要挡煞，可以放一块凸镜，不能放凹镜。因为凸出来的镜是用作挡，而陷入去的镜是用来吸煞的。所以用风水物品前应先弄清楚，切勿胡乱摆设。

至于可以催旺和化煞的风水物品，最好不要古灵精怪，而应是很自然地与现代写字楼互相配合。这里推荐以下物品来做风水上的催旺和化煞。

催旺财运：风水池、风水轮、金黄色或透明方解石等。

催旺事业：水养富贵竹、奖牌、奖杯、奖状、锦旗、绿色山水画、绿晶球、白晶柱、紫龙晶等。

催旺人缘：桃花、紫晶等。

催旺异性缘：粉晶、月亮石等。

催旺健康：海蓝宝（喉、牙、眼、气管）、橄榄石（神经系统）、琥珀（避邪、定惊）、石榴石或红碧玺（内分泌、情绪）。

化除衰气：铜片、黑曜石、茶晶等。

其他：紫晶洞（催旺，但不可乱放）、大叶植物或八粒石春或钱箱（聚财）等。

(2) 挂饰

办公室通常都会有一些吉祥物挂饰，一则增加美观，二则改善风水，以求得趋吉避凶的好风水，但要注意不可乱挂。这是因为各种挂饰有其无形的好坏功能，像虎挂饰图，就不能随意挂。

有人喜爱在办公室里挂国画，这是又好又简单的室内美化方法，但也要符合自己的身份。如：一般公教人员可挂颜色淡雅的山水画；企业人士则可挂象征富贵吉祥的牡丹花、荷花；军警则适合挂严肃的书法字画。室内字画不宜挂太多，否则会产生反效果。

(3) 金属制品

现代企业都流行使用铁柜、金属办公桌，并配备电脑、传真机、影印机等，使得室内金属制品很多。其实，这是极不符合健康要求的办公室摆设。因为金属制品易导电及感应磁场，使室内磁场很杂乱，容易干扰脑电波，导致身体不适。因此，办公室最好使用

木质办公桌,老板的办公室内最好全部采用木质制品,这样一来不仅格调高雅,而且对健康有利。决策者座位附近也不可有大型电器设备,如大冰箱、冷气机等,这些电器产生的磁场对人体有很大影响。近年有科学家指出,癌细胞在磁场强度达50~60赫兹频率的环境中,会以5.2倍的速度成长。

(4) 水晶

水晶乃矿物,是石英之纯粹,呈六角状结晶体,有并行的断纹,含有有机物质。茶晶呈现褐色,

以水晶改善健康

水晶类别	功效	特别适合改善的疾病
白晶	清除烦恼	令头脑清晰,胃痛、眼病
黄晶	增强横财运	消化系统、肠胃
金发晶	加强财运	呼吸系统
方解石	增强财运	消化系统、肠胃
绿发晶	增强事业运	肝病、风湿、痛风
紫晶	增强人缘,兼带点横财	偏头痛,增强记忆
紫黄晶	增强人缘,增强横财运	减压,增强记忆
茶晶	吸收负能量	减压,消除抑郁
虎眼石	帮助集中精神	减压,关节痛
蜜蜡	气脉顺畅,宁神安静	头颈痛、风湿
水晶簇	净化磁场	增强水晶能量
紫晶洞	稳定磁场	并非聚财聚气,而且又多尖角,故不宜作为风水物品,更不宜放在自己的背后或面前

其他水晶催旺法

水晶类别	功效	特别适合改善的疾病
芙蓉晶	改善人际关系,增进感情	催旺人缘,爱情石
金发晶	催旺偏财运	增强权势能量特别强
绿幽灵	既能催旺正财运	也可改善事业运,对考试和升职特别有效
碧玺	主要改善血气,增强健康运	可助治疗风湿、关节炎

黑晶呈现黑色，黄晶呈褐色或黄色而内含氮的有机化合物，紫晶含锰而色发紫，发晶含纤维状杂质。

水晶能够起到与脑电波频率共振的作用，令人脑中涌现轻松、愉悦的感觉，所以水晶具有增强能量的作用。事实上，各种设施都在不停地轻微振动，如果这些振动作用在水晶柱等风水助运物品上，就能够使水晶振动，产生轻微电流。在财位、贵人位和桃花位上放置水晶，能增强财运、人缘和桃花。可见，水晶对风水中的气场会起到增强的作用。不过，水晶要放在正确方位，否则会有相反的效果。

如果想增旺桃花，可用粉水晶（玫瑰晶、金晶、芙蓉晶、粉晶、玫瑰石英等晶石），它对应着人体七轮中的心轮，可以增强人体气场里的粉红光，增加对异性的吸引力，因此可使感情特别顺利；若想催旺人缘，可用紫水晶，它对应着人体七轮中的眉心轮，有助于人的思考力、记忆力和创作力，提升个人的智慧，拓阔视界，进而使人的紫光气场增强，增进人缘。

可见，水晶除了可用来当做饰物外，亦有增强风水运程的功用。

以自然物理学而言，既然水晶属于结晶体结构，就有增加及扩散同一组合基因的能量，所以过吉时会将吉旺之气的能量增强，过凶时则会将不吉的气运的能量放大，尤其是死气。如果将死气增强，则会大大影响风水。

凡是与能量有关的，应用得不好就会有问题。因此，宜小心运用水晶。事实上，水晶能增强吉利气场，同样亦能增强凶位的气场，如运用水晶开运，一定要用天然的水晶，而且还要放置在吉位上。在购买水晶时，最好是买形状简单的水晶，如水晶球、水晶柱或水晶簇。至于选择水晶时，不一定非得挑选那些通透、巨大或体态完美的水晶，只要有将水晶放在手中能够出现轻微振动的感觉就可以了。

(5) 办公小物件

①办公室的垃圾桶要"藏"好

有句话说得好："小地方，大问题"。我们常常会忽略一些小地方，总认为没什么大不了的。办公室的垃圾桶如果放在显眼的地方，小浊气就会转化成大浊气，如果大浊气再随风散播到整个空间里就是大问题了。

垃圾桶要放在隐密处，而且垃圾桶不要选用红色和复杂的色系，最好用柔和的色系，如乳白色、浅蓝色、浅黄色等，黑色亦可。

②不宜在办公室出现的小物件

办公室里要招人气、旺财运，有些小物件是不宜出现的，比如化妆品、修指甲刀、针线、刮胡刀、袖扣等私人用品，这些与工作无关的小物件要收好，忌放在明处。

(6) 如何养风水鱼

在风水学上，养鱼可以催动旺气、增旺财运。这是因为鱼缸的水和游动的鱼会带动气流，而这些气流会改变室内的气场，令室内人的运程发生转变。鱼缸的功用主要是用来催旺和挡煞，但并不是每个办公室都需要摆设鱼缸，而应该看实际情况而定。注意，鱼缸应该放在财位或吉位，否则会有相反的效果。若鱼缸放在煞位，急速的气流会加强煞的威力，于风水不利。

鱼缸的放置忌接近电器，因水火相冲不利。摆设鱼缸须注意：

◎鱼缸的水要不停地流动，不要成为一潭死水；要有真鱼，不要放置假鱼。

◎鱼缸的外形应有利自己所属的五行。

◎鱼缸不可以放在厕所旁边。

◎鱼缸宜放在流年财位或吉庆位。

◎红色或金黄色的鱼可旺财，黑色的鱼可化煞。

◎鱼的数目一般要配合宅主的命格和屋的坐向，但以1、6、8为吉，忌2、5之数。

◎鱼缸的形状宜是正方形。如是三角形，则要放在墙角位；如是半圆形，可选择放在墙边。

(7) 如何摆设鱼缸

办公室内放置鱼缸、水车、风水轮的情况非常普遍。风水学认为：水管财，水即是财，财散财聚与水有绝对的关系（其中水包括河川、沟渠、马路、及家中厨厕的水）。下面介绍的是办公室内发财、聚财的鱼缸（水车、风水轮与之相同）应如何摆放。

风水上认为山管丁、水管财，也就是有水才会有财。纵观当今社会，富庶的地方都是水量丰沛之地；大的都会、城市、公司绝大部分也都设在有水的海港、湖泊、大河附近。这便是水的重要性最好的证明。

办公室放置鱼缸有两种作用，一是聚气，即聚集旺气，如此便能聚财、旺财；二是挡煞，也就是可以利用水的力量将衰败之气挡住。古人认为：气乘风则散，界水则止。所以水具有止衰气、聚旺气的双重作用。

不过并不是所有的办公室都需要或都可以摆放鱼缸。有的办公室风水值旺运，只要格局安排妥当，就可以财源滚滚；但有的公司先天有缺点，必须依靠风水的改造或加强，才能经营顺利。例如，有的房屋正好路冲、缺角，或正值衰运等，这样就需要利用水的力量来改造其气场，以避免受到伤害。水的力量虽然可以挡煞聚财，但是"水能载舟，亦能覆舟"，并不是办公室内的任何地方都可以摆放水。在风水学上有所谓"旺山旺水"之说，但如果是上山下水，山水错位的话，则于风水不利。所以放置水时要谨慎。

水方位的对错、吉凶是根据元运、空间来决定的。元运是古人计算风水周期的基础，以一百八十年为三元（上元、中元、下元）九运，由黄帝轩辕氏出生开始主民数，每元为六十年（含有三运），每运有二十年。例如，值下元运中，举凡鱼缸、水车或厨、厕有水，皆不宜放置于南方离卦，西方兑卦，东北方艮卦，西北方乾卦。这四个方位有水，于风水不利。

房屋空间的方位不同，摆放鱼缸必须选对位置，才能真正发生效力。放置在北方坎卦、东方震卦、东南方巽卦及西南方坤卦等四个方位上，为安全卦位，对风水有利。

办公室内的鱼缸最好能置于进门附近，即公司前方明堂位置，接近进门气口。这样不但感应迅速，同时也可作为景观的一部分，令人心旷神怡，有助于提振员工精神，扩展人际关系。

至于四个吉利方位的选择，必须在房屋的正中央依据八卦九宫的空间方位来规划，千万不能有错误。要用罗盘来测定，或请教专业人士。

如果要在办公室内养鱼，最好的选择是红色的鱼，因为红色代表吉利，会给公司带来祥和的气氛。可以用单数，因为单数为阳数。数量也可依公司负责人的命卦来决定：如坎命人，鱼数应为一或六或七；离命人，鱼数应为二或七或九；震命及巽命人，鱼数为三或八或十一；乾命及兑命人，鱼数为四或九或十三；坤命及艮命人，鱼数为五或十或十五。另外，在鱼缸附近最好能植栽一些树木予以美化，也有增强生旺之气的作用。

鱼缸（水）的高度应在人站着时膝盖以上到心脏之间为宜。但是如果摆放在座位附近，则水不宜高于坐下后肩膀的高度，尤其不可高于头顶，否则会形成淋头水，于风水不利。

如果是第一次养鱼，最好能选择在良辰吉日放水和放鱼，要避免冲到老板的出生年支。吉日可以是黄历上为天德、月德、天月德合日或天喜、天医、风禄等有吉星的日子。

通常如果鱼缸放置的方位正确，养殖方法得当，所养之鱼都会活泼有生气。如果常死鱼的话，就要研究是否水的温度、水质或鱼的本身有问题，如没有，则可能是方位摆错了，应予以纠正。

(8) 升职吉祥物品

在中国的习俗中，有很多吉祥物品是可以旺财和助升职的。职员都希望快些升职加薪，那么在办公室该摆些什么吉祥物品呢？

① 马上封侯

"猴子"与"侯王"的"侯"字谐音，而猴子在马的上方，故有此名。"马上封侯"最利做公务员的人，他们可以佩戴或摆放此等玉器和饰物。

② 鹿

"鹿"与"禄"字谐音，最适宜摆放在办公室内。

③ 天禄

天禄是一只瑞兽，其造型是腿短、有翼、双角、连须。因为"鹿"与"禄"谐音，在办公室内摆放，主升职快。

10. 利用植物招祥纳吉

植物与花卉不仅具有观赏价值，而且有灵性、有生命，它们象征着生命与心灵的繁荣与滋长，并且能够减少压力、提供自然屏障、使人免受空气与噪音的污染，对人的精神、情绪、身体健康、寿命等均有十分重要的影响。植物产生的气场会产生巨大的作用，它能影响办公室的能量，亦可帮助大气回复平衡状态。

办公室里有些花草，其好处可能出乎人的预料。德国科学家的一项研究指出，办公室绿化不仅能提高空气质量、降低污染物和噪音，还有助于缓解职员头疼、紧张等症状。

科学家得到的数据是：办公室适度的绿化可将室内空气质量提高30%，将噪音和空气污染物降低15%，通过改善办公环境，可以把职员的病假缺勤率从15%降低到5%。对职员进行的问卷调查表明，他们认为在绿色办公室里办公紧张感比较小，而创造力和活力却提高了许多。

(1) 绿化的优点

可清除室内的有毒气体：植物在24小时内可吸收87%的有毒气体，是良好的"空气过滤器"。

绿化环境能使眼睛得到休息，消除疲劳，预防近视。

绿化具有隔音、消尘、阻光、降温等功能。

植物可在潜移默化中解除人的疲劳，舒缓紧张，排除压力，使人心旷神怡。

调和办公环境，使办公室更人性化。

可作为办公室空气品质的指南针。

(2) 运用小盆栽调整气场

对于风水不好或运势不佳的情形，时下流行利用各种物品（吉祥物）来改运或化解。举例来说，上班族的座位若是背对着门，随时会有人从后方进出，很容易受到惊吓，引起不安，但是一时间又无从改变。这种情况下就可以运用盆栽来调整、化解，如随手拿个水杯插几株黄金葛、万年青，或种2~3株小小的巴西铁树。实际上，植物不但可吐出氧气，帮助强化活力，还可减少辐射的危害。

(3) 植物可净化空气

人们在办公室装修时大都讲究美观，却对装修带来的室内空气污染问题缺乏警觉。其实室内污染害人不浅，因为装修所用的材料如密度板、胶合板、刨花板、复合地板、大芯板及新家具等很大部分都是化学合成物品，这些物质会放出有毒气体，如甲醛、苯及

放射性气体等，这些污染对人的危害是最直接的，它与噪音、辐射等对人的危害相比更为恶劣。

长期工作、生活在空气污染的环境中的人会处于亚健康状态，主要表现有情绪低落、紧张不安、心情烦躁、忧郁焦虑、疲劳困乏、精力分散、胸闷气短、失眠多梦、腰背酸痛等，后果非常严重。事实上，消除污染除了要注意通风之外，最方便的方法就是放置适当的植物。

(4) 植物与方位、光线的关系

植物是自然界的产物，自然需要阳光（生命三大要素：阳光、空气、水）。社会不断发展，我们却慢慢远离了自然，为了弥补这一缺憾，我们只好借植物来营造自然环境。在人为的环境中栽种植物，最难解决的条件是"阳光"，再加上每种植物所需的光线都不一样，因此，了解植物所需光线的强度，就成了栽种植物的重要课题。

另外，植物在风水学上，其方位也如同光线一样，扮演着重要的角色。如果要拥有健康、美满的家庭，则要将植物摆在东方（木行）。如果要拥有财产、成功，则要将植物摆在东南方（火行）。如果要事业顺利，则建议将植物摆在北方（水行）。然而，因为木行与金行相克，所以应避免将植物放在西南、东北以及中间位置。当然，也要避免放到金行的方位——西方与西北方。

(5) 办公室的五类吉祥植物

办公空间应该摆设一些植物，最好是阔叶木本植物，如铁树、万年青、发财树等。只有叶大才能更多地吸收不好的能量，调节室内的小环境；而叶子小及藤蔓性植物反而会吸收人的能量。在这里值得一提的是，竹树青翠高雅，不但能陶冶性情，还是平安的象征。

办公室内植物摆设应充分发挥人与植物相生之要素，促成人与植物的和谐。以下为办公室内部各部位可摆放的植物品种。

吉祥聚财型：发财树、富贵竹、龙血树、宽叶榕、蓬莱松、罗汉松、七叶莲、散尾葵、棕竹、君子兰、

常见植物所需光线强度简表

低强度光（1000lux以下）
黛粉叶、帝王蔓绿绒、黄金葛、蓬莱蕉、心叶蔓绿绒、竹茎椰子、袖珍椰子、观音棕竹、兰草、鹿角蕨
中强度光（1000～2000lux）
琴叶榕、马拉马栗、火鹤花、白鹤芋、椒草、芋类、长春藤、蔓性椒草、黄椰子、酒瓶兰、山苏花、波士顿蕨
强度光（2000～5000lux）
孔雀木、垂榕、鹅掌藤、丽格秋海棠、文竹、象脚玉兰、百香果蒲葵、蛇木
高强度光（5000lux以上）
榕树、变叶木、圣诞红、彩叶草、九重葛、可可椰子、苏铁

球兰、仙客来、柑橘、虎尾兰、巢蕨等，这些植物在办公风水中象征吉祥如意、聚财发福。

宁静温和型：百合、吊兰、玫瑰、马蹄莲、晚香王等，有宁静致远、平心静气之功效。

壮旺文昌型：文竹、菖蒲、富贵竹、香雪兰、凤尾竹、山竹花等。这些植物可加强人的思维能力，宁神通窍，能够壮旺文昌。

健康清爽型：玫瑰、素馨、康乃馨、米兰、秋海棠、山茶等。这些植物整洁清爽，能够促进身体健康，是办公空间的"健康使者"。

化煞驱邪型：金刺般若、子孙球、盆栽葫芦具有强大的化煞力量，是办公空间的"平安守护神"。

(6) 办公室的四类首选植物

万年青、铁树、薄荷、龙舌兰、月季、玫瑰、桂花、雏菊等植物，具有吸收空气中有害物质、杀菌除尘的作用，亦是办公室的常用植物。而以下四种植物因为功效强大，容易培养，所以成为办公室首选的风水植物。

百合：多年生草本植物，因为在地下由数十个瓣片紧密抱合，有"百片合成"之意，象征团结，因而得名"百合"。其花色洁白、晶莹剔透、芳香幽雅，加上易控制花期，所以成为世界上最为知名的花。后梁皇帝曾这样赞美百合花："接叶多重，花无异色，含露低垂，从风偃柳。"百合具有清热、解毒、润肺、宁心等特效，能够提振精神，是办公风水植物的上乘之选。

吊兰：又名折鹤兰。虽然不是名贵花卉，但它能够吸收空气中的有毒物质，这在花卉中是首屈一指的。在新装修的办公室或是空调房里摆一盆吊兰，在24小时之内便会将室内的一氧化碳和其他挥发性气体吸收个精光，并将这些气体输送到根部，经土壤里的微生物分解后成为无害物质，作为养料吸收。

芦荟：大部分植物都是在白天吸收二氧化碳释放氧气，在夜间则相反，但芦荟、龙舌兰、虎尾兰、红景天和吊兰等却是一直吸收二氧化碳释放氧气的，并且能够吸收甲醛等有害物质。更可喜的是，这些植物都非常容易成活。

肉桂：也叫平安树，它能够释放出一种清新的气体，让人精神愉悦。如果想尽快驱除办公室内刺鼻味道的话，可以用灯光照射平安树。平安树一经光的照射，光合作用就会随之加强，此刻释放出来的氧气比无光照条件下多几倍。

(7) 办公室的九类不宜植物

夹竹桃：可以分泌出一种乳白色液体，接触时间长了会使人中毒，导致昏昏欲睡、智力下降等症状。

含羞草：其体内的含羞草碱是一种毒性很强的有

机物，人体过多接触后会使毛发脱落。

紫荆花：所散发出来的花粉如与人接触过久，会诱发哮喘症或咳嗽。

月季：所散发的浓郁香味会使人胸闷不适、呼吸困难。

天竺葵：所散发的微粒如与人接触，会使人的皮肤过敏，进而引发瘙痒症。

郁金香：花朵含有一种毒碱，接触过久会加快毛发脱落。

黄花杜鹃：花朵含有一种毒素，一旦误食，轻者会引起中毒，重者会产生休克。

接骨木：松柏类花木的芳香气味对人体的肠胃有刺激作用。经常接触不仅会影响食欲，而且会使人心烦意乱、恶心呕吐、头晕目眩。

夜来香：在晚上会散发出大量刺激嗅觉的微粒，闻之过久会使高血压和心脏病患者感到头晕目眩、郁闷不适，甚至会导致病情加重。

(8) 办公室植物布置六要素

适合在办公室中摆设的植物很多，品相方面应该选择枝叶茂盛的植物，颜色以常绿常青为上选，有花朵的亦可。这些植物可使人活力充盈、工作顺心。但是由于办公室内空间有限，因此放置植物不是多多益善的，更不可良莠不分。植物布置应注意六要素：

①配置比例

上班族一天有1/3以上的时间待在办公室里，调整出对个人最有利的风水格局是很重要的。花草有灵，放置花草的地方，自然会有灵气产生。树木长得旺的地方，代表气也旺。

办公室内摆放的花草不宜多，绿色可以多一点，占一半即可。只有比例分配适宜，办公室的人运、财运才可发挥到极致。

②协调空间

要注意植物与空间的协调性。植物的色彩和姿态必须和空间协调，让人有舒服的观感，并且应使植物与办公的人产生密切关联，进而创造生气勃勃、高效的办公环境。

③布置方便

办公空间的绿化应该讲求布置方便，常绿常青，而不必介意所种的植物是否为奇花异草，也不必在意能利用的空间有多大。事实上，办公室内的每个空间都可以进行各种规模的绿化工程，绿化的关键是种些容易生长并且能令视觉愉悦的生旺植物。

④位置正确

普遍来说，办公空间的重点在办公室的财位上，即办公大门的对角线位置。在此可以摆放个花盆，种植花期长又具有吉祥意味的植物。摆放的植物在外观上应呈现直上形，以营造出素雅朴实、生机勃勃的办公环境。

有刺的植物如仙人掌、龙骨、玉麒麟等，一般不宜摆放在公司内部，只适宜放在花槽、露台等室外的地方，并且放在对面存在尖角的物体处为妙（如墙角尖之类的外煞，有化解之用）。这些植物在公司内部则不宜摆放。

大门若对楼梯，可用鱼尾葵、棕竹摆放在相冲处化煞。另外，在卫生间等地方不宜摆放一些爬藤类植物，否则于风水不利。

⑤明辨真假

丝带花、塑胶花也可放于室内，因为这些假花没有生命，对室内风水的影响不大。但要注意的是，如果用假山去衬托植物，千万不要选择嶙峋的假山。因为嶙峋的假山也是煞的一种，放在室内于风水不利。另外，在办公风水里，最好不要使用干花，因为其象征着没落与死亡。

⑥及时打理

办公室内摆放着郁郁葱葱、生机盎然的盆栽，除了可以愉悦感官外，更重要的是盆栽会在这个相对独立的空间里形成一个充满生气的气场，增加欣欣向荣的气氛。这个状态会蔓延至整个办公空间，从而促进公司的财运态势，无形中为公司增旺。

办公植物要小心呵护，切勿以为只要布置了就可以坐收其利。如果发现有花枝枯萎，应尽快修剪、及时打理，否则于风水不利。

总之，植物的功用很大，可以治病防煞、调心养性、旺宅旺人。但是，如果办公室内绿化布局不当，选取植物品种不对，也会给工作（事业）上带来诸多不良后果。所以，只有在合理利用的情况下，植物才能为人类带来各种助益。在公司绿化的设置上，如果能认真参考以上的建议，就能打造出一个高雅美丽、吉祥健康的办公环境。

(9) 办公室植物的维护

办公室植物应避免摆置在通风口或空气调节器的风口。

应优先考虑植物所适合的光线量。

发现叶子发黄、枯萎或有败坏的叶片，应赶快除去。

当叶片蒙垢时，可用软海绵沾上温水擦拭。

植物生长容器应定期加以清理。花盆须随时维持干燥，以免孳生病蚊。

浇水最好一次浇透，待其表土呈干燥时再浇水，避免浇水不足。

七、12大不同职业者的开运职场风水

1. 公司经营者的办公室风水

办公风水中,最为重要的是一把手的办公桌位置及方向,因为一把手的综合状况决定着企业的整体发展趋势。"企业首脑"象征火车头,带动着企业车身、车尾的运行方向与速度。公司经营者是一个企业的领导核心,他的办公环境至关重要,如办公位置的选择、坐向的选择、办公设备的摆放等等。

(1) 经营者办公室的位置

公司经营者如一家之主、一国之君,他的办公室位置最重要,而且必须放在室内最重要的方位上,办公室才能完全和自然界的气场相辅相成,事业才有助力。室内最重要的方位就是办公室的财位,坐于旺气的财位,才能加强领导的统驭能力。财位对事业发展有锦上添花的效果,因此办公风水学很讲究财位效应。

一个公司的经营者必须坐在旺气生财的位置,才能具有整体的领导统驭能力,如何来选定使用空间的位置呢?应在配合财位的大原则下,根据九宫飞星的原理,选择公司经营者办公室的理想位置。

(2) 经营者办公室的形状和面积

公司经营者办公室的形状不宜为L形,柱角多、圆形的办公室也不宜采用。

公司经营者房间的面积不宜太大,千万不要以为房间越大越气派,其实房间过大不易聚气,呈孤寡之局,业务会衰退。当然太小也不宜,代表业务不易拓展,格局发展有限。一般来说,应该在15～30平方米之间,并且最好设在较高楼层。

(3) 经营者的桌向

公司经营者的房间内不宜有太多玻璃,宜用帘子装饰。桌位应面向窗户,或看得见员工。应与员工坐向一致,或与房子的坐向一致,如此方能上下一条心。

若公司经营者的坐向与员工的坐向相反，则为背道而驰，不利风水。

(4) 经营者办公室的布置

带动人气、招进财气，是一家公司业绩能否蒸蒸日上的重要因素。只要站在这家公司进门处，就可以预知此公司能否顺利地拓展业绩。从整个办公室装潢的色彩，办公桌摆设的动线、方位，便可窥知一二，再加上办公室成员人数和座位安排，便可以看出日后整家公司的业绩能否提升。

公司经营者办公室一定要独立，不可敞开办公，因为公司业务有一定的机密性，应加以注意。公司经营者掌管公司的政策，需具有绝佳的决策力和精准的判断力。环境会影响人的情绪和工作效率，为了得到相对良好的工作环境，在公司经营者办公室的布置方面，应注意进入公司经营者房间的路线应顺畅。虽然公司经营者房间大都在后面，但从大门走到房间的路线也不可弯弯曲曲，不可杂物阻碍，不可曲径幽深，否则财气不易进入房间，反而会使业务发展困难重重。

无论是政府官员还是基层领导，无论是小店老板还是大公司总经理，领导者办公桌的摆放都至关重要。因为办公桌吉祥方位的气场对领导者的胆略、智慧提升都有一定的帮助作用，进而影响到生意的兴衰、事业的成败。公司经营者的办公桌摆放，有两点要重点注意：

一是办公桌不能正面对门。避免将办公桌正对着门，主要是为了使领导者在工作时不容易受到来自门外噪音的干扰和受到他人的窥视。二是要有明堂。办公桌前应有一个比较宽阔的空间，以形成一个小明堂。明堂亦即办公室正前方的位置，可以说它直接涉及到公司经营者的前程吉凶。所以，如果办公室的明堂狭窄闭塞，则象征公司经营者前途有限，阻碍众多，开发艰难。反之，如果办公室的内外明堂均开阔清雅，则象征公司经营者前途似锦。

(5) 经营者的座位

①经营者的座位影响管理能力

一个企业的成败，主要取决于公司经营者的聪明才智、经营能力和企业理念等因素。从风水立场来看，公司经营者办公室如果安排理想，便可以利用房屋空间无形的自然力量来提升领导能力，加强管理效果，帮助推进业务，减少不必要的麻烦和挫折。

一个对公司经营者领导公司有利的办公空间，房舍最好是方正无缺角，尤其忌讳缺西北角乾卦部分。乾为天，代表父亲、公司经营者或主管领导人。如果缺了此位，则代表公司经营者地位低落，影响企业的发展。因此，在选择办公房舍时便要注意不能有这种缺陷。公司经营者的小办公室房间，乾方也不能有缺，不要放置不雅或尖锐的东西，否则不利。

一个公司的负责人（老板或董事长）是最高的决策者，其办公室一定要安排在最后面部分，即以整个空间距离门口最远的位置为宜。绝不可以将负责人的办公位摆在员工的前方，如此会形成"宾主不分"或"奴欺主"的现象，象征老板事必躬亲，劳碌疲累。

②经营者座位的五大忌讳

公司经营者座位摆设的忌讳，主要是指摆设的方位不适宜，使公司经营者在工作时产生种种困难。

办公室内有四个气方，即生气方、无气方、养气方、聚气方。公司经营者是主导公司命脉的灵魂人物，其办公室风水坐向的好坏和公司的发展息息相关，所以他的位置应在聚气方。

具体说来，公司经营者座位摆设的忌讳主要有五种情况：

忌坐后有窗：现在很多办公室都有明亮的落地窗，可以俯视群楼，给人一种高高在上的感觉，布置时就会出现办公桌与窗平行摆放的格局。将座位设于办公桌与落地窗之间，以窗作为靠山，其实这是错误的。如果窗台过矮，还会有不慎跌落的危险。开窗时，风从背后袭来，长此以往，也容易生病。再者，窗外的光线从背后射入，对视力不好。背后有门窗，则内气会从门窗散出，无法聚集。座位后面最好是整面厚墙，才能坐得安稳。如果办公大楼外立面是用玻璃幕墙装潢，恰好公司经营者座位的背面是玻璃幕墙，可以在背后靠窗处做一排矮柜，上置吉祥盆栽化解煞气，还可以选择一张有高靠背的座椅。

坐后宜有靠：从风水学的角度来看，好风水的第一大原则是"山环水抱"，也就是说背后有山作依靠来旺人，前面有水环绕来旺财，所以座位背后必须要有靠山才有利于工作者的事业。办公室里的所谓"靠山"，其实就是一堵墙壁，座位要尽量靠着墙壁，二者之间最好不要留太多的空间。

座位忌横梁压顶：有的人座位顶上正好是横梁或低矮的吊顶，这些东西在风水上叫"横梁压顶"。如果一个人长期坐在横梁下，在工作上就会产生压力，身体健康欠佳，运气也受阻。化解的方法：采用带葫芦的装饰藤缠绕在上面，既美观又能化解横梁压顶的煞气。

忌坐侧对门：将办公桌摆在办公室进门的右侧，与门呈斜状，就犯了"坐侧对门"的忌讳，这样不仅工作会受到干扰，而且身体健康也会受到影响。

忌被冲射：公司经营者要注意座位左右是否被近旁的柱角冲射。若有此种内煞，必须以大型盆景进行化解。

(6) 经营者办公室的布局细节

公司经营者办公室除了要遵循以上的基本法则之外，还应该注意以下的布局细节：

①套间

公司经营者的办公室一般都设有单独的套间，并配有洗手间。这时就要注意，办公桌左右不可对着洗手间的门口，也不宜面对洗手间的墙壁。

②隔屏

公司经营者办公室如有隔屏，就不宜用夹板全部密封。隔断最好用玻璃装饰，以利于透光，达到监控作用。

③ 前后

为防止是非，并且避免对健康不利，公司经营者的办公桌座位不可压梁，不可在厕所或厨灶、机房的上下方，进门不可有镜子正对门，桌前不可被屏风遮挡，办公桌前不要放酒橱。

公司经营者的座位附近也不可有大型电器设备，如大冰箱、空调、影印机、抽风机、变电器等，这些大型电器产生的磁场对健康大有影响。

④ 金库

公司经营者的办公室的金库、保险柜宜藏不宜显，应将金库安置在隐密之处，最好是收在靠近自己座位的后方。

(7) 经营者增权力法

老板都希望自己拥有无可置疑的权力，令属下对自己的话言听计从、忠心不二。如果上下抗衡，必定对公司产生不良影响。要增强自己的权力，一定要借助风水布局。

第一，辅弼从主。公司经营者的办公室的左方及右方都要有办公室，老板便仿如有左右护卫保护。

第二，忌坐山穷水尽办公室。山穷水尽者，即是于公司最角落位置的办公室。凡坐于此位者，于风水不利。

第三，运用权力星布局。八宅风水派的星曜以延年星最具权力性，也最利于布置增加权力运的格局。因为延年星的另一个名称是武曲，此星执掌权力。所以，公司经营者的办公桌适宜摆放在延年位上。

(8) 天医位招贵人

许多经营者虽贵为公司之尊，但在致力于公司业务时，事无巨细，经常要亲力亲为，自己独力承担解决许多问题，却没有他人的助力，此之谓为"缺乏贵人命"。

而有贵人命的公司领导者经历往往会是这样：公司需要资金时，便会出现其他合作者入股或者轻易得到资助如银行贷款等；在需要技术支持时，便出现各种技术人员来应聘；需要职员加班时，职员除了效尽全力外，并无半句怨言。换句话说，在自己需要帮助时，"贵人"便会自动出现。

在八宅风水中，生气星为财星，而天医星却属于贵人星，只要办公室大门开在生气星财位，办公桌在天医星贵人位，则财与贵人兼得。或者将办公电话摆放在自己命卦的天医方位，都可以招贵人来相助。

(9) 谈判致胜法

公司经营者在办公室中接待商务谈判的客户时，

可以巧妙地根据八宅风水派的星曜所指示的方位，将谈判空间切割成若干小气场，调整进来路，使自己处于生气、延年、天医的强势位置之中，而令生意对手处于伏位、五鬼、六煞、绝命、祸害的弱势位置中，则接洽谈判尽可从容抢占地利先机，先声夺人。

2.总经理的办公室风水

经理级别的人员是公司政策的执行人，起着承上启下的重要作用。经理执行公司的经营决策，必须具有出色的决断能力和高效的执行力。如果不利的办公风水影响经理的能力，势必给公司造成损失，所以应该为其创造良好的环境，与公司的高级领导形成"君臣配合"的和谐之局。

(1) 办公环境的伦理秩序

任何事物都有轻重主次之分，办公室风水的布局也不例外，应该重视办公环境的伦理秩序。因此，总裁办公室乃至办公桌的朝向要以大气场来考虑。而无需决断大事，只需将某一具体项目完成的中层级别干部，他们的办公桌则只要以小气场来考虑就够了。

为了发挥部门负责人的积极作用，要考虑重要部门负责人的办公桌位置。事业由人来做，处于重要位置的负责人，位置亦不可忽视。

(2) 阴阳线与无形的领导力量

大家都知道地球是个大磁场，会有磁场感应，人也有磁场，也会产生磁场感应。事实上，每一个物体都会有磁场感应（万有引力），这与古人所谓"物物一太极"的看法极为相似。正是因为磁场感应的关系，古人依各人出生的年份不同，产生年命配卦，即依出生年份而分别配得一卦，依照传统八卦形成的关系，自然形成两个系统，即所谓东四卦（坎、离、震、巽）和西四卦（乾、坤、艮、兑），以致有方位喜忌和吉凶的产生。

就地球磁场来说，地球中央有条赤道，这赤道便是南北磁极的分界线，只要拿磁针来做实验，便会立即发现南北显然有不同的区别。所以，当一艘船经过赤道的时候，磁针如果是指向北，便会在经过的瞬间回转180度而指向南。如果磁针是指南的，同样地，也会在瞬间180度回转指向北，航海的人一般都会有这种经验。

地球有赤道线而产生此种磁场感应的现象，那么宇宙间其他无数的星球，也一定会有它自己的赤道线。而人体既有磁场，同样也有自己的"赤道线"，不过这条线是太极图上的阴阳线。

①界定阴阳线

这里所指的阴阳线，是把罗盘二十四方位从"辰"字起到"辛"字上，分成东西界线，凡在界线的东北方称为阳方，在西南方称为阴方。所谓阳方，即后天八卦的乾卦（戌乾亥）、坎卦（壬子癸）、艮卦（丑艮寅）、震卦（甲卯乙），也就是乾统三男之位；而阴方，即是巽卦（辰巽巳）、离卦（丙午丁）、坤卦（未坤申）、兑卦（庚酉辛），也就是坤统三女之位。

这条阴阳线在任何空间方位都会有，因为方位本来是相对的，而非绝对的，同样南北方位处处都在使用。但因位置不同,同一个地方对不同两地而言,便可能南北互异,这种相对性的方位观念,在空间安排上可以应用。

② 依命卦安排位置

了解了阴阳方之后,公司机构应以老板或主管负责人为主,依工作人员的年命卦安排,凡东四命卦者安排在阳方,西四命卦者安排在阴方,同仁之间也可以依东、西四命相对位置安排座位,如此可以达到彼此磁场感应平衡、沟通良好的格局,才有益于事业的推动和扩展。

主管的位置正确,气旺势强,有利建立领导权威,也有利推动公司业务。因此,最高主管应安排在最旺的方位上,一般应安排在最后面的位置。

至于要依照卦位安排的方位,可以利用罗盘测定,即将罗盘置于老板的座位上,便可以排出与老板的八卦相对位置,乾(戌乾亥)、坎(壬子癸)、艮(丑艮寅)、震(甲卯乙)即为阳方,而巽(辰巽巳)、离(丙午丁)、坤(未坤申)、兑(庚酉辛)即为阴方。再依各人年次命卦来排列位置,即东四命(离、巽、坎、震卦)人排在阳方,西四命(乾、坤、艮、兑)人排在阴方。

(3) 经理室布局九不宜

经理室的门不要正对大门。经理需要冷静思考公司的决策,如果位置正对大门,会被人来人往的气场冲到,容易分心。

不要正对老板或会议室的门。经理室的门如果正对冲老板或会议室的门,在风水上属不利。

窗外不能有角煞。经理室窗外如果能看见对面建筑物的锐角,不仅会形成煞气,而且无形中会消耗更多能量,使精神无法集中,脑波的磁场也会被干扰。

办公室上方不能有梁柱。如果经理室上方有梁柱,则代表工作进行不顺利。

经理室内不可有厕所。有些经理为了显示气派,要求在自己的办公室内设置一个专用的洗手间。这虽然方便,但时间一长会造成不良影响。经理室的门不能直冲厕所门,因为厕所内有秽气,如果直冲,会吸入过多的秽气。

不规则和缺角屋是禁忌。不规则状的房间,因气场分布不均,磁场不稳定,不利风水。

经理座位的背后可以为落地窗,但是窗外不可对着其他建筑的墙边,也就是说墙角呈一直线在眼前划过,不利工作。

经理办公室内不可设有水龙头及洗手台,否则会漏财。

经理室的位置不可在员工最前面,最好的摆设方法是将经理室移到员工桌的后面。一来可以避免员工因长期面对经理所产生的心理焦虑;二来也能达到监视员工的作用,让员工不敢有所懈怠。

(4) 太师椅格局

办公室的椅子有很多种，一个企业经理的办公桌椅与其事业的发展有很大关系。经理的办公座椅必须有靠背及扶手，形成太师椅的龙虎砂手辅弼格局。绝对不可以用没有靠背及扶手的椅子，否则象征事业没有好的发展，容易得不到助力，而公司下属成员也都无法尽心尽力地工作。

(5) 辅弼从主局

所谓辅弼，是指左辅右弼，亦即是君主的朝臣及得力助手。办公风水必须严格恪守尊卑有分、上下有别、长幼有序的原则，实现和谐空间的法度和秩序。由于自古就有群臣佐使之分，因此老板必须有辅弼，才合"辅弼从主局"的原则。

总裁室左方及右方的房间便是左辅右弼。左方有房间，右方却没有房间，属于有左辅而缺右弼局，是为有龙无虎，即有辅缺弼；总裁室右方有房间，左方却没有房间，属于有右弼而缺左辅局，谓之有虎无龙或有弼无辅。两种格局中，以后者最为不利，主白虎强而欺主。

住宅的居住者都是家人，自以本人为尊，而公司的职员甚多，如君主须有宰相、将军等方成气候。所以，总裁室左右的房间必须供仅次其下的高级行政人员采用，如集团其他的经理等，如此才显尊贵。

(6) 君臣互相配合局

许多公司由低级职员至高级职员的职位、级别差距比较大，在布局时便要特别仔细地进行配合。大型公司当以总裁为最高级，所以他的办公室必须是全公司内面积最大的；其次便是董事总经理等，他们的办公室应该比总裁的房间略小，又要比其下属的房间略大，如此类推。

凡大型机构的室内格局，房间大小都要依此原则来层层推进，否则便烦事多矣。

(7) 经理办公桌的设置

①办公桌向门主当权

从风水的室内格局角度出发，经理的办公桌最好是向着门。在现代风水中以前方为明堂，宜较空旷，而办公桌向门便符合前方空旷的道理。不过仍要看该办公桌是否放在吉方，这是理气与格局的配合。

办公桌在财位内而又向着门，自然旺财，同时又可以拥有一定的权力，这便是配合之道。

②办公桌不宜背门

办公桌的一个重要摆设原则是不能背门，否则便不好。办公室的门为来气位，亦是风的入口，办公桌背门，则风煞从背后袭来。可在后方做一个屏风以挡煞，但效果也并不十分理想。

③办公桌要立旺向

为方便找出各自的办公桌吉位，现以十二生肖分类，只要依据自己的生肖，便可找出办公桌的吉方。

鼠

1912年出生宜坐东南向西北
1924年出生宜坐东南向西北
1936年出生宜坐西向东
1948年出生宜坐北向南
1960年出生宜坐东向西
1972年出生宜坐东南向西北
1984年出生宜坐东南向西北

龙

1916年出生宜坐北向南
1928年出生宜坐北向南
1940年出生宜坐东向西
1952年出生宜坐东南向西北
1964年出生宜坐东向西
1976年出生宜坐北向南
1988年出生宜坐北向南

牛

1913年出生宜坐南向北
1925年出生宜坐东南向西北
1937年出生宜坐西向东
1949年出生宜坐北向南
1961年出生宜坐东北向西南
1973年出生宜坐南向北
1985年出生宜坐东南向西北

马

1918年出生宜坐北向南
1930年出生宜坐东向西
1942年出生宜坐南向北
1954年出生宜坐东南向西北
1966年出生宜坐西向东
1978年出生宜坐北向南
1990年出生宜坐东向西

虎

1914年出生宜坐东南向西北
1926年出生宜坐西向东
1938年出生宜坐东向西
1950年出生宜坐东南向西北
1962年出生宜坐西向东
1974年出生宜坐东南向西北
1986年出生宜坐西向东

蛇

1917年出生宜坐西向东
1929年出生宜坐北向南
1941年出生宜坐东南向西北
1953年出生宜坐南向北
1965年出生宜坐东南向西北
1977年出生宜坐西向东
1989年出生宜坐北向南

兔

1915年出生宜坐东南向西北
1927年出生宜坐西南向东北
1939年出生宜坐北向南
1951年出生宜坐东向西
1963年出生宜坐南向北
1975年出生宜坐东南向西北
1987年出生宜坐西南向东北

羊

1919年出生宜坐北向南
1931年出生宜坐南向北
1943年出生宜坐南向北
1955年出生宜坐东南向西北
1967年出生宜坐西北向东南
1979年出生宜坐北向南
1991年出生宜坐南向北

猴

1920年出生宜坐东向西
1932年出生宜坐东南向西北
1944年出生宜坐东南向西北
1956年出生宜坐西向东
1968年出生宜坐北向南
1980年出生宜坐东向西
1992年出生宜坐东南向西北

狗	鸡	猪
1922年出生宜坐南向北	1921年出生宜坐东南向西北	1911年出生宜坐东向西
1934年出生宜坐东南向西北	1933年出生宜坐南向北	1923年出生宜坐南向北
1946年出生宜坐西向东	1945年出生宜坐东南向西北	1935年出生宜坐东南向西北
1958年出生宜坐北向南	1957年出生宜坐西向东	1947年出生宜坐西北向东南
1970年出生宜坐东南向西北	1969年出生宜坐北向南	1959年出生宜坐北向南
1982年出生宜坐南向北	1981年出生宜坐东南向西北	1971年出生宜坐东向西
1994年出生宜坐南向北	1993年出生宜坐南向北	1983年出生宜坐南向北
		1995年出生宜坐东南向西北

3. 业务主管的办公室风水

(1) 公司业务主管的座位

公司的业务主管包括了总经理助理、部门经理、行政总监等，主管的决策往往关系着公司事务的成败。身处上有老板、下有部属的位置，一个优秀的业务主管必须是一个战略者加协调者。如何营造好的风水布局，并掌管公司的政策，绝佳的决策力和精准的判断力是抢得先机的关键。风水布局不好会影响主管的决策力，进而造成公司的损失，而好的风水布局则能达到事半功倍的效果。

主管办公室的座位不宜空荡，必须有靠山。所谓靠山指的是椅背和扶手，靠山好主贵人多、支援力大，则行事稳当、后继力足；但若座后空荡，会有实力不足、势力虚弱之忧，导致人事不稳、下属向心力不足，且无贵人相助，甚至会导致其在公司无立足之地，进而影响企业经营者的财运及事业运。

(2) 业务主管办公室的摆设要注重左方

主管办公室的镜子应安在光线暗的地方，并以左手边的青龙方为佳。办公室的动线应流畅，空间走道要明显，不可堆积杂物，办公桌的颜色尽量选择明朗的浅色；办公室内、外门尽量安在青龙方，不可在白虎方。主管的办公桌也不可靠近白虎方，否则会被属下欺侮，或难以驾驭部属，贯彻政令。办公桌上青龙方宜高，白虎方宜低、宜静，桌上的电话、灯具放在青龙方为吉，以利带来喜讯。总之，会动者包括时钟等都应置于青龙方，静止的才可置于白虎方。

(3) 业务主管的办公桌的摆放

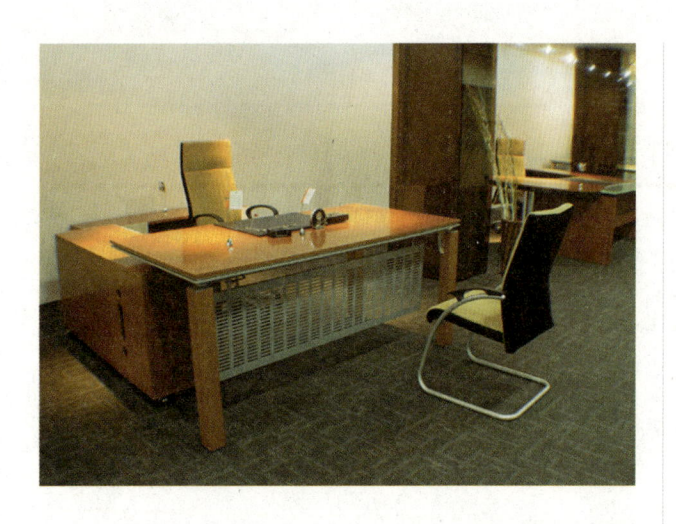

主管办公桌不可凌乱，天花板应清爽舒畅，门前不可有屏风，办公桌前也不要放酒。主管办公桌前不可放镜子反照自己，否则容易心神不定；进门不可安镜子照门，否则是非口舌多。办公桌右方尽量不插旗子，旗子以插在背后左方或左右两方为佳。如果在业务主管的桌上堆满了杂物，则意味着其陷入了无休无止的工作状态中，百事缠身，虽然总是很忙，却没有什么效力，谓之事倍功半。

（4）业务主管办公室的门不能正对老板或会议室的门

对于老板来说，选择主管办公室及选择主管是其成功的第一步，千万不可轻视！一个好的环境风水所产生的气场对老板以及属下的身体、胆略、智慧、财运都有很大的帮助作用，进而达到生意兴旺，事业成功。在选择主管办公室时，最重要的一点就是：业务主管办公室的门不能正对老板或会议室的门，否则会造成彼此的不信任，彼此之间的见解会发生冲突，进而影响到整个公司的发展。

4. 秘书的办公室风水

秘书是以"为领导服务"为宗旨，以"近身、直接、综合、辅助"为核心内容的重要员工，是领导人的贴心助手。秘书位的风水对领导的事业影响巨大，绝不能轻视。如果能巧妙运用风水布局，让秘书提升自己的运气，老板在事业上就会如鱼得水、如虎添翼。

（1）秘书旺主命

如何运用风水布局，提升秘书的运气呢？首先，应该根据领导办公室的方位找出旺位，如生气位及延年位便是旺位。然后，再把秘书的办公台放在自己的旺位内。由于现在一般的秘书桌多是设在领导的办公室外，所以秘书位置便要以领导的办公室为中心，将秘书安排在领导的旺位之中，这样方能催旺领导的财运，带动公司的业务发展。

（2）秘书的办公台

①办公台面可摆水种植物

秘书除了按时完成公司领导交办的各项工作外，还要撰写文稿，因此启迪文昌对秘书的作用非常大。在秘书办公台面上可以摆放柔和的水种植物，如水仙、宝贵竹等，既可催动文昌、启迪思维，又能让秘书一帆风顺、妙笔生花。

②秘书办公台与领导办公台不可背对背

秘书办公台与领导办公台位置不可背对背，此为办公风水的大忌，一定不可掉以轻心。

③秘书座位后面宜靠领导

秘书座位如果能够后靠公司老板，则事业会有强大助力。对老板而言，秘书可为其先锋，阻挡、过滤掉不必要的外来干扰；对于秘书而言，背靠公司最大的靠山，可获得保障，两者可谓相得益彰。

(3) 电器催旺法

办公电话是现代公司的必需品，也是公司联系顾客的桥梁。作为公司的要员，秘书使用电话的频率很高。从办公风水角度看，秘书可借电话来催旺财运。

利用电话催旺，最好是先找出自己命卦的财位，财位便是生气位及延年位，电话应尽量放在这些财位内。

传统的通讯工具除了电话外，传真机也随时都肩负着重要使命，如报价单、订货表、合约等，经常要利用传真机作为往来媒介。传真机在风水上非常重要，一些公司会使用传真机来接单、签合约，那么其对公司办公风水吉凶衰旺的影响就会更大。传真机的摆放位置应该是在全公司的财位，如果单属秘书使用的传真机则以个人命卦的财位为主。

5. 财务的办公室风水

财务的职能是对外提供企业经营报表；对内部管理者提供报告和分析，以辅助决策，使企业形成和保持健康的财务状态、管理筹资、投资决策以及资本运营。公司的财务办公室是公司的财神驻地，资金及账务是企业的经济命脉，企业的盈亏与财务状况休戚相关。因此，财务室的位置和装饰有诸多宜忌。

(1) 财务室的位置

财务室的工作就是与金钱打交道，所以最好设在财位，并将保险柜设在旺财位置，以确保公司财源广进。

财务室不可太接近电梯间，因为电梯是吸气的重要载体，并且人来人往，干扰极大。

(2) 财务室的装饰

由于财务室的五行属金，因此在装饰上应该尽量用白、银色，以呈现出招财进宝的特色。以下三方面在装饰时应注意。

①财务座位不可犯冲

财务主管、会计、出纳人员的座位不可直对大门。如果犯冲，就会导致事业不顺。而且这些人员座位的后面绝不可以留出走道，否则不好。

②财务室可放盆景

在财务室里摆常青树盆景，象征财源滚滚。最好是选高度超过室内高度一半的大花瓶，盛水养植万年青，或摆铁树、秋海棠、发财树、开运竹等盆景，而且选叶片圆大的树种才有利纳财入局，不可选针叶树种。

如果财务室靠窗，那么在落地门窗前的阳台上摆一排盆景，或在窗台上做盆景花台，不仅可以接气，而且看起来满室生辉，有助健康和财运。

财务室要放盆景，就一定要天天细心照顾，让它能茂盛成长，一有叶子枯黄，就要尽快剪除，否则宁可不放。当然，不能在财务室放置人造花和代表死亡的干花，因为这些花不会接气，并无益处。

③财务室不可放鱼缸

财务室宜静不宜动，所以不可摆流动之物，如有流水的盆景或鱼缸等。如果有需要用水调节的地方，则可以选择摆放开运竹。

(3) 财务室的保险柜

财务室里设置落地式保险柜时，应该秉承"财不露白"的原则，保险柜应隐蔽，不可让外人看到，以免漏财。并且要注意柜门的开向和朝向不要犯冲。

保险柜勿设于梁下。公司的财务室实为企业的"活财神"，所以财务室存放现金的保险柜要注意勿被大梁压顶，否则对财运不利。

(4) 财务室的其他禁忌

财务室不可胡乱堆置物品，布满灰尘。财务室里不可放置会发热的电器，如电视、电扇、电炉、电源线等。财务室上方的天花板不可漏水，墙壁或地板油漆不可脱落或瓷砖老旧斑驳。

6.企划人员的办公室风水

一个公司从事企划工作或设计的规划人员，其工作性质都是创造发明、突破现状、开发新产品或创作新作品，随时要有新创意、新点子，这类工作人员的办公室可以安排在文昌方或属于气的卦位上。

每个办公室都应依照八卦九宫方位的安排，配合房屋的坐向，安排一个文昌方。在阳宅风水学上，文昌方五行属木，为绿色，代表智慧，影响读书升学的运势，也影响名誉、形象等。所以这个位置最忌讳作为厕所，因为厕所的污秽之气对文昌星不利。古人认为，污秽文昌就象征与科举考试无缘；而现代工商企业如果污秽文昌，就可能损害公司的名誉和形象。

一般住家的文昌方最适宜用做书房或小孩房，而办公室则适宜用做企划、设计等具有创造性的空间，有利发挥智慧，展现才华。

依据房屋的坐向方位，这里列出适合作为企划等性质的工作位置供参考：

坐北朝南（坎宅）以东北方（艮卦）、西方（兑卦）为宜；

坐南朝北（离宅）以南方（离卦）、东南方（巽卦）为宜；

坐东朝西（震宅）以西北方（乾卦）、西南方

（坤卦）为宜；

坐西朝东（兑宅）以西南方（坤卦）、东北方（艮卦）为宜；

坐西北朝东南（乾宅），为东方（震卦）、南方（离卦）；

坐西南朝东北（坤宅），为西方（兑卦）、北方（坎卦）、南方（离卦）；

坐东南朝西北（巽宅），为近中宫位置及北方（坎卦）；

坐东北朝西南（艮宅），为北方（坎卦）、东方（震卦）、东南方（巽卦）。

当然，这些位置也可以安排作为顾问或咨询、会议等性质的空间使用。

7. 业务人员的办公室风水

每一个公司、机构经营类别性质不同，对于办公室应依其需要规划隔间，也要依照工作内容等作不同的安排。如老板、主管，最好有独立空间，一方面可保持商业机密，也能有个安静的空间运筹帷幄，思考决策；其他员工可以视情况作适当安排。

一般而言，业务人员是公司推展业务最先锋，直接面对顾客。正如军队的先锋部队，时时要面对肉搏战，必须随时保持旺盛精力，蓄势待发以备战。在办公室位置的安排上，便须摆放在最前线位置。

通常业务人员的办公位置系安排在公司进门口附近位置上，如果公司设有客人接待处所，应规划在一进门口的位置，如开中央门时，即以中央前端接待处为佳。客厅犹如人之颜面，在风水学上称为内明堂，位置对错有关公司人气衰旺、财源财运。客厅的桌椅安排也是一门学问，原则上椅子或沙发应面对门口，坐下来后可以面对门口进气，最忌讳背向大门。

业务人员既然为"先锋部队"，其位置便应安排在接近门口或与客人接待处相连接的位置，接近顾客较容易。如果需要经常走动出入，也不会影响其他部门。当然，必要时也可以在面临门口或接待处摆设矮柜台以作区隔，以便工作顺利进行。

一般业务工作性质较属动态，各种宅局不同，可以作不同位置的安排，如宅局坐北朝南，可以规划设置在接近南方的西南方（坤卦）或东南方（巽卦）；坐南朝北则可设置在西北方（乾卦）或东北方（艮卦），接近东方（震卦）也很理想；坐东朝西的办公室则宜安排在西南方（坤卦）或西北方（乾卦）；坐西朝东则以东南方（巽卦）或接近中宫的位置为宜；坐东南朝西北则适合安排于北方（坎卦）或西方（兑卦）；坐西南朝东北则宜置东方（震卦）或北方（坎卦）；坐东北朝西南，可以安排在西方（兑卦）或南方（离卦）的位置。

通常业务部的人员坐位应该面对门口方向或迎面为门口的来路，以能迎向入门的顾客为原则。一则表示欢迎之意，二则能迎纳旺气。当然，门的位置和方向都是旺运最好，则每天汇集生旺之气，每个人都有旺盛的精力开展业务，自然财源广进了。

8. 公务员的办公室风水

公务员要想使自己的事业、财运更上一层楼，需要注意以下几点：

最重要的就是保持办公桌的整洁，这样做起事来才能有条不紊、效率倍增，付出了努力自然就会有回报，升职、加薪也就不是难事了。如果自己拥有一个独立的办公环境，可以在桌上放一盆黄金质地的开运竹饰物；若办公区是开放型的，就买一棵开运竹盆景，最好是有3段竹节的那种，可加强自己的升官发财运。

一个人单凭自己的努力打拼去开创事业、创造财富是不够的，如果能有贵人的提携或是在职场上有良好的人际关系，开拓事业、发展财运的速度与效率就会大幅度提高。以下的开运妙招会让你在职场上事事顺心、天天如意。

公务人员由于工作性质的关系，比一般人用印章的机会要更多一些。不管是公司规定的制式章还是个人使用的印章，随身携带可帮助自己聚集五路财运。如果常常把印章拿出来握在手中，就可以利用它本身的好运磁场来转换不良的运势；不用时要将其收藏在印章盒内，摆放在上锁的保险柜里或是较为隐秘的地方，正所谓财不露白。另一方面，保险柜通常是用来摆放较为贵重的物品，将印章放在里面可以汇聚财气，再拿出来使用时就可以达到进一步提升财运的效果。

可以在办公桌的左边摆放圆盆栽种的粉水晶树或粉水晶七星阵，以促进自己的人缘，使自己在与人合作时默契十足，人际关系也更为和合融洽。

尽量避免在家中的客厅里摆放尖锐的物品，否则容易产生摩擦与争执，得理不饶人的态度和争强好胜的心态反而会阻碍自己事业与人际关系的发展。

在办公室要避免摆放多刺的花或植物，如玫瑰花、仙人掌等，最好能摆一些向日葵、太阳花、百合花，使仕途顺遂、人际关系和谐。

9. 自由职业者（SOHO）的工作室风水

（1）布置好自己的工作环境

个人工作室、自由职业者等个人事业近来成为职场新趋势，也是热门兼职工作之一。在重重压力下，想要走向成功越来越不容易，除自身的努力之外，更需要不断地拓展人脉来提升业绩。因此，若能善用以下的人际公关、桃花人缘、招贵人防小人的招财开运布局，便可为你的事业带来财运。

公司或住宅大门外的空间，在风水学中被称为明堂，是一个很重要的对外联系的招财开运要地，一定要保持干净清爽，避免堆放杂物。卧室窗外的地带最

好能保持整洁通风，并给窗户挂上窗帘以减少可能发生的冲煞，可免去口舌是非及无故破财。

一个好的办公环境十分重要，对于提升个人运势与桃花运功不可没。首先需要准备一张办公桌，将客户资料及产品目录分类归档，并准备一个功能齐全的电话，具有录音、留言、自动转接、传真等功能；此外，电脑更是不可或缺的好帮手。

办公桌暗示工作量以及处理事情的能力，所以一定要稳固。需要展示商品者，依展示需要准备橱柜或展示架，通常不同的展示内容需要不同的专业灯光，如照射日用品与宝石类的灯光就完全不同。灯光通常与业绩成正比，足够的亮度才能带来财气。

在住家与工作室间用屏风相隔，工作用与家用电话不可用同一条电话线。若工作区域实在太小，可以在面对大门的左手边放一面镜子，加大空间感，若能摆上一、两张舒适的茶几、沙发就更完美了。一间吉屋会使人充满朝气，心情愉快，事业有成，如日中天，不会被不良磁场干扰，自然好运加倍。

(2) 利用风水布局改善人际关系

懂得利用人际关系的人在事业上更能出奇制胜、事半功倍。以下招财开运方法不仅可以改善人际关系，还能提升财运。

◎闻闻家中气味好不好、香不香。在客厅西北方或是玄关处摆上一束鲜花，或是在早上出门前先用松叶香、百里香、罗勒、茶树、香茅、绿薄荷等精油调配而成的喷雾剂清除卧室角落的秽气，然后在当天晚上睡觉前使用含有玫瑰、甜橙等精油配方的喷雾剂在房间内轻轻喷洒，就可以起到改善气场、开运招财的作用。

◎想有贵人相助、提升警觉性，可于玄关处或办公桌上摆设紫色水晶球或是五行开运树。门外的鞋柜里多放置一些水晶碎石，并每星期固定用檀香净化一遍，可消除鞋柜秽气，让好运提升。

10. 文字工作者的工作室风水

(1) 布置开运格局

文字工作者大多不用在家中与人谈生意，因此不需要很大的空间，在布置工作室开运格局时更简单轻松。

首先，找到工作空间的自然光源处（如靠窗的位置）设置一张宽大舒适的书桌，桌上放一盏明亮的灯。书桌大，工作量也多；书桌整齐干净，表示自己能力好、效率高。最好选择高背且舒适的椅子，以适应长

时间用坐姿进行工作，舒适的椅子扶手则表示到处都有贵人相助。

另外，布置高度适中的电脑桌，尽量以自己能轻松工作为原则。如果做的是绘图工作，那么专业的绘图桌是不可少的。为了区分开工作与休息的地方，可利用活动屏风隔开睡床，或利用灯光的不同来加以区别：卧室可用温馨的黄光，工作室则要用能集中精神的白光。

（2）利用风水布局为自己带来好运

遵照以下的简单小步骤去做，就能让文字工作者的运势大为改善，好运不求人。首先，将自己的工作室重新粉刷一遍，选择明亮的颜色，让工作的地方有朝气，做起事来也会更有精神。其次，去买一盆松树或柏树的盆景，放在办公桌后方的两边，也就是龙虎边，这样不仅能让你大发利市，更能压制身边的小人，防止事业上的意外漏财。最后，在自己办公桌右方的柜子里，摆上一个金黄色的聚宝盆，上面放一个小金元宝，不但表示能够赚大钱，还意味着可以守钱财好运，使财源不绝好运不断。

11.美容美发从业者的工作室风水

许多美容师自行开业，地点就设在家中。工作室能与起居室分开，从不同的门户进出是最理想的。如果实际情况不允许，也该有一个独立区域，最好是在房子的最前方，并且有隔间。如果只用布帘隔开，聚气效果不佳，人气也不会旺，直接影响到财运。

如果美容室设在住宅中的某一个房间，那最好是设在套间里。套间中卫浴设备齐全，客人不需与家人共用浴室，既符合卫生条件，也给家人与客人一个独立的空间，不会互相干扰。从大门进入套房的走道必须保持通风与视线良好，经过其他房间时最好将房门关上，经过其他区域时可运用屏风隔离视线，保障家人起居的隐秘性与安全感。

个人美容室的空间通常不大，所以镜子是布置风水布局的妙招。一般居家环境中，镜子不可对着床，而美容工作室的床则可以面对镜子，但不可对着门。

除了这些，经营服务性工作室时，还要顾虑到客人的心态。家中养狗、猫者，尽管自己觉得它们很干

净,也不可以抱过宠物后不洗手就去摸客人的脸,那会使客人觉得不被尊重,从而影响财运。同时,美容师的配偶在家中时也应避免靠近美容室,以免引起不必要的误会,这也是一再强调最好将起居室与工作室分开的原因。

12. 家庭保姆的职场风水

从事保姆的工作需要爱心和耐心,此外,专业的设备也很重要,这往往是雇主对你的第一眼印象,也是决定是否将小孩托付给你的关键。

首先要注意:房子是否干净,油漆是否脱落,灯光是否昏暗,屋内是否堆满杂物臭气冲天;其次是设备安全问题,儿童睡午觉的房间、床的布置、用餐空间的布置及游戏室、卫生间的设备等,都需要考虑到。

保姆的工作很辛苦,对被照顾的孩子要有强烈的责任感。温暖的灯光与色彩能给孩子以安全感。当孩子情绪稳定时,自然会好带得多。游戏间的设备及玩具最好考虑安全性和实用性,尖锐的物品易令人产生紧张的情绪,玩具手枪、玩具刀等都不适合儿童使用。

还有,要检查家中的天花板是否长了蜘蛛网或是油漆剥落,甚至有霉斑及渗漏现象,这些都是破坏财运的杀手,一定要及时处理,才不会造成意外破财。

从事家庭保姆行业,最重要的就是家中家具物品的陈设是否合适,除了要考虑到安全问题,家具的位置在风水布局中也很重要。应该先确定雇主本命的吉、凶方,再按吉、凶方位布置家具。

电器用品的线路在装修时,就应预留隐藏式插座,或至少捆绑整齐,客厅才不会看起来杂乱无章,且更符合安全要求。

摆设沙发时,沙发的背面不要与门向相反,也就是当你坐在沙发上时,要能正面、清楚地看到大门附近的一切动静。背对大门容易犯小人,而且无法观察大门的出入情形,当遇到突发事件时不能及时应对。家具结构要坚实,应避免购买骨架会外露的桌椅,木质比金属质地的要更适合一些;沙发和座椅的靠背可等高,一来舒适,再者也象征背后有靠。

客厅的通道要顺畅,如塞满古董、家具或杂物,会影响家人健康,让人气血不通,进而诸事不顺,甚至意外横生,家人健康与精神都会受害。

八、9大博取老板欢心的风水布局

怀才不遇、不被老板重视、永远只有疲劳而没有功劳……相信不少上班族都对老板的漠视感到沮丧,如果你已经做了所有该做的努力而还没有被"伯乐"所发现,那么不妨参考以下建议:

1. 石狮借气

庙门口石狮子整天吸收日月之

精华，能够带给人们好运。怀才不遇的人可以去摸石狮子额头，再摸自己的额头，让好的气场附着在自己身上，调整运势。

2. 擦亮额头

额头附近是官禄宫，代表事业发展以及职场运势，如果感到自己不受老板重视，那么这里的气色也会很暗沉。解决的方法是常擦保养品，保持额头发亮。

3. 宝塔高升

在家中较高的酒柜、书柜上安放一个铜质文昌塔，放得越高越好。这象征着步步高升、鸿运当头。

4. 公鸡带冠

鸡的饰品，特别是有鸡冠的鸡，均有带动职场运势的功效，可以让坐久了冷板凳的人重新受到重视。鸡饰品适合放在家中的西北、正北、东北、正南方，任选其一即可。

5. 黄灯旺气

不论在客厅或者卧室，要有一盏黄色的小长明灯，能够活络气势，增加好运，也能助你摆脱僵化格局。小灯适合放在家中的西北、正北、东北、正南方，任选其一即可。

6. 宝石助我

请准备7种不同材质、颜色的宝石，如水晶、玛瑙、玉石等，放在聚宝盆中，安置在自己办公桌的左手边，帮助自己使工作顺利。

7. 后有靠山

办公室的座位后方一定要有墙壁、橱柜等屏障作为依靠，否则会有悬空的感觉，导致工作不安稳，缺少靠山帮助。

8. 铜板大顺

在办公桌的抽屉里放铜板会改运，但是要注意放置的数量。在办公桌左手边或最大、最上方的抽屉里放铜板，将收到很好的改运效果。一般是放6枚、8枚或9枚。

9. 水晶纳气

紫水晶洞是很常见的风水用品，因为其凹下去的洞穴可以涵养好运，可以将其放在办公桌的左手边，但一定不能让水晶洞碰到水。

九、升职加薪的9大风水秘诀

在竞争激烈的职场环境下，想让自己左右逢源、事业亨通，就要掌握办公室的潜规则。正确运用以下九大风水秘诀，就可有效催旺财运，并且获得升迁。

1. 座位在后

办公座位越向后越好，因为后方既可看清别人的一举一动，又可充分保护自己的隐私，可以先发制人却不受制于人，是办公场所中最好的风水。这也符合兵法上"进可攻，退可守"的战略。

2. 水晶启运

水晶具有开运作用。它不仅汲取了岩石的精华，而且能够改变光线的方向，折射出多种颜色的气能，可改善运势。如黄晶球有助扩大财运，特别是在股票及地产行业方面；绿幽灵石则有助于积聚正财及遭遇贵人。因此，在桌面上摆放与自己生肖五行相合的水晶制品有助旺作用。

3. 风扇运气

桌子上摆个小风扇，可以令座位附近的气场更加畅通，气通人心爽，久而久之，人气攀升，很快会受到上级领导的善意回应。

4. 加强龙方

办公台面的左手方向是个人的龙位所在，应该予以加强。把重要的办公用品如电脑等放在左方，让自己的办公桌呈现龙强虎弱之局，才可以在事业上胜人一筹。

5. 催旺桃花运

桃花运代表异性缘和财运。桃花运不旺的人可以在自己的桃花位加强布局，从而催旺异性缘和财运，不正确的摆设则会带来桃花劫。希望旺桃花的人可以在自己的桃花位放一只装满水的花瓶，花瓶里养鲜花，有桃花的季节最好插桃花枝。

生肖属猴、鼠、龙的桃花位在西方；
生肖属虎、马、狗的桃花位在东方；
生肖属猪、兔、羊的桃花位在北方；
生肖属蛇、鸡、牛的桃花位在南方。

6. 玉带缠腰

现代办公桌的款式大多以长方形为主。在办公条件许可的情况下，应该选择有利于自己风水格局的办公桌款式，如办公桌呈圆弧状，如同腰带缠绕，这就是"玉带缠腰"型的办公桌。这种环抱自己的办公桌不但有利于让吉气得到聚集，而且还能化解煞气。

7. 主命文昌

现在很多公司的职员大部分都有一部属于个人使用的电脑,而这电脑便是用来工作及替公司赚钱的工具,所以从风水角度出发,电脑摆放在何方都会有一定的影响力。由于每人的命理中除了八宅的生气星以外,还有文昌星及文曲星,其歌诀云:"甲岁亥巳曲与昌,乙逢马鼠焕文章。丙戊申寅庚亥巳,六丁鸡兔贵非常。壬遇虎猴癸兔酉,辛宜子上马名扬。"因此,电脑最适宜摆放的位置便是以出生年份来推算的文昌位。当知道自己命中的文昌位后,便可以将电脑放在本命文昌位内,自然能够提高工作效率,获得升迁。

8. 吉祥挂图

办公室的气场一般来说会比较生硬,所以不宜在工作墙上挂一些诡异的图画,尤其是一些阴森恐怖的图画,因为这些画不利风水,影响情绪。可以挂柔和的图,线条较柔和、吉祥富贵的图画,才能起到正面的助益作用。

9. 灯光上照

买个可以往座位上方照的迷你型灯座,既可弥补日光灯的照明死角,又能增加视觉上的温暖效果。

第二章 打造催旺事业的家居风水

在现实中常常许多人在家居风水催旺事业方面存在认识误区，往往以为办公室风水好就可以了。许多经商者常是公司里很讲究，但家里却比较杂乱，虽然在家时间短，但一样会影响事业运势，且影响程度不会低于办公室风水。

一、要催旺事业，必须掌握好阴阳五行

1. 找出自己的催旺禄神

禄是指官职禄位，禄神是掌管文运官运、功名利禄的神灵。古代做官和科举考试直接相关，科举考试又与文人读书写文章直接相关，所以禄神不但受到官场人士的敬奉，也受到崇尚文化的老百姓的喜爱，成为民间的吉祥神，也成为文神。禄神与福神、寿神一起在中国民间受到尊奉。民间也有把禄神当作送子之神的，民间戏曲便有"禄星送子下祥云"的唱词。因为"鹿"与"禄"谐音，在中国的年画、风俗画和吉祥画中一般用"鹿"来象征"禄"。如"福禄寿三星图"中便是一个老寿星骑在一只鹿背上，上空飞着蝙蝠。

在八字神煞学中，禄神星极准，如果为自己的八字用神，其效应更明显。那么，如何才能查出自己的催旺禄神呢？方法很简单。只要以日干查四支便可。如某先生为"辛"金出世，他是生于春天，春天的金不旺，他是弱金，要强土强金来助，而禄神入"酉"，为金为用神，代表他可致富。可见，查禄神能预知一人是否事业兴旺，配合子平命理来调节运势，便会令事业顺风顺水。

2. 根据自己的五行选择住宅

根据自己的五行来布局，这是事业发达的一大秘诀。在风水上，以能在住宅的对面见到自己需要的五行为吉。可以根据前文提到的行业与五行的关系选择自己的住宅：

五行需金的人尽量选择住在银行、五金店或者珠宝金行的对面。

五行需木的人对面有经营报刊杂志、文体用品等店铺，都是行好运的暗示。

五行需水的人住在海鲜店、冷饮室或者旅游公司对面为好。

五行需火的人，住在火锅店、电脑电器店、光学眼镜店等对面。

五行需土的人，在玉石瓷器店、土产店、肉类加工店对面为佳。

3. 根据阴阳选宅的注意事项

想要事业发达，在选择住宅时要注意以下方面：

（1）可见夕阳西下的住宅不宜选

一般来说，向西的窗口每天都会遇到渐渐西沉的太阳，并为这种逐渐暗淡的光线所照射，这种光线会

影响到全家人的运气。反之，向东的窗口每天早晨都会迎接初升的太阳，为逐渐灿烂温暖的阳光所照射，这样的阳光被称为"三阳开泰"，所开启的是"泰卦"，大利学业、事业进步及创业顺利。而且，可以每天迎接到朝阳的住宅非常适合生于秋冬两季的人入住，因为这两个季节阴气较盛，住进每天被初升太阳温暖照耀的房间，当然不用担心会受孤阳独阴煞。

（2）"道士帽"的住宅不宜选

所谓"道士帽"住宅，就是指一些外观极端中国化的建筑，在这些住宅的顶上设计成了飞檐亭角的形式，而且还加上了绿色的琉璃瓦，屋顶看上去恰似一顶道士帽。这样的住宅会使家中成员沉迷于宗教信仰，而不擅长于理财创业。如果想要事业发达财运亨通的话，这样的住宅还是不选为妙。

（3）"孤峰独傲"不宜选

所谓"孤峰独傲"就是说一幢大楼独立于一片空地之间，在它周围没有别的楼群或建筑相伴。还有一种情形也可以称之为"孤峰独傲"，那就是从住宅的门或窗向外看，可以看到不远处一幢孤零零的大厦，或者是一棵孤单的大树，或是水塔、烟囱等高大的建筑。这类住宅在风水卦线上又以坐癸向丁为最忌，因为此卦线住宅非常容易招阴灵入宅。而且，"孤峰独傲"仅从字面来看，就意味着人际关系差，孤独傲慢。

因此，这类住宅并非发达宅。

（4）坟场、殡仪馆、医院周围住宅不宜选

门或窗前可以看到坟场、殡仪馆、医院等煞气较重建筑的住宅，均犯了"独阴煞"。除非宅主本身职业是与这些建筑有关的，如医生、殡葬工、守墓人等，否则均做凶论。这种煞尤其会影响到人的身体健康。

（5）卫生间在房间中心点的住宅不宜选

家中卫生间的位置正好在坐山或中宫，被称为"独孤煞"，主宅主命中孤老，人缘极差，这种卫生间就不能再使用下去。如果条件不允许转移卫生间的位置，又不能不使用的话，就需要种4盆花草树木在卫生间内，以化其煞。

（6）窗前离大树太近的住宅不宜选

如果在一所住宅的窗前有一棵很大的树，其茂密的枝叶使人无法看到窗外的天空或阳光，这样的住宅就属于阴气过盛，在选择住宅的时候一定要注意周围的环境，这种前面有树的住宅尽量不要选择。窗外见木为中国象形文字中的"困"字，不是好兆头，不仅对身体体健康不利，而且，会使人整日浑浑噩噩，失去斗志。所以，这样的住宅不适合渴望发达者。

（7）公安局附近住宅不宜选

公安局在风水学中，是至刚至阳之地，然而住宅属纯阴或是纯阳都不好，阴阳相济才是最佳组合。再者，公安局、消防队之类的地方，具有相当强大的阳

性气场，而在其附近或正对着这类场所的住宅，气场相对而言自然是弱小的了。每天住在这样的住宅中，受到那股强大气场的威慑，形成强大的心理压力，自己即使再有能力也发挥不出来。当然，并不是所有的人都不适合住在警察局或消防大队附近的住宅里，如果宅主本身就是警察或消防员，住在这样的住宅里反而是有利于事业发展。

此外，一些桑拿浴室、夜总会、酒店、KTV等场所附近的住宅也不宜选。除了考虑到环境及人员素质等因素之外，其气场过阴，容易招致烂桃花及犯孤辰寡宿大煞，这些对于我们的事业发展及家庭和睦而言，都是不利因素。

二、利用八卦布局住宅催旺事业

1. 特别注意对乾位的风水布局

有些公司格局西北方位并不适合设置办公区，或是老板不愿意坐在那里，这个时候就可以在西北方动一些小手脚，以确保自己在公司的地位和威信。例如，老板办公室的门要开在西北方；或是在公司的西北位摆放一件象征着权力的物品——例如公司的注册商标、登记证、营业执照等；还有最简单的一个方法，就是在西北位放一个毛笔写的"乾"字即可。

公司布局如此，住家布局也是如此。了解居家风水的人都知道，一定不能在一所房子的西北方建洗手间，这是因为西北位为"乾"位，代表一个家庭中的父亲，一个公司中的领导者。如果在此位置建洗手间的话，可能会招致父亲或领导者罹患疴病；而如果父亲并不需要火甚至是忌火，在乾方设灶，有可能导致父亲为火所烧（这里的为火所烧并不是指真的火，而是指因内火过盛而引发的疾病）。

因此，我们在对乾位进行布局的时候，一定要注意与事主的五行八卦相配合，忌火的人一定不能在乾位出现火性物；忌金的人则不能在乾位出现金属物或镜子等；忌木之人，在乾位则不能布置大株的绿色植物；忌水的人，不能在乾位摆放鱼缸或挂内容为长江、黄河、瀑布等的挂画；忌土之人，在乾位一定不能放陶瓷工艺品等。

同时，身体较弱的人最好不要坐在乾位或住在西北方的房间里，因为他无法抵挡乾位过于强大的气场，承受不了太多压力和威严，反而容易导致病患。例如家中的小女儿最好不要住在西北方的卧室里，因为小女儿往往不是一家之主。不遵循这一原理住进去的小女儿会经常生病，体质很弱；同样，如果儿子住在西北方，可能就会出现"逆子"，因为这个方位所产生的风水效应使他在这个家中处处充老大，什么事都要插一脚，凡事都要他说了算，而且和父亲顶嘴作对并以此为乐，似乎想要篡夺父亲在这个家中的绝对领导地位。其实，你只需要给他换个房间就可以了，而没

有必要和他们生气或是每天与他们争斗不休，或是为小女儿的身体担忧。

2. 在八运(2004～2023年)中，有助于事业发达的方位

八运的发达方位可以根据罗盘二十四山的坐向一一查找出来。一般来说，将住宅或公司的大门、坐向及床和写字台都朝向八运的发达位，再配合好卦线，就可以营造出事业发达、财丁两旺的风水佳局。

在八运当中，我们已经说过，有6种坐向为旺山旺向：乾山巽向，巽山乾向，丑山未向，未山丑向，巳山亥向，亥山巳向。根据风水学原理，八运期间，西南方见水及见开门为大旺之局，而此间又以丑山未向为最好。若再进一步细分的话，在所有丑山未向之宅中，以206度一爻为首选。这就是说，在八运中，顶级旺宅为坐26度向206度之间的所有宅盘，而生于夏天或是正午的人最适宜住在这类住宅中。除此之外，根据五行分配，以下坐向宅盘也是极佳的选择：

坐135度半向315度半——五行需木命；
坐138度向318度——五行需木命；
坐315度半向135度半——五行需金命；
坐318度向138度——五行需金命；
坐153度向333度——五行需火命；
坐156度向336度——五行需火命。

山肥人富，山瘦人饥。八运期间(2004—2023年)宜东北方有山，西南方有水。

3. 有助于事业发达兴旺的八卦符号

只要将代表乾卦的"☰"和代表坤卦的"☷"这两个符号挂在家中，便可为自己带来好运。在易经中有很多神秘的符号，可以促使我们事业发达诸事兴盛，下面我们就来看看都是哪些符号在事业中可以助我们一臂之力：

乾为天：6条横线便当权，财运又到，可旺60年。

天地否：较老套的招财卦，但老当益壮，阴阳正配，上下和睦，田产兴隆。

水泽节：夫妻合作，家庭美满，高贵荣显之卦象，当时得令。

水火既济：金榜题名的文昌卦，大利子女，升官发财阴阳相配，最合文化事业，及年轻创业之才。

山火贲：八运卦，极适合生于冬令要火土之人，主喜事，父子有恩，兄弟有情，夫妻有爱，可用40年。

雷地豫：具有欢欣快乐当令之卦，动无不顺，先难后易，逢凶化吉之卦。

风雷益：天时地利人和的卦线，利升迁、加薪及增加气势。

火雷噬嗑：此乃横财卦，但要小心处理，失运则小人作梗，贵人无助。

离为火：可用之当令横财卦，上明下明，太阳上升，欠火的人最宜，宜女不宜男，否则会导致男子女性化。

天火同人：大利合作经商之卦，能成大业，人缘

上佳。

地雷复：会逐步走向成功，但太消极会导致失去机会。

地天泰：三元及第文昌财运卦。此乃未来运的九运，三元及第当令文昌卦，居官得位，大利议员及从政的人。读书一流的卦象，乾坤得位，旺财旺丁，可为大用。

水地比：兵行险招而以外成功之卦象。

泽地萃：退运之富贵卦，好善之卦线。

三、利用九星催旺事业

1.九星八卦与事业

（1）命卦是一白贪狼星的人适合从事的职业与行业

一白星代表思考、研究、流通、管道，适合从事的职业有哲学、宗教、经济、历史方面的研究，或者是保险、银行、外交部门、研究人员、饭店、酒吧、餐厅、咖啡屋、洗染坊、浴室、温泉、石油、汽油、涂料、印刷业、地铁、物业、夜间工作者、托儿所、幼儿园、小学老师、儿童读物、玩具、教材、养猪、养贝、消防员。

（2）命卦是二黑巨门星的人适合从事的职业与行业

二黑星代表生长、俸禄，适合从事的职业有土木建筑、不动产、农业、妇产科、保姆、营养师、手工艺品、古董、杂粮谷物商、粉业、布商、裁缝店、陶瓷店、家具、寝具店、教师、服务业、牛肉店、养牛、养猫。

（3）命卦是三碧禄存星的人适合从事的职业与行业

三碧星代表明朗、前进，适合从事的职业有新闻、杂志、广播、乐团、声乐家、乐器行、歌手、电话接线生、翻译、通讯器材、电气公司、音乐、唱片、打字公司、舞台表演、纪实文学、传记文学、历史小说、插花、园艺、青果、海苔、酱菜、酸菜、蜜饯、香菇、特技人员、蛇店、养蜂场、养鹿场、赛马。

（4）命卦是四绿文曲星的人适合从事的职业与行业

四绿星代表和谐和信用，适合从事的职业有：化妆品店、理发、美容院、纸业、文具、图书、文学、艺术、推销、庆典仪式服务、经理、飞行器材店、航空公司、船务、邮购、养鸡场、花鸟店。

（5）命卦是五黄廉贞星的人适合从事的职业与行业

五黄星代表权势和统治，适合从事的职业是政治家、法官、领袖人物、管制中心、殡仪馆、丧葬服务、与土有关的行业、纯美术、音乐工作者、路边摊贩、废品回收、发酵品、古物商、病理研究。

（6）命卦是六白武曲星的人适合从事的职业与行业

六白星代表决断和活力，适合从事的职业有：公务员、法律、政治、警卫、保安公司、天文、太空研究、核能、原子、放射线、电脑、石油、矿业、金属工业、玻璃、宝石、证券交易所、保险业、精密工业

仪器、大型交通工具、拖车、汽车修护、运动健身器材、马场、动物园、马戏团、武术、星相、顾问。

(7) 命卦是七赤破军星的人适合从事的职业与行业

七赤星代表交际，适合从事的职业有律师、法律顾问、公关、金融业、银行职员、推销员、翻译、演说家、外科医生、牙科医生、五金、廉价品、装饰品、行为艺术者、演艺人员、咖啡屋、酒吧、女性用品、水产养殖业、羊肉店、宠物店、刀叉、伐木业、脱口秀、节目主持人、喜剧演员、评论家、专栏作家、编辑。

(8) 命卦是八白左辅星的人适合从事的职业与行业

八白星代表储蓄、改革和转型，适合从事的职业有旅馆业、食储业、公寓、百货公司、房地产业、银行业、超级市场、神坛、庙宇、宗教用品、神职人员、皮革、皮草、防水用品(伞、雨衣、帆布业)、肉品店、总务、中介商、公关、货运业、砂石业、水泥、砖瓦、

教练场、养狗、训犬、守卫、管理员、改革人才，采矿、珠宝业。

(9) 命卦是九紫右弼星的人适合从事的职业与行业

九紫星代表光明和感情，适合从事的职业有学者、教师、军人、心理学家、模特、新娘礼服化妆摄影、传真、眼睛、照明工具、电子、化学、热处理、军火、防弹衣、病理化验、鉴定师、检察官、侦探、飞行员、煤气、炉灶、冶炼、占卜、灵媒、宗教、祭司、策划、艺术、外交、眼科、外科、妇产科、辣味品、肉干、太阳能、烟火、镜子。

2. 可为你带来贵人的飞星组合

"三般卦"是飞星组合中一种非常好的格局。以八运中的坤山艮向盘为例，在这个盘中当时得令的八运"向星"进入了西南方的"坐方"，而八运"坐星"则进入了东北方的"向方"。如果只看这两点，此局就是上山下水、丁财两失之局。但事实并非如此，在这个宅盘中出现了三般卦。

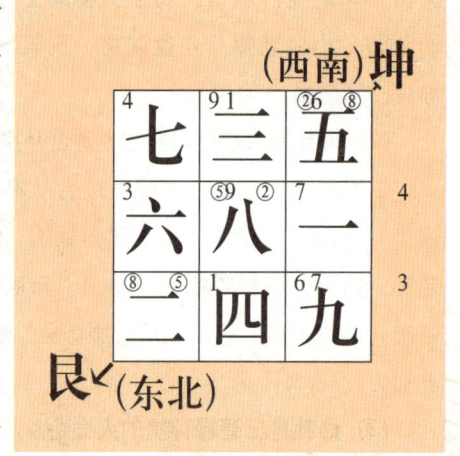

所谓三般卦，是指飞星组合中出现了"1·4·7"、"2·5·8"、"3·6·9"的组合，此为"人和卦"，意味着有极多的贵人扶持，会逢凶化吉。但凡星盘中出现三般卦，就意味着人缘好，贵人多，是有救之局。

在八运中还有另一个上山下水之局——戌山辰向

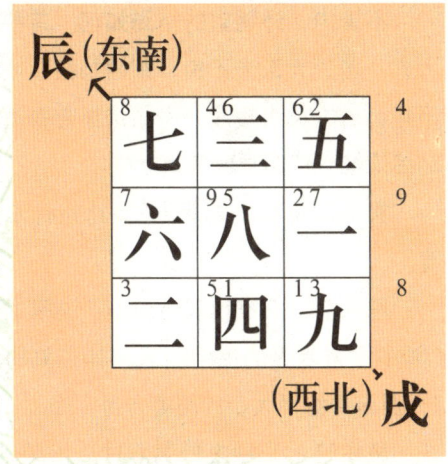

（坐西北向东南）。这同样是一个可逢凶化吉的人和卦。因为星盘中出现了"连珠三般卦"，也就是说飞星出现了如"1·2·3"、"3·4·5"这样的3个连续数的卦气组合，可化走不利的影响。

四、利用家居园艺增强工作运

1. 工作运

种植在三月、七月、十一月会开的花。

关于工作方面，当然红色与蓝色的花要盛开在东边的庭园。

红色和蓝色的紫罗兰都可以，雏菊、白头翁、孤挺花、洋牡丹、康乃馨、洲菊、金鱼草、芍药、小齿天竺葵、郁金香、蔷薇等对于工作运都有效。此外，百子莲和桔梗、波斯菊也不错。

因为工作而疲劳的你，可在表鬼门的东北种植会开白花、红花或是会结果的植物，也可在里鬼门的西南种植会开紫色或黄色花的植物。如果不是花，植木也可以。时期为二月、五月、八月、十一月。

我的庭园在一月到二月开的花是红色的，这是我考虑到不动产和工作性质运而特意设计的。

此外，为了发挥才能，请在庭园南边种植一对树木。

2. 工作运力

庭园的东、西北、西南这三方位对工作运非常重要。东方代表发展与干劲，西北是拥有好上司及支持者的力量的方位，西南方则是守护家庭的方位。如果家庭中没有像样的厨房，则无法提升工作运，不管到任何地方都会遇到困难。

东侧的庭园要种植会结红色果实的树木，冬天会落叶的树为佳。

西北方的树修剪成圆形能提升工作运、事业运。所以，当你感觉工作运不好时，不妨将自家庭园的树修剪成圆形。

在西南方可以种植具有高低起伏形状的树木，因为波形能产生龙脉，所以可将其修剪成波浪状。

正门的力量也很重要,要尽可能种植豪华、与方位相合颜色的花,例如西南方种植黄色或紫色的花。

庭园正中央也是重点。要让力量集中在中心,使庭园朝气蓬勃。一般而言,以庭木为主而建造庭园时,庭园正中央植木非常重要。中心种植的木有宇宙的力量宿于其中。如果不知道该兴建何种庭园,不能构思出好的设计,那就先在庭园正中央种一棵树吧!

五、实现愿望的家居风水

1. 不因明堂失势而阻碍前程

宅前景观不佳,"明堂失势"者无前景可期。

由室内的落地窗往外看,若感觉与对面建筑物的距离太过接近而产生压迫感,在心理上自然会感到局促不安,若窗外景观驳杂脏乱,更加会教人看了心烦意乱;反之,窗外视野开阔,山明水秀,必定使人心旷神怡,精神振奋。这些由视觉影响心理状态的运作,必定会带动潜意识层的活动,好坏自然如影随形。

破解法:宅前空间开朗有气势者谓之"明堂得势"。其实,"明堂"可比喻作码头的水深及其设施,水深,设施好,则排水量大的船只可以靠岸,其吞吐量必随之而水涨船高;倘若水浅简陋,只可供小艇靠岸,其商业价值当然相去甚远。

不管内、外明堂的格局如何,首要必须保持整洁大方。若先天采光不良,则需加强照明设备,以补其不足;若玄关太短浅,不妨选择吉日重新整修,务求动线流畅,使明堂聚气为上。

玄关部位即"内明堂",此处有三大重点必须留意。

忌狭窄:狭窄代表格局小,纳福的气量不够。以130多平方米大的屋宅而言,其玄关的纵深不可少于147厘米,约两大步的距离方为合格。

忌黑暗:明堂主外属阳性,黑暗则与属性不符,而且欠缺欣欣向荣的阳气。

忌脏乱:许多的家庭成员众多的住宅为了方便或疏于整理的缘故,经常一大堆鞋子随便且凌乱地放置在玄关部位,不只有碍观瞻,而且造成污染,绝不可取。

2. 老板重用一如往昔,绝不始乱终弃

经济不景气,公司过多的人力成了一大负担,50多岁的廖先生原本数公司中高层主管,老板指示他从部门里裁员二十名,廖先生很痛苦地完成了老板的任务。最后,老板将廖先生叫进了办公室,原来,他是被裁员的第二十一个人。经济不景气,中年失业的问题成了人人都害怕的噩梦。想要增强自己的事业能量,在工作上不被老板淘汰,风水上如何布置?

破解法：将大门外的灯光打亮（白光），并用一盏投射灯投射大门，在门外不碍空间的位置摆设一盆去叶见梗的开运竹，有助于稳定工作不被淘汰，纵使被淘汰，也很有可能在短时间找到接替的工作。

3. 前高后低者，为日落西山之象

所谓"前高后低"，可分为地势与宅相两项来观察。地势前高后低，就如同屈居低卑之位，处处仰人鼻息；宅相前高后低，屋宅前段建筑物高起，中段及后段较低矮者，有如虎头蛇尾，头重脚轻，失去平衡感。此两种不良风水情况都不易改善，前者为先天地势，并非个人主张便可以改善；后者建筑物已经落成，局部修动易影响原本的建筑架构，安全上有隐患，除非拆除重建。

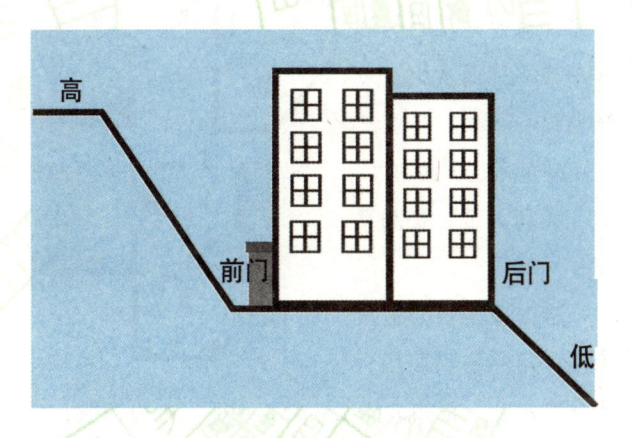

破解法：常言道："君子不立危墙之下，良禽择木而栖"，万一不幸逢此败局，建议您另选吉宅方为上策。

4. 从业务中获利轻松一点

有人像不要命似的赚钱，有的时候并不是他自身所愿，而是情势所迫，落得心力交瘁而无幸福可言。只要在风水上做些调整，就可以令他赚钱不再那么辛苦，不再做一个只会赚钱的可怜人。

布置法：只要在大门内的内明堂，也就是一般人称为玄关的地方摆设一组天然黄水晶圆球的七星阵，利用水晶的物理能量和黄色招财能量以及其圆形造型，让赚钱轻松一点，从业务中获利的机会多一点。

5. 避免小人来犯

武先生为公司职员，最近，他经常被总裁身边的红人——某助理中伤，心情非常郁闷，在公司的地位也一日不如一日。那么，他的住宅在风水上是否有欠妥之处

※ 什么是风水学中所说的"藏风"

藏风，是指穴场必须垣城完整，拱护周密，不使外风荡刮穴场而生气飘散。风水家认为：生气因水而散，因风而散，故风水之法，得水固然重要，但若穴不避风，生气随之散逸，得犹如不得。郭璞《葬书》有云："经曰'气乘风则散，界水则止。'古人聚使不散，行之使有止。故谓之风水。"注曰："……及其止也，必得城郭完密，前后左右环围，然后能藏风而不致荡散之患……"是以堂穴之四维四正前后八方，都应力求完密而无缺，使生气避风而凝聚，一有空缺，则风荡穴场，不惟无吉，反致灾殃。

呢？原来，他家客厅的布局恰恰是典型的小人来犯格。

主位背对大门，为后防空虚之象。

主位应为放置在客厅里，面对电视的最大张沙发。主位一旦背对大门，别人进来，居住者一概不知，因而安全性降低，况且"坐空向满"为后防空虚之象，小人容易趁虚而入，伺机作乱。

破解法：选择吉日调整主位至适当的位置，使居主位者能面对大门方向，自然可以转弱为强，扭转乾坤。

6.避免有志难伸的风水

刘小姐的老公是个体老板，而她自己为自由职业者，书房即是她的办公场所。刘小姐的梦想是成为新生代的女作家，可是她一连跟数家出版社谈出书事宜都无果而终，莫非是自己办公室的风水出了问题？

横梁压顶，有如千斤重担一肩挑，泰山压顶受不了。

办公桌椅上方遇横梁，谓之横梁压顶，其中又分为与头肩部呈180度与90度两种，前者又分为压桌或压头，后者必定全部压，故此后者较前者严重。不论哪一种角度的梁压，都像一支巨棒或一把刀放在头顶上，让人产生焦虑的感觉，其中又以横梁的90度锐角垂直正压头顶的杀伤力最大。对此持怀疑态度的朋友，不妨马上就地一试，只要在横梁下以不同的角度，站立半分钟：便不难感觉到一股莫明的压力来自头顶，然后再离开横梁到一个舒适的地方，头顶上的那一股压力马上自动消除，可见心理必定会影响脑部运作与情绪，而这些都是事业成败的基本因素，若长期屈居横梁之下，负面的影响必会难以避免。

解决方法：唯一的解决方法就是把办公桌椅搬离横梁下方，按照本命吉方的选择原则配合地形地物，另找一个优良的位置为上策。

7. 避免住宅先天失调影响主人运程

跑业务的黄先生和太太在半年前买了郊区的一栋房子。住进去后，黄先生发觉自己心情越来越不好，有好几次因为和客户谈不拢而发火，业绩也有所下降。

屋宅缺角面积太大，尖角太多，失却平和。

若以屋宅中心位置为准，可将室内面积分为九宫八卦，正如人体以头部为中心，外分四肢，内分五脏六腑各司其职，缺一不可。若屋宅的缺角面积太大，则某些卦位完全消失，好比人体某些内脏残缺一样，必定会因失去某些机能而影响到整体的正常运作。人体有八卦五行，屋宅也有八卦五行，其中良性的相生相克就是维持均衡的重要因素，残缺则不足，不足必失去平衡，一个严重失衡的屋宅焉能发挥好的经济效益呢？

尖形物体五行层火，尖角太多代表火燥，火燥则

令人心烦意乱，而且锐角易伤人，在一个尖角太多的屋宅里，会然令人充满了焦虑与不安。屋宅缺角面积太大，其建筑结构已经完成，不易改变，影响深远。

破解法：有关尖角太多的部分，可以把墙面延伸拉平，墙角与墙角尽量切齐，或者把锐角改成小圆角，让尖锐的形态减少而达到较为圆融的感觉为佳。

8. 屋宅造型怪异会影响主人事业

秦先生的太太是一位典型的新新人类，在规划自己的屋宅时，她照例求新求异。不过，当秦先生把太太参与规划好的房屋构建图拿给风水大师看时，却遭到了风水大师的全盘否定。

造型规划怪异的屋宅，不合常规。

屋宅外型建得太过怪异，如头重脚轻、扭曲不正，此乃失去重心的表征，或由太多不协调的几何图形组合而成，此乃五行相克力量抵消之象，皆为怪异的宅相。而屋宅的内部规划怪异者，如房大厅小不成比例，由大门进入宅内先房后厅，客厅设在采光不良的幽暗面，而卧房反而设置在向阳画，此乃主从不分的阴阳颠倒之象。又如房中有房，穿透厨房才是厕所等等怪异的规划，凡此种种都是不合常规的设计规划，宅中人遇事亦多颠三倒四，阴错阳差，失却四平八稳，事业运工作运又怎能吉祥顺利呢？

第三章 提升事业运的化妆术

第三部分 事业篇

化妆除了可以给别人留下好的印象，同时也会影响到人们的运势，因为面相和运势有着极为密切的关系，而经常以妆后的容颜示人的女性，她们的面相是以妆后为准的。因此，妆化得是否适当，就显得非常重要。

一、职场女性化妆开运术

有时候，你自以为化了一个很漂亮的妆，其实无形中就破坏了你的运势，因为在化妆的过程中无形中破坏了原本的"好"相。而不自觉地为自己增加了"恶"相；反过来说，有些女性则是在化妆过程中有意识地掩盖了原本不好的"恶"相，为自己添加了"好"相，给自己带来了好运。

因此，如果女性可以了解化妆和面相的关系，就可以随意地改变自己不好的面相，为自己带来良好的运势。所谓"修心补相"即是指此。

1. 面试时的化妆要点

走出校门，踏入职场，人生从此掀开了新的一页。那么，你将以怎样的面相踏入职场呢？

当你去参加面试的时候，你的妆容是否会使你给对方留下的第一印象加分呢？众所周知，当我们即将步入一个新的工作岗位的时候，第一印象是非常重要的，它甚至能决定你是否可以留在这个公司工作。因此，我们需要为自己化一个提升好运的妆容，使自己能够顺利通过面试，并给考官留下深刻而美好的印象。

第一，眼妆：首先是我们的眉毛，要将两眉间的杂毛修净，并适度拔掉眉尾的杂毛。眉乱则心乱，心乱做起事来会不周详，因判断力不够而多失误，在修眉时，可以将眉毛下方修得圆滑些，提高眉骨，而上缘则可修出一点棱角，使自己显得自信而干练。同时，一定要用黑色或深蓝色的睫毛膏，这可以使我们拥有一双更明亮的眼睛。

第二，面部妆容：用棕色的唇线笔或口红先修饰唇形，使自己看起来下唇角微微上扬，显得乐观而自信。然后，在唇中用橘色口红或唇彩轻涂一层，完成后用大粉刷粘橘色腮红在两颊正中画圆上妆，使自己看起来健康而有活力。

2. 能为工作增元气的化妆术

作为职业女性，每天最少有8个小时要和人打交道。有些是同事，有些是客户。那么，怎样让自己在众人中脱颖而出，成为工作场合中受欢迎的人呢？这就需要我们增加自己在工作场合中的元气。下面就为大家介绍一款可以增加工作元气的妆容：

用深蓝色眼影，沿着睫毛根部描绘眼线。用深蓝色来描绘眼线比用黑色更柔和。也更显女人味。

将蓝灰色眼影刷满眼窝，眼皮褶皱处加重颜色，这样可以消除眼部浮肿的感觉，并使你看起来更有内涵。

于眼皮中央轻刷珍珠白色眼影，使自己的眼睛显得明亮有神。

以带有光泽度的白色眼影打亮眉骨，使面部具有立体感。

上下睫毛都分别刷上睫毛膏，这样可以使眼部表情更丰富灵活。

用粉红色腮红斜刷脸颊两侧，为自己催旺桃花带来好人缘。

用肉桂色唇彩描绘出唇峰，下唇略比上唇丰厚，上下唇比例约为4∶5。

现在，一个可以使你在工作过程中更加顺利、精力更为充沛的元气妆就完成了。

3. 职场彩妆的注意事项

很多女性在化妆过程中出现了误区，尤其是在工作场合。伴随着各种彩妆用品的出现，女性的化妆方式也越来越前卫、大胆，但有时候，这种前卫和大胆与我们的工作是相互冲突的。例如，在写字楼里工作的女性，如果化着眼圈乌黑、脸颊惨白、嘴唇血红的"僵尸妆"出现在办公室里，会出现什么样的效果？再比如，一位有一定威望的高层白领，忽然有一天化了个可爱的粉红娃娃妆去公司，那么，员工还会对她保持敬畏之情吗？还会服从于她的决策吗？可见，色彩的选择是我们职场彩妆的关键。

无论我们的肤色深浅，长相如何，化妆的目的只有一个，那就是使自己看起来更有活力。但这并不意味着就可以不管什么颜色，只要艳丽、跳跃就可以抹在自己的脸上。作为职场女性，我们要尽量避免使用过于艳丽的色彩，如艳桃红、亮橘红等，同时还要避免浓妆艳抹。当我们不知该如何选择彩妆色系的时候，无疑，棕色系是最安全的选择。棕色几乎可以搭配我们所需要的各种颜色的服装，并且会给人一种稳重踏实的感觉。

在我们完成化妆之后，嘴唇可以说是脸部相当突出的一个部位，因此唇部的修饰是非常重要的。如果嘴唇画得太厚的话，会给人一种过于老实厚道、感情用事的感觉，反之，如果嘴唇画得太薄的话，则又给人一种尖酸刻薄的印象。所以，厚薄适中的嘴唇才是最恰当的，它可以给人以稳定、踏实、责任感强的印象。除了嘴唇，眉毛在我们的面相中也非常重要。浓而粗的眉毛给人以独立性强、勇于担当重任的感觉，而太细弱的眉毛除了会让人觉得无法信任之外，还给人一种病态的、不健康的感觉。当然，就目前妆面的流行趋势而言，太浓的眉毛并不受女性朋友欢迎。所以在修饰眉毛时注意不要太细即可。

当然，我们不可能用一副妆容去应对所有场合，这里说的只是职场的彩妆。如果你是去参加聚会或是约会的话，则要根据所要融入的场合及其性质来选择合适的妆容，以免给对方留

下刻板、工作狂的不好印象。

4. 使你在办公室中增人气的化妆法

所有人都希望自己在工作场合中是一个受欢迎的人，那么怎样成为一个受欢迎的人呢？这就需要我们在每天出门前的化妆中下功夫。因为，在工作场合中的受欢迎程度将直接影响我们的工作效率和与同事之间的合作默契度，从而进一步影响到我们在工作中的信用度和事业发展情况。下面，我们就来看看怎样通过化妆来增加自己在办公室的人气。

第一，眼妆：可以尝试用深棕色或铁灰色的眉笔，使我们的眉毛呈现出深浅柔和的层次。用棕色或灰色调眼影，在整个眼睑处轻轻打底，再用浅玫瑰色修饰眼睑中段至眼尾的部分，营造出温暖、柔和的感觉。在将睫毛夹翘后，为睫毛刷上深咖啡色的睫毛膏，使自己的眼神看起来温暖而柔和。注意，一个有着浓而乱的眉毛和凌厉眼神的辣妹，在工作场合是不会受欢迎的。

第二，面部妆容在描画上下唇线时，要圆滑一些，如果你的嘴巴比较小的话，可以适当画宽些，色系则要选择玫瑰色。如果嘴唇本来就很丰满的话，就只需要使用深一点的玫瑰色就可以了，上下唇中再涂上唇油，使唇形更富有立体感。腮红可以用浅玫瑰色，用打圆的方式画在颧骨的下方即可。

5. 助你在职场步步高升的化妆法

对于一个事业心很强，希望自己在职场中能够取得一番成就的人而言，仅凭在工作中努力打拼是不够的，人际关系、外形等因素亦是决定职场成败的重要因素。因此，我们在进行每日必修的化妆课时必须拿捏好妆容的分寸：要有气势而又不咄咄逼人，端庄而不是死板、严肃，既能保持自己的威严而又具有亲和力，脱颖而出却又不轻佻浮夸。

第一，眼妆：在修饰眉毛的时候，眉尾略挑高一些，显得自信而又亲和。利用深色睫毛膏帮助自己打造出明亮的眼神，在眼尾2／3处画适度眼线，眼尾与眉尾一样微微上扬，但不可显得过于娇媚，使自己的眼睛看起来神采奕奕、坚定又自信即可。用浅棕色或米黄色的眼影轻刷整个眼睑，再用灰褐色眼影由眼尾向眼角倒勾描画，使整个眼形都微微上扬，产生立体感。注意，在描画的时候，将眼影由下眼线眼尾画至眼角1／3处即可，不能画满整个下眼睑，否则显得整个人好像没休息好。

第二，面部妆容：要先用棕色的腮红修饰整个脸形，再用粉红色腮红从颧骨处轻刷到太阳穴处，使面部富有立体感。嘴唇宜选用红棕色唇膏来修饰，上唇尽量保持本来唇形，下唇唇角处稍向内收，使唇角微微上扬，表现出自信的微笑。注意，唇色不宜过深或过浅，前者容易造成严肃刻板的印象，而后者则流于轻浮。

二、不同职业的化妆开运术

1. 医生和律师

作为一名专业人士，我们既要区别于他人，又要具有一定的亲和力，不能显得高傲或孤僻。如何拿捏这个度？合适的妆容会帮我们更顺利地做到这一点。

现在，我们先来看看医生和律师适合什么样的妆容。之所以将这两种专业放在一起，是因为这两种专业对于妆容的要求比较一致。

第一，眼妆：一弯"新月眉"会带给你的客户以平易近人的感觉，所以，我们首先要修出一对眉身略宽而眉尾纤细的"新月眉"，并使它带有自然的弧度；将绿色眼影轻刷在眼窝处，并注意加强睫毛根部的颜色，然后湿粘深蓝色眼影，勾画眼线，并用深蓝色或黑色的睫毛膏自根而梢地刷上下睫毛，使你的眼睛焕发出知性而明亮的光彩。

第二，面部妆容：先用肉红色唇膏为双唇描画出明显的唇峰，然后再涂满整个嘴唇，使你的双唇显得健康而自信；用红棕色腮红从太阳穴向鼻翼轻刷，使自己的五官更有立体感。然后用亮色粉底提亮T字部位，以提升自己的事业运。

现在，我们就有了一个既有威信又不失亲和力的魅力"专业妆"。

2. 金融和投资理财行业人士

在金融理财行业的专业人士，清醒的头脑和理性的思维是非常重要的，而一张无精打采的脸会使你在客户心目中的信任度大打折扣。所以，我们需要有一个精神焕发的妆容，使自己头脑清醒、思路明晰，在工作中更加得心应手。

第一，眼妆：从眉头到眼角处用浅咖啡色眼影打上鼻影，这样使我们的眼睛和鼻梁显得更加立体，也更有精神。从上眼皮的中央上方开始，用紫色眼影沿着眼窝画出轻柔的弧线，然后用干净的眼影笔将眼影晕染开来，再用光泽度很好的黄色眼影提亮上眼皮的中间处，使自己的眼神干净明亮。最后，用咖啡色眼线笔加强上下眼线，使眼部轮廓更为自然立体。

第二，面部妆容：选择红棕色或橘色腮红，从两边唇角旁开始刷向颧骨下部，使面部线条柔和。选择带有亮粉的肉红色唇蜜修饰唇形，使它厚薄适中，带给人以值得信赖的感觉，最后，用珍珠黄亮粉提亮整个面部肤色，使自己的肌肤显得晶莹剔透。

注意，作为金融和理财行业的专业人士，我们的目的是将客人的吸引力转移到我们正在进行的业务中，所以，一定注意妆不可以过于浓艳或奇特。也就是说，要用我们的能力去赢得客户，而不是一张夸张的脸。同时，过于浓艳或过分修饰也会使别人对你的工作能力表示怀疑。

3.服务业人群

作为服务业人员，每天都要面对不同的人群，时间久了，未免有些倦怠，尤其是遇到一些比较难缠的客人时，心情总会受到影响。但职业要求我们必须总是以良好的精神面貌去面对客人，脸上时刻要带着充满亲和力的微笑，这个时候，适当的妆容可以使我们面对顾客时更加自信和耐心，同时，也可以使客人增加对我们的信任感和好感度，从而不再刁难我们。现在，让我们一起来化个漂亮的"服务妆"，提升自己在职场的好运道。

第一，眼妆：修好眉形之后，用栗棕色眉粉刷出线条柔和且纤长的双眉，然后用浅蓝色眼影提亮眼窝色

泽，再在眼皮褶皱处刷上深蓝色眼影，给客人一种值得信赖的感觉。画眼线时，先用小号眼影笔粘深蓝色眼影，从眼尾至下眼皮外侧1/3处画出蓝色下眼线，然后再用黑色眼线笔在上下眼皮均画出细长的眼线，并使眼尾处微微上扬。这样可以显得亲切而友好，并且可以制造出专注认真的眼神，使客人觉得自己的话受到了足够的重视。最后用深蓝色或黑色睫毛膏刷出根根分明的眼睫毛，并提亮上下眼皮处的肤色，使眼神显得干净而明亮、自然且不做作。

第二，面部妆容：健康的唇色是服务业人员妆容的重头戏，这会增加客人对你的好感及信任度。因此，我们要用玫瑰红色的唇蜜来画上下唇峰，并在此基础之上涂满唇部，同时注意要使嘴角微微上扬，有一种随时都在微笑的感觉，显得更加亲切且有耐性，最后，选择玫瑰红或橘红的腮红以画圆方式从两颊后到颧骨处，给客人以健康而温暖的感觉。

当我们以这样一种形象出现在客人面前时，再配以适度而友好的微笑，就会给他们带来如沐春风的感觉。而客人满意了才会有回头客，回头客的增加正是服务业人员成功的标志。

4. 文学和艺术从业人员

对于那些文字工作者或艺术工作者而言，她们总是散发出一种独特的气质，使自己区别于其他人，但同时也难免使人觉得她们高傲或是冷漠。怎样可以既表现出自己独特的气质和涵养，又把握住良好的人际关系呢？除了平时待人处事需要注意之外，还需要在我们的妆容上下功夫。

紫色是一种充满了梦幻和神秘感的色彩，对于文字工作者和艺术工作者来说，也是非常适合的一种颜色，正贴合了她们那种独特而优雅的气质，所以在这款妆容中，我们以紫色作为主色调。

第一，眼妆：在修好眉形之后，我们只需用黑色或棕色眉粉淡淡地刷一下双眉，使它尽量保持自然的状态，然后用紫色眼影刷满眼窝，并注意由眼皮边缘到眉缘刷出由浓到淡的层次感，接着还是用紫色眼影沿下眼皮画出浓淡相宜的眼影。再用珍珠白色的眼影提亮眉骨，使自己的眼神具有一种独特的神韵和气势。最后将睫毛夹翘，并刷上黑色或深紫色的睫毛膏，使眼睛更加明亮灵动。

第二，面部妆容：在描画嘴唇时，可以用草莓红或肉红色唇膏将双唇画得圆润饱满，唇峰略带棱角，并在双唇的中央点以同色唇蜜，使双唇更加丰润立体，表现出独特的个性，用橘红色腮红从颧骨下方斜刷向耳际，给人以温暖健康的感觉。

恰当的妆容，再配以优雅的谈吐，这一款妆容会使你在众人面前显得气质非凡。

三、五官破相后的补救术

人的五官——眼、耳、口、鼻、眉，如果五官齐全及形、相好，就表示这个人的一生会有好的运程，如果有所破损，可用下列办法补救：

第一，耳。男命左耳行1～7岁运，右耳行8～14岁运，女命相反。外圈好比"仓库"，第二圈是"货物"，外围包内圈，饱满鲜明，可享长辈福荫。有"仓"无"货"，则幼运寒微，散尽家财及"反骨"。耳低不全或缺失都主少年运反复多滞，左耳缺先伤父，右耳缺先损母，耳朵坚而厚主寿，长而厚主禄；耳白或红扬名显贵，耳暗黑则属蹇滞；耳门有痣，多主痣病；耳孔有痣则是福寿征兆；耳高过眉，少年发福。如耳有缺损，除改型手术外，无可补救，唯有留长头发过耳，可补少许少年运之不足。

第二，眉。眉主31～34岁运。两眉相连主重刑克，是非多滞；眉头竖毛多招官非福患，破财、心愁；眉毛浓重而不见底部，欲念较高；眉短贫困，兄弟无力；眉毛粗压眼而睛又无神者官非多，财运不吉；眉毛稀少是破财，眉尾向上飞扬者好高骛远。眉如有损缺及形态不吉，可修眉达到毛长均匀，不乱不反才是富贵福寿。

第三，眼。眼主35～40岁中年运。眼若红、黄，或眼盖深陷而黑，多主运程不好，犯官非，有肾病及心术不正；眼光太强而露光及有长期性红筋，主勇悍难驯、刚暴及狡猾；目秀丽而有神，多主幸福快乐；眼水太多，外观像水塘一般，主桃花。如果眼部不佳或缺损，可多做善事以改心性，并戴太阳眼镜以改运。

第四，鼻。鼻主41～50岁之运，并主财运。高圈肥润不见鼻孔，主财运亨通；鼻钩之人一生无知己，事业反复，性格急躁；猪胆形之鼻，女人旺夫益子，安分守己；鼻梁如竹节，不听人言，犯小人；昂鼻露孔，一生财多亦去得快。

第五，口。口主51～60岁运。口大唇红，口角朝上为佳相；唇形尖而反，偏而薄，主贫寒下贱，口不说话而常动，衣食无着；口像老鼠长而尖，喜欢说人是非；口部颜色见紫黑，主人运滞困苦；上唇粗大下唇尖小，主奸诈而贫。改善方法是女性可多涂润唇膏，以使光润，常闭口以防露齿，多笑使嘴角上扬；男性可留胡子以掩盖唇形。

第四章 影响事业运的 物品

影响运气的物品在风水中的功效很多，而"驱邪化煞"是其最重要的功效之一。"煞"是指遇上不良的形状或者阴邪的能量场，会直接影响到人们的运势。

利用物品增运、改运既要符合个人所好，又不能与个人的五行相冲，要怎么选择能带来事业运气的物品呢？

一、汽车——开拓事业的好伙伴

对于许多开拓事业的人来说，车是必不可少的好伙伴。那么，怎样挑选出能为自己的事业推波助澜的座驾呢？

1. 分析自己生辰八字，得出自己命理喜用神

什么是命理喜用神？就是对你的八字有好的利导的五行。比如你的八字是癸卯－乙卯－甲寅－乙亥，这是一个木气旺盛的八字。按五行命理，木旺喜泄，火能泄木，那么火就是这个八字的喜用神。

2. 根据车名格局，匹配自己命理喜忌

比如宝马车的这个标志，色彩为白和蓝组成，形状为圆形，白为金，圆形为金，蓝色为水，公共信息为：格局金、水。这样如果您命理喜水，那么选择宝马最好。

3. 了解汽车的颜色与五行的搭配状况

我国古代先哲将宇宙生命万物的基本构成要素分类为五种，即五行。座驾中的"五行"，也是金、木、水、火、土，对应五行的汽车同样有着最适合的形和色。

木：含瘦长形元素座驾（如兰博基尼MirUa），对应颜色为青、碧、绿色系列。

火：含尖形元素座驾（如部分流线型跑车），对应颜色为红、紫色系列。

土：含方形元素座驾（如越野、切诺基），对应颜色为黄、土黄色系列。

金：含棱角形元素座驾（如凯迪拉克），对应颜色为白、乳白色系列。

水：含圆形元素座驾（如甲壳虫系列），对应颜色为黑、蓝色系列。

很多车都属"混合型"，即融多种元素于一车之中，这样则需具体考虑哪"行"为主，再选择对应颜色为佳。其他的中间色可依主色系分别归类，但该颜

色会在主色所具的属性之外兼具辅色所具的属性。

每一个对色彩较为敏感的人都有他所喜欢的颜色，人对某种颜色的好恶心态是随着不同时间段和不同心情而有所改变的，而这种变化是吻合五行规律自然变化的。但平时要注意和谐地配搭，尽量避免违背自然规律。单凭一时好恶作某种五行相悖关系的选搭，从而无意间引发潜在冲突实不可取。

五行间相生相克的基本关系如下：

相生：木生火、火生土、土生金、金生水、水生木。

相克：木克土、土克水、水克火、火克金、金克木。

交通意外的大多数成因是五行的金与木交战，只要我们多采用"水"，就可以把金木交战的程度化解或减轻。我们怎样在汽车内多采用"水"呢？最简单的方法，就是在行车时要把冷气开着（当然不可把温度调得太低或风速太高），因为冷气属"水"。

五行与颜色的关系：

通过专业分析，我们发现五行与颜色的如下关系。

喜金的人：应驾驶白色、金色的车，内部的布置亦要多采用白色、金色。

喜木的人：应驾驶绿色的车，内部的布置亦要多采用绿色。

喜水的人：应驾驶黑色、蓝色的车，内部的布置亦要多采用黑色、蓝色。

喜火的人：应驾驶红色、紫色的车，内部的布置亦要多采用红色、紫色。

喜土的人：应驾驶黄色、啡色的车，内部的布置亦要多采用黄色、啡色。

如果喜木的人经常开白色的车子，就造成金克木的格局，因为白色是金的主元素，大家都知道，金属的斧头是专门用来砍伐木头的。当然，也不是说绝对不可以开白色的，只是开白色车子出现事故的几率比较大。

4. 如何选个吉祥号码

如果车主命理需要金生水，那么我们在选择车牌号时注意选择7、8、9、0这几个数字多的；如果命理需要水生木，那么我们要注意选择含有0、9、1、2的数字多的车牌为吉祥号码。不过这种理论属于"吉凶暧昧"的一种，最好还是用"梅花易数"的方法来占算，这样会准确一些。

5. 根据自己的生肖选择合适的装饰物

十二生肖决定了十二种性格，同时也决定了哪些生肖在一起可起到相互配合的作用,而哪些在一起又会发生冲克。

很多人喜欢在自己的车里挂一些小动物饰品,如果不知道哪种动物适合自己的生肖,就会出现生肖冲克的现象,从而导致自己的事业和健康受损。因此,我们在选择动物饰品装饰爱车时,要注意不能选择和自己的生肖相克的动物。下面,我就为大家介绍一下各个生肖的车主爱车中忌放的动物饰品:

鼠,忌摆放马;牛,忌摆放羊;

虎,忌摆放猴;兔,忌摆放鸡;

龙,忌摆放狗;蛇,忌摆放猪;

马,忌摆放鼠;羊,忌摆放牛;

猴,忌摆放虎;鸡,忌摆放兔;

狗,忌摆放龙;猪,忌摆放蛇。

6.驾车时要特别小心的生肖之人

总的来说,交通意外的发生大多数是由五行的金与木交战而造成。与自己五行贴合的颜色选择,是可以增旺自己的运程而将交通意外的概率减低的。而不恰当的生肖动物摆设则冲犯了驾车者的根基,这是交通意外出现的成因之一。

凡是生肖属鼠或属猪的人,发生交通意外的机会比其他生肖的人要少。即便是在同一场车祸中,其受伤或破财的严重性也会比其他属相的人要轻一些。

凡是生肖属虎、兔、猴、鸡的人,发生交通意外的机会比其他生肖的人要多。如果是在同一场车祸中的话,其受伤或破财的严重性比之其他属相的人要重。

所以,生肖属虎或属兔的人,除了不可以在车内放置属猴或属鸡的物品外,亦不可摆放与金属有关的装饰物。而生肖属猴或属鸡的人,除了不可以在车内放置有属虎或属兔的物品外,亦不可以摆放与木有关的装饰物。

同时,我们要注意,在开车的时候不要把音响的音量调得太高,因为高音或噪音会形成金煞,会增加交通意外发生的几率。

多采用"水"可以把金木交战的程度化解或减轻。要采用"水",除了多开空调外,还可以在车里准备一瓶保湿喷雾,行车间歇可以为车内增加湿度。除此之外,车内挂放一道平安符或替汽车全身洒净开光,亦是一种减少交通意外发生的有效方法。

二、名片——为事业锦上添花

名片代表着公司或本人,好的名片能为你的事业锦上添花,不当的名片也会给公司或个人带来不利的影响,因此,一定要重视自己名片的设计。如果你是老板,就更应注意公司整体的名片设计和平面广告设

计，需要讲究其中的风水原理。如果你有幸拿到一张名流人物的名片，那么你一定会发现其中蕴含着丰富的风水原理。

广告和名片的底色与公司、名字的颜色要相生不能相克。

名片和平面广告设计讲求两大原则，一个是颜色搭配，第二个原则是位置安排。我们约定，一张长方形名片，上南下北，左东右西，东西为宽、南北为窄。那么，公司、个人名字应该如何摆放？

第一部分是决策层：

如果企业是一个集团，西北位是八卦中的乾卦，公司决策层应该放在这个西北地方，个人名字放在中间位置。

风水知多一点点

※ 青乌

汉代有一位方士叫青乌子，传闻他撰有《葬经》，后世奉之为宗祖，以他的书为经典。北周庾信《庚子山集》有"青乌甲乙之占，白马星辰之变"。《旧唐书 经籍志》记有《青乌子》三卷。唐柳宗元《昌黎先生集》有"艮之山，兑之水，灵之车，当反此。子孙万代承灵祉，谁之言者青乌子"。说明柳宗元可能见到过《青乌子》一书。唐代诗人刘禹锡在《刘梦得集》有"地得青乌相，宾惊白鹤飞"。

第二部分是执行层：

如果不是很大的企业，老板又是女性，那么公司最好放在中间靠东边位置。因为这是震卦，震为打雷，象征行动力，公司名字放在这个位置最佳。个人名字放在中宫位置，对于白领来说，最适合的也是这个位置。

如果说公司处在创业初期，作为一个公司的老板，既是决策者又是执行者，那么在名片上个人名字应该放在震卦位置。因为震卦的"震"，不仅指雷震，它有一种震动、震撼、震惊、震慑综合的意思，也即指超过一般人的承受力而造成的骇异局面。公司名字则可以放在中宫位置。

第三部分也是决策层：

对于中型以下企业，东南方位是巽卦，这是象征钞票。如果说执行层、中高层放在正中间震卦的位置，决策层则放在东南巽卦这个位置。

最后，我们设计名片还要考虑流年的影响。不同的年份，九宫飞星所处的位置是不同的，因此九星中的吉凶位置也随之发生变化。比如2008年为鼠年，南方是五黄灾星飞临之方位，如果你把自己名字放在名片南边，那么肯定会受负面影响。

三、伞——加深印象的好工具

伞是最容易遗失的东西，但同时又是长长的东西，人常常会因为长的东西而结缘。

如果想表现、想突破，不要犹豫，出门时带着伞吧。如果只有在下雨的时候才使用的话，就太可惜了。

四、文件夹——选择颜色改变工作运

为了提升工作运，可以选择文件夹的颜色。如想提高营业额、提高年终奖等与金钱相关的收入，可用黄色文件夹；想通过企划案时，用红色的文件夹；想得到客户的承诺时，可用绿色的文件夹。

五、照片——人物、地点是开运的要点

与谁在哪里拍照，这与风水问题无关。不过在出于"沾点喜气""邀福"的一般心理而言，与当时运气不错的人或者事业很旺的人合影，人们认为会对自己的事业带来好运。这也是为什么很多企业会将企业员工或领导与中央领导人或者名人合影的照片挂在公司墙上的原因。除了可以借助这些权贵名流的影响之外，人们总觉得还可以沾沾他们身上带着的喜气。

六、钥匙——叮叮当当，运气逃之夭夭

常常会看到腰上挂着叮当作响的钥匙的人，其实这是很不吉利的做法，因为叮当作响的金属物体会将幸运与缘分赶跑。所以，不到万不得已时请不要将钥匙挂在腰上，平日起居请将钥匙拿着走或者放在公文包里。

第五章 为事业增添能量的食物

食物中含有运气，对吃的人会造成重大影响。运气可以利用食物来实现，事业的成功离不开一个符合风水原理的饮食法，从而在食物中取得好的"运气"。

因此，在日常生活中，请各位留意所摄取的食物。

一、使自己更有斗志的食物

冬菇是素食中的"水"，颜色又是黑色，极适合一个命理五行需"水"的人食用。命理五行需要水、金的人如果喜欢吃冬菇，可说是最好不过。但如果是命理五行需要火的人，则不能吃太多冬菇，否则消化系统会出问题，影响脾胃功能。

冬菇味甘，性凉，有益气健脾、解毒润燥等功效。冬菇含有谷氨酸等18种氨基酸，在人体必需的8种氨基酸中，冬菇就含有7种，同时它还含有30多种酶以及葡萄糖、维生素A、维生素B、尼克酸、铁、磷、钙等成分。现代医学研究认为，冬菇含有多糖类物质，可以提高人体的免疫力和排毒能力，抑制癌细胞生长，增强机体的抗癌能力。此外，冬菇还可降低血压、胆固醇，预防动脉硬化，有强心保肝、宁神定志、促进新陈代谢及加强体内废物排泄等作用，是排毒壮身的最佳食用菌。而一个人要增强野心和斗志，抵抗疾病和挑战生活与工作中的困难，最好多吃冬菇。

二、有助于事业发达的食物

南瓜汤是名副其实的"发达汤"。南瓜五行为戊土，对于生于"卯"月（公历3月6日~4月4日）的人，多吃南瓜，可以大旺财运；而生于"亥"月（公历11月8日~12月5日）的人吃南瓜，男性可增旺官星，女性可增旺夫运及桃花运；生于"子"月（公历12月5日~次年1月5日）的人，吃南瓜会心平气顺，提高自信心及安全感，并减少劳碌，使心神安宁。此外，南瓜还有尊贵、招财、勤劳等含义，还可用来治疗失眠。南瓜子就是我们通常所说的白瓜子，一般瓜子、葵花子都会上火，但南瓜子却是祛火的，同时还可以祛虫，并降低糖尿。这是因为，糖尿为"壬"水作怪，"壬"水与"戊"土相冲，因此，戊土南瓜的子对糖尿恰好是对症药。

三、可以使自己的精力迅速恢复的食物

辣椒是"午"火，八字用神为"火"的人，一定要多吃辣椒才会交大运。凡是生于公历11月8日~次

年2月19日的人，命理五行偏寒，喜火暖身，也都应该多吃辣椒，这样才会鸿运高照。

辣椒以朝天椒、尖椒、柿子椒3种最为常见。辣椒具有温中散寒之功效，能够刺激体内汗腺排汗，消肿去湿。当一个人因浮肿或精神委顿而导致意志消沉、食欲不振的时候，只需要给他少量的辣椒下饭，他马上就会变得神采奕奕，恢复往日斗志昂扬的样子，同时，身体上的浮肿、水肿也会随着汗液的排出而消失。

辣椒对于生于11月中旬～次年2月初的人很有效果，特别是当这个人属于以下4种生肖之一时，辣椒简直可以说是大显神威：

第一，属猴的人：想发财，不妨学吃辣椒吧。肖猴人吃辣椒，多半会拥有吉星"金奥禄"，并有可能一夜暴富。

第二，属虎的人：多吃辣椒可以增加学习语言的天赋，而且可以凭口才、唱歌等成名及致富。

第三，属羊的人：若能多吃辣椒则有助于增强桃花运、提升人际关系。

第四，属鸡的小孩子：如果可以吃辣椒，将有助于成绩的提升。

而需火之人多吃辣椒，不仅可以交好运，更可以预防感冒，因为辣椒中有含量颇丰的维生素C。

四、实现工作愿望的各式菜肴

1. 提升工作运的菜肴

酸的食品或新鲜的鱼能提升工作运。诚如"鲤鱼跃龙门"的成语，鱼具有出人头地的运气。同时，新鲜表示运气好。若要工作有劲，不可或缺的是活力，从这一点看来，活力之源的红色食物也不错。鲷、贩等生鱼片最适合工作运，鲤鱼中红色的金眼鲤更能提升运气。

此外，希望各位尽量摄食番茄沙拉等有番茄的料理。在工作上尤其是营业员，必须设法激励自己的斗志，为此应尽量吃较硬的东西。因为吃硬的食物能激发人的征服欲和成就感。炒豆、酱黄瓜等有些硬又有口感的食品，是提升工作运极佳的食物。

2. 提升企划力的菜肴

虾或蟹等甲壳类最适合提高企划力。甲壳类具有灵感的力量，属于南方位的食物。我自己在寻找灵感

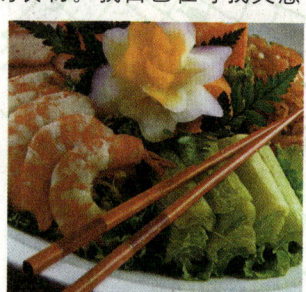

时，常常吃甲壳类的食品。

从事创造性工作者自然不在话下，而一般的上班族在参与会议之前或渴望做某种构想时，午餐不妨吃炸虾饭或炸虾。当然，午餐也能吃螃蟹喔！

同时，自创事业的人，尽量吃虾或蟹，创新的构想会一再涌现。在营养方面，据说虾、蟹含有丰富的蛋白质，脂肪量又少，是值得推荐的食材。

3. 提升事业运的菜肴

这和工作运类似，但着重于"自立开创事业而成功"，诸如离职自创事业或开店。适合事业运的食材有猪肉、牛肉及白米。白米带给亚洲民族运气。具体的菜肴有猪肉炒饭或什锦饭、烩饭、饭团等，年糕、什锦稀饭、稀饭当然也不错。

此外，寿司是添加酸味（适合工作）的米饭料理，可说是更能促进事业运的食品。同时，用白米为原料的糕点也可以。煎饼、馒头、红豆糕也在此列。

4. 提升人缘运的菜肴

若要提升人缘，最好活用南方的力量。南方为火，为离卦，代表人际关系，而属火的，南方的力量以甲壳类为最。虾、蟹不仅能增强企划力，还具有提高人缘的作用。不过，若想提升人缘，光凭虾、蟹就稍嫌不足，最好在虾或蟹制作时上添加蔬菜，而且是绿色蔬菜，因为绿色具有强化南方力量的作用，而且发亮的东西会加速南方的力量。所以，虾、蟹和蔬菜一起炒，再用淀粉做成勾芡的中国菜最好。勾芡可以使菜肴增添光泽。做菜肴时的锅子，最好也是用发亮的材质做出来的。

使用闪闪发亮的不锈钢锅而非珐琅锅，装盛、洗涤蔬菜的篓子也不宜用塑胶制品而用不锈钢制品的白铁篓子等，这些都能帮助你提升人缘。

风水 知多一点点

※ 《三龙经》：形势派文献

风水形势派文献有很多，具有代表性的首推《三龙经》。《三龙经》分别是《龙髓经》、《疑龙经》、《辨龙经》。传闻是唐代宗师杨筠松撰。以《疑龙经》为例，此书上篇述干中寻枝，以关局水口为主；中篇述寻龙到头，看面背朝引之法；下篇论结穴形势。附以疑龙十问，以阐明义理。《三龙经》极少流传于世。

第六章 催旺事业的挂画和吉祥物

中国传统环境认为，住宅是有气场作用力的，人生活在一团吉利的气影响的住宅内，便会家和万事兴，如果住宅的结构不合理，住宅的环境存在不利的因素，将会破坏住宅的一团和气，气破则神不安，从而对家人造成不利的精神影响，影响家人的工作、学习和人际关系。

而挂适宜的装饰画，可在某种程度上充满了吉祥的意味。

一、促进事业的挂画

1. 鱼跃龙门图

(1) 寓意及效应

相传黄河流经的山西河津县段，称龙门，水险浪高，河中鱼聚此跃游，凡是能跳过的鱼即变化成龙。故古时科举考场入口，题龙门二字，象征举子科举高中如鱼跃龙门，从此飞黄腾达。

鱼跃龙门，寓意是鼓励人刻苦读书，专意于科考。其中鱼又能代表年年有余，金钱不断。

(2) 宜忌

◎鱼跃龙门图，适宜挂在考试升学者的卧室或书房内，最适宜挂在文昌位上。

◎鱼跃龙门图，因"鱼"与水主文昌，可以参照"鱼图"的宜忌置挂。

2. 鹰图

(1) 寓意及效应

鹰崇高而尊贵，寓意高瞻远瞩。鹰也是中华民族的图腾之一，象征着勇于开拓、不断进取之精神。"飞鹰"有"鹰击长空，破天拼搏"、"大鹏展翅"之意。

民间有剪纸画"鹰抓兔"，鹰象征男性的阳刚，兔象征女性的柔美，象征男女的和谐美满。

(2) 宜忌

◎鹰图，最好挂在客厅的右方（白虎方，即人站在门口且面朝外的右方），头部朝宅外为吉。

◎鹰图，不宜挂在卧室内。

◎鹰图，不宜挂在书房内。

◎鹰具有鸡的属性，生肖属龙、蛇、牛的人与鸡相合，最适宜挂鹰图，生肖属兔的人与鸡不合，不宜挂鹰图。

◎从鹰具有鸡的属性来说，住宅的正东方不宜挂鹰图，因正东方为鸡的相冲位置。适宜挂在东南方、东北方与鸡相合的方位，或挂在正西方鸡本身的方位。

3. 白鹭图

（1）寓意及效应

唐诗中有"一行白鹭上青天"、"西塞山前白鹭飞"的优美诗句。可见，白鹭象征着优雅和美丽。

白鹭在群飞时有序不乱，旧时就以鹭的有序寓百官班次。在明清的官服补子纹样中，白鹭是七品文官的补子纹样。

"鹭"与"路"谐音。若把鹭与其他音韵相同的花草、物象以及文字等相搭配，可以组成种种内涵丰富的"吉祥语"图案。

画着白鹭、莲花、荷叶的图案，寓意为"一路连科"。

画着一只白鹭、芙蓉的图案，寓意为"一路荣华"。

画着一只白鹭、牡丹的图案，寓意为"一路富贵"。

画着两只白鹭、一朵莲花，寓意为"路路清廉"。

（2）宜忌

◎白鹭具有鸡的属性，生肖属龙、蛇、牛的人与鸡相合，最适宜挂白鹭图；生肖属兔的人与鸡不合，不宜挂白鹭图。

◎从白鹭具有鸡的属性来说，住宅的正东方不宜挂有白鹭图，因正东方为鸡的相冲位置。适宜挂在东南方、东北方相合的方位，或挂在正西方鸡本身的方位。

◎"一路连科"装饰画，宜挂在文昌位上，有利于考试成绩的提高。

4. 孔雀图

（1）寓意及效应

孔雀有"文禽"之美誉。它体态优美，丹口玄目，细颈隆胸。雄雀尾长三尺，光彩艳人，绚丽无比。自背至尾，有五色金翠闪闪发光的圆纹，相绕似铜钱，称之为"眼圈"，娉婷悦目，美不尽言。

孔雀举止气质非同一般，集"九德"于一体：一曰容颜端庄，雍容华美，文质彬彬，二曰声音清亮，鸣不尖声，悦耳动听，三曰步行有序，行走合拍，四曰知时明序，早出游晚归宿，起居有规律，五曰饮食有节，不狼吞虎咽，细嚼慢赏有节制，六曰知足不贪，随遇而安，七曰不散不离，不独立单行，结伴成队，八曰善辨方位，不迷归途，九曰求偶以礼，不愠不火。

孔雀美丽而德高，在明、清两朝文官官服上，孔雀图案成了官阶品级的徽识。明文官三品为孔雀，清文官二、三品皆为孔雀。孔雀成了官阶、职位，权势的象征。一幅画着珊瑚花瓶中插着孔雀花翎的图案，其吉祥意义是祝愿官运亨通、加官晋爵。

据记载，唐高祖李渊的元配夫人，闭月羞花，天资国色，琴棋书画无不通晓，由于才貌双全，择婿选郎"高标准"自不待言，而其父母定下的衡量准则可谓独树一帜：在门屏之上绘就两只华美的孔雀，择婿吉日，有弯弓射雀之目而中"的"者，即为李床女婿。条件尽管苛刻，可求婚者仍不乏其人，百余名英俊儿郎云集府第，竟无高手射中孔雀之目，唯有李渊箭无虚发，两箭各中一目，成就这段姻缘，一时传为美谈。

民间遂以"雀屏"代喻"择婿选郎",典出于此,而孔雀则成为爱情婚姻的吉祥物。

(2) 宜忌

◎因孔雀具有鸡的属性,生肖属龙、蛇、牛的人与鸡相合,最适宜挂孔雀图;生肖属兔的人与鸡不合,不宜挂孔雀图。

◎从孔雀具有鸡的属性来说,住宅的正东方不宜挂有孔雀图,因正东方为鸡的相冲位置。适宜挂在东南方、东北方相合的方位,或挂在正西方鸡本身的方位。

◎孔雀图,宜挂在文昌位或驿马位上,有利于仕途的发展。

5. 宝鸭穿莲图

(1) 寓意及效应

鸭与莲画在一起,称为"宝鸭穿莲图"。其中鸭中有"甲",与科甲的"甲"同字,莲花中的"莲"与"连"谐音,所以"宝鸭穿莲"表示连过考试大关,考试成绩得第一。"鸭"又是主外财的,所以"宝鸭穿莲图",亦可吸纳财气。

(2) 宜忌

◎宝鸭穿莲图,适宜挂在孩子的卧室或书房中,且宜挂在孩子的文昌位或吉利方位,有助于家中的孩子学习成绩长进。

◎宝鸭穿莲图,宜挂在正北方,因北方属水,易吸纳财气。

◎鸭具有鸡的属性,生肖属龙、蛇、牛的人与鸡相合,最适宜挂宝鸭穿莲图;生肖属兔的人与鸡不合,不宜挂宝鸭穿莲图。

◎从鸭具有鸡的属性来说,住宅的正东方不宜挂有宝鸭穿莲图,因正东方为鸡的相冲位置。适宜挂在东南方、东北方相合的方位,或挂在正西方鸡本身的方位。

6. 骏马图

(1) 寓意及效应

骏马奔放活跃,寓意飞黄腾达。马有生旺的作用,挂骏马图有收到捷足先登、马到成功之效。马的本性豪放不羁,有着强健不息的气数,马让人有振作奋发的作为。

一幅画着一个人与一匹背着重物品的马在一起的图案,表示祝愿人官位与舒适的生活永远伴随。

一幅画着一只猴骑在马上的图案,则表示"马上封侯"的吉祥意义。

(2) 宜忌

◎挂骏马图,马头宜向外,即向窗外或向门外,这样马才能出得了门。若要完成升迁、转业、移民等愿望,骏马图适宜挂在驿马位。

◎生肖属羊、虎、狗的人与马相合,最适宜挂骏马图;生肖属鼠的人与马不合,不宜挂骏马图。

◎住宅的正北方不宜挂骏马图，因正北方为马的相冲位置。骏马图适宜挂在西南方、东北方、西北方的相合方位，或挂在正南方马本身的方位。

7. 骆驼图

(1) 寓意及效应

在茫茫的大沙漠中，水就像金子那样珍贵，绝大多数动物和植物都难以在这样恶劣的环境中生存，但骆驼却例外，它有一套忍饥耐饿的本领，可以在沙漠中长途跋涉，因此被称为"沙漠之舟"。

骆驼最大的特点是背上有高高的驼峰，驼峰里面贮藏着大量的脂肪。当骆驼在沙漠中长途行走时，常常又饿又渴，这时，驼峰内的脂肪就会分解，转化成体内急需的营养和水分。当旱季来临、缺少食物时，骆驼就靠从驼峰里吸收脂肪来维持生命。它的脚又肥又大，脚下有垫，适于在沙上行走；鼻子可以开闭，适合抵抗风沙的侵袭，它的眼睛构造也可以避免刺眼的太阳光照。所以，骆驼能在沙漠中生活自如。骆驼具有在干旱恶劣环境下生存的能力，以及在沙漠里长途跋涉的特效本领，所以，骆驼象征着不畏艰难险阻，用于创新，能冲出困境，在困难的环境下走向胜利。骆驼的"骆"与快乐的"乐"谐音，所以骆驼又代表"快乐"的意思。

(2) 宜忌

◎骆驼图，宜挂在客厅或书房的吉利方位，激发人的拼搏精神，给家人带来欢乐。

◎骆驼因主要生存在西北方，所以骆驼图适宜挂在西北方。

◎骆驼图，宜挂在文昌位和驿马位，有利于事业的发展。

8. 鹿图

(1) 寓意及效应

鹿的形体奇特，四肢细长，身上有漂亮的花点，梅花鹿头上还长着角，形体非常可爱。

据说，鹿是瑶光散开而生成的，它能兆祥瑞。天鹿是一种长寿之兽，身上五色光辉，只有在天下君王实行孝道时，它才会在人间出现。还有一种白鹿，也是瑞兽，常与仙人为伍。白鹿能活千年以上，从满五百岁开始，其色就变白，成为白鹿，老子就乘着一只白鹿。君王其政和平时，白鹿则现世。

人们常以"逐鹿"喻争天下，鹿成了帝王的象征词。可见，鹿在中国文化中占有相当重要的地位。

"鹿"与"禄"谐音，所以，鹿象征着富裕。在一些吉祥图案中，一百头鹿画在一起，称"百禄"；鹿与蝙蝠画在一起，表示"福禄双全"，鹿和"福寿"二字在一起，表示"福禄寿"。

鹿也作为长寿的象征。在传统的寿画中，鹿常与寿星为伴，以祝长寿。

(2) 宜忌

◎鹿图，宜挂在各居室的吉利方位，催起空间灵动力，而使家人得禄。

◎鹿图，宜挂在文昌位和驿马位，有利于事业的发展。

◎挂鹿图，鹿头宜向内而为进禄。

◎鹿若与蝙蝠画在一起，则依照蝙蝠画的宜忌置挂。

9. 猴图

(1) 寓意及效应

孙猴子大闹天宫是家喻户晓的故事，它聪明善辩，灵活敏捷；它的火眼金睛，能识破任何邪恶；它的百般能耐，能驱除任何妖魔。人们对猴有一种特殊的感情。

"猴"与"侯"谐音，在很多吉祥图案中，猴的形象经常出现。如一只猴爬在枫树上挂印，这样一幅图案其吉祥意义是"封侯挂印"。

一幅画着猴子骑在马背上或向马背爬上去的图案，则表示"马上封侯"或"马上升"（猴的十二生肖地支为"申"，与"升"谐音）。

另外，如画着两只猴子坐在一棵松树上，或者一只猴子骑在另一只猴子的背上，"背"与"辈"谐音，可以表示"辈辈封侯"。

(2) 宜忌

◎有关猴的吉祥画，最适合公务员，或想在一个部门、企业内获得一官半职的人。若将猴的装饰画挂在文昌位上，效果更佳。

◎有关猴的吉祥画，宜挂在居室的吉利方位，催起空间的灵动性，以达到自己的愿望。

◎生肖属鼠、龙、蛇的人与猴相合，最适宜挂猴图，生肖属虎的人与猴不合，不宜挂猴图。

◎住宅的东北方不宜挂猴图，因东北方为猴的相冲位置。适宜挂在东南方、正北方与猴相合的方位，或挂在西南方猴本身的方位。

10. 抽象画

(1) 寓意及效应

抽象画就是与自然物象极少或完全没有相近之处，而又具强烈的形式构成面貌的绘画。

抽象画一直被人们视为是难懂的艺术种类，它另类独特，令人捉摸不透，与常在人们视线中出现的写实画相比，有许多不为人解之处。但在装饰画越来越追求个性的今天，"不解"正是美丽，是标新立异，是独特。

对于普通生活的绝大多数人来说，虽然只知道画

看上去很美，可对于其中的艺术寓意却追求较少。其实，一幅抽象画，从色彩到真实含义，都给观者带来强烈的视觉冲击效果，留下足够的想象空间，现代风格的室内装饰配上简单的抽象画，能够起到很好地提升空间的作用，带来视觉冲击感。

在家庭装修简约之风盛行的今天，抽象画开始有了自己广阔的用武之地。相比简约装修的清新素雅，抽象画以浓烈鲜活的色彩而大受欢迎，一艳一雅，一明一暗，在抽象画的衬托下，再清静的居室也会活跃起来。

因抽象画能给人带来冲击感，使居室活跃起来，因此挂抽象画则会对想谋得好工作的人有所帮助，对想在工作中得到上司的重视与提拔起着催化作用。

（2）宜忌

◎抽象画的色彩与各个宫位五行的特性要相生或相扶，例如，红、紫色系的图画宜挂在南方火气旺的位置，因火具有向上的特征，同类相扶；又可以挂在西南、东北固有土气场重的方位，用的是火生土的原理。

◎在同一空间内，抽象画不宜挂太多幅，太多的抽象画，意味着人处事追求虚荣，不切合实际。家里挂太多幅的抽象画会令家人的情绪反复大，心理不平衡，容易神经过敏。

◎抽象画挂在文昌位或驿马位上，有利于工作获得晋升。

11.桂树图

（1）寓意及效应

桂树在秋天开花，古人常用它来赞喻秋试及第者，称登科为"折桂"。传说中，月宫中长着一棵桂树，而月宫中又有蟾，故又以登科为登蟾宫。于是，"蟾宫折桂"就成了旧时人们仕途得志、飞黄腾达的代名词。

在古代，桂花还是友好和吉祥的象征。战国时，燕、韩两国就以互赠桂花表示友好。

在盛产桂花的少数民族地区，青年男女还常以互赠桂花表示爱慕之情。

"桂馥兰芳"是过去和现在都喜欢用的词语，其吉祥意义是子孙仕途昌达，耀祖荣宗。

"桂"与"贵"谐音，所以，桂花的吉祥意义是祝贺人得"贵子"。一幅画着莲花和桂花的吉祥图，表示"连生贵子"；一幅画着蝙蝠和桂花的图案，则表示"福增贵子"。

桂花也是富贵的象征。一幅桂花与桃花画在一起的吉祥图，寓有"贵寿无极"的含义。

（2）宜忌

◎桂树图，宜挂在各居室的吉利方位，催动空间灵动性，使其发挥更好的效应。

◎若是桂花图，可挂在居室的桃花位上，有催旺桃花的作用。已婚人士不宜将桂花图挂在桃花位上。

◎桂树图或桂花图，挂在文昌位上，对应试者具有帮助作用。

12.蜜蜂图

（1）寓意及效应

有一首儿歌："小蜜蜂，整天忙，采花蜜，酿蜜糖。"这让人们自然就会联想到蜜蜂是勤劳的象征。

蜜蜂每天不辞辛苦地采蜜，"蜜蜂酿就百花蜜，留得香甜在人间"。

蜜蜂的"蜜"与"甜"同义，也常连用，"甜蜜"可以用来描述愉快的感觉。所以，蜜蜂图可表示因家人的勤劳，而带来家庭的快乐。

蜜蜂常与花草画在一起，其寓意则多了一层花草的含义。如牡丹与蜜蜂画在一起，因牡丹表示富贵，牡丹蜜蜂图则表示家人的勤劳，带来了家人的富贵荣华。

蜜蜂的"蜂"与封官的"封"谐音，一张画着猴子和蜜蜂的图案，可以表示预祝"封侯"的吉祥意义。

（2）宜忌

有关蜜蜂图，宜挂在各居室的吉利方位，催起空间灵动力，带来家庭的快乐。

有关蜜蜂图，宜挂在文昌位和驿马位，有利于事业上的收获。

若是蜜蜂与猴子画在一起的"封侯"图，以猴子的挂画宜忌来考虑即可。

13. 蝉图

（1）寓意及效应

蝉，又名"知了"，是一种较大的吸食植物的昆虫。雄蝉的腹部两侧有发音器，依靠振动发音器来"合唱"。蝉栖息在高枝上，吸饮空气和露水，是不食人间烟火的。可见，蝉是高洁的象征，是灵通的象征，蝉声是清高的象征。

佛教中，蝉被视作复活的象征。汉代民间习俗在死人口中放一只玉蝉，寓意解脱、转世。汉代宫中以玉蝉作为冠饰，成为高官显贵的标志。而形容词"蝉联"是指接续不断，如蝉联冠军，即蝉可表示"第一"之意。

在家中挂蝉的装饰画，可令儿童发奋努力学习，有助于在考试中获得好成绩。

（2）宜忌

◎蝉的装饰画，最适宜挂在儿童房中，且宜挂在文昌位上，对儿童的学习有促进作用。

◎蝉的装饰画，适宜挂在书房中，且宜挂在书房的吉利方位或文昌位上，对学业和工作都有助益。

14. 杏花图

（1）寓意及效应

杏花非常美丽，常用以象征美丽的姑娘，杏仁则比作美女的眼睛，俗语常说"柳叶眉，杏仁眼"。因为"杏"与"幸"谐音，所以杏也象征着幸福。

"杏林春燕图"，其吉祥意义是祝颂科举高中。因为二月杏花时节，殿试中考者，受皇帝钦赐，在杏园

设宴游乐，"燕"与"宴"谐音，故有"杏林春燕（宴）"的吉祥图。

杏花与花瓶画在一起的吉祥图案，亦可表示"祝您高中"。

（2）宜忌

◎杏林春燕图，宜挂在文昌位上，将有助于考试升学。

◎杏花图，可挂于姑娘居室的吉利方位，若挂在姑娘的三合、六合方，则有助于焕发自己的青春。

◎杏花图，挂在卧室的桃花位上，可催旺桃花。已婚人士则不宜挂在桃花位上。

15.陶瓷版画

（1）寓意及效应

陶瓷版画是一种平面艺术，更是一门陶瓷工艺。陶瓷版画发展至今，其题材多样，有山水、花鸟、人物、写实等，其表现形式不仅继承了传统绘画技法，更大胆借鉴西方绘画的艺术表现手法，如油画、水彩、水粉等都可以在陶瓷版画上得到全面的表现，陶艺技法中的雕刻、捏花、印花、彩绘等表现手法也在陶瓷版画上得到淋漓尽致的表现。

陶瓷版画，其不同的内容图案所表达的意义是不同的，但陶瓷工艺品有它的灵性，对想要找到一份好的工作以及提高生活品质，将能起到催化作用。

（2）宜忌

陶瓷五行属土，五行喜土的人最适宜挂陶瓷版画，而忌土者不宜。

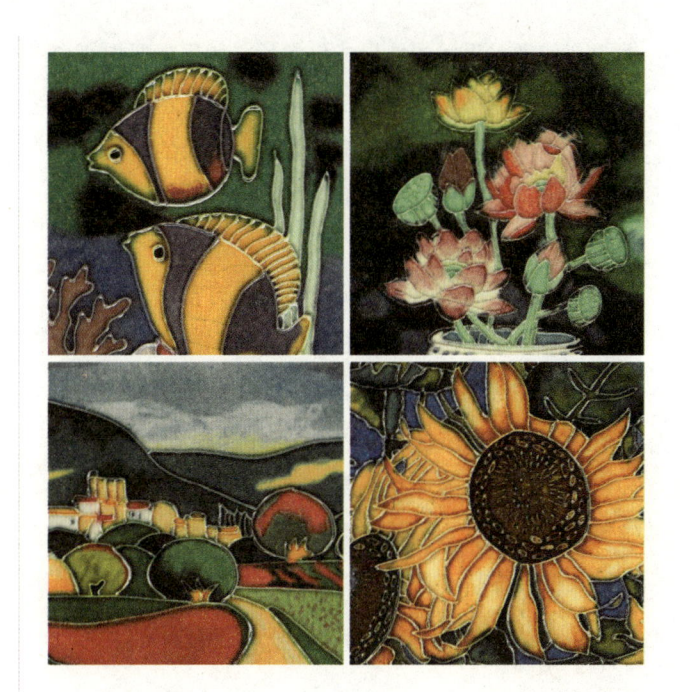

因陶瓷五行属土，陶瓷版画宜挂在西北方、西方、东北方、西南方相生相助的方位，不宜挂在北方、南方相克、泄耗的方位，挂在东方、东南方以中等论之。

二、吉祥物

1. 持水晶的龙

（1）寓意及效应

水晶可以激发龙本身已有的优异能量并附加新的

功效，使得水晶龙的能量成倍增长。如果想要提高自己的恋爱运的话，建议将持有粉红水晶的水晶龙摆放在自己的房间里，它一定会让你遇到心仪的对象，并与他（她）建立起如你所期待的恋爱关系。

（2）宜忌

◎在学习用的书桌右侧靠里的地方摆放这样一个饰物，既可增强学习时的注意力，又可提升学习能力。参加考试的当日，将此水晶放入衣服口袋中去应试，会有不俗的效果，此水晶龙多与九层文昌塔组合使用。

◎根据生肖的冲克，属狗、兔者与龙相克，所以这两个生肖不适合摆放龙类制品，也不适合摆放带有龙图片的装饰品。

2. 知了

（1）寓意及效应

知了最大直径约4厘米，为白玉精致项链，经道教开光文化特殊处理。

（2）宜忌

◎"知了"象征"知晓"，适宜学生随身佩戴，多为父母向上学孩子请的，也是唯一一款专门帮助学生提升学业的随身吉祥物。

◎在进行知了的搭配时，应该注意知了的数量。将一个或两个知了摆在一起都可以，不要同时摆放三个知了，同时摆放三个则效果不佳。

3. 大鹏展翅

（1）寓意及效应

大鹏展翅象征鹏程万里、名利双收，同时也象征一飞冲天、一鸣惊人。

（2）宜忌

◎大鹏展翅一般可摆放在办公桌和书桌上，有催功名、旺学业、利名声的作用。

◎建议将大鹏展翅摆放在左边。因左边属于喜庆吉祥的位置，而右边是比较凶的，不要放在右边，以免引起不良的冲煞。

4. 鲤鱼跳龙门

（1）寓意及效应

明代李时珍的《本草纲目》里记载："鲤为诸鱼之长。形状可爱，能神变，常飞跃江湖"。因此，鲤鱼跳龙门，常作为古时平民通过科举而高升的比喻，被视为幸运的象征。跳龙门寓意事业有成和梦想的实现，"鱼"还有吉庆有余、年年有余的蕴涵。

（2）宜忌

◎鲤鱼跳龙门象征金榜题名，衣锦还乡。可摆放在学生、想当官、想晋升的人的书房或办公桌，有利学业、催功名之功效。

◎鲤鱼跳龙门为利学业、催功名的吉祥物。年长者最好是安享晚年，不要再为功名所累，如果整天对着鲤鱼跳龙门这类吉祥物，会产生心理上的压力，使人整天闷闷不乐。

5. 十八罗汉

(1) 寓意及效应

十八罗汉神态各异，各自都有不凡的来历，一般用于求福、祈福，象征吃苦耐劳、终成正果。

(2) 宜忌

◎十八罗汉适宜放置于书房，能够使人安心学习，若放置于客厅做装饰用，则显得漂亮美观。

◎一般不建议在卧室内摆放十八罗汉，因其摆放在卧室的效果不太好，对佛也不恭敬。

6. 节节高笔筒

(1) 寓意及效应

节节高笔筒最大高度约16厘米，为精致摆件，助运笔筒，经道教开光文化特殊处理。

(2) 宜忌

◎节节高笔筒适用于以升职为主要工作目的，或者希望能有升职机会的人群使用。专业设计为"连升三级"，并且是"双福临门"，适合欲升职的政府公务员使用。安放在办公桌或者书桌上，所有的"非老板"工作人员都可以适用。

◎一般建议将节节高笔筒摆放在左边，左边属于喜庆吉祥的位置，右边是比较凶的，不要放在右边，以免引起不良的冲煞。

7. 一路荣华

(1) 寓意及效应

芙蓉花亦称木芙蓉，蓉与荣同音，花与华古时通用，鹭为白鹭，与路同音。本吉祥物一朵芙蓉与鹭一起，意为"一路荣华"。

(2) 宜忌

◎"一路荣华"象征永远荣华、富贵，适合摆放在办公场所或经营店铺内。"一路荣华"寓意行人此去将交上好运，荣华富贵享之不尽。

◎一路荣华最好与陶瓷、木制品放在一起，不适合与金属类物品放在一起，并且不适合与红色物品一起使用。

8. 一帆风顺

(1) 寓意及效应

一帆风顺最大高度约19厘米，为精致摆件，经道教开光文化特殊处理。适宜安放在办公桌或者书桌，接待室、会议室等处，尽显美观大方。

(2) 宜忌

◎一帆风顺主要用于交通运输及航海航空等部门和行业，适宜以流通为主要目的的职业。专业人士强力推荐流通类单位公司放置于会议室，尤其是接待室摆放最为适宜。

◎建议将一帆风顺摆放在左边，左边属于喜庆吉祥位置，右边是比较凶的，不要放在右边，会有不利的冲煞。

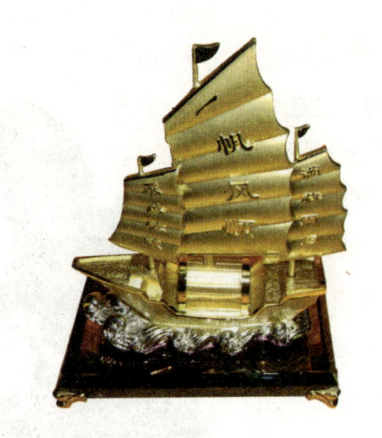

9.水晶柱

（1）寓意及效应

水晶柱可凝聚空间能量，使之集中于一点以加强思维，亦可作为文昌塔的一种来使用。水晶可以加强人们的能量运势，增强人们的信心，有助于用心开创事业的人们开拓视野和激发其雄心壮志。

（2）宜忌

◎水晶有增强能量，开发智力等功效。如果将其摆放在书房中常见到的地方，可加强主人的读书缘；将其摆放在办公室的四角，则会使人做事头脑灵活；若将其放在床头，则可加强在睡眠前的阅读兴趣；将之放在儿童房，还可增强小朋友的记忆力。

◎水晶在使用上约束比较多，主要是结合个人的八字来分析，看适合什么颜色的水晶，从普遍来讲使用各种水晶都没有坏的作用，只是使用不当起不到作用，很少会有起反作用的。

10.官上加官

（1）寓意及效应

官上加官的形状为一只打鸣的公鸡。公鸡因其不凡的身世和高贵的美德而倍受人们重视，是人间辟邪的吉祥之物，象征升官和功名。

（2）宜忌

◎公鸡鸣叫表示"功名"，雄鸡鸡冠高耸、火红，表示显贵。因此，将一只有漂亮鸡冠的雄鸡作为赠礼，可祝贺对方能够获得官职，用来表示"官上加官"。

◎从生肖的属性生克来看，肖狗、兔者与鸡相克，所以这两个生肖不适合摆放官上加官。

11.文昌塔

（1）寓意及效应

古代中国的道教寺院在建九层文昌塔前都要先选定好文昌方位，而诸多的文人墨客都要在塔里学习研究、著书立撰。文昌方位是精神集中的地方，是专为做学问而设立的方位。如果实在难以将书房设在文昌方位的话，可以在自己的桌子上放一座风水文昌塔以提高注意力，开发想象力，提高工作效率。

（2）宜忌

◎文昌塔可增添学习气氛，提高学习和工作效率。一般摆放在办公室区域或书桌上，象征意义：步步高

试成绩,也可将其放在自己的书桌上和水晶龙一起使用,效果会更加明显。

◎建议将文昌塔摆放在左边,左边属于喜庆吉祥位置,右边是白虎位,象征意义上是比较凶的,不要放在右边,以免引起不好可能的影响。

升、聪明智慧。所谓文昌是指支配文人命运的方位,叫做"文曲星"的星宿,自家大门的方位不同,文曲星的方位也就不同,这个方位就叫"文昌方位"。文昌塔的能量可以给做计划、创造等研究工作的人给予强力支持,所以建议想成为董事长、总经理、创业家以及从事技术开发、文学、艺术等创造性工作的人们使用文昌塔;另外接受种种考试的学生们为了提高考

房间入口与文昌方位对照表

入口方位	文昌方位
西南	北
西	西北
北	南
东	西南
东北	西
南	东北
东南	东
西北	东南

第四部分
爱情婚姻篇

对于人类而言，没有爱情、没有婚姻的生活实在是太乏味了。然而，现实却是：越来越多的年轻男女，即便拥有美丽或英俊的外表、高学历和高薪，却是年逾婚期依然找不到差强人意的适婚伴侣，更不用说完美伴侣。

人是有感情的，爱，是人的本质！

真爱在我不在天！情缘更不是天注定！就算全世界的人都说"半点姻缘天注定，爱情是不能强求的"，你也不要相信！之所以不能享受真爱，只是能量和讯息不对，像收音机或电视机一时收讯不良罢了，并非这一辈子都要被爱"断讯"。

人人都有遇见完美爱情、完美伴侣的可能性，只要你能找出问题所在，肯改变自己，正确地施放自身的磁场，那么，真正属于你的爱情就会如约而至！

- 第一章　爱的智慧 …………………… 228
- 第二章　生肖旺桃花 …………………… 237
- 第三章　方位定爱情 …………………… 253
- 第四章　八宅稳桃花 …………………… 257
- 第五章　飞星派桃花 …………………… 266
- 第六章　五官相桃花 …………………… 273
- 第七章　食物壮桃花 …………………… 282
- 第八章　配饰助情缘 …………………… 289
- 第九章　格局助桃花 …………………… 296
- 第十章　嫁娶择日 …………………… 307
- 第十一章　增加爱情运的挂画和吉祥物　312

第一章 爱的智慧

风水助缘，但重要的还是要靠自己。

你可以和风水结缘，相信并获得一个吉利的空间可以帮助你创造幸福的感情生活，但同时也不要盲信神话风水的影响力，一定要明白"人的努力才是最重要的"这一道理。

一、坤卦的寓意

我有一点非常重要的风水上的认识，就是西南方是一个适合所有人的桃花位置。

《易经》八卦中，有一个卦是专门论述如何做人和处理人际关系的，那就是坤卦，坤卦在方位上就代表西南方。

孔子说，坤卦属阴，是最柔的，为纯阴之卦。坤卦象征了宇宙里的月亮，坤卦教化我们做人要像月亮那样光明磊落。坤卦讲求顺天体而行，与同类合群共行不息而前进无疆，随着时光的流转不断地前进，有顺畅之意象。人生要不断向前看，眼光不能只停留在昨天。

坤卦象征大地，胸怀宽广，它教化我们只知付出不苟求回报，要效法大地之厚，能担当重任。"厚载万物"，这是大地的功能，也是中国文化最高深的境界。越是愿意付出的人越是富有，所以要多付出一些，不要老是想着将别人的东西据为己有。

坤卦代表大众、朋友、母亲、家庭，强调待人要忠厚、顺从、温和，勇于付出和有包容心；自己为人要有爱心、勤俭、克制、谦虚、踏踏实实。坤卦虽然是最柔弱的，但一旦动起来却刚强无比。古人说："大柔非柔，大刚非刚。"柔到极点就成了纯阳之体，所以说天下之至柔，能克天下之至刚。

我们做人要站在坤卦的立场上。可以说，坤卦已经将一个人应该怎样做人、如何处理人际之道讲得很透彻了。

在《易经》六十四卦中，与坤卦有关的卦共有十五个，昆明理工大学易川凿教授等著有《易经养生》一书，将其归类简述如下，附记于此供读者们了解。

1. 讲"君王之道"

即地天泰、地泽临、风地观、水地比，四卦。

一个帝王，应该代天地行道，关心人民，不但掌握统治权，而且有教育人民之义务；应教之以技，使之得以温饱；教之以理，晓之对待生活的态度；教之以法，懂得遵守法纪，做一个优良的臣民。要教的东西很多，凡是应该教的都要教。这样，一个国家才会强大，人气才会兴旺，成为万年之江山。

同时，对国内各个民族施之以爱，对周边国家施之友好，礼尚往来，获爱戴与人气，方为国君之本。

2. 讲"修身之道"

即地火明夷、地风升、火地晋、泽地萃，四卦

一个人要获得人气，必须先修身养性，了解什么该做，什么不该做。同时，也让人知道自己拥有良好

的品德。修身养性不是一天一日之事，必须持之以恒；也不是小事不顾，只论大事，只有这样才会成为一个完善的人。

同时，应该以善为本，切勿争勇好斗，更不能身藏凶器，心怀行凶之心。

3. 讲"为人之道"

即天地否、地水师、地山谦、坤为地，四卦

为人之道：平民应朴实无华，不可炫耀富贵，以免给自己带来灾难；为官者也不应在众人前摆出官架子，脱离群众。不但对人如此，就对各种动物也应有爱心，对穷者或弱者给予平等对待，才能得到万众称赞，众口皆碑。

4. 讲"安身之道"

即雷地豫、地雷复、山地剥，三卦

不论君王、百姓都应该时时宣传美德，以此为乐。并效仿先辈们的优良品性，不该做的买卖不做，不该去的地方不去。就是在家里，做长辈的也应该爱护宽容小辈；家人之间才会和睦相处，平平安安。

良好的人际关系靠的是方方面面的努力，从自身之养德到对人之以诚，使大家爱之、敬之、拥之而聚之，只有这样，桃花才可以常开不败。

二、"缘"与"分"

常听人们说"缘分"二字，那么缘分是怎样产生的呢？一切缘起的事情皆因缘和合而生，都是由种种的要素和条件共同构成。我给你的风水布置建议就可能是构成你的生活的诸多要素中的一个，它本身又由各种各样的要素组成，无论是咸池、八宅派的延年和六煞星，或是流年九紫催旺，都是形成这些理论的要素，它们可以增益你的机缘。

在感情生活中，最为重要的是你和他或她动情的时间相同，在某一个时间，双方邂逅并都对对方动了情愫，"缘"便开始生成。

世间万事万物不是单独存在的，所以并不存在任何一种恒久不变的要素。风水轮流转，人是会变的，人和人之间的关系也会发生变化，爱也是会变的，所以我说世事无常，世事无常才是正常。无常是佛学的叫法，就是变化的意思。

有缘未必就有分，你们恋爱了但未必将来就会结婚，原因往往是多方面的，我不可能一一道来。"婚姻只有爱情是不够的"，这句话很经典，男女从谈恋爱到结婚，这个过程中会出现很多阻碍，有客观的也有主观的，人类的思想、感情比动物复杂得多。如果你的恋人说你不够上进，那你就要加倍珍惜生命里的时间，多做出一些成绩来给对方看，即便这次对方已经不再接受你，你也不会错过下一个有缘人；如果你的恋人嫌你体弱多病，那你就要加倍努力锻炼身体，不是为别人，而是为自己。在前面所述的有助于情缘

的坎卦命的卧房布置建议中，我说的在靠东南方位放置镜子或钱箱，既是有助于事业和财运的布置，而靠北方位放置一块大圆石则有使自己健康的影响力量。我对其他命卦所属的人的建议也都可以在本书中中了解。

喜欢是爱的基础，缘是分的基础。要成就一段长久美满的姻缘，确实要诸多要素和谐统一来实现。一件好事的成就，过程并不那么简单。正在恋爱的人要努力，而那些已经构筑家庭的则需要细心呵护，使这段缘分天长地久，使"婚姻大事，人人幸福"。

三、失恋

世界是个活的大舞台，唱戏的男女有缘无分，那就失恋了。

如果你凝望一片湖水，你会发现湖里的水波在风的吹动下有起有伏。风是时随变的，今天吹东南风向，明天吹西北风向，它是无常的，经常会变化的。佛语"无常"的意思是说，世界上没有一种东西可以永恒存在的意思，其实这也是《易经》中的"变易"的观点。万事万物都在变化中，有智慧的人要能够适应这个变化。

风是水波起伏的要素和缘起。水波的起伏，宛如我们对于外在事物的一切看法，人生有得有失，爱情也会有得有失。因为我们会受外界环境因素的影响，会患得患失，这样人便有了痛苦。

佛教哲学认为，人的生命历程里有八种痛苦是无法避免而不得不承受的。这八苦可以分为两大部分：生、老、病、死是肉体上、生理上的苦；爱别离、求不得、怨憎会三苦是精神上、心理上的苦。心有所系，然后就有了欲望，欲望得不到满足就会不快乐。五阴炽盛苦则总括了身心诸苦，其余七苦由此而生。

生苦	出生，是人生痛苦的开始。
老苦	心理和身体上的衰老常常生出许多病痛。
病苦	人自出生以后，就与疾病结下了不解之缘，生病的滋味是苦。
死苦	人从落地那天起，就在向死亡和坟墓迈进。
怨憎会苦	碰到自己所憎恨和厌恶的人和事情，怨憎交加是苦。
爱别离苦	与自己所爱的人或事物离别的痛苦。
求不得苦	自己的追求、欲望、爱好得不到满足而带来的痛苦。

失恋之苦是和自己所爱的人离别之苦，是自己的追求、欲望、爱好得不到满足所带来的苦。但一个拥有智慧的人会很快把这种失恋的苦放下，他知道世界上很多东西是没有所谓优劣、胜负、成败与好坏的，只有适合和不适合。"哦，已经无法挽回了。既然不适合就顺其自然吧，然后我们将它放下。"放下是需要很大决心的，因为它要求舍弃你对女友或男友所"期许"的一切，切断彼此的利害关系，以获得心灵的平静。

放下以后，那种苦恼的感觉也就没有了，渐渐地就恢复了平静。平静的时间里可以帮你冷静、客观地分析往事，也有利于聆听到自己以及另一方的心声。

那段宝贵的记忆，只是我们生命中曾经流过的一段似水流年，随着时间流逝，它会和很多事情一起淡化，慢慢地远去并被记忆之河冲刷殆尽。而那爱已经不在，恨已不复。

在心理调适上，摆脱苦恼大致有四种方式，它们是转移、排遣、升华和宽恕。

转移，就是培养新的兴趣点，用新的兴趣来取代原来的烦恼，喜新自然就厌旧了。只要有新的机缘来相遇，就会有新的结合可以产生。陷入感情泥沼的当局者，要觉醒是比较困难的，转移有助于获得新的机遇或者是可使暂时忘怀令人烦恼的一切。你可以好好睡上一觉后去美术馆欣赏书画，也可以读几则幽默笑话。给自己买个小礼物，或者是去享受一下按摩之乐，甚至索性出门去度一个"迷你"假期等等。换个环境，短时间地离开熟悉的生活场景有助于心态的调节。

排遣，就是把烦恼向亲人、朋友吐露，说出来也就释放了苦恼，还可以得到他人的指引。把所有的抑郁埋藏在心底只会使自己郁郁寡欢，如果把内心的烦恼及时告诉你的知友、师长，心情就会顿感舒畅。

升华，就是明白人生有得意就有失意，清楚地认识到苦恼是没有用的，跌倒了就爬起来，奋发图强重新来过。

关于明白人生有得意就有失意的道理，我有一个"塞翁失马，焉知非福"的成语故事讲给大家听。塞翁，边塞的老头儿的意思。失马，丢失了马。"焉知非福"的意思是：怎么知道不是好事儿呢？《淮南子·人间训》里说：古时候塞上有个老头儿，丢了一匹马。人家来安慰他，老头儿说："你们怎么知道这不是一件好事呢？"巧合的是，不久后这匹马居然又带了一匹好马跑回来了。老头儿因此还赚了一匹马。这个成语比喻虽然受到暂时的损失，以后却会因此得

到好处，也指天地间没有绝对的坏事，坏事有时也可以变成好事。人生失意也不一定是坏事，倒过了霉好运气就要来了。

宽恕，就是忘怀怨恨，不再执著于过去的伤痛中。

人们常说，爱得越深，恨得也就越深。这其实也符合万物生克的原理，生人者也克人，两者对立而共存。在吵架的时候，最爱的人往往就变成了最仇恨的人。其实你要这么想：每个人的角色不同，意见自然会相左，即便有人伤害了你，无论是有意还是无心的，伤害已经铸成，如果不愉快的记忆一直留在心上，你自然也不会恢复健康快乐的心态。已经分手的恋人之间，即便在过去发生过再多的不快，也已经成为往事，大可不必耿耿于怀，或者去嫉恨、诅咒对方，而要以原谅、宽容的心对待之。把这段经历视为人生中必然的"时间流程"。

不执著，不怨恨，对生活常怀有感激之情是有"智慧"的人的心态。以易理而言，"否极"始有"泰来"。失败是成功之母，凡事坏到了极点就要变好了。

四、爱别人与爱自己

缘分是要被珍惜和细心呵护的。

无论你是正在恋爱，或者是已婚人士，我都希望你可以明白，爱情好比是一盏点燃尘世的火烛，被它照亮的人们是幸福的，而你为它添些木炭便可使它不会熄灭。

有一个道理大家一定要明白，要先"舍"才可以

"得"。中国文字有"舍得"一词,"舍"和"得"是很微妙的关系,能够付出的人才可以得到幸福。你对别人不计得失地关心爱护,乐于付出帮助,这样也使你在对方心目中的形象更有魅力,时间久了自然会得到别人的"心",别人自然也能够以"爱"来回报你,也会为你全心付出。每个人都是有感情的,先敞开心扉的人往往是大赢家。《易经》说"以贵下贱,大得民也",意思是说,做人不要傲慢,要对人礼让谦虚,这样就会得到大众的拥护,得到民心。要得到"爱",先要给予"爱",这是真理。

付出爱的反面是想去控制对方,进而得到地位、金钱等物欲上的利益,这就像一味毒药一样,这样的桃花迟早都会枯萎,最后只会得到一根风干的枯桩。现在社会上有种为了钱而结婚的"好姻缘",从长久来看是会不幸福的,这是时下的年轻人要谨记的事!

要付出爱,先要学会自爱。自爱不是高姿态的防范态度,不是"端架子"的那种意思,而是尊重自己、善待自己,珍惜自己生命中的时光,维护自己的操守品行。一种不需要刻意追求的"自信之心"就会油然而生!学会爱人的第一步先要爱你自己,如果连自己都不会爱,又怎么能很好地去爱别人、感染别人呢?别人又怎么会来尊重你、敬慕你、爱护你呢?所以即便是你付出了,也往往会是无原则的付出,而一旦失恋时也就无法坚决地面对,缺乏勇气,无法保持心态的平衡,因为你已经迷失了自己。

要爱自己,必须先要学会控制自己,因为懂得自我控制的人才值得信赖。有了自信之心,碰到困难就不会畏缩不前,而能够勇敢地去面对未来。

一个自爱的人,一个充满自信的人能不美吗?所以我说,先自爱,再去爱别人。

五、不要猜疑

早上九点,我到办公室刚沏上一杯茶,便接到了陈太太的电话。陈太太在电话的那头哭诉着她最近的不幸经历,现在她先生要和她正式离婚了。刚刚结婚才不过一年就闹成这样,她问我应该怎么办。

这个问题可不好回答,因为我了解了事情的原委,知道这不是一个风水的问题。事情是这样的,某一天下午,陈先生临时被公司派遣出差,在路上弄丢了手机,这天下午陈太太打了几十个电话给他都是"没有开机"。由于陈先生公司里有许多女性职员,平时也颇交好,这令陈太太起了疑心。当陈先生晚上到达目的地后用酒店的电话打回家时,陈太太不等他解释就厉声责问:"你到底在什么地方,和谁在一起,是不

是在干什么见不得人的事？"争吵就是这么发生的，后来事情越闹越大，彼此都觉得对方不可理喻，是"最糟糕的人"。

如何处理感情，这是一门艺术。轻易地怀疑自己的丈夫，陈太太在这件事情上做得太过激了。

最近有部颇有教育意义的电视连续剧叫做《新结婚时代》，故事里的男主角顾小航丢了500元钱，怎么也找不到，告诉全家人，全家人怀疑是家中的保姆小夏偷的，暗中观察，看她的一举一动都像是偷了钱。结果不久后，顾小航偶然想起当初自己是把钱借给了朋友，这才知道那个保姆是被冤枉的，可是小夏已经伤心地离开了。

疑心源自于人的片面的主观臆断，如果你用猜疑的目光来审视别人，自然就会觉得别人处处都不对劲，大有问题。

人常常把片面的主观据为公理，自以为是正确的，而不顾整体事件的真象。我告诉陈太太应该暂停争吵，尽量冷静，从先生的角度去考虑和印证问题，这样才能让事情向积极的方向发展。宇宙间的万事万物都是相对的，因为立场的不同，想法有时会南辕北辙，这也是《易经》里的综卦的观点。

六、冲动是魔鬼

人与人相处，不管是在工作还是在家庭生活中，都不可能没有口角和摩擦发生。《易经》告诉我们"刚柔相摩，八卦相荡"这个宇宙法则，就是说，万事万物在矛盾和摩擦、碰撞中才产生了不同的现象，世间一切的人事也都不可能脱离这个原则。

人无千日好，花无百日红。人和人之间吵吵架，那是很正常的事情，没什么大不了的。可是一吵架就要分手，就要离婚，这就是很冲动很不好的抉择。

讲一个故事给你听。有一个男子喝醉了酒，正打算好好地睡一觉，可是他刚一上床，就听见被子里有老鼠的"吱吱"叫声，他又追又打想把老鼠赶跑，可是那只老鼠也是吓昏了头，在他的床上蹿来蹿去，急怒之下这位男子取了一把火来烧老鼠。最后老鼠逃跑了，可是被子却被点燃了，最后整间屋子也被烧毁了。

酒醒之后，这位男子非常后悔其盲目的冲动行为，可是世上有没有后悔药卖呢？

在生活中，人们因为一点口角，不能冷静和采取正确方法予以解决，进一步演化为不幸的事件我也时有耳闻。"冲动犯罪"这个词对平常百姓而言可能有点陌生，但都屡屡发生在我们身边。我看见一则报导，吴某与妻子黎某在同一工厂做工，双方感情尚好。由于生活压力和经济拮据，妻子经常抱怨其丈夫没有本事，夫妻俩常为一些生活琐事争执。黎某还扬言要和吴某离婚，吴某则怀疑黎某有外遇。某天傍晚，因吴某打了儿子一巴掌，两人又争吵起来，黎某扬言下个月就和吴某办离婚手续，吴某盛怒之下从床下拿起一把羊角锤向黎某击去，致使其当场昏迷。因为愤怒和挫折而情绪失控，进而选择了暴力侵害，其最终结果危害性是极严重的。

勃然大怒时会做出许多蠢事，冲动是魔鬼。与其事后后悔，不如事前制怒。当别人发脾气的时候，我们要劝他不要动怒，要让头脑清醒一下再做事，学会调节情绪，切勿冲动犯事，酿成大错。

尊重并通过对自我以及另一半的深刻分析，方可了解不同生命在认识上的异同，进而尊重对方的认知。夫妻之间要能互信互爱，彼此容忍。中国文化讲求夫妻相敬如宾，这是真正可以恩爱一生的"秘密"。

中国古代哲学中说："孤阴不生，独阳不长，故天地配以阴阳事物，阴阳之气相合而雨露天降，阴阳之气相合而万物生长，男女夫妻相合而家道可成。"营造和谐，维护和谐，不要去破坏和谐，这是当今社会所提倡的，这原本就是为人处世的大道理。

七、水清无鱼

对人与人之间和谐的情感交流而言，你要多看到别人的优点并给予赞美，这是给对方的最好的礼物！赞扬她的美貌如天使，夸奖他的好成绩等等，要多赞美对方的优点和多对他说些令人欣悦的体贴话语。赞美是感情的润滑剂，因为当你开始学会欣赏对方的同时，对方也会欣赏着你，所以请不要吝啬去赞美，你要为彼此之间的"情感之火"多添点木炭。

多多赞美和鼓励会帮助人向更好的方面努力，这实在是利人利己的好习惯，其对人的影响效力超过风水一百倍。而我们对于对方的缺点则要以耐性和宽容待之。事实上，大部分的人都看不到自己的缺点，而对于别人的缺点倒是十分的敏感，更甚者看见一个把柄就捏牢不放，甚至把自己的过错也归咎于对方，这样的感情自然毫无快乐可言。处于不健康的婚姻关系中的夫妻，会偏执于自己的观点并最终更加愤怒和轻视对方，一段时间以后两个人都习惯了对方的冷淡，再也没有软软细语和关注的目光，这样的爱已没有内容可言。正如叶圣陶作品《线下》中说的那样："没有恋爱的结婚就是牢狱，活生生的一男一女就是倒霉的囚徒。"

年轻的朋友要记取"水清无鱼"的道理。《大戴礼记·子张问入官篇》："水至清则无鱼，人至察则无徒。"意思是说，水太清鱼就存不住身，做人太精明太苛刻就没有人能当他的伙伴。你看那游泳池里的水是够清澈的了，可是哪里有鱼能够在里面生存呢？为人处事也是一样的道理。俗话说，金无足赤，人无完人。如果你事事苛察，求全责备，眼里容不下一粒砂子，又有谁愿意跟从你呢？所以对别人的缺点都要有包容之心，要多看到对方的优点，当有矛盾发生时则要进行积极有效的沟通和对话。清朝名士郑板桥说："聪明难，糊涂难，由聪明转入糊涂更难。"夫妻之间有点不称心的事情，就当没看见就是了。

从结婚以后只看对方的优点，不计对方的缺点，这样婚姻就幸福了。人生中对一些小事情要马虎一点，睁一只眼闭一只眼，做人要会把握"难得糊涂"的境界，如此生活才舒心。

人生在世，要学会在适当的时候"弯曲"。何解？我听说有这样一个故事：在加拿大有一对年轻夫妻老是吵架，几乎到了闹离婚的地步，两人决定出去旅游一下，他们想，或许这样能挽救一下岌岌可危的婚姻。两人来到魁北克省的一条南北向的山谷里，他们惊奇地发现了山谷的东坡上长满了松树、女贞、桦树，西坡上却只有雪松。为什么东、西两坡差别这么大呢？他们发现雪松枝条柔软，积雪多了枝条就被压弯了，雪掉下去后却又复原了。别的树硬挺，最后树枝却被积雪压断了，最终这些树都死了。这时刻他们两人终于明白一个道理：压力太大的时候要学会弯曲。丈夫赶快向妻子检讨："都是我不好，都是我的不对。"妻子一听丈夫检讨了，马上也说，"对不起，其实我做得也很不对。"他们由此获得启发而和好如初。

《易经》中说，过于刚强的事物容易折断，要善用柔的法则，柔而能刚，弯曲才可以保全，厚德载物才能逢凶化吉。这个也是坤卦教给我们的智慧。人类发射火箭到太空中去，路径走的是抛物线，卫星到了太空后的轨道也是圆弧形的，现代科学也知道路线太直就不能发射成功，凡事要转个弯才可以成功。

在长期的婚姻生活中一定会有一些貌似不可调和的矛盾，这时相互妥协是非常必要的。当然，这种妥协不是单方面的，一方的妥协往往能换来另一方的退让，最终双方言归于好。我也在生活中听到过这样的话："我几十年都是这样过来的，从来没有改变过，要我让步是不可能的。"说这样话的人显然有点缺乏智慧，婚姻是两个人的事，应该是双方都要积极为之付出努力的。当夫妻的某一方作出让步的时候，另一方也要有所感激和反思，可以送一件小礼物令对方感受你的情意。

八、礼物

我说的礼物，是指相互馈赠予对方的某物。托物寄情，有种"为使对方愉悦而赠送之"的目的。

一般而言，送礼物给别人以金钱价值微薄而又得体为适宜，这是一种正信的观念。目前许多人都有一种不合适的做法，喜欢送人一些价值高昂的礼物，摆阔气、讲排场、相互攀比，以为这样才可以表述自己的"厚爱"，这其实是商品经济社会误导出的错误观念，不值得提倡。

试想一下，当你把一件价值高昂而对方并不太需要的礼物赠予对方时，通常对方往往会有一些讶异或手足无措，然后会因怀疑自己是否消受得起这件贵重的礼物而感到不安，或者会想对方是不是有求于己，无形之中也给人一种压力。人与人之间相处和表达情意最好不要给对方制造压力，不然往往会有反效果。我之所以说礼物赠送以微薄为宜，是因为要使送的人不会有负担，受的人也不会有负担，这样的友情和爱情才可以长期在心中温暖和驻留，从而使人愉悦长久，感怀长久。

送人礼物还要注意得体，所谓"得体"也就是能迎合受礼者的需要。你的朋友张先生不喜欢吃川菜，最怕辣味的食物，可你却送他一瓶并不需要的辣椒酱，这瓶辣椒酱因为不被需要就成为不得体的礼物；一向经济富足的李小姐乔迁新居后邀你去吃饭，想送她五百元礼金就不如用这钱买一件家里的摆饰品来的得体。

第四部分 爱情婚姻篇

有人会问恋人之间该赠送什么。最得体的礼物是有"心",而不是物件的金钱价值的多少,要体现"礼轻情意重"的风骨。

初春的某一天,有一对青年男女到野外去郊游,那里有无数的桃花盛开,一支支深褐色的枝条上点点粉红,周围有美丽的田野和青绿色的群山,那一片桃林和周围的风景在阳光的照射下浸染上了一种无以言传的色调,空气中充满着生命的欢愉和甜蜜。此刻,他对着她说:"我想把今天这一幅风景送给你。"她害羞地低下头,脸上泛起桃花一般的粉红色。要知道,任何人对于自然的简单的感知可以产生深刻的美感,此时此刻那一句话就是最美的,这件礼物就是最美的了,微薄而又得体,令人产生愉悦感。我相信,这一句话一定令人终生都难以忘怀,并使两人间的情感维系到永远。

你爱他或她,这是唯一重要的事。在恋人的心里,世界上最有价值的东西是爱人的心。以心换心,付出感情并希望得到爱的回报。

那一句话就是最好的送给恋人的礼物,那一瞬间的自然风景因不掺杂任何物质利益而令对方愉悦和感动,长久留存于对方心中。眼前的风景因为以一种真诚的语言加于其上而表达了一种特殊的意义,这种礼物所有的恋人都喜欢。

予人礼物以微薄而又得体为宜。买一本书虽然花不了多少钱,但却可以激发、开启人的心智,一本适用的书可以与自然、爱和人的内在本性相关联,帮助人们形成好的态度和行动,帮助人们思考社会和人生。在此意义上,我衷心地希望这本书成为我献给所有陌生的男男女女们的微薄、自然而又得体的礼物。

第二章 生肖旺桃花

"十二生肖"最初是玄学庙堂里的墙上的一种象征性的符号、图像,它可作为语言和思想来使用,来说明某种整体的意义和规律。

一个智者要鞭辟入里,而不可以停留在生肖动物标本的表面印象上,以下我们来更深入地认识"十二生肖"与人生气场的密切关系。

一、十二生肖

在中国的民俗文化里,每个人都有一个生肖,一共是十二个生肖。

十二生肖文化对于中国人而言是再熟悉不过,但又是很陌生的。大多数人并不知道十二生肖是怎么一回事。

从《尚书》《淮南子》等文献记录来看,古代中国人记录宇宙讯息是用天干和地支的。十天干是甲、乙、丙、丁、戊、己、庚、辛、壬、癸,十二地支是子、丑、寅、卯、辰、巳、午、未、申、酉、戌、亥。十二地支被用来计算宇宙中的天体能量对地球上的居住者直接的或间接的影响和关系。

在今天看来,在太阳系中,九大行星中的木星拥有最大的质量和能量,它喷发出一阵阵低频辐射以及热能辐射和非热能辐射,具有很大的影响力。天体的运行对生命显而易见地产生着作用,这不是天马行空的东西。中国古代先贤观测天体运行制定历法,木星自西向东逆时针运行,绕着太阳公转一周是十二年,叫做"一周天",木星因此又叫"岁星"。古代先贤依据其运行规律和影响力虚构了一个和岁星运行速度相同,方向相反的假岁星,称之为"太岁",又把一周天分成十二份,演绎以十二地支来纪年。殷商时期发明的十天干可以与十二地支结合运用来记录年、月、日、时,如甲寅、乙卯、壬辰、癸巳等等。干和支是"树干""分支"的意思,干支纪年法的内在蕴涵了很科学的原理和丰富的辩证法思想,并形成了后来的八字命理学等理论。

中国古代天文学以十二地支为经,十天干为纬划分天球。唐容川《医易通说》中说:"纬度与经度宽窄不同,盖辰谓无星处出于恒星之外,极天之大圆而无止境皆是,此十二位乃正圆之体,分为十二是为经度,若乎

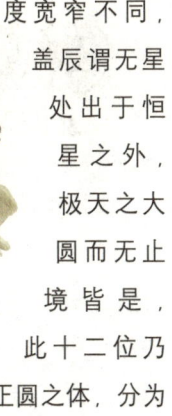

纬道是七政循行之路道，斜跨天腰，东西环绕而成椭圆之形，修削而狭，较经度窄，故太岁之经度在子，须十二年乃复于子位；太岁之纬度在甲，只须十年而已复于甲位。经度正圆而阔，纬度椭圆而狭，不能整齐，以次迟差，必六十年然后岁星乃复于甲子。"

人文之初，就是由于确立了天文历法，建构了社会的时间节律和空间模式，规范了人们的时空观念。时间和空间的观念是人类宇宙观和社会的秩序赖以存在的根本。而今社会里，懂得中华民族自己的原始的天文学的人已经很少了，许多人不知道天干、地支的来源是古代天文学，也叫做星象学，其中有着非常高深的自然科学背景。

实际上，十二地支把现实的天文现象变成了抽象的学问，从子到亥，描述了阴阳二气相互消长的过程和万物生、长、化、收、藏的运动变化过程。为了便于记忆和运用方便，十二地支后来演变成俗称的"十二生肖"、即十二种动物。

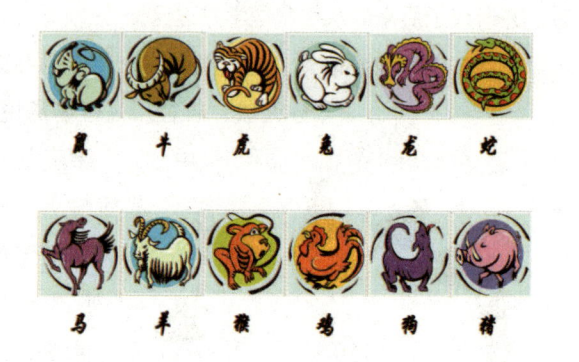

生肖，是出生而类似某种动物的意思，在某一年出生的，便以这种动物为其代表。十二生肖分别是子（鼠）、丑（牛）、寅（虎）、卯（兔）、辰（龙）、巳（蛇）、午（马）、未（羊）、申（猴）、酉（鸡）、戌（狗）、亥（猪），相传这是由东方朔所发明的。至于为什么要选择这十二种动物来民俗化十二地支的学说，有学者认为，这应该与古代的兽肖图腾文化有关，设计者是把统一以后的各个部落的图腾兽肖整合在一起，形成了十二生肖文化。

至于另外一种说法，郭沫若先生在《甲骨文字研究·释支干》中讲到："十二肖象于巴比伦、埃及、印度均有之，然均不甚古，无出于西纪后百年以上者。意者此始汉时西域诸国，仿巴比伦之十二宫而制定之，再向四周传播者也。"认为生肖为中东地区的人模仿巴比伦黄道十二宫而制定，汉武帝通西域之时由其传入中国。

十二生肖到底是东方朔发明的还是从外国传入的，具体已无从考证，相对于其出处，现在人们更倾向于对其含义和应用方面的研究。

二、以立春日为计算依据

我国用十天干和十二地支配成"六十花甲"，如甲子、乙丑、丙寅等，按照次序轮流搭配，刚好组成六十个组合，六十个组合为一个循环周期，又从甲子开始循环不息，所以名为六十花甲。六十花甲的循环往复记录了天体的运行。六十年是木星和土星回合的周期，这种宇宙周期和玄空派风水里的"元运"的概念不谋而合，以每五百四十年为一个大元，每一百八十年为一个正元，每一个正元又可分为三个单元，分别是上、中、下三元。上元六十年，名叫上元甲子；中元六十年，名叫中元甲子；下元六十年，名叫下元甲子。

"宇宙"一词最早出现在《淮南子》里面，"宇"代表空间，"宙"代表时间。宇宙就是时空的概念，它是不断在变化的，但有一定的规律可循。我们的古人非常了不起，他们发现了许多内在的奥秘。

六十年而立春日期相同，一百八十年立春的时刻相同，五百四十年立春的分秒相同。亿万年的时间变化，用六十花甲的方法计算不差分毫，这是一个多么伟大的律法呀！

生肖的循环是从一年中的立春开始的。立春之前是上一个生肖年，立春之后就是下一个生肖年。在中国民间习俗上人们喜欢过阴历年，以为大年初一是一年的开始，但是在古代天文历法和玄学计算上都是以立春节气为分界线。

2007年猪年的第一天是在农历2006年12月17日，即公历2007年2月4日。所有在农历2006年12月17日13：14后出生的人，其生肖已经是猪，不再肖狗。

2008年鼠年的第一天是在农历2007年12月28日，即公历2008年2月4日。所有在农历2007年12月28日19：03后出生的人，其生肖已经属鼠，不再属猪。

2009年牛年的第一天是在农历2009年1月10日（也就是大年初十），即公历2009年2月4日。所有在农历2009年大年初十00：52前出生的人，其生肖虽已过了大年初一，但还是肖2008年的鼠，而不是肖牛。

三、找到桃花月与桃花时

如果只有桃花年的话，那岂不是错过一次就要再等12年？所以，除了桃花年之外，每一年还有桃花月。也就是说，只要你把握住机会，桃花就在你身边，因为我在这里要帮大家找到的桃花月，是在任意一年都会生效的。

我们的十二生肖，除了代表年之外，还代表一年的12个月。但是，这里的月是指节气上的月份，既不是现在通用的阳历也不是古旧的农历。当我们打开万年历，就可以对这12个月的生肖分布一目了然了。下面，我们来看一下节气交界表，从此表便可找到我们的咸池桃花月。

地支(生肖)	节气	阳历时间(逐年变化)
寅月(虎)	立春~惊蛰	2月4日~3月6日
卯月(兔)	惊蛰~清明	3月7日~4月5日
辰月(龙)	清明~立夏	4月6日~5月6日
巳月(蛇)	立夏~芒种	5月7日~6月6日
午月(马)	芒种~小暑	6月7日~7月7日
未月(羊)	小暑~立秋	7月8日~8月8日
申月(猴)	立秋~白露	8月9日~9月8日
酉月(鸡)	白露~寒露	9月9日~10月9日
戌月(狗)	寒露~立冬	10月10日~11月8日
亥月(猪)	立冬~大雪	11月9日~12月7日
子月(鼠)	大雪~小寒	12月8日~1月6日
丑月(牛)	小寒~立春	1月7日~2月4日

以生肖为虎者为例，我们已经知道，肖虎者咸池桃花在"卯"年，就是兔年。所以，在每一年的"卯月"（惊蛰~清明），也就是大概每年阳历的3月7日至

4月5日之间,肖虎者桃花较旺。

再结合肖虎者的咸池桃花年来推测一下肖虎者在下一个咸池桃花年的桃花运,下一个子年是2011年,那么在2011年的3月7日~4月5日之间,是肖虎者咸池桃花最旺的时候。如果是生于1998年的肖虎者,他们到2009年,下一个子年才14岁,或许不会早熟得发生恋情,但这个咸池桃花也会作用于对异性的好感,对于女性还意味着月经初潮的时间和男性首次遗精的时间。因为,无论是女性初潮还是男性首次遗精,都意味着他们开始对异性有了朦胧的好感,开始产生性幻想。

现在,可以对照我们的咸池桃花年及咸池桃花月,回忆一下自己在上一个咸池桃花最旺的时候有哪些事情发生了。

通过万年历,我们可以找到自己桃花最旺的那一天。如肖羊的人,其在咸年年咸池月咸池日当然是桃花最旺的了,其他任何时候都不及这一天。因为,一年有365天,要列表比较困难,所以查阅万年历可以很轻松地知道自己的咸池桃花日在哪一天。

以肖虎者为例,在下一个卯年(2011年),他的咸池桃花日在卯年(2011年)卯月(3月7日至4月5日)的卯日,也就是3月13日、3月25日这两天。如果肖虎者把握好这两天,好好布局,就可以使自己的桃花运大行其道。

如果要再精确一些的话,就要看咸池桃花时了。古人将一天分为12个时辰,每个时辰亦对应一个生肖。如肖羊者,他的咸池在子,因此,每一天的子时便是他的咸池桃花时。而子年子月子日子时便是肖羊者桃花大旺的时候。从表中可以知道,从夜里23点到凌晨1点是肖羊者桃花最旺的时候。如肖鼠者,他的咸池在酉,酉就是鸡。每一天的酉时便是他的咸池桃花时。酉年酉月酉日酉时,便是肖鼠者桃花大旺的时候。从表中可以知道,在下午5点到7点,是桃花最旺的时候。

下面,就是12时辰对照表,根据这张表可以找到自己在一天中的桃花时。

时辰	时间	时辰	时间
子	23:00~01:00	午	11:00~13:00
丑	01:00~03:00	未	13:00~15:00
寅	03:00~05:00	申	15:00~17:00
卯	05:00~07:00	酉	17:00~19:00
辰	07:00~09:00	戌	19:00~21:00
巳	09:00~11:00	亥	21:00~23:00

四、咸池桃花宫

人们往往把不易理解、不可思议的文化称为"玄学"。因为不容易理解其内涵和规律,觉得其深奥又常表现出惊人的准确率,使人难以置信。老子《道德经》中说:"玄之又玄,众妙之门"。王弼在《老子指略》中说:"玄,谓之深者也",玄学即是研究高深的道理的学说。

如果玄学可以看做是一个古代的文化庙堂的话,"十二生肖"则是布置在其墙上的象征性的符号和图像。

作为象征物的每一个生肖都有一个桃花宫位,只要你知道自己是属于什么的生肖，就可以知道自己的桃花宫在哪里了。玄学里的"宫"字很容易让人联想到古代的宫殿、庙宇，其实它是方位、方向的意思。

每一个人的桃花宫是依据所属的生肖来确定下来的，这种传统的推断方法显然是略有些粗糙，但却为很多命理师经常应用并加以推崇，并因许多时候比较简单又较准确的占算而令人吃惊。

临近另一个生肖年出生的人同时也会兼得另一个生肖年的属性影响。

桃花宫又叫做情缘宫，它的应用推算十之七八是以男女间的感情事为研究对象的，并以"咸池"方法的占算而为术数界熟知。如果你乐意相信并打算用这个方法试试的话，我将指引你感受玄学庙堂的巨大魅力。

咸池是异性人缘，有人和美事的吉祥预兆，指万物暗昧之时日出扶桑，入于咸池，故五行沐浴之地叫做咸池。懂一点玄学知识的朋友都知道，咸池桃花宫也就是术数里的"十二长生宫"里的"沐浴宫"。听起来觉得很复杂是不是？其实你只要知道，咸池就是"子午卯酉桃花地"就行了，知道咸池主要影响一个人的情感、魅力、恋爱、性欲、婚姻生活，还有隐秘暧昧之事。

我说咸池就是"子午卯酉桃花地"，作何解呢？申子辰在酉，寅午戌在卯，巳酉丑在午，亥卯未在子，这个是口诀。

申、子、辰咸池桃花宫在酉，也就是说，凡是属猴、属鼠、属龙的朋友，你的桃花宫是在酉，酉是十二生肖里的鸡。

寅、午、戌咸池桃花宫在卯，也就是说，凡是属虎、属马、属狗的朋友，你的桃花宫是在卯，卯是十二生肖里的兔。

巳、酉、丑咸池桃花宫在午，也就是说，凡是属蛇、属鸡、属牛的朋友，你的桃花宫是在午，午是十二生肖里的马。

亥、卯、未咸池桃花宫在子，也就是说，凡是属猪、属兔、属羊的朋友，你的桃花宫是在子，子是十二生肖里的鼠。

五、认识"咸池"

知道了自己所属的"咸池"在哪里以后，我们还要结合"天、地、人"三个方面去认识它。那么读者会问，你所指的"天、地、人"是什么呢？让我来告诉你，"天"其实指的是时间，"地"是指空间环境，"人"是指具体的人和物件，为时空相会集成的万事万物。天地定位，人和自然间的万事万物尽在其中，由此产生了天上、地下、人在其中的三元结构。

玄学认为三者都是真实事物存在的随从，我们要以敏锐的感受力品读其中所包含的意象。

具体点怎么说呢？试举一例来说明，有一位刘小姐来问婚姻，她生于1974年，生肖属虎，从上图中我们可以得知虎肖的人咸池在"卯"。大略来说，"卯"这个地支密码是需要从三个方面去破译它的。

从时间方面去看，"卯"代表了兔年、兔月、兔日，刘小姐在这些时间里桃花运势会比较旺，与异性缘分加重，有助个人情缘机会的发展。1999年是兔年，我问刘小姐是不是该年有桃花？刘小姐说她和她的前任男友就是在那一年的3月认识的。公历3月是中国天文历的卯月，说对了，他们相识的时间是卯年卯月，多么准确的占算！"真的很玄呀！"她惊叹道。术数在很多时候就是这么准。当褪去术数文化迷信的外衣，人们经常可以见到其智慧的光芒在我们的生命历程中时隐时现。

从空间方面去看，"卯"是代表空间的正东方。在刘小姐的居家的正东方就是她的咸池桃花位，如果在正东方有河流湖泊出现，或者是在室内有水龙头、鱼缸类动水出现的话力量就会加强，这个方位的水局叫做"桃花水"，很厉害的，只要在这个地方进行合宜的布置就有益于催旺情缘。我国传统文化中的峦头风水学说就采纳并实践了这种观念。

从人和物品方面去看，"卯"有可能是代表了对象的生肖。也可以在生活环境中多多摆设"卯"这个生肖玩偶饰品，这对个人情缘的发展有助旺的作用。"卯"是弱木，是低矮的花花草草，所以在家中多栽植它们或多使用绿色系装饰也有利于肖虎的人交上桃花运。

玄学就是这样以多种可能的形式将答案置于我们的面前，它受天地乾坤的感应影响，是多种逻辑形式的混合体。你虽然能够感觉到自己和某种神秘的属性相关联，但要将它分辨得一清二楚却不是件容易的事。

六、四正位与桃花之间的联系

经云："子午卯酉桃花地"，子、午、卯、酉是北、南、东、西四个方位。子是正北方，午是正南方，卯是正东方，酉是正西方。其实，这四个"四正"方位就是咸池桃花位。

子属于易经八卦里的坎卦，是352.5°～7.5°之间的方位；卯属于八卦里的震卦，是82.5°～97.5°之间的方位；午属于八卦里的离卦，是172.5°～277.5°之间的方位；酉属于八卦里的兑卦，是262.5°～277.5°之间的方位。关于八卦的问题，我

们在前面已经介绍过,现在拿起一个罗盘,你就轻易可以看出,十二地支不仅可以用来记录时间,其实也代表了不同的方位,而且拥有不一样的方位属性。我一直都说,中国的古人是很伟大的,他们创造的文化充满了神奇的魅力。

罗盘是一种时空合一的风水工具。它通过使用象征符号而给时间和空间标注和命名,并以此和环境外物沟通。

玄学里的三合学说,以等边三角形内部所具有的匀称与和谐观点把十二地支分为四组。《三命通会》说:"寅午戌卯,巳酉丑午,申子辰酉,亥卯未子,即长生第二位沐浴之宫是也"。

寅午戌三合一组,桃花位在卯,卯是正东方。寅、午、戌就是生肖虎、马、狗。

巳酉丑三合一组,桃花位在午,午是正南方。巳、酉、丑就是生肖蛇、鸡、牛。

申子辰三合一组,桃花位在酉,酉是正西方。申、子、辰就是生肖猴、鼠、龙。

亥卯未三合一组,桃花位在子,子是正北方。亥、卯、未就是生肖猪、兔、羊。

三合学说把有着共性特点的人物、万事万物联系在了一起,通过中国祖先们千万年的统计和经验总结其共性规律,并建立了"方以类聚,物以群分"的粗略分类工作和形成系统的学说。

另外,在"子午卯酉"4个方位上如果见到有水池、泳池,或者任何水动的东西,都代表这所房屋容易有桃花。

无论你的房屋坐于任何方位,都要用罗盘找出"子午卯酉"这4个方位,假如这4个位置有水池、水龙头或河流,就代表四正位有水旺之物,意味着桃花旺盛。这种桃花特别应验在以下4个坐山的单位,那就是:

四正位去水来水示意图

坐山	来水	去水
兑	卯	午
离	子	卯
震	酉	午
坎	午	酉

怎样分辨所谓"去水"和"来水"呢?下雨的时候,水从哪个方向涌来,那个方向便是"来"水。反之,水流向哪个方位,那个方位便是"去水"。在为阴宅看风水时,有时需要带一桶水去山坟,因为在平缓的地势中单凭肉眼无法看出水的去流方向,必须倒一桶水,才可以知道水是向着哪个方向走的。

如果坐山是兑(西),来水的方位在卯(东),去水方位在午(南),这便是一间典型的桃花屋了。

七、催旺咸池桃花位布置

知道自己的生肖的咸池桃花位之后,你就可以进行催旺布置了。刘小姐知道了自己的咸池是"卯",卯是兔子,是正东方,于是她可以用罗盘在房间中寻找出正东方位,然后要做的工作就是让这个方位"动"起来。

风水学认为,方位力量的影响力要在有"动"的

前提下才能得以体现出来。吉利的地方不催动它就不可以言吉，不吉利的地方保持安静就不会发祸。风水之道，就在乎某些方位是否有"动"的现象。

动可以是放水，在室内布置中可以设置水龙或摆放鱼缸、风水流水盆等；也可以放置植物，用花瓶插花，植物进行光合作用的时候会令周围气场动起来，只是效果相对于动水而言会稍逊一些；放置空调器、电风扇、壁炉、落地灯、电视、音响一类的事物也会有"动"的效果。

风水流水盆的款式有很多种，要选择出水口和水面间的距离近一些的款式，有象征着家人比较有亲和感、人和人之间没有距离的寓意。摆设的时候要注意一点，循环的水宜流向宅内或是卧房内部，水往家里面流为吉利，不要往外面流。

放置植物以阔叶的为宜，比较能够聚得住气，譬如绿萝、橡皮树等。花瓶里的插花则以粉红、粉紫色的为佳。

对生肖的咸池桃花位进行催旺布置后的效果就是：与异性交往的机会增加了，一个让你心动的人出现了，他或她对你产生好感；与恋人的感情进展顺利，与配偶之间点起柔情之火。

因方位物品的动象而生旺起方位桃花之气，从而有益于空间的使用者，风水师应用的就是这一套逻辑。

八、避桃花法

在未婚的男女而言，咸池桃花当然是大受欢迎的，但对已婚的人士来说，则有可能会给他们带来烦恼。如果处理不当的话，咸池就是一颗讨厌的凶恶的星宿。中国术数文化源自古代天文学，有二十八星宿之说，在术数学问里"星宿"是常用的词语，代指有功能的能量场的意思。

一枚硬币，有正面就有反面，是吉是凶由当事人的心性而定。吉凶是人心理的相对的一种认知反应。

我们知道，十二地支里有四个地支是属土的，它们是丑、辰、未、戌。土具有阻止、界限的意义和作用。在中国的五行学说里，桃花为火，火能生土，换言之就是土可以泄耗火的元气。依据此理，术数上有用土来化泄桃花的做法。

我们依据生肖的三合关系把人归为四个大类别，来粗略论述之。

凡生肖属猴、鼠、龙的人，可以将自己的肖像与"丑"联系在一起，也就是和一件牛的雕像一起放在床头柜上，有避桃花的作用。

凡生肖属虎、马、狗的人，可以将自己的肖像与"未"联系在一起，也就是和一件羊的雕像一起放在

床头柜上,有避桃花的作用。

凡生肖属蛇、鸡、牛的人,可以将自己的肖像与"戌"联系在一起,也就是和一件狗的雕像一起放在床头柜上,有避桃花的作用。

凡生肖属猪、兔、羊的人,可以将自己的肖像与"辰"联系在一起,也就是和一件龙的雕像一起放在床头柜上,有避桃花的作用。

九、咸池掌诀

在这里我教你一个很快的掌诀,一点都不难,伸出手来掐掐指头就可以推算出"咸池"的位置。

十二地支由子开始,依次按丑、寅、卯、辰、巳、午、未、申、酉、戌、亥的顺序转了一圈以后又到了子,如此循环不已。对十二地支的排序首先要有一个基本的认识,这是学习中国传统术数文化的基础,也是学习"咸池掌诀"的基础。

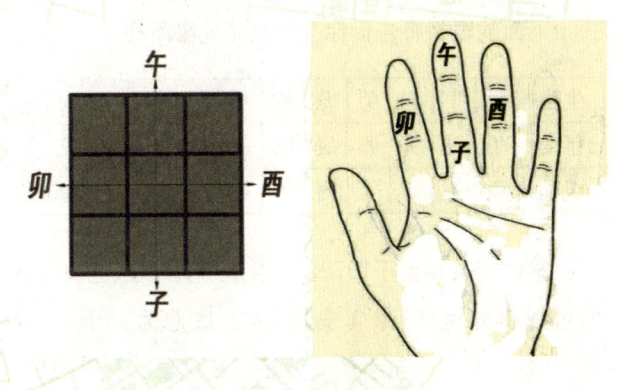

下面我就教你操作。先请举起你的左手,让手掌心面向自己,你是不是可以看到食指、中指、无名指三者刚好形成一个九宫格的关系呢?风水里的八卦方位概念是以观测点为中心,将周围三百六十度作八等分,每个方位45度。按照"天圆地方"的传统文化观念,风水在使用时是以方格来表示。这个象练习书法用的"九宫格"代表的是九个方位,是北、东北、东、东南、南、东南、西南、西、西北和中宫。九宫格固定的格式是南在上,北在下,东在左,西在右,这是前面讲过的"四正"方位;东北、东南、西南、西北在四个角落,称它们"四隅"。

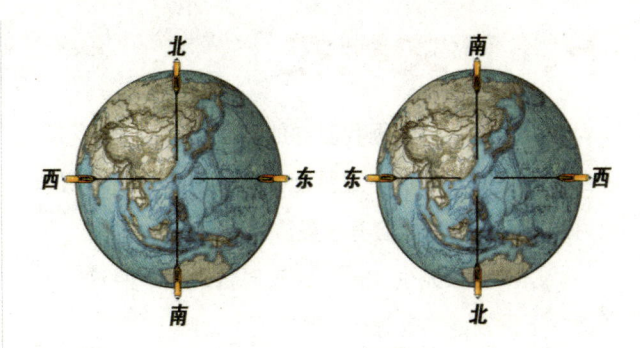

在日常的现代地理认知里,我们都是以上北下南左西右东来说方位的,但是风水文化是完全倒置的思维模式,风水文化中的方位是上南下北,左东右西,各门各派的风水技术都是建立在这种方法认知模式之上的。这只不过反映出了东西方古人对自己所处位置的看法不同和立场不同,本质上并不冲突。

明白了这些以后,那么现在就让我们用十二地支来代表方位,来学习伟大的中国术数学问吧!如图所示,用左手掌来计算咸池,只要用左手大拇指,首先按在"酉"宫,就是无名指的中节上,逆时针排过去就对了。肖子(鼠)的人咸池在"酉",肖丑(牛)的人咸池在"午",肖寅(虎)的人咸池在"卯",肖卯(兔)的人咸池在"子",肖辰(龙)的人咸池又回到"酉"宫……

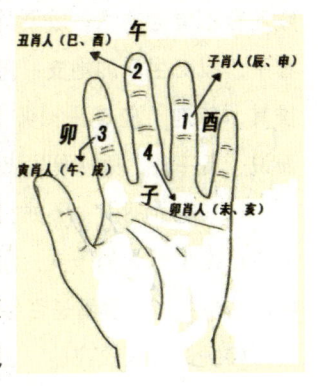

十、日支桃花

亲爱的朋友，依据我教你的掌诀就可以布置和印证自己的桃花位了。一定要让桃花位动起来哦，假以数月时日，看看是否会有效应。

"没有。"张先生在一次晚餐时告诉我，照这个方法做并不见效，这是怎么一回事呢？

我的理解是，咸池星是代表天体某一个星座在某一年、某一天、某一个时间所放射的特定的能量，这种能量是对异性缘有利的。这个道理我讲出来其实也没有什么把握，因为我至今也没有完全想通它，就是觉得其中应该是奥妙无穷的。我对我们的老祖宗还是非常崇拜的，总是相信其中有高深的学理存在。

好吧！让我来做进一步的计算，现在让我改用出生那一天的地支来推断你的桃花位试试。前面用出生那一年的地支生肖来推断桃花是会有一些欠精确，它的特点是，生肖文化最容易为人所知也易于掌握，每个人都知道自己是属什么的。这次我要告诉你"日支桃花"的秘密！

张先生的生日是1984年12月22日，肖鼠的张先生出生于"庚寅"日。如果以年支生肖论断的"酉"位咸池宫不灵验的话，就要从日支的角度推算咸池宫来着手。以出生日的地支"寅"字出发，按咸池掌诀逆推其"咸池"应该是"卯"，卯是兔子，以前古书里面说"寅午戌，兔从草里出"，这就是桃花口诀。

有兴趣的朋友，不妨打开一本《万年历》来查一下自己出生那天的干支，用出生日的地支来印证一下自己的桃花运，看看是否会更有效应。

如果是没有效应的，也不要失望、遗憾。有人问我："术数有没有百分之百准确的？"我的答案是："肯定没有！"在学习中国传统术数文化的时候，大家千万不要把它当成精密科学的一门学问，否则就没有意义了。术数可以满足人们对未知世界的好奇，了解一些趋势，从而有助于去把握机会，但不是绝对的精确，更不是放之四海皆准的法则。即便基本的计算方法是正确的，但影响一个人的运势的因素有许许多多，事物又是不断在变化着，常常有我们未知的因素在起着作用，这个道理大家要明白。

老祖宗传下来的玄学技术经过数千年的历史长河形成很多派别，日支桃花法则只是其中一家之言，表现的只是玄学庙堂的一个侧面，还有更多的技法等着我们一起一一印证。

十一、如何找到自己的咸池星

只要知道了自己的生肖，就可以知道自己的咸池星在什么时间最旺了。

下面的表格将告诉你，你的咸池星所在：

生肖	鼠	牛	虎	兔	龙	蛇	马	羊	猴	鸡	狗	猪
年支	子	丑	寅	卯	辰	巳	午	未	申	酉	戌	亥
咸池	酉	午	卯	子	酉	午	卯	子	酉	午	卯	子

譬如，某人生于1979年，生肖是羊，从上表中我们可以得知肖羊（未年支）的人，咸池为"子"，而"子"就是生肖为羊者的咸池星。在这里，"子"这个地支中隐含了3个催旺桃花的方法：

第一，时（时间）——"子"代表十二生肖中的鼠，亦代表鼠年、鼠月、鼠日时，肖羊者咸池星最旺。

第二，空（空间）——"子"同时还代表了"子"这一方位，因此家中的"子"位便是肖羊者的桃花位，要在这个方位下功夫，其桃花便会生旺。

第三，物（物理）——"子"还代表着你所适合的恋爱对象的生肖，即鼠。或者，你可以用"鼠"这个生肖来生旺桃花。

从以上3个方面去进行风水布局，是生旺桃花的第一要务。

十二、咸池桃花位与年运之间的关系

下表是近36年的年份与生肖，大家可以对照找出自己的咸池年：

年份	1984	1985	1986	1987	1988	1989	1990	1991	1992	1993	1994	1995
生肖	鼠	牛	虎	兔	龙	蛇	马	羊	猴	鸡	狗	猪
年份	1996	1997	1998	1999	2000	2001	2002	2003	2004	2005	2006	2007
生肖	鼠	牛	虎	兔	龙	蛇	马	羊	猴	鸡	狗	猪
年份	2008	2009	2010	2011	2012	2013	2014	2015	2016	2017	2018	2019
生肖	鼠	牛	虎	兔	龙	蛇	马	羊	猴	鸡	狗	猪

我举一个例子，如果出生年是1977年，生肖为蛇，那么，查此表便可知道，其桃花在"午"年，上一个午年为2002年，下一个午年是2014年。

十三、天喜红鸾

咸池是情感欲望的桃花星，通过有效的把握可以成就美满婚姻，但在玄学里还有红鸾、天喜两颗神煞星宿，在特定的时间点上受其影响比较容易会有喜事，也比较容易找到好的对象，它们是代表结婚、夫妻关系的虚拟星宿，对姻缘有颇大助力。红鸾星属阴水（癸水），主婚姻，天喜星属阳水（壬水），主缘订、喜庆及生育。红鸾星与天喜星在地支方位中必定是在对宫出现的，譬如生肖是子（鼠）的人的红鸾是卯，卯的对星为酉，酉就是肖子（鼠）的人的天喜星。按照阴阳互根的观念，所以其所主导之事，亦互相影响

并信息相通。红鸾、天喜也是用个人所属的生肖来推演、计算的。

古人说："卯起红鸾逆数通，欲知天喜是相冲"，十二地支由子（鼠）开始计算，临支红鸾由卯（兔）开始逆数过去，卯的对宫酉（鸡）则就是天喜星；丑（牛）的临支红鸾是寅（虎），寅的对宫申（猴）就是天喜星；寅（虎）的临支红鸾是丑（牛），丑的对宫未（羊）就是天喜星；卯（兔）的临支红鸾是子（鼠），子的对宫午（马）就是天喜星；辰（龙）的临支红鸾是亥（猪），亥的对宫巳（蛇）就是天喜星；巳（蛇）的临支红鸾是戌（狗），戌的对宫辰（龙）就是天喜星，等等。详见下表。

地　支	子	丑	寅	卯	辰	巳	午	未	申	酉	戌	亥
临支红鸾	卯	寅	丑	子	亥	戌	酉	申	未	午	巳	辰
临支天喜	酉	申	未	午	巳	辰	卯	寅	丑	子	亥	戌

催旺布置的方法和咸池是一样的，关键是要使该方位发生动象。在红鸾、天喜的方位放花瓶插花也是比较常用的技法，植物光合作用是会催动气的。

寻找红鸾、天喜的方位是要从住宅内部的中心点来定出，如果想在卧室里面应用这门术数的话，则需要以卧室的中心点来分辨八方，寻找所属的桃花方位。

十四、孤辰寡宿星对红鸾星影响

有些人即使到了咸池(红鸾)年咸池(红鸾)月咸池(红鸾)日，进行了一番催旺桃花的布局，依然没有得到理想的爱人。

这是为什么呢？在这里，还有一个很重要的原因影响到了他们的婚恋问题。那就是，在他们的八字中

风水知多一点点

※ 风水宗师之陈抟

陈抟，字图南，自号扶摇子，宋太宗赐号希夷，民间称之为陈抟老祖，亳州真源里，今河南鹿邑人，另有说法他为华山人，又说普州人。是传统神秘文化中富有传奇色彩的一代宗师。他生活在五代末年和宋初的乱世之中，自称是"非仙而即帝"的人物，传说曾为赵匡胤、赵光义（即后来的宋太祖、太宗）兄弟和赵普相过面，指点其统一天下之策，被作皇帝后的赵氏兄弟奉为帝师。他是一位易学大师，精研易学，以其心法传授邵雍，成为象数易学体系的开山鼻祖。同时他又是一位著名道士，曾周游四海，后隐居武当、华山修道，以睡功（锁鼻术、蛰龙法、胎息法）闻名于世，并对道家内丹炼养理论有精研和妙论，成为上承吕洞宾、魏伯阳，开创丹鼎派中最神秘的内心愿道的关键人物。他又善观骨相，熟悉星算，被奉为传统相学和紫微命学的开山祖师。

见到了"孤辰"或"寡宿"这两颗星。

如果是男性在八字或大运中见"孤辰"星，那就会变成孤家寡人，喜欢单独行动，喜欢一个人逍遥自在的生活，自然就没有姻缘桃花了。而所谓"孤辰"，实际上就是说此人缺乏吸引异性的魅力。

如果是女性在八字或大运中见"寡宿"星，就会莫名其妙地赶走自己的男朋友或身边的追求者，而且变得孤僻难以接近，冷若冰霜、没有神采，使人无法对其产生好感。也就是说，这样的女性没有任何魅力

可言，自然无法吸引异性的注意，也就没有任何桃花可旺了。

当一个人的八字中出现"孤辰"或"寡宿"两星，就意味着他将孤老一生，痴迷于宗教活动，甚至会"出家"为僧为尼。

十五、找到自己的孤辰寡宿星

我们先来看一下这个表格，从这个表格中，我们可以找到自己的孤辰寡宿星。

生肖	子	丑	寅	卯	辰	巳	午	未	申	酉	戌	亥
孤辰	寅	寅	巳	巳	巳	申	申	申	亥	亥	亥	寅
寡宿	戌	戌	丑	丑	丑	辰	辰	辰	未	未	未	戌

从这个表格中我们可以看到，肖羊者"孤辰"在申，"寡宿"在辰，如果肖羊者的八字中带有申或辰，如生于申年、出生日为辰日等，就可能行孤辰寡宿运，孤老一生。

十六、化解孤辰寡宿运

下面为大家介绍一个孤辰寡宿神煞表，在了解事物本来属性的基础上，再看看该如何化解厄运。

三会五行	三合五行
亥子丑（水）	→ 克火 寅（午）戌
寅卯辰（木）	← 金劈 巳（酉）丑
巳午未（金）	← 水冲 申（子）辰
申酉戌（金）	→ 劈木 亥（卯）未

通过此表，我们可以找到与孤辰寡宿相克或相冲的卦位。如在孤辰寡宿神煞表中，"亥子丑"被称为"三会水局"，水冲以"午"火为"三合火局"中间元神的"寅（午）戌"。

那么，当我们的八字或大运中出现了孤辰或寡宿，如何冲开这股力量去催旺桃花呢？我们先要了解一下十二生肖之间的相冲关系：

子（鼠）—午（马）　　卯（兔）—酉（鸡）；
辰（龙）—戌（狗）　　丑（牛）—未（羊）；
寅（虎）—申（猴）　　巳（蛇）—亥（猪）。

以肖羊者为例，譬如某女子出生于1979年7月12日，其八字为"己未年，辛未月，庚辰日"，她的出生日的日支就犯了寡宿星。因为，我们从神煞表中可以查到，该女子生肖为羊，而肖羊者见"辰"为寡宿，1979年的7月12日正是庚辰日。

在这里，日支又被称为"夫君"位，此八字要火，而"辰"非火，"寡宿"星为忌神，如果不设法将其冲走，那该女子就有可能一再错过婚恋机会，孤独到老。那么，有什么办法化解呢？这位女子只要在她床边的戌方摆放

249

狗玩偶，即可助长"戌"土之势以冲走"辰"。

在此基础之上，如果她还想继续催旺桃花的话，也要从"狗"开始，逢"戌"（狗）年"戌"（狗）月就是她旺桃花的大好时机。如果能在家里养一条狗的话，对于她的爱情和事业都将有很大帮助。

十七、六合三合也是桃花

桃花不仅仅局限于指恋爱与婚姻，添丁亦是桃花，夫妻恩爱也是桃花，用客观、较广泛意义的解释它，可以说桃花也是好的人缘，好的人际关系的意思。

和谐的人际关系往往是桃花助缘的基础。

因为工作关系认识，大家谈得来而成为要好的朋友，进一步得到他人的支持帮助，或者男女之间由普通朋友开始慢慢发展成了对方的另一半，这样例子在我们的周围比比皆是。所以人与人之间合得来原本就是种桃花，只不过最后能否发展成为合作事业的伙伴、建立婚姻关系，发展成好还是不好的结果，则是受诸多因素所影响制约形成的。

有比较好的人际关系就会受人欢迎，在事业上也就会有更好的发展。

古人云："天时不如地利，地利不如人和。"人和，良好的人际关系是事业成功的主要因素之一。大家都读过《三国演义》一书，三国的时候，刘备不占天，不得地，只得到了人和，他在诸葛亮、关羽、张飞、赵云等众多能人贤士的帮助下，在逆境中建都立国，成就一番大事业，人和之重要性由此可见一斑。

我们中国人喜欢拉关系，靠关系，而生肖里的三合和六合法则被认为是一种追求和谐的人际关系的术数。

三合是"申子辰三合，亥卯未三合，寅午戌三合，巳酉丑三合"。以我所知，三合之说最早见于《淮南子》中。

以三合的观念而言，今天我们生存的世界原本就是个多维的世界，从空间上来说，三方构成的力最稳固；从时间上来说，开始、进行、结束，万事都处于这个三段论中的某一环。它们形成了一个由彼此组合的统一场，在这个统一场中，每个地支必是三合之一隅，每个信息单元都有种种特点，扮演种种角色，并对其他的两隅有巨大的吸引力。

六合是"子丑合，寅亥合，卯戌合，辰酉合，巳申合，午未合"，就是生肖鼠与牛相合，虎与猪相合，兔与狗相合，龙与鸡相合，蛇与猴相合，马与羊相合。相合象征互相爱慕，吸引纠缠，难分难舍。

如果把十二地支的循环圆图与地球重合，假设子午之间有一条子午线的话，子是正北方，午就是正南方，由北偏东7度引至南偏西7度的一条直线就相当于地轴的磁偏角，在这条线的左右两两对称的各个地支就是六合的关系。在地球绕轴自旋的情况下，自然会沿着地轴产生离心力，所以在相对的方位上就有互补的作用力产生。

相合的还有寅丑合，亥午合，申卯合，就是生肖虎与牛相合，猪与马相合，猴与兔相合。这三组相合在传统的法则中是没有记载的，他们的相合是由于地

支所暗藏的天干相合，从而使他们和谐，这是更深一层的学问。

在实际生活中，请一起验证与你三合和六合生肖的人是否也往往会比较容易成为好朋友呢？

《易经》中讲："同声相应，同气相求"。"同声相应"是什么意思呢？记得我小时候住在郊区的乡村里，到夏天的时候，稻田里有一只青蛙叫了，其他的青蛙都会跟着一起叫，然后你就听见呱呱声一片。相应了，因为是同声。青蛙叫了，但是鸡窝里的公鸡母鸡们不会跟着一起叫，因为不同声的缘故。"同气相求"，是指当有共同的"气场"的事物走得非常接近的时候，便会共振并产生一种"引力"而自然相合，容易在对方心灵上留下印痕，这种"合"有其内在的因果关系，看则偶然，实则必然。

十八、鸡飞狗跳之说

一位朋友听我说了三合六合的法则以后，问我道："我母亲告诉我生肖属鸡的人和属狗的人不可以结婚，说会鸡飞狗跳，夫妻间会有很多争执，做不长久的，玄学里有没有这样的说法呢？"

答案是"有"，叫做"酉戌害"，但不重要。古书有记载，地支六冲，子午冲、酉卯冲、申寅冲、巳亥冲、辰戌冲、丑未冲；地支六害，子未害、寅巳害、卯辰害、午丑害、申亥害、酉戌害；地支相刑，子刑卯、卯刑子、寅刑巳、巳刑申、申刑寅、丑刑未、未刑丑、辰刑辰、午刑午、酉刑酉、亥刑亥。在我的经验里，这些不利的地支关系中，以六冲的影响力较大，其他的影响力因为比较弱则可以不必理会。

人和人之间总是会有许多个体差异存在，对同一件事情的看法就会不大一样，继而矛盾，这个我觉得是很正常的事情，关键是要懂得相处的艺术。在我的诸多朋友中恰好有两对夫妇都是肖鸡者与肖狗者的结合，结婚十年来一直和睦相处，夫妻恩爱，"地支六害"生肖不宜结婚的说法显然是以偏盖全了。有些事情只要动动脑子想一想，是不辨自明的。"十二生肖"文化是为了人们方便对"十二地支"的记忆而衍生出

※ 风水中的自然崇拜

在古代，人们以为大自然是个巨大的未知数，它有无比的造化，可以任意主宰人类。于是，人们就神话大自然，崇拜大自然。对日月星辰、山川河流、飞禽走兽、土石草木，无不敬仰。《国语?鲁语》记载"及天之三辰，民所以瞻仰也；及地之无形，所以生殖也；及五州名山川泽，所以出财用也。非是，不在祀典。"

大自然可以赐福于人，也可以嫁祸于人，可以决定人的命运，人应当顺从大自然，这正是风水观念的基本前提。上观天文，下察地理，顺应自然，得到有生气之地，或住或葬，这正是风水所乐意追求的效应。

来的，十二地支作为人类感知事物存在与变化的坐标体系中的要素，它们的特性使不同地支生年的人各有其独特的信息场，但和真实世界里的动物并没有关联，所以目前市面上流行用生肖动物的特性来描述人物性格的说法是不正确的术数观念。时下的易学界有些已经为人师者也在倡导或附和这种说辞，实在是不应该。

玄学术数里有"酉戌害"说法，但把缘由归之鸡飞狗跳则属很民俗化的主观臆想。还有一些民俗禁忌说属龙的人不宜和属虎的人结婚，怕龙虎相斗，更是无稽之谈。前些时候见过一篇民俗歌谣说的是"地支六害"法则，附记于此让大家了解一下：

只为白马怕青牛，十人近着九人愁。匹配若犯青牛马，儿女家家不停留。午丑害。

蛇虎匹配如刀错，男女不合无着落。生儿育女顶相伤，纵是圣贤难逃过。寅巳害。

兔儿见龙泪交流，合婚不幸皱眉头。一席男女犯争斗，哭如黄连梦夕愁。卯辰害。

羊鼠相逢一旦休，婚姻莫配古人留。诸君若犯羊与鼠，夫妻不利难到头。未子害。

金鸡玉犬躲难避，合婚千万不可遇。二属相争不可通，世人犯着要紧记。酉戌害。

猪与猿猴不到头，朝朝日日泪交流。男女不能共长久，合家不利一笔勾。申亥害。

第三章 方位定爱情

方位是实践风水中相当关键的部分。

方位所具有的能量是不能被看到的，但是它却有着巨大的影响力。结合自身的愿望，将物品放置在相应的方位，并活用自己的幸运方位，就可以得到好运。

一、方位风水的运用

1. 方位风水的成功要点

（1）风水以"八方位"为中心

风水运用成功的关键是灵活运用方位。在实践风水时，首先要核对八大方位，即最大限度地发挥北、东北、东、东南、南、西南、西、西北这八个方位所具有的能量，固有五行。

（2）活用方位的能量

在八大方位中，各个方位都掌管着不同的气运。如同样是对待"金运"，在西方位起到的是"避免无端浪费"的作用，而在东北方位起到的则是"积蓄"作用。所以，灵活使用各个方位很关键。

（3）确认自己的幸运方位

如果要实践风水，就根据本命卦决定幸运方位吧。特别是在自己的房间里配置装饰物时，使用幸运方位是最有效的方法。

（4）了解方位的意义和能量

例如，想成功升职时，可将掌管事业运的东方位作为重点——改变它的装饰来实践风水。想提升"金运"时，如果是想储蓄，就选择北和东北方位；如果是想减少浪费，就选择西方位，等等。

2. 方位风水的具体运用

（1）东南方：连接结婚运程的方位

有强烈结婚愿望的人，应该使用的方位是东南方位。因为东南方是意味着"爱情"和"信赖"的方位，通过吸收东南方位的能量可以实现结婚的愿望。例如，在恋爱时选择自己房子的东南方位的区域进行调整，这样就可以使结婚几率增高。约会时，选择位于东南方位的场所，亦为最佳。另外，本命卦是"巽"的人最好通过异性和他人的介绍来确定恋爱或结婚对象，这是因为"巽"在八卦中具有东南方的能量，可以帮助成就一段踏实、可靠的姻缘。

想得到一段踏实、可靠的姻缘时，要避免使用西方位，因为这个方位具有很强的游戏色彩，即使出现了恋爱的机会，也很难有结婚的可能。

（2）北方：使你越过疲惫期的能量方位

恋人和夫妻之间开始产生厌倦感时，那就发挥北方位的能量吧。厌倦的最大原因是相互之间少了异性相吸的感觉，因此可以使用掌管性感的北方位来增强能量。尤其在约会和旅行时，要重点选择北方位的能

量来加剧二者之间的"心跳"感觉。

另外，将房子左侧打扫干净是非常重要的。因为这里的污染会使人变得浮躁，增加困扰。特别是北方位的卧室忌杂乱。

北方位具有求子的能量，不适合没有恋人的人使用。另外，"北"又意味着"秘密"，容易招致三角关系。

(3) 南方：能治愈失恋的方位

失恋的痛苦无论对谁而言都是辛酸的，它会使人失去自信，产生不利的想法，这时就可使用南方位的能量。

失恋后，积极向南方位运动，自然可以恢复信心，使内心充满"阳气"。

如失恋后，去位于南方位的地方旅行，这样就可以使你在短时间内摆脱失恋的困扰，重拾对生活的信心。

特别是对现在的恋爱状况和婚姻生活感到迷茫时，也可以借助南方位的能量，客观面对自己和对方的选择，从而得到最好的结果。

如果房子南侧的"气"混乱，就代表你优柔寡断，甚至出现错误选择。用心地将它整理干净吧，这也是对自己思绪的一种整理。

(4) 床向"伏位"——避免见异思迁的方位

恋人间、夫妻间的感情表面上看起来无风无浪，实际上也存在着移情别恋的可能。这时利用"伏位"的能量，可防止这一状况的发生。

方法是先通过恋人和爱人的本命卦找出"伏位"，然后再改变床的位置。如果改变床位有困难，那么也可以只改变枕头的位置，使其朝向伏位。

"伏位"是抑制性能量的方位。在这个方位睡觉，可以防止见异思迁，若再配合穿上冷色调的睡衣，则效果更佳。

与"伏位"相对的方向具有提升性能力的能量。想求子的人可以利用这个方位。

二、方位促进恋爱

1.方位增进爱情关系

一般认为，西南方的气可以优化已确定的爱情关系，因为该气使人联想到金秋时节的瓜熟蒂落，意味着收割爱情的季节到了，并使之好上加好。西南方的气更能让人感受到关爱与温馨。为自己的气场增添西南方的能量，能增进与伴侣之间的爱情关系的能量，从而有效地改善与伴侣之间的爱情关系。

以下教你具体的方法：

将睡床挪到使你们头部都朝向西南的方位，这可以增进气场的西南气。

在房间西南部放一对蜡烛，此即是用火气来支撑西南方的土气。每天点亮蜡烛一小会儿，可激活这个区域的火气。

室内多采用黄色、褐色、淡棕色和暗黑色的颜色。

在室内西南部摆放一盆用陶器盆养的黄色开花植物，可激活西南方的气。

两人坐在面朝西南的位置，提出一些能改善两个人爱情关系的方法。关键是在于你们能做些什么，而不是试图改变对方。此外，批评对方也只是意味着你们彼此都偏执于自己的立场，所以应尽力耐心倾听对方的心声，不要用自己的评论打断对方。

2.方位改善爱情关系

美丽、芳香、纯洁的花儿能将颜色和活力之气发散到室内，可为爱情带来浪漫、甜蜜之气（花能散发浪漫之气的原因之一就是它们是植物繁衍的途径）。

另外，花的形状决定气之不同。进入房间，如果首先映入眼帘的是一大簇花泽艳丽、馥郁芬芳的鲜花，这将令人神清气爽。鲜花含有充裕的气来大大改变室内气氛。花的优势在于容易更换，仅仅换几盆花，就可改变房间的能量。

以下教你具体的方法：

在卧室里摆放粉色或红色的花，可为你带来更多的浪漫之意。为使西方金气最大，可以在银色花盆中插两枝花。

玻璃花瓶养的乳白色花有助于深化感情，它能为室内带来更多水气，使你更具柔情。

每日更换鲜花，可给室内带来水气。定期修剪花茎，以延长花的寿命。切记，在花枯萎或死亡之前就应丢弃它，不然它在室内会散发出腐烂之气。

当你希望营造更具吸引力和激情的活泼之气时，可选颜色浓郁的花卉，如黄色或紫色的花，这些火色和土色的花种在陶器或瓷器中效果更好。

3.方位增加寻找潜在恋人的机会

积极开朗的情绪会让你光彩照人、魅力非凡，并有助于吸引异性进入你的生活。出入社交场合时，你的性格也会影响你的人气。如果你表现出愉悦和幽默，人们很容易就会对你心生好感，青睐有加，把你当成好的玩伴，喜欢与你相处。若你所处的环境能带给你愉悦的情绪，那将会大大增加你交往对象的机会。

以下教你具体的方法：

柔和的浅色调家具以及弧线条可为室内增添阴气，尖角以及组合家具将使房间阳气过重，所以室内可以养些植物和花，以缓和直线条或尖锐棱角。

增强西气。该气与日落、湖泊和丰收时节相关。粉色可以营造该气，你可以在此处放置粉色的花，如放一对粉色玫瑰。在房间里，还可以放一些红色或银

色饰品和柔和织物或衣服，这样会使你更具浪漫之气。也可在房间西部挂一面镜子，使镜子背面朝向外墙，这样可激励西气的流动。

在床上放一枚指南针，挪动睡床，使你头朝西、脚朝东。也许此举会令你的床在室内呈奇怪的角度，但是不必在意，待上六周看看有没有变化。

4.方位提高性爱质量

感觉浑然一体、水乳交融是高质量性爱生活的前提。

增加水、火和西方的金气可使你充满性的激情和兴致。

采用乳白色和亮黑色饰品为室内增加水气，丝带和薄料用品也有此功能。另外，还可以在房间的北方悬挂一块水晶，以此增强北方之气。

用金属花盘栽种粉色的花卉可增强令你"性"致盎然的西气（卧室西边是性想象的好处所）。

兰花有催情作用，因此在床边放一束兰花可激发性爱情绪。

※ 风水祖师爷郭璞

郭璞（276年～324年），字景纯，河东闻喜县人(今属山西省)，西晋建平太守郭瑗之子。东晋著名学者，既是文学家和训诂学家，又是道学术数大师和游仙诗的祖师。郭璞是堪舆学开山鼻祖，著有《葬经》、《三命通照神日经》、《玉昭定真经》等。其中《葬经》已成为中国堪舆学之蓝本。传闻郭氏家族是周朝周文王之后，《周易》出自周代，郭璞通易，实属家传。

第四章 八宅稳桃花

人有人相，手有手相，面有面相，家，也有家相！

从家相不仅可以看出一个人的性格、命运，更可以动手"调整"家运。想拥有爱情，就要先有效地利用家相来改变自己，这样才能保证让你快速拥有爱情"自主权"。

一、安放桃花床

在前篇里，我已经介绍过命卦的延年方和六煞方。命卦的延年方和六煞方有很多应用方法。最重要的是要用到这些方位才可以得到方位力量的相生相旺，从而有益于使用者。

十余年前，我见过一位"地理"行家（风水又名"地理"），一位即将退隐的老前辈，又会预测又会看风水，我那时候很喜欢跟着他到处走动，一边向他讨教一些学问，一边也是为了印证一下老祖宗传下来的术数到底有没有道理。记得有一次，他帮我的一位朋友把床位放在延年方，说这会有助于人际关系和个人情缘的发展。这个床有个名堂，叫做"桃花床"。

陈先生是我的朋友，1979年生，是震卦命。老师在房子里外都看了，并用后天八卦按方位标定了图纸，然后指示其把住宅的东南方（延年）的房间作为卧房用，并且要把床放在房间的东南方睡觉。"每天保证睡八小时，一定要多使用，桃花床才会发挥效果。"

那位老前辈在说话时脸上露出了英姿勃发的表情。我在他的脸上看到了属于他自己的一切——自己的工作，自己的信念，自己的崇拜。

由于风水的效验不都能立竿见影，所以风水的效果很多时候只能以当事人的"信念"解释之。"这样的做法在实际中到底有没有效果呢？"离开朋友家的路上我问老前辈。对于我提出的疑问，他给出了浸染他多年经验的肯定回答，他说风水学问是古代先民生活经验的累积和验证，一种学问通过实践—理论—再实践，反复印证并形成认识体系与过程，流传几千年当然是有道理的。

过了一年左右，那位陈先生结婚并邀请我喝喜酒，想想这位老师真的很有一套。回忆起当时我问他的问题，作为一个热爱易学的生命，这位老前辈不断实践这个答案几十年，而我作为一个易学文化的探研者也将努力追寻这个答案背后的那个不为人知的真相。

二、有益情缘的卧室风水布置

世间完满的风水布局十分罕有，即使是略有瑕疵的也是为数不多，所以能够尽可能使之趋于理想的布置就算很不错了。因为房屋客观条件的不同，未必都能照我列出的建议去做，但我相信其中最少有两三项是每个人都可以配合着去做的，这样就可以达到一定的风水助情缘的效果。

每个人生命中有三分之一的时间是在卧室里活动和休息，卧室的布置对人的生理、心理，进而对运气的好坏影响甚大。下面我就以卧室为例谈一下结合不同命卦使用者的布置方法。

恋爱和婚姻生活要幸福美满，必须具备以下四个条件：爱情，财富，健康，性生活。我在这里提出的一些意见，是针对前三个条件为增益目的而言的。

我的意见可当做给你的一种参考，可视作是一个朋友的建议。

1.坎卦命人之卧房布置建议

最宜选用北方、东方、东南方、南方的房间作为个人卧房使用，西南方亦可。卧室的北方、南方不宜有脏污和缺陷。

喜用圆形、弓形、轮形、曲线形、心形的摆设物品和图画，房间不适合太大。

家具用品宜用实木所制的为佳，但不喜方形的设计形态。

色彩以用白、黑、灰、兰、金银色为佳，不宜出现太多的黄色、咖啡色。

建议摆设：

靠南方位放置床或一个插了鲜花的陶瓷花瓶，放置音响、电视也有一定的效果；靠东南方位放置配偶或心仪对象的照片。靠东方位放置镜子或钱箱，在钱箱里陈设六枚圆形的钱币有旺财致富的寓意。靠北方位放置一块大圆石。

2.坤卦命人之卧房布置建议

最宜选用西北方、西方、东北方、西南方的房间作为个人卧室使用。卧室的西南方、东北方没有脏污和缺陷。

宜在室内挂一些雕刻或图画作品。房间里不宜用过于高直的形态，宜取矮伏的形态，尽量不用太高的衣柜。喜使用布帘、帷幕类的配属，忌用绳状的编织物。

家具物体皆以方正为合用，不宜使用有过多曲线的物品。

色彩宜取米色、黄色、咖色、红色、紫色为主，忌纯白色。

建议摆设：

靠西北方位放置床或一个插了鲜花的陶瓷花瓶，放置音响、电视也有一定的效果。靠东北方位放置配偶或心仪对象的照片。靠西方位放置镜子或钱箱，在钱箱里陈设六枚圆形的钱币有旺财致富的寓意。靠西南方位放置一块大圆石。

3.震卦命人之卧房布置建议

最宜选用北方、东方、东南方、南方的房间作为个人卧室使用，西南方亦可。卧室的东方、西方没有脏污和缺陷。

空间里喜用布窗帘的布置。可以挂一张大型的绘画作品在墙壁上，但忌用仕女、寒冷意象类型的图案或摆设。

家具设计和摆设品可以长直形或曲线形式为佳。

色彩宜用青色、绿色、蓝色，忌纯白、金、银、赤色。

建议摆设：

靠东南方位放置床或一个插了鲜花的陶瓷花瓶，放置音响、电视也有一定的效果。靠南方位放置配偶或心仪对象的照片。靠北方位放置镜子或钱箱，在钱箱里陈设六枚圆形的钱币有旺财致富的寓意。靠东方位放置一块大圆石。

4.巽卦命人之卧房布置建议

最宜选用北方、东方、东南方、南方的房间作为个人卧室使用，西南方亦可。卧室的东南方、西北方没有脏污和缺陷。

喜用直高形态的物件，如高大的衣柜等，忌用一排低柜的设计方法。

在墙上挂有小的雕刻作品，木制品的为佳。装饰品不可以有水果、仕女之形态。

喜配有曲线的家具，且以实木的有雕刻感的为佳。

色彩宜选青、绿色为主，忌用纯白、金、银、红色系列。

建议摆设：

靠东方位放置床或一个插了鲜花的陶瓷花瓶，放置音响、电视也有一定的效果。靠北方位放置配偶或心仪对象的照片。靠南方位放置镜子或钱箱，在钱箱里陈设六枚圆形的钱币有旺财致富的寓意。靠东南方位放置一块大圆石。

5.乾卦命人之卧房布置建议

最宜选用西北方、西方、东北方、西南方的房间作为个人卧室使用。卧室的西北方、东南方没有脏污和缺陷。

宜在房中挂宇宙、星辰、苍穹、人头肖像的图画，忌用刀、剑兵器形的饰物，忌用龟形的饰物。

色彩采用白、金银色、米黄、咖色为主。不宜出现太多的红色、橘色、紫色。

建议摆设：

靠西南方位放置床或一个插了鲜花的陶瓷花瓶，放置音响、电视也有一定的效果。靠西方位放置配偶或心仪对象的照片。靠东北方位放置镜子或钱箱，在钱箱里陈设六枚圆形的钱币有旺财致富的寓意。靠西北方位放置一块大圆石。

6.兑卦命人之卧房布置建议

最宜选用西北方、西方、东北方、西南方的房间作为个人卧室使用。卧室的西方、东方没有脏污和缺陷。

宜以仕女的图画装饰墙面，不宜用刀剑兵器类型的物件。宜在室内放设有"音乐"配置的机器。

配用白色、金银色、米黄、咖色为主，忌用纯红色彩装饰。

建议摆设：

靠东北方位放置床或一个插了鲜花的陶瓷花瓶，放置音响、电视也有一定的效果。靠西北方位放置配偶或心仪对象的照片。靠西南方位放置镜子或钱箱，在钱箱里陈设六枚圆形的钱币有旺财致富的寓意。靠西方位放置一块大圆石。

7.艮卦命人之卧房布置建议

最宜选用西北方、西方、东北方、西南方的房间作为个人卧室使用。卧室的东北方、西南方没有脏污和缺陷。

宜用体积较大的、具有立体凹凸感的雕刻或图画物体，还可以放一件石雕或藤制品。房门上可以挂一件装饰品或装饰画。不宜过多采用较厚重的布制窗帘、幕帷一类的物体，不宜陈列鼓状之装饰品。

色彩以黄色、咖色、红色、紫色为主，忌用青色、绿色。

建议摆设：

靠西方位放置床或一个插了鲜花的陶瓷花瓶，放置音响、电视也有一定的效果。靠西南方位放置配偶或心仪对象的照片。靠西北方位放置镜子或钱箱，在钱箱里陈设六枚圆形的钱币有旺财致富的寓意。靠东北方位放置一块大圆石。

8.离卦命人之卧房布置建议

最宜选用北方、东方、东南方、南方的房间作为个人卧室使用，西南方亦可。卧室的南方、北方没有脏污和缺陷。

空间里宜有珍珠、贝壳类的摆设。喜欢有"长尾形"的下垂的形态，可以在柜子上方放置一盆吊兰，枝叶下垂。喜欢在房间里有芬芳的气息。

忌用圆形、弓形、月形的摆设，不喜心形的装饰品。

房间色彩可以出现一些红色、橘色、紫色、绿色的色彩，忌用黑色。

建议摆设：

靠北方位放置床或一个插了鲜花的陶瓷花瓶，放置音响、电视也有一定的效果。靠东方位放置配偶或心仪对象的照片。靠东南方位放置镜子或钱箱，在钱箱里陈设六枚圆形的钱币有旺财致富的寓意。靠南方位放置一块大圆石。

三、有益性生活的卧室风水布置

阴阳的相合，也是指人生男女之间的结合。《礼记》中说"饮食男女，人之大欲存焉"，也就是说，性是生命繁衍的本能，是快乐的生活方式。"性"实在是人的生命里的最根本的东西，汉字中的"性命"二字的意思就是，有了性的延续才有人的生命历程。

享受性生活除了有益于人们的身体健康、延年益寿、调整情绪之外，还对形成积极健全的人格、丰富和成熟的人际交往、坦诚与坚贞的爱情和夫妻关系有明显的益处。性生活给恩爱夫妻带来了极大的快慰，同时也巩固了夫妻间的和谐。阴阳和合的婚姻，是鱼水交欢的婚姻。

夫妻二人命卦不同的，以女主人的年命为主要考量依据。

1. 坎卦命人之鱼水之欢布置

建议摆设：

卧室内使用黄色灯光，不宜用白色灯光。想要享受甜蜜的两人世界，合适的温度也有颇大的关系，夏天房间里必须要有冷气，冬天房间里必须要有暖气，不要让过冷、过热的室温影响居住者的性欲望和性趣。床头柜上摆放一对红色精油蜡烛，香气以玫瑰、栀子等浪漫的气味效果佳。夫妻俩的枕头可以经常互换睡，有让彼此的"气"互沾、彼此融合的意思。或干脆改睡两人份的长枕头，两人份的长枕头方便在床上谈情说爱，也暗含"合而为一"的寓意。床的周围铺上粉红色或粉紫色为主调的地毯，床罩、背单、枕头套宜用蓝色、灰色或纯白、金、银色。于南方放置一个紫水晶洞或一个水晶球，西北方设一个陶瓷花瓶并以红色、紫色系的鲜花装饰，或多摆设一些红色、紫色的小饰物。

2. 坤卦命人之鱼水之欢布置

建议摆设：

卧室内使用黄色灯光，不宜用白色灯光。想要享受甜蜜的两人世界，合适的温度也有颇大的关系，夏天房间里必须要有冷气，冬天房间里必须要有暖气，不要让过冷、过热的室温影响居住者的性欲望和性趣。床头柜上摆放一对红色精油蜡烛，香气以玫瑰、栀子等浪漫的气味效果佳。夫妻俩的枕头可以经常互换睡，有让彼此的"气"互沾、彼此融合的意思。或干脆改睡两人份的长枕头，两人份的长枕头方便在床上谈情说爱，也暗含"合而为一"的寓意。床的周围铺上兰色、灰色为主调的地毯，床罩、背单、枕头套宜用粉红色、粉紫色或黄色。于西北方放置一个紫水晶洞或一个水晶球，南方设一个陶瓷花瓶并以红色、紫色系的鲜花装饰，或多摆设一些红色、紫色的小饰物。

3.震卦命人之鱼水之欢布置

建议摆设：

卧室内使用黄色灯光，不宜用白色灯光。想要享受甜蜜的两人世界，合适的温度也有颇大的关系，夏天房间里必须要有冷气，冬天房间里必须要有暖气，不要让过冷、过热的室温影响居住者的性欲望和性趣。床头柜上摆放一对红色精油蜡烛，香气以玫瑰、栀子等浪漫的气味效果佳。夫妻俩的枕头可以经常互换睡，有让彼此的"气"互沾、彼此融合的意思。或干脆改睡两人份的长枕头，两人份的长枕头方便在床上谈情说爱，也暗含"合而为一"的寓意。床的周围铺上黄色或咖色为主调的地毯，床罩、背单、枕头套宜用蓝色、灰色或绿色。于东南方放置一个紫水晶洞或一个水晶球，东北方设一个陶瓷花瓶并以红色、紫色系的鲜花装饰，或多摆设一些红色、紫色的小饰物。

4.巽卦命人之鱼水之欢布置

建议摆设：

卧室内使用黄色灯光，不宜用白色灯光。想要享受甜蜜的两人世界，合适的温度也有颇大的关系，夏天房间里必须要有冷气，冬天房间里必须要有暖气，不要让过冷、过热的室温影响居住者的性欲望和性趣。床头柜上摆放一对红色精油蜡烛，香气以玫瑰、栀子等浪漫的气味效果佳。夫妻俩的枕头可以经常互换睡，有让彼此的"气"互沾、彼此融合的意思。或干脆改睡两人份的长枕头，两人份的长枕头方便在床上谈情说爱，也暗含"合而为一"的寓意。床的周围铺上黄色或咖色为主调的地毯，床罩、背单、枕头套宜用蓝色、灰色或绿色。于东方放置一个紫水晶洞或一个水晶球，西方设一个陶瓷花瓶并以红色、紫色系的鲜花装饰，或多摆设一些红色、紫色的小饰物。

5.乾卦命人之鱼水之欢布置

建议摆设：

卧室内使用黄色灯光，不宜用白色灯光。想要享受甜蜜的两人世界，合适的温度也有颇大的关系，夏天房间里必须要有冷气，冬天房间里必须要有暖气，不要让过冷、过热的室温影响居住者的性欲望和性趣。床头柜上摆放一对红色精油蜡烛，香气以玫瑰、栀子等浪漫的气味效果佳。夫妻俩的枕头可以经常互换睡，有让彼此的"气"沾来沾去，彼此融合的意思。或干脆改睡两人份的长枕头，两人份的长枕头方便在床上谈情说爱，也暗含"合而为一"的寓意。床的周围铺上粉绿色主调或有条形花纹的地毯，床罩、背单、枕头套宜用黄色、咖色或白色、金、银色。于西南方放置一个紫水晶洞或一个水晶球，北方设一个陶瓷花瓶并以红色、紫色系的鲜花装饰，或多摆设一些红色、紫色的小饰物。

6. 兑卦命人之鱼水之欢布置

建议摆设：

卧室内使用黄色灯光，不宜用白色灯光。想要享受甜蜜的两人世界，合适的温度也有颇大的关系，夏天房间里必须要有冷气，冬天房间里必须要有暖气，不要让过冷、过热的室温影响居住者的性欲望和性趣。床头柜上摆放一对红色精油蜡烛，香气以玫瑰、栀子等浪漫的气味效果佳。夫妻俩的枕头可以经常互换睡，有让彼此的"气"互沾、彼此融合的意思。或干脆改睡两人份的长枕头，两人份的长枕头方便在床上谈情说爱，也暗含"合而为一"的寓意。床的周围铺上粉绿色主调或有条形花纹的地毯，床罩、背单、枕头套宜用黄色、咖色或白色、金、银色。于东北方放置一个紫水晶洞或一个水晶球，东南方设一个陶瓷花瓶并以红色、紫色系的鲜花装饰，或多摆设一些红色、紫色的小饰物。

7. 艮卦命人之鱼水之欢布置

建议摆设：

卧室内使用黄色灯光，不宜用白色灯光。想要享受甜蜜的两人世界，合适的温度也有颇大的关系，夏天房间里必须要有冷气，冬天房间里必须要有暖气，不要让过冷、过热的室温影响居住者的性欲望和性趣。床头柜上摆放一对红色精油蜡烛，香气以玫瑰、栀子等浪漫的气味效果佳。夫妻俩的枕头可以经常互换睡，有让彼此的"气"互沾、彼此融合的意思。或干脆改睡两人份的长枕头，两人份的长枕头方便在床上谈情说爱，也暗含"合而为一"的寓意。床的周围铺上兰色、灰色为主调的地毯。床罩、背单、枕头套宜用粉红色、粉紫色或黄色。于西方放置一个紫水晶洞或一个水晶球，东方设一个陶瓷花瓶并以红色、紫色系的鲜花装饰，或多摆设一些红色、紫色的小饰物。

8. 离卦命人之鱼水之欢布置

建议摆设：

卧室内使用黄色灯光，不宜用白色灯光。想要享受甜蜜的两人世界，合适的温度也有颇大的关系，夏天房间里必须要有冷气，冬天房间里必须要有暖气，不要让过冷、过热的室温影响居住者的性欲望和性趣。床头柜上摆放一对红色精油蜡烛，香气以玫瑰、栀子等浪漫的气味效果佳。夫妻俩的枕头可以经常互换睡，有让彼此的"气"互沾、彼此融合的意思。或干脆改睡两人份的长枕头，两人份的长枕头方便在床上谈情说爱，也暗含"合而为一"的寓意。床的周围铺上白色、金、银色为主调的地毯，床罩、背单、枕头套宜用粉红色、粉紫色或粉绿色。于北方放置一个紫水晶洞或一个水晶球，西南方设一个陶瓷花瓶并以红色、紫色系的鲜花装饰，或多摆设一些红色、紫色的小饰物。

四、花瓶的颜色和形状

前面的摆设建议中提到摆放陶瓷花瓶可以催桃花。有人问我，为什么要用陶瓷的花瓶呢？

答案是这样的，因为陶瓷属土，土是一切植物生根的源头，桃花要有土的培养才可以生长好，五行属土的陶瓷花瓶和陶罐很适合放在桃花位上。同时要在瓶内养上清水并插上鲜花，花朵最好是红色系的为主。正确摆设花瓶有利于增加异性缘。

空置的瓶子有桃花成空的意味，也容易招来一些不正当的桃花，反而给人带来无穷的烦恼事。若是使用人造花在家中陈设的话，要在花瓶里放置香精，散发香味出来。

更进一步地看，摆放陶瓷花瓶最好要留心不同方位固有的五行特性。五行者，即金、木、水、火、土。战国时期的大学问家邹衍是第一个将金、木、水、火、土五个具有象征性又有联想条件的因素，分别赋予了均衡而且循环互动的生、克概念的人。五行的生克、制化的基本原理可以代入各种层面应用之。

如果花瓶形状与方位相生，一定会有正面的效应，如果相克则会减轻催旺的力量。

我们必须了解八个方位的五行所属，这个是有必要了解的。东方、东南方属木；南方属火；西南方、东北方属土；西方、西北方属金；北方属水，这个方位五行的知识是学习风水学的重要基础。花瓶的颜色和形状要和该固有方位的五行气场相生扶、相协调，才可以发挥最好的效果。

东方、东南方属木，在东方、东南方放置的花瓶可以是瓶身长而直没有瓶颈的，颜色以黄色、咖色、青绿色为佳，或者是蓝色、黑色的。

南方属火，在南方放置的花瓶可以是瓶口和瓶身都为三角形，不过这种形状的花瓶在市场上较难买到。进行色彩上的强调也是符合易理的做法，以黄色、咖色、橙色、红色、紫色为佳，或者是青绿色的花瓶。

西南方、东北方属土，在西南房、东北方放置的花瓶也可以是瓶口和瓶身都是方形的，颜色以黄色和咖色为佳，或者是橙色、红色、紫色的。

西方、西北方属金，在西方、西北方放置的花瓶也可以是瓶口和瓶身都是圆形，下部又圆又大的，颜色以白色、金、银色为佳，或者是黄色和咖色的。

北方属水，在北方放置的花瓶也可以是呈弯曲扭转或是表面有水波浪纹理的，颜色以黄色、咖色、蓝色、黑色为佳，或者是白色、金、银色的。

利用花瓶催桃花还有一种结合峦头学"四灵方位"的技法。"四灵山诀"的玄学理念认为，青龙、白虎、朱雀（凤凰）、玄武（龙龟）是中国古代神话中的四灵兽，在方位上被赋予了方位象征的含义后，成为峦头风水方法的一种媒介，这是一个最原始但很根本的理论。左边是青龙方，代表阳性的刚强的能量，主男性；右边是白虎方，代表阴性的柔和的能量，主女性。男左女右，这是通用的排序

规则。

刘先生年龄已经过了三十四岁了，至今仍无女朋友，家里的长辈很着急，恰逢他姐姐是我一位朋友的太太，在一次聚会时说起了此事。我询问了刘先生的生肖，是属狗的，便教他姐姐在住宅的正东方（肖狗人的咸池桃花宫）放置一个鱼缸，再设一风扇来动起桃花星。然后，我又画了图教刘先生的姐姐在大门的"右白虎"墙边的位置放一个盛了清水的花瓶，以此来增加异性缘。这个方法非常简单易懂，是青龙白虎方位知识的灵活应用。

男性增加异性缘的方法是在白虎方位的墙边放置花瓶。古法说，家中排行一、四、七的放在前方，排行二、五、八的放在中央，排行三、六、九的放在后方。女性增加异性缘的方法则刚好相反，应在青龙位置放置花瓶。青龙、白虎方位的分别是站在家中对着大门来看的，左边的方位是青龙方，右边的方位是白虎方。

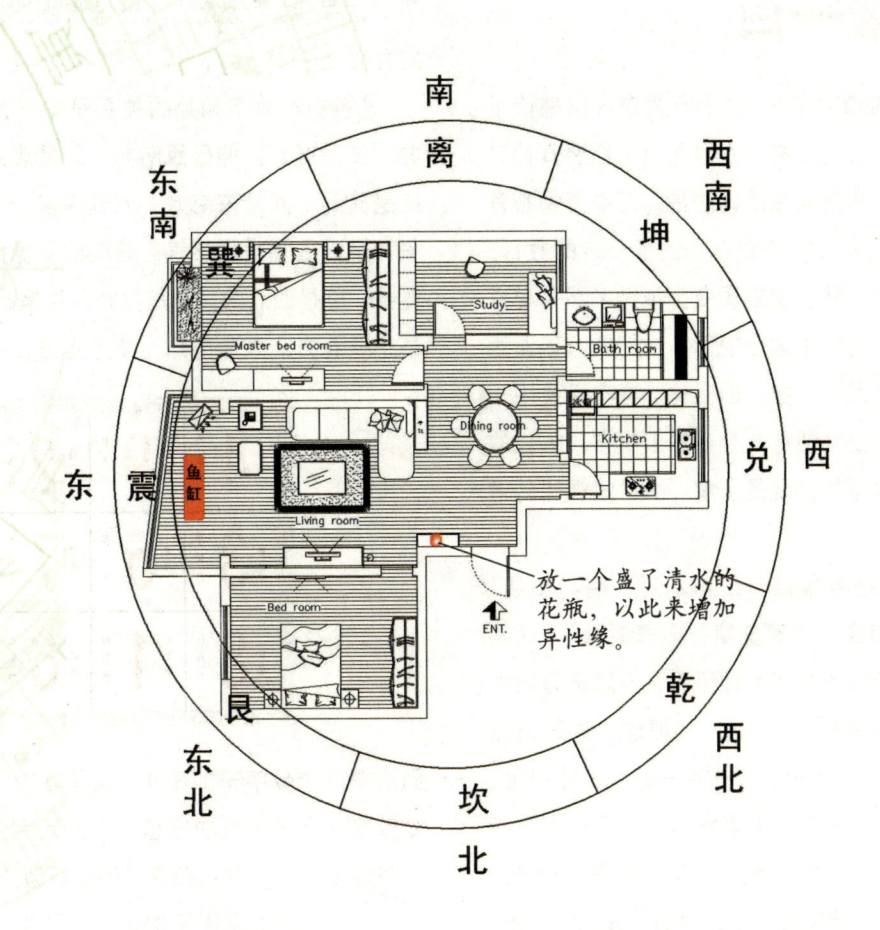

第五章 飞星派桃花

在风水学说中，玄空派风水学把《洛书》里的数字叫做"星"，是最忠实应用《洛书》数理的风水学派。玄空派的催桃花技法颇有成效，这一派的手法主要是以利用"九""一"星宿占据的空间进行催旺布置。

一、九紫一白

有人问我"何谓玄空"。这个问题自古以来诸子百家的答案很多，玄之又玄、众妙之门，但要真把它说清楚实非易事。粗浅易懂的说法是，万事万物都有它的规律、它的现象、它的数目。到了一定的数目，就一定会发生改变。从量变到质变，依循了某一种道理、某一种规律，明白了这个规律，自然就万事通达了。玄空是指一至九的"数"的变化。玄空学是由一至九的风水学，一至九便是八卦再加上中宫。古代的人掐指一算，万事皆知，就是了解"数"的规律的缘故。

"玄空妙诀，唯看雌雄。山与水对，阴与阳通。九星流转，彼此相逢。坎离交媾，一气混融"，这是古代地理大师杨筠松的玄空大卦秘诀，意思是看风水要研究方位的雌雄属性。"雌雄"的概念，说通俗点也就是一阴一阳、一动一静、一消一长、一冷一暖。从《青囊序》中的"杨公养老看雌雄，天下读书对不同"来看，我认为"雌"就是后天八卦里的离卦，"气"的南方，"数"就是玄空学派里的"九"；"雄"就是后天八卦里的坎卦，"气"的北方，"数"就是玄空学派里的"一"。《后天八卦图》里的坎、离两卦，也就是《先天八卦图》里的乾、坤两卦，乾为阳为天为父，坤为阴为地为母，乾坤为父母卦，最基本的卦，相交合而派生出其他的卦，又叫做六子（震长男、坎中男、艮少男、巽长女、离中女、兑少女），八个易经卦就这样形成了，再加上中宫的位置，九宫就出来了。古书传："伏羲法八极作八卦，黄帝作九窍，以定九宫"。

《洛书》数字和卦的关系是：一为坎卦，坎是北方；二是坤卦，坤是西南方；三是震卦，震是东方；四是巽卦，巽是东南方；五是中宫，并无卦象，它是一种带火土性质的煞气、善变的不稳定的能量；六是乾卦，乾是西北方；七是兑卦，兑是西方；八是艮卦，艮是东北方；九是离卦，离是南方。在附图中可以看到洛书九个数字安排在九个宫位之内的规律。这不但令数字带上了方位的信息，而且数字变化的顺序也同时成为了玄空学派九颗虚星的运行轨迹依据。

一至九是九宫图里的数。生活中，人们在遇到某些事的时候，往往会认为某些事的结果是有定数的，这里的一至九就是人们常说的定数。虽然九宫八卦的数是固定的，但具体的方位有错综复杂的影响力存乎其间，事物在不同空间和不同时间里是会有着不一样的吉凶影响变化的，所以风水的力量不是一直不变的，它是流变的。玄空风水典籍《紫白诀》详细记述有年星、月星、日星、时星的应用，依据的是"物物一太极"的原理，由此可以较有针对性地选择和布置。据我多年对《紫白诀》的研究和实践经验，认为若能对每一年的"一白"飞伏的方位催旺则有益于异性缘的产生，对"九紫"飞伏的方位催旺则助益姻缘、人际关系效果奇佳。也就是说，如果你现在还没有恋人，那就要侧重用"一白"飞星；如果已经恋爱，想催婚、稳固感情或改善人际关系，就要善用"九紫"飞星。

想要学习玄空派风水的技法来应用在生活里，就先要明白玄空派的九颗飞星的含义，这在后文中会有介绍。

二、洛书

现代人说我们中国文化有五千年，是跟着西洋人说的，有学者认为其实中国的历史文化应该远不止这些。按一些考古学家的说法，至少有百万年以上。考据的事情我一点不懂，也很难去分辨是真是伪，不过可以肯定的是，我们的文化真是够悠久的！

我们远古的文化里有个非常伟大的图案，叫做《洛书》，风水的智慧很多就是从其中而来。据说漫漫的历史长河里，有个大禹治水的时代，当时有一只神龟从洛水里浮了上来，神龟背上刻了五颜六色的斑点记号，其数由一至九，圈圈点点有如抽象的星宿一般形成图案。洛书是中华数理、哲学文化、阴阳五行术数之根源，最早记录在《尚书》之中，其次在《易传》《汉书》之中，诸子百家多有记述。

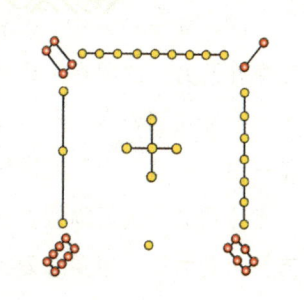

洛书数字的排列口诀是："戴九履一，左三右七，二四为肩，六八为足，五居中宫"。以人体为构架，头上是九，下面是一，左边是三，右边是七，上面右角是两点，左角是四点，二和四如同在肩膀上，下面右角是六点，左角是八点，好象是两只足，五在中间的位置，这一表述形象地说明了《洛书》图案里数字的各自位置。这为风水理气学问提供了理论根据的同时，也是一道非常著名的数学迷题。它的命题是这样的，如何将一至九数置入九宫格内，令横、直、斜加都等于15呢？如何你从未学过洛书口诀，一下子可能真是答不上来的。

看看洛书九宫图，你会发现，无论横、直、斜三个方向如何相加，结果都会是等于15，它们的对宫相加也正好是10。洛书九宫尽显五行之妙，是不是很神奇的排列呢？

从九宫数阵的分布结构来看，它体现了一种相对平衡、相对稳定的系统模式。

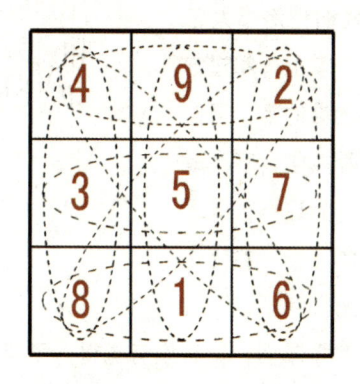

4	9	2
3	5	7
8	1	6

三、飞星掌法

我们已经知道了一白星是一颗代表经常出门、文昌、桃花、好人缘的星宿，而九紫星是一颗代表喜庆、姻缘、好人缘的星宿，两者的特性大体来说有异曲同工之妙，但在应用效果上还是有一些区别的。下一步要推断它们所在的方位则要求我们掌握起星盘的方法，飞星的轨迹就是九宫洛书数的数字次序。

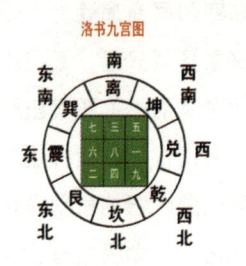

让我来传你一式秘传极久的风水绝招。我们知道一坎、二坤、三震、四巽、五中宫、六乾、七兑、八艮、九离，次序由中宫开始，五、六、七、八、九、一、二、三、四，然后又到了五，换言之就是中宫、乾、兑、艮、离、坎、坤、震、巽。如果伸出左手掌，掌心向着自己，在指上的运行的次序则是：A、B、C、D、E、F、G、H、I、A，这种排列叫做"飞星掌法"。

经云："识掌模太极，分明必有图。"我们把洛书九宫由纸上搬到了掌上，掌握它并不是一件困难的事，相信每一个读者都能学会它。最好能把这种排列记熟，以后计算风水里的"场"的变化随时随地都用得到。

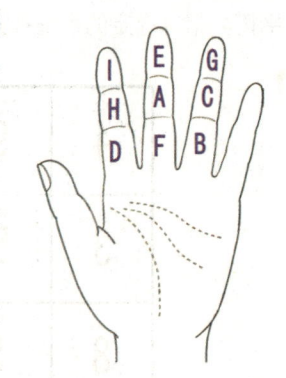

看了这幅手掌图，你有没有觉得，手指在飞星时产生的轨迹在客观上与三角形有着颇奇妙的关系呢？

它体现了一种不稳定的传递和运行过程。飞星运行、碰撞，目的是为了自然适应不同的时间、空间里的"场"的整体的相对平衡与稳定。把一个宇宙的法则放在几根手指头上移来移去，发明这套技法的古人真是太高明了！

数的排列组合变化了，八卦的"场"就要相应地变动。

飞星是一种"场"，而没有实体。你只要知道每年的入中之星，就可以依照我教你的"飞星掌法"一招捕获每一年里的一白、九紫星飞伏的方位。玄空之法就是教你把握一个时间和空间，重视每年入中一星，九星依规律流转，一直运行到现在。

我举几个例子。

2008年一白入中，顺挨过去是：二黑在西北方，三碧在西方，四绿在东北方，五黄在南方，六白在北方，七赤在西南方，八白在东方，九紫在东南方。流年一白在中宫，因此尚未找到恋人的朋友可在家居的中宫位置放一金属圆盆养一条或六条金鱼；东南是巽方，大利女性，想要恋爱、结婚的女性朋友在家居的

年星入中表

上元	一白	九紫	八白	七赤	六白	五黄	四绿	三碧	二黑
中元	四绿	三碧	二黑	一白	九紫	八白	七赤	六白	五黄
下元	七赤	六白	五黄	四绿	三碧	二黑	一白	九紫	八白
	甲子	乙丑	丙寅	丁卯	戊辰	己巳	庚午	辛未	壬申
	癸酉	甲戌	乙亥	丙子	丁丑	戊寅	己卯	庚辰	辛巳
	壬午	癸未	甲申	乙酉	丙戌	丁亥	戊子	己丑	庚寅
	辛卯	壬辰	癸巳	甲午	乙未	丙申	丁酉	戊戌	己亥
	庚子	辛丑	壬寅	癸卯	甲辰	乙巳	丙午	丁未	戊申
	己酉	庚戌	辛亥	壬子	癸丑	甲寅	乙卯	丙辰	丁巳
	戊午	己未	庚申	辛酉	壬戌	癸亥			

东南角或是自己的卧房的东南角放九枝红花，极有催旺情缘的作用。一般人士如能使用流年一白、九紫方位，亦会加强自己的人际关系。

2009年九紫入中，九紫桃花在中宫，催旺姻缘就要在中宫放置九枝红花。一白在西北，西北方是乾方，大利男性的桃花，放一金属圆盆养一条或六条金鱼，催旺男性情缘的作用颇为明显。

2010年八白入中，顺挨过去是：九紫在西北方，一白在西方。因此欲婚人士可在2010年自己的房间的西北角放九枝红花。西北方是乾方，男性尤利，尚未找到恋人的可在房间的西方位置放一金属圆盆养一条或六条金鱼。西方是兑卦，大利女性的桃花。一般人士如能使用流年一白、九紫方位，亦会加强自己的人际关系。

2011年，九紫在西方，一白在东北方；2012年，九紫在东北方，一白在南方。2013年，九紫在南方，一白在北方；2014年，九紫在北方，一白在西南方；2015年，九紫在西南方，一白在东方；2016年，九紫在东方，一白在东南方。

如果有秘密的恋情不希望穿帮，可在北方或流年一白星的方位放置一个黑色的小桌子及一盏光线很柔和的台灯，使用之会有裨益。《说卦传》："坎者，水也，正北方之卦也，万物之所归也。"坎是一白星，北方，象征水的方位，象征色彩是充满光泽的黑色，光线幽暗、隐藏之地。在光线幽暗中活动，不会引人注目，事情才能秘密进行。

一个金属圆盆盛水，养六条金鱼是金生水旺之现象，一、六是《先天八卦图》里坎水的"数"；红色的花是九紫离卦的"象"，数目九是九紫离火的"数"。象、数是整个易学理论中极为重要的范畴，是易学的基础。

四、月星九紫

想要步上红地毯的那一端，完成终身大事的，催旺"九紫"星是比较有效的技法。由于平时较多用九紫飞星来替人催旺姻缘，这方面我有颇多"实战经验"。如果想令效果再强一些，玄空飞星派风水上还可以针对每月的飞星来寻找九紫星飞伏的方位，然后再在这些方位进行加强性的催旺布置。

寻找流月九紫的方法，首先要以年支来分组。

子午卯酉（鼠马兔鸡）年，正月八白入中，然后逆数余月；

辰戌丑未（龙狗牛羊）年，正月五黄入中，然后逆数余月；

寅申巳亥（虎猴蛇猪）年，正月二黑入中，然后逆数余月。

参见"月星入中表"即可知每个农历月入中的飞星，然后再依顺飞排盘即可知道流月九紫的方位。每个农历月的计算由节气开始，经节气而止于下个节气。

例如：2007（丁亥）年，亥猪年正月是二黑坤卦入中，逆数。农历二月是一白入中，流月九紫在东南方；农历三月是九紫入中，流月九紫在中宫；农历四

月星入中表

	正月	二月	三月	四月	五月	六月	七月	八月	九月	十月	十一月	十二月
子午卯酉年	八白	七赤	六白	五黄	四绿	三碧	二黑	一白	九紫	八白	七赤	六白
辰戌丑未年	五黄	四绿	三碧	二黑	一白	九紫	八白	七赤	六白	五黄	四绿	三碧
寅申巳亥年	二黑	一白	九紫	八白	七赤	六白	五黄	四绿	三碧	二黑	一白	九紫

节气交界表

地支（生肖）	寅月（虎）	卯月（兔）	辰月（龙）	巳月（蛇）	午月（马）	未月（羊）	申月（猴）	酉月（鸡）	戌月（狗）	亥月（猪）	子月（鼠）	丑月（牛）
节气	立春至惊蛰	惊蛰至清明	清明至立夏	立夏至芒种	芒种至小暑	小暑至立秋	立秋至白露	白露至寒露	寒露至立冬	立冬至大雪	大雪至小寒	小寒至立春
阳历时间（每年率有不同）	二月四日~三月五日	三月五日~四月五日	四月五日~五月五日	五月五日~六月五日	六月五日~七月六日	七月六日~八月七日	八月七日~九月七日	九月七日~十月八日	十月八日~十一月八日	十一月八日~十二月八日	十二月八日~一月六日	一月六日~二月四日

月八白入中，流月九紫在西北；农历五月是七赤入中，流月九紫在西方；农历六月是六白入中，流月九紫在东北方。

流年飞星影响一年的吉凶祸福，对我们判断一个空间的吉凶起到了颇大的作用。相对而言，月飞星的影响比较小，主要用来配合年飞星使用，有助于更为准确地分析流动的风水气运。

五、催旺九紫的方法

找到九紫星飞伏的位置，还要去催旺它才会发挥效力。我的催旺方法依据的是五行的原理，九紫星是离卦，五行属火，用火扶火就是催旺规则，用木生火也是催旺规则。

古代风水大师郭璞认为，同源同气的物质之间会产生互为因果的影响。现代物理学认为，多种能量场可以借助多维时空和超光速的运动来发生互为关联的感应和作用。他们的观点其实是差不多的意思，都可以用来解释我所说的五行生扶的观点。

从火扶火的五行自旺的层面而言，除了前面介绍的摆放九枝红花的方法外，也可在流年或流月九紫位的地方亮一盏红色台灯、放电视机、点蜡烛，红色台灯、电视和蜡烛都是五行属火的事物。

从木生火的五行相生的层面而言，可以在流年或流月九紫位的地方放一棵桃花树，由于木可以用"甲乙""寅卯"来代表，所以也可以摆饰四只木雕的绿色的鸭，鸭的五行是"甲木"，四为绿木之数，因此可以用甲木来生旺九紫离火。也可以放四只木雕的兔，兔的五行是"乙木"，兔肖与鼠、马、鸡共列四大桃花生肖，四只木兔也可以生旺九紫星。

还有一种做法是在九紫飞星位放四颗绿色的植物，围绕其周围再摆设九盆红花，依据的也是上述的木生火、火扶火的观念。

年轻男子的催旺桃花方法，还可以在九紫飞伏的位置放置一些"木炭"，基于木炭是取木加火而成的，是有着火和木的成分存在其内部的，所以对于催旺姻缘也有一些不错的效果。但木炭不适合父亲、年长者、少女的催姻缘、催旺人际关系事宜，这是有其更深层次的原因的，在后面的文字中还有表述。

六、催旺九紫桃花星的风水物品

下面列举几种可以催旺九紫桃花星的风水物品：

桃花。对于九紫星来说，桃花是最受欢迎的一种花了，因为桃花是催旺九紫桃花星最有效的东西。在2007年，流年九紫星飞临正东方，过年的时候，未婚男女只要在家中的东方摆放一棵桃花树，再用红布包裹花盆，并用红线在树干上缠9道，就可以招来九紫离火，烧旺桃花。

结子石榴。这是最招桃花的植物之一。如果在家里的正东方摆放结子石榴，可使家中尚未婚配的男女增加桃花运。但正东方代表的是长子，如果家中长子已经结婚，这个时候再放桃花易生枝节，所以还是按月星九紫每月飞临的方位不断移动为好。

椰子。凡九紫星飞临之处，摆放一个椰子，应木生火之意，椰子木生九紫火，同时，椰子有"子"为四咸池，催旺桃花。放椰子的时候只能放一个，因为一九可成"合十"之数，为阴阳合十，主男女之间和谐美满之吉兆。

养9只龟。龟五行属火，放玩具龟或养龟都具有很强的火性，可催旺桃花吉兆。因此，在九紫星飞临之处养9只龟可使九紫离火威不可挡，大旺桃花。

放4只木鸭。在九紫星飞伏之处，摆放4只木雕的鸭子。鸭为"甲木"，以木生九紫之火，而4则为四绿木之数，且木越旺则火越旺。

养4只兔。4表示四绿，五行属性为木，养4只兔子寓意以木生火。同时，兔子与马、鼠、鸡并列为四大桃花生肖吉祥物。

放9个大辣椒。可以将9个大辣椒（五行为火）或是9个红包放在辣椒窝（一种风水物品）内，将辣椒窝摆在九紫星飞临之处，即可催旺桃花星。

摆放电器。所有的家用电器都属火，因此，在家中九紫星飞临的地方摆放电视机、音响、电脑，甚至是充电器等，都可以催旺九紫桃花星。如果是在九紫位看碟片的话，可以选择与"子午卯酉"有关的碟片，

如：与子有关的是《蝙蝠侠》、《精灵鼠小弟》等；与午有关的是《车神》、《马语者》、《茶马古道》、《摩托车日记》等；与卯有关的为"花花公子"系列的电视电影，因为"花花公子"的标志就是一个兔子头，看"兔八哥"的碟片也可；与酉有关则是和酒、鸡、西方、冰雪等相关的所有电影电视节目。

开红灯。可以买一盏红外线灯摆在九紫星飞临的地方，并且一天24小时开着这盏灯，就可以大力催旺九紫离火了。

放4本或9本杂志。在九紫星飞临之处摆放4本或9本杂志、书籍，以爱情或婚姻生活为内容的，便可以起到旺桃花的作用。

七、避开五黄星

有的夫妻平日恩爱愉悦，但某年突然就莫名其妙地争吵起来，这就有可能是流年五黄煞在作怪。流年五黄煞是"理气煞"的一种。

在《洛书》九宫里，我们看到五黄是在中央的位置，为皇极而居临正位。当它飞临八卦外宫的时候名叫廉贞，不论生克都被认为是凶星。有观点认为，五黄所临的方位一律不可修造、入宅、动土、安办公桌、安床位。

由于卧床是人使用时间较多的事物，当流年五黄煞飞临卧床的位置，会影响使用者并令人莫名其妙的烦躁不安，夫妻之间有可能会为一点芝麻小事而争执

2008年五黄在南方	2009年五黄在北方	2010年五黄在西南方
南	南	南
九 五 七 / 八 一 三 / 四 六 二	八 四 六 / 七 九 二 / 三 五 一	七 三 五 / 六 八 一 / 二 四 九
北	北	北

不休。

再好的风水也有不利的时候，在一些特定的时候，流年五黄飞到的宫位在该段时间内的吉利会大打折扣，甚至转吉为凶。

流年五黄飞到的方位宜静不宜动，如果可能的话，卧床的床头要尽可能避开该方位。2009年流年五黄在北方，如果你的床头在卧室的北方，就该看看是否可以换到其他的方向。2010年流年五黄在西南方。

在数理上，流年五黄位禁止出现二数，因为"二五交加必损主"。不要出现两个台灯，两个枕头，两盆植物等摆饰。

在颜色上，流年五黄位禁止出现黄色、红色、橘色、紫色的装饰，比较适合摆设白色、金色、银色的饰物。

2004~2023年间流年五黄煞飞临的方位

2004年五黄在中宫	2005年五黄在西北方	2006年五黄在西方
2007年五黄在东北方	2008年五黄在南方	2009年五黄在北方
2010年五黄在西南方	2011年五黄在东方	2012年五黄在东南方
2013年五黄在中宫	2014年五黄在西北方	2015年五黄在西方
2016年五黄在东北方	2017年五黄在南方	2018年五黄在北方
2019年五黄在西南方	2020年五黄在东方	2021年五黄在东南方
2022年五黄在中宫	2023年五黄在西北方	

八、化解五黄有妙法

九星之气流转八方，使空间带上时间吉凶的影响力。靠着飞星的规律，你就可以知道五黄的所在。飞星九年就循环一次，所以无论您的床头在哪一个方向，九年之中必有一年会有流年五黄煞飞临。

你问我："五黄的煞气是用什么单位来计算的，该如何量化五黄的杀伤力呢？"对不起，我不知道，也绝对没有任何大师可以告诉你。科学计算并不适合风水玄学这门学问。

并不是每个人都可以做到每隔九年就搬一次床，在避无可避的情况下，风水学提出了几种化解的妙法。

由于"五黄"属于土，带有火性而性躁，所以发祸尤烈。因循土生金的学理，最宜用"金"这种五行能量来化解它。

方法一，你可以在床头放置一个风铃，风铃必须是金属性的铜制成或是白铁制成，才可以具有化煞的作用。铜铃是"天行健，君子以自强不息"的乾卦象，早晚各敲击其六下，六数为乾卦为金，可用金属的声音来化泄五黄土煞。

方法二，将盐加水放入一个圆形的白色瓷碗里，再加六枚铜钱去化泄的方法，风水学上称为"安忍水"。圆形是金，白色是金，六枚铜钱亦是金，盐是土生金的催化剂。金可以生水，瓷碗中的水每周一换，就是把水泄金，金泄土一路相泄的煞倒去。这种"五行挪移"的手段是最上乘的风水化煞技术。

土 生 金 生 水

金由土生，所以这个方法也可以比喻作"子唤母归"。其实用金去化五黄、化土煞，纯粹用的是五行生克制化的形态。《易经》中"近取诸身，远取诸物"的意思是，生活中日常所见所及的五行属金的诸物件、数目、形态，皆可用作风水化煞的道具。

音乐盒是兑卦，五行所属是金，所以放一个音乐盒也可以化五黄。也可在一块蓝灰色的地毯下面放六枚金属硬币，因为金属硬币是金，蓝灰色代表水，用金泻五黄土煞，再用水泻金内含的煞气，这样也可以化解五黄。

第六章 五官相桃花

人体如同一个小宇宙，当你积极替换体内磁场以改进运势，就如同你的身体为养鱼的鱼缸般换水，也如同进食补充身体早已欠缺的能量一般。而皮肤是人体最大的对外器官，若能借由皮肤吸收提供人体之能量，更能快速地改善磁场的状况。

一、化妆品与面相开发桃花运

随着科学的不断进步，科学家们利用实验证明了生物的磁场可以借助很多物质来改变，人体的基因可以改造，人体的磁场自然也可以借助外力来调整。

现在的化妆品已进步到内含磁场能量，这些能量就如同宝石的磁场，对人体存在着影响。我们知道，皮肤是人体的对外窗口，也是人体上最大的对外器官。我们也知道，科学家早就证实了微波与光波对人类能产生或多或少的影响。如果保养品与化妆品的成分能够结合易经八卦的原理，将宇宙之间人体所需要的五行元素全部都带进保养品的世界，那对人们会有很大的帮助。

我在前面提到过，食物是可以改变人的运程的。那么，化妆品是否可以补运气？比如，八字中缺水，最好能有一种化妆品可以弥补欠缺的水元素，于是在每天使用化妆品美化自己的同时，也可以达到改运的作用。这不是一举两得吗？

以往东方人的化妆品概念总是跟着西方的潮流走，既没有创意，也完全失去了开发新产品的意识，彷佛东方人只会抄袭，却忽略了我们所拥有的独特性的东西。

很多人不了解真相，以为名牌的化妆品一定是最好的化妆品。事实上，每一个地区的人都有该地区的皮肤特质，原因当然与当地的气候和环境有很大的关系。而化妆品的原料几乎都由固定的国家生产，全世界的国家都向这几个品质优良的化妆品原料厂商购进原料与制造化妆品的仪器。于是，许多所谓"最好的化妆品"，其实并不符合你的肤质。国内的许多名牌并不在研究制作上花心思，只是进口国外的半成品（就是大桶装的产品），到国内分装销售，而消费者却以为这些以外国人皮肤为研发对象的产品是最好的产品——这是不是有点盲目呢？

我觉得，好的化妆品应该是能帮助改善和美化皮肤的产品。这样的产品能补充身体所欠缺的元素，这是很美妙的事。很多人以为，改运一定要佩戴诸如水晶或红玉髓之类的宝石，却不知有磁力的东西可多着呢！任何有磁力的东西都有它所属的磁场五行，这些对我们的生理都会产生一定的影响。

有的朋友更是喜欢问我：改变磁场究竟能维持多久？

在此，我必须给大家一个正确的观念：就如同吃饭一般，当你进食之后，身体就会有元气，若停止进食，身体的能量用完后便没有力气。要保持体力，就要定时进食补充能量。如果你嫌麻烦，那么不要吃饭好了，因为任何的获取都需要付出心力去维持。

随着时代的进步我们可以得到更简便且科学的改运方法，而不必选择那些可能有负面效果的改运方式（比如茅山法术或巫术等）。

有人愿意开发可以补充磁场能量的化妆品，对于爱美的我们，实在是一大福音。据说，现在已经有相关研究机构在研究五行能量化妆品，这些五行能量化妆品是将中西药草、易经八卦，以及中医里的经络学与奇经八脉原理融合在一起制造出来的足以补充人体磁场的保养品。

二、面相开发桃花运法门

1. 一白遮三丑

我们知道，在五行之中，水象征桃花，一个又干又黑不带水气的人，交上桃花是比较难的。相反的，白白净净的女生，就算只是相貌普通，也会有很多人喜欢。皮肤白皙虽大多是天生的，但若后天的保养得宜，亦能减少皮肤的黑色素。如果能适当地使用纯植物化妆水，甚至是补充五行的水能量，肌肤不但能愈来愈有水气，还会有纯植物的香气。

2. 美丽的额头开智慧

一个只有美貌的女人，是无法吸引男人太久的，甚至一开口说话就倒了男士的胃口。请美女们多读书以增加气质。如果你想招桃花却又自认为不够聪明，请保养你的额头。最好不要留刘海，将额头露出来能够让你的思维更清晰。如果你的额头不够横放四根手指，代表你的思维不够严谨，早年多曲折磨难，命运坎坷。如果能在额头的部位补充木能量的化妆水（木在五行中代表聪明机伶），相信你一定能愈来愈具智慧。

3. 加强眼部和眉毛的柔媚

"桃花眼"是我们常听到的名称。一个美人，眼睛总是水汪汪，带着充足的水气，这样的眼睛就是所谓的桃花眼。若你的眼睛四周总带着严重的黑眼圈，建议使用具有火能量的化妆水，这可能比你用眼霜有效，因为火能量可以加速你的血液循环。

当你的眉毛长得过于粗浓时，最好能用修眉刀将眉毛下方的杂毛修去。各种眉形当中，以柳叶眉和新月眉最能增进恋爱运。眼尾的部位是重要的夫妻宫，可以使用具备火能量的化妆水，让该部位气色红润之后，在眼皮处擦粉红色的眼影，如此可以让你的夫妻关系顺利。

如果你的眼皮，不够横放一根手指，这代表你的家庭运与田宅运不会很理想。尤其若这个位置有疤痕

或长了死痣，你的家庭运就很容易出问题。最好能在这个部位补充土能量的化妆水。

4. 突显嘴部的线条美

你一定希望自己有一个性感的嘴唇，遗憾的是唇形是天生的。我并不鼓励纹唇型，因为太不自然了。爱美可不能嫌麻烦，其实唇形会因为心性而改变的。比如，一个自私自利的人，他的下嘴唇会愈来愈厚。或当一个人的感情愈来愈丰富时，他的嘴唇也会增厚一些。

如果你希望你的唇能愈来愈有吸引力，可以涂上具有火能量的化妆水。我们常听到算命先生说：人要红，要取"火多"的名字。明星和主播们最好有一个"火多"的名字，比如张惠妹与张雅琴，名字里的"火"就很重，成龙的名字也是属火。火代表人气，当你使用火的能量水，就会有个吸引人的嘴唇。

5. 加强脸颊的丰腴度

脸颊代表人缘。一个脸颊凹陷的人，内心世界是有残缺的，心胸一定不够宽厚，与他不能相容的人和事物一定比较多。人体是一个小宇宙，你脸上所呈现的部位凸出或凹陷，都与你的内心世界有关联，完全骗不了人。因为生理机制会将你的内心世界表现出来，懂得看这些符号的人，可以看入一个人的内心与潜意识。

当你的脸颊不够丰腴时，可以试一试用土能量的化妆品来补充。这类产品的成分取自大自然，用大自然的元素来增加身体所不足的元素是一件好事。更重要的是，在修正的同时也可以起到暗示的作用，让你的心灵跟着改造。

6. 鼻梁与颧骨修正法

女人的鼻子代表夫运。你的夫运好坏，与你的鼻子有很大的关联。女人的鼻梁如果太高，代表她的心性骄傲，自尊心强烈，这样的人找对象时必须更小心，最好找一个鼻梁比她低的伴侣及婆婆。我看过很多高鼻梁的女人离婚，都是因为不能忍受很小的事情，只因为丈夫和婆婆伤了她的自尊心，而她把自己的尊严看得比生命还重。这样的女性最好能用鼻影将鼻梁修饰得低一点，才能与夫家的人和睦相处。

我们也常听人说"颧骨高克夫"。事实上，颧骨高的人能力强，如果颧骨还外张，就说明其能力卓著。这样的人最好当职业妇女，拥有自己的事业，如此就能将她的强势能量释放出来。这样的人若是当家庭主妇，一定程度上会带给家人较大的压力。

颧骨很高的人，若想让自己看起来更具亲和力，最好能用暗色粉底稍做修饰。在这个部位最好补充具备土能量的纯植物化妆水。

7. 脖子的保养

有的人看来很年轻，但脖子有许多皱纹，这些皱纹泄漏了她的秘密。像电影《英伦情人》中，男主角认为女主角最性感的部位是脖子下方的小三角地带，引人遐思。请多注意脖子的保养,可以使用水能量化妆水补充水分。

8.头发会影响夫运

头发是表现女人个性的地方。或许你不知道,发质的好坏也会泄露你的心性,发质细柔滑美代表个性容易妥协,在家庭生活中能忍让别人。这样的人一般不会劳心劳力,顺势而为,夫运比较好。

若你拥有一头钢丝发,代表你个性刚烈,不容易妥协,凡事坚持自己的想法,别人很难改变你。这样的人具有女将军性格,八字会很硬,故比较容易刑克他人。所谓的"刑克"就是其言行举止在不自知的情况下伤害他人。

头发自然卷或发质较粗干毛糙的人,也有类似性格,只是情况可能轻微些。而当你的心性改变时,发质也会改变。可以多使用粉红色的玫瑰水洗发,让你的心也变得温柔一些。

9.保养皮肤的重要性

男人的皮肤不保养同样会老化。皮肤很糟的男人,常常给人一种很脏的印象。如果你希望桃花旺盛,请好好调理你的皮肤,至少保持它的干净,不要一眼看上去就是角质肥厚的一张脸。有时候用能量水喷一下脸部,让它看起来水亮亮的,人也显得更精神。

10.培养眉宇之间的放电能力

我相信,男人的魅力就在他的自信与勇气,这是每一个女人都抗拒不了的。而一个人的魅力从他的眼神就可以让人感受得到,深情与自信的眼神,往往来自情感丰富的内在能量。

相信很多人都和我一样,看一个人时会先看他的眼睛,因为眼睛可以看出那个人的心灵世界。你有没有仔细看过自己的眼睛呢?如果没有,可以试试。最简单的区分方法如下:

一个心性温柔的人,他的眼睛大多像鹿眼;一个心性刚猛的人,他的眼睛大多像虎眼;眼光锐利带凶光的人,会凶狠好斗;眼睛黑瞳四周看得到眼白的人,心术不正者居多,具有攻击性;黑瞳愈大的人感情愈丰富,愈小的人愈冷酷。大眼睛的人热情,小眼睛的人保守固执;眼睛太细长的人心胸狭小,眼睛下垂悲观;眼睛太凸爱讲话,太凹者天生静默;双眼皮擅表达,但多情易变,单眼皮则执著固执。

11.预防眼睛四周太早出现皱纹

因为眼部太早有皱纹是身心过劳或纵欲过度的迹象,而且眼睛尾部是妻妾宫,皱纹太多则婚姻运也容易出现问题,所以适当地保养你的眼部是必要的。

12.保持嘴唇的干净透明

嘴部是性感的象征,也是吸引异性的重要器官。当女性在微笑时,性感的嘴唇会令人产生一亲芳泽的冲动。女性对男性的要求，有时候就只是不要当红唇族（吃槟榔）、不要过度饮酒（嘴唇会变黑）、不要抽太多烟（嘴唇会干裂）。干净和透明是最根本的要求，如果你不能做到，就别怪女性对你的嘴唇没兴趣了。

13.鼻子不够大者，最好多笑

鼻子绝对是吸引女人的一个重点。因为大鼻子的男人，尤其是鼻翼扩张者，他们的人生是用于追求冒险的，对于投资与金钱充满了积极追求的勇气与爆发力。如果还有一个较大的嘴巴，行动力更会惊人，很容易获得成功。若你没有大鼻子，最好多多使用补充金能量和水能量的化妆品，并且要多笑，因为你需要意志坚定地去争取你喜欢的，补充你的贵人运并提升你的金水运，如此你的财富和桃花才会进来。

14.额头上不要有太多的皱纹

一个漂亮的额头，代表你有充足的智慧来应付所有事，代表你有充足的才华来吸引异性。如果额头上的皱纹太多或额头太短，代表你的思考模式和为人处世不够周到，也代表你的前半生过于坎坷不顺，所以才会常常皱眉，身体的负面能量就会很多，积压了很多压力没有排除。放松自己对你而言是很重要的，只有包容与宽恕别人你才能真正快乐起来，也会更有魅力。

三、使用能量水

1.喷洒于脸部或全身肌肤

若欠缺的是桃花运、爱情运、人缘与人气或亲和力，可以每天喷洒具有水能量的能量水。而能量水除了补充能量以外，也具有一般化妆水保湿、平衡皮肤pH值及清洁皮肤的作用。

2.利用五行能量的芳香精油

缺乏财运可以用具有金能量的芳香精油，缺乏爱情运可以用水能量的芳香精油，缺乏包容力则可用土能量的芳香精油，缺乏扩展业务的能力可以用火能量的芳香精油，缺乏聪明才智则可用木能量的芳香精油。

3.可以补助家里或办公室的风水

工作精神不振时可以喷具有火能量的能量水，约会前可以先在室内补充水能量的能量水，心情烦躁想和别人吵架时可以借土能量的能量水冷静自己，缺钱的时候则可以补充金能量的能量水，尤其做生意的人店面开张时更需要使用。

4. 五行的芳香精油加上乳液保养头发

尤其当你拥有一头很粗糙的头发，用五行的芳香精油加上乳液保养头发可以让你的发质变好、变柔细，人也跟着神采奕奕。

5. 两汤匙的能量水加几滴能量精油泡脚

尤其当身体呈现慢性疲劳时，使用土能量的配方泡脚，可以马上恢复疲劳，效果非常显著。

6. 享受泡澡乐

补充体内所欠缺的五行能量，每日30分钟，可以让人生更顺利。

四、痣相与桃花

1. 痣相学对人的影响

痣对人究竟有什么影响？很多人大概以为痣不过是新陈代谢的产物，没有任何特殊意义。以皮肤学的观点来看，痣不过是黑色素代谢不全而已。

其实痣的意义可不小。当你产生了某一些痣的时候，它其实代表你产生了某些新的状况与性格。有些痣是天生的，代表你先天的才华或灾难。有些痣是后天的，当你产生了某一些状况，痣就会表现在你的身上，仿佛事先的预告一般。

懂得看痣，可以提防一些心术不正的人。常言道"知人知面不知心"，当你在交朋友时，对方说的可能非常动听，若再加上他长得很帅或很美，我想一般人很难不为他着迷。但是当你懂得判断痣相时，你就会知道这个人的某一些特性。若这类特性正是你所讨厌的，就必须提防这个人。

2. 判断痣的好坏

痣有活痣与死痣两种。活痣色黑而有光泽，并且突出皮肤表面，长出毛发，这种痣通常属于强而有利的好痣。死痣则是色泽呈茶色或色泽不良的平面痣。

3. 痣长在身体与长在脸上的差异

长在脸上的痣是越小越凶，随着痣增大，其凶性会降低。长在身体上的痣则是越大越凶。

4. 桃花运差的痣相

身体上的痣预示了你的命运吉凶，这里列举了从颈到腿以及身体背面的凶痣。不过，如果你的痣属于"凶痣"也不要过于担心，因为身体上其他部位的痣实际上会形成一个气场而相互影响，所以不要为了一颗痣就苦恼万分。

(1) 腰上的痣

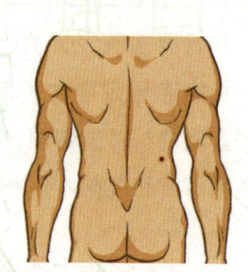

这是一颗情孽痣，会招来很多人暗恋，但是大多数都是你不中意的，所以遇到死缠烂打的人就会比较苦恼。

(2) 胳膊肘上的痣

你将成为家中的经济支柱，责任和压力都会比较大。换言说，你会在婚姻和家庭生活中，由于经济原因感觉负担较重。并且，痣的颜色越深，代表着这种负担越重。在事业上，如果你能不懈努力会有所成。此痣吉凶很难说，要看你自己是否能承担得了这份压力了。

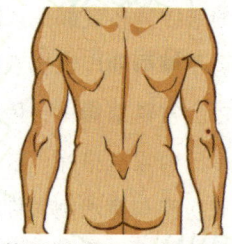

(3) 背脊骨下部的痣

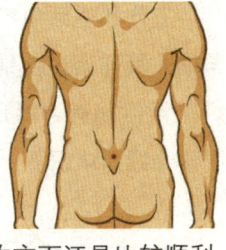

这种长在脊柱正中的痣代表人有双重性格，色泽好代表善解人意，但不善表达。色泽坏代表性格会影响到生活，很多时候不被他人理解，有时显得过于沉闷。总之，异性缘不会特别好，但工作方面还是比较顺利。

(4) 背部边的痣

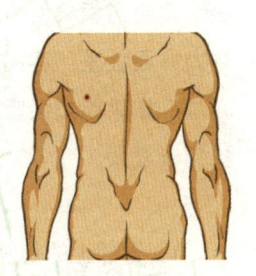

家庭运不是很顺，会与家人有争执。中年以后性欲下降，因而会引起一些家庭矛盾。财运还不错，如果保持小心谨慎，会有比较大的收获。

(5) 其他不好的痣

此外，长在颧骨上和眼下的痣是不好的，而且长在这些地方的痣并不是桃花痣。长在颧骨右边的痣代表会夺人所爱，长在颧骨左边的痣则代表会被劈腿。最后，长在眼睛下方的痣代表会和子女沟通不良，容易出叛逆子孙。

5.桃花运特旺的痣相

有些人总叹气为什么自己遇到总是烂桃花，而有些人偏偏却能幸运遇着好桃花呢？我们来看看什么样的人遇到好桃花几率较大？

(1) 头顶的痣

头顶正中央的痣称为幸运之星，有这颗痣的人不仅仅桃花旺盛，而且做什么事情都很如意，凡事心想事成，贵人运也特别强。这个参照穴位图找正中，偏移的那就不要自得其乐了。

(2) 眉尾上的痣

眉尾的痣又称为喜上眉梢，有这种痣的人桃花很旺，会有很多仰慕者。

不要偏离眉毛，到眼尾就不是一回事了。

(3) 眉毛内的痣

眉毛里面的痣通常是看不到的，大多要把眉毛掀开来才看到，所以叫做草里藏珠，有这颗痣的话容易会有人暗恋。看得见的不算。

(4) 腮边有痣

腮边的痣也是桃花痣，这代表越老桃花愈多，属于"临老入花丛"型的。有可能是越老越漂亮，或越老越不像年轻时那样矜持。此外，腮边有痣的人，老了的时候会比较敢表达自己的感情。

(5) 嘴边或嘴角有痣

嘴边或嘴角有痣代表一种性的吸引力，这类桃花痣所吸引到的对象大多是被性所招引，就算外貌不出色，拥有这样的痣，也

(6) 眼白里有痣

眼白里有痣有两个意思，一代表他的个性非常聪明灵活，很能见风转舵，但另外一个意思就是这样的人比较不太挑剔对象，基本上只要某一方面能够迎合他，他也就会接受了！所以这样的人桃花也就比一般人来得多。

(7) 腋窝下的痣

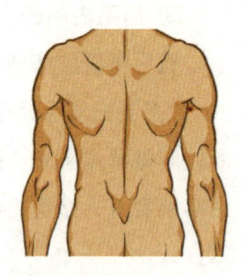

腋窝里面有痣的人桃花很旺，而且都是好桃花。不需要很正中，腋窝内就算。

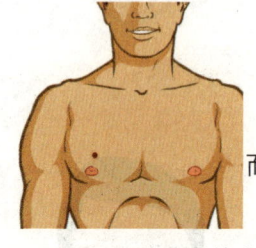

(8) 乳房中心的痣

乳房中心有痣的人桃花很旺，而且都是正缘。乳晕以内都算。

(9) 肚脐左右的痣

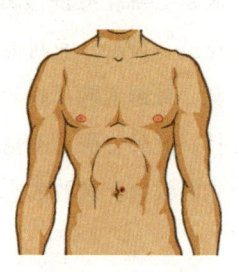

肚脐左右有痣也是好桃花，这一带的桃花代表爱情坚厚。肚脐不要太左太右，把整个肚腩都包进去肯定是不算的。

(10) 手掌中的痣

手掌里面有痣是好桃花。不过，掌心的痣是很容易消散的，因此，桃花运来了就要好好把握。

(11) 背部中心的痣

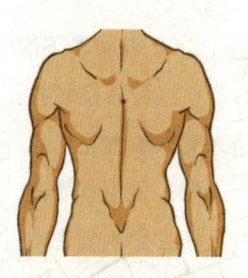

工作和生活中容易得到外力帮助，换句话说就是贵人运特别好。伴侣很有可能是通过同事、同学介绍而认识。

(12) 手臂的痣

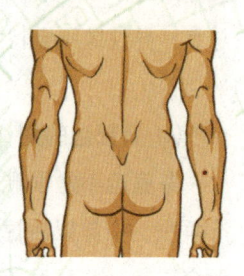

交际能力很好，个性比较积极，适合当领导发号施令。但是耐力方面较差，容易对事物失去兴趣。如果能加强定力，成功的机会非常大。

(13) 臀部上的痣

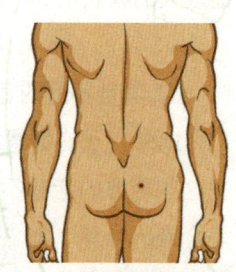

臀部的痣代表命中桃花。不论你周围环境如何，总能吸引很多异性，你做比较过分的事也不会被人骂；如果痣色灰暗，代表可能会遭同性排斥。但是，女孩长这种痣有可能成为第三者。因此，长这种痣的女孩一定要注意自律，在与男孩交往之前，要先了解清楚对方的状况。

(14) 腿部的痣

懒惰是你的致命伤。虽然你的生活还算优越，情感运也不错，并且你的性感时常引起异性注意，但是内心很是清高的你却常常对此不屑一顾。

(15) 肩胛上的痣

代表个人人际手腕及沟通能力的痣。其中，色泽红润的痣代表非常容易取得别人的信任和帮助，有桃花运，个人也容易因得到别人帮助而迈向成功；如果是黑色的痣就要小心了，说明你的交际技巧比较差，会让人觉得你是光说不练的人，很难成功。不过，不论痣的色泽如何，此部位的痣都代表你个人信念不是很坚定。

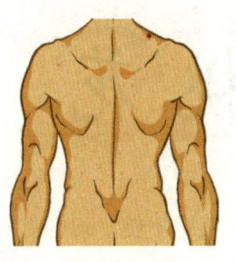

五、面相与夫妻关系

经常听人称赞"你们好有夫妻相哦！"原来确有其事。当丈夫和太太的感情愈来愈融洽，样子也会变得愈来愈相似。除此之外，夫妻相也有其他定义，不妨看看以下的见解。

1. 阴阳配合

一个长得高高大大，一个娇娇滴滴，两夫妻走在一起如"电灯柱挂老鼠箱"，这种看似不相衬的组合其实是相学上最佳的夫妻相，属于阴阳相配。

阴阳相配，顾名思义，阴阳相配的夫妻是型格上各走极端，例如一个肥一个瘦；一个鼻梁低一个鼻梁高；一个喜欢说话，另一个则不喜欢开口。一阴一阳，正好凹凸相衬。这种夫妇感情维系最为持久。通常两人当中，一个脾气刚烈，另一个则性格阴柔，就能够互相迁就，婚姻自然可以白头到老。

2. 三停比例一样

从相学上来说，人的面部可以分为三个部分，称之为上、中、下三停。上停是指额头对上之发边至眼眉，中停就指眼眉至鼻尖的部分，下停为鼻尖至下巴。当三停分布的比例差不多或一样，即表示夫妻俩的运势会相似。彼此有相似的背景及经历，而且待人接物及性格方面也差不多，两人的感情自会有增无减。

3. 型格相近

另一种夫妻相是两个人的相貌差不多，即两个人的五官、高矮、肥瘦等各方面都很接近，如大家都有高鼻子、粗眉毛等，但还不到一模一样的地步，这种便属于相近的夫妻相。这种相貌的夫妻由于志趣相投，会特别谈得来。而两人相处的时间愈久，就会愈爱惜对方，样子也会因而慢慢改变。可能在晚年时，两人的样貌会变得十分相似呢！

风水知多一点点

※ 相宅

先秦习惯称相地为相宅。相宅术实际上包括两个方面，一是相活人居所，二是相死人墓地。前者为阳宅，后者为阴宅。它们的共同点都是为了人而相地，相地后又有一定的建设事务。不同点是前者是为活人，后者是为死人；前者有一定意义，后者毫无意义。

第四部分 爱情婚姻篇

第七章 食物壮桃花

用餐时，只顾及当时想吃的东西，或为保持营养均衡甚至为了省餐费而只选择特价品做饮食，其实这些都无妨，但希望各位能试试另外一个选择，就是"选购带来桃花运的食物"。

但愿大家也能给自己的桃花运"供给营养"。

一、饮食与桃花之间的关系

饮食与桃花之间有关系吗？从风水的角度看，二者有很大的关系。吃对了食物，也许会让你桃花大旺，魅力四射。

在世界电影史上，公认的最具女性魅力的女人是玛丽莲·梦露（Marilyn Monroe），尽管她已经去世很多年，但她那妩媚撩人的姿态依然为人们所怀念。她曾在生前的采访中公开自己的饮食秘诀：牛奶和鸡蛋是她从小到大的主要食物，而她最喜欢的食物是海鲜，尤其是螃蟹。

而举世公认的最酷男星则是詹姆斯·迪安（James Dean），他在短暂的一生中所接触的肉类只有羊肉、牛肉和鱼。人们认为，他那独特的魅力来自于他经常食用的鱼类的眼睛和头。

还有一位很著名但并不漂亮的女明星——芭芭拉·史翠珊（Barbra Streisand），可以说，她长得一点儿也不美，但却拥有无穷的魅力，这种魅力从何而来呢？原来，芭芭拉·史翠珊保持了数十年如一日的饮食习惯是：吃大量的生菜沙拉、豆类及三成熟的牛扒。

在某一期女性访谈类节目《女人百分百》中，主持人向大家介绍了一种很好的美容及减肥妙方，就是吃美国大杏仁。因为大杏仁中的脂肪酸为不饱和脂肪酸，几乎不被人体所吸收，而维生素E的含量又是各类坚果中最高的。既可美容，又不用担心吃多了胆固醇过高而发胖，又过了吃零食的瘾，毕竟大杏仁的味道也是很好的啊，岂不是一举数得？

由此可见，桃花其实和个人魅力息息相关，而个人魅力与你所选择的食物又有着密切的联系，所以，吃对了食物对于旺桃花是大有好处的。

二、提升恋爱运的主食

提升恋爱运的主食有以下几种：

面包。面包含有很多糖分与维生素，现在市面上的口味也有很多种，尤其是含有水果的面包，更是面包中能增强爱情运的种类之一，吃起来酸酸甜甜，那不正是爱情的滋味吗？

乌龙面。别担心吃乌龙面会让你的爱情摆乌龙。以小麦为主的乌龙面是一种能提升约会运的超高能量食物，不管你是男性还是女性，它可以带给你许多和各个异性邂逅的机会；而且配料多的乌龙面又比阳春乌龙面更有效。

意大利面。意大利面有许多我们五行八卦中所说的"风"气，所以没什么约会运的人可以多吃，这样的话良缘机会会略有增加，特别是宽扁面。

拉面。拉面在我们中国人的说法中是"阳"气很重的一种主食，常吃就会在无意中把缘分拉得离近你自己一点。但是，如果一直吃拉面而都不换别的东西的话，缘分反而会离你而去，所以千万不可以贪心，要适可而止。

米线。这类食物有充分的"水气"，长时间处于单身的人多吃米线，对于恋爱体质的改善是很有作用的。

三、提升恋爱运的饮料

下列饮料有助于提升恋爱运：

红茶。红茶是提升爱情的万能饮料，想要有约会就喝柠檬红茶吧！因为酸的东西可以让你掌握时机，让你在适当的时机提出约会的要求，且不容易被拒绝。

绿茶。绿茶同时拥有"木气"和"水气"，除了增加你的恋爱运以外，也可以提升你做事的干劲。

果汁。想提高约会运的人可以试着喝喝柑橘类的果汁，通常这一类的水果都充满了丰富的维生素C，多喝一点能让你看起来更漂亮。若你厌恶悲观的自己，想重新改造一下自己，可以喝苹果汁，让自己看起来神清气爽，摆脱坏情绪。

花草茶。近几年流行喝花草茶，这些茶除了可解渴养身之外，还随时都可以为你带来约会运。其中提升约会运效果最好的是玫瑰茶或木槿茶等带点酸味的茶，柠檬茶则是可以洗净身体的"气"，为你带来新良缘的好茶。

维生素类饮料。这些饮料充满了"水"气，如果你觉得自己最近缺乏女人味或男人味，不妨多喝一点这类饮料，以增加自己这方面的特质。这类饮料最适合在约会或联谊会前饮用。

葡萄酒。这是适合女孩子喝的酒精饮料，可以提升女性的全盘运气。

白酒。有清净作用，可以排解压力，但不宜喝过量。

玫瑰红酒。属于淡色葡萄酒的一种，在风水学上此酒被称为"爱情春药"，是提升恋爱运最强的饮料。

啤酒、香槟。这一类饮料可以让你有一个浪漫的邂逅，不过要适可而止，因为即便是香槟、啤酒也会喝醉人的，在喜欢的人面前出现醉醺醺的丑态，这应该不是你想要的结果吧？

四、提升恋爱运的零食和小点心

零食和小点心可以提升恋爱运：

水果。水果带来缘分的力量很强，特别是桃子。根据风水学的说法，水果最好是早餐吃，这样可以让你一整天下来都能量充足。柑橘、草莓、樱桃等水果都是提升恋爱运不错的选择。

刨冰、沙冰。甜食通常具有财气，另外也可以帮助你获得人缘。不含奶油的冰品是招来约会力量的极品甜点，而柑橘口味的冰品像柠檬、柳橙等口味效果更棒。但是，千万别把这些冰跟冰激凌弄混了，否则你就要为减肥而烦恼了。

口香糖。是一种带有很强"木"气的零食，如果你胆子很小，常常事到临头感到紧张、怯懦，嚼嚼口香糖或许可以让你摆脱这种窘境，产生抓住"好男人"或"好女人"的念头。

五、提升五行缺水命的人恋爱运的食物

水为黑色，主肾经。对于五行缺水命的人来说，除了要大量饮水来补充体内的水分之外，还有一样小食品对于提升恋爱桃花运有很好的效果，那就是黑豆。尤其是用醋泡过的黑豆，对于缺水命的人来说是非常好的转运补运食品。相信大家对于醋豆并不陌生，尤其是爱美的女性朋友，即使没有亲自试过，也应该听说过醋泡黑豆神奇的减肥美容功效吧。从风水学来看，豆类五行属木：红豆为豆中之火，绿豆为豆中之木，黄豆为豆中之土，白豆为豆中之金，黑豆则是豆中之水。从中医学角度来看，黑豆有调中益气、下气利水、解毒去脂之功效。而醋就不用说了，它的食疗功效可谓世人皆知。这二者结合在一起，可将各自的功效发挥到极致。缺水命的人在每天早晚餐后各吃一小勺醋泡黑豆，不仅可以祛除心火、调节肠胃功能，对于减肥、美容亦有极佳的效果。当你心情舒畅、身材健美、皮肤细嫩、神采奕奕的时候，当然会吸引异性的目光，而桃花也自然会来到你身边了。

六、增添女性魅力的食物

现代女性大多为保持身材，喜欢吃素为保持身材的第一要务，对于肉食敬而远之。那么素食者又该怎样增添自己的女性魅力，来获得异性的青睐呢？方法很简单：

第一，摄取维生素B_{12}（又名钴胺素、氰钴胺、动物蛋白因子）。如果你长期吃素的话，那么，维生素B_{12}就是你最需要的一种维生素了。这种药在各个药店都可以买到。当你连续服用一周之后，就会发现自己的身体散发出一种独特的体香，而这种香味对于异性是很有吸引力的。

第二，开心果加青橄榄。这两种零食很常见，也是女性很喜欢的零食。每天分早晚吃两次，每次吃开心果7粒、青橄榄1粒。所有的坚果果仁都含有大量的维生素E及纤维素等营养物质，其中尤以开心果和美国大杏仁最为理想。而我们在这里之所以选择开心果，是因为它不仅好味道好营养，而且名字起得好，占了好口彩。而杏仁的作用更加特别。

第三，食用猕猴桃。猕猴桃素有"水果之王"的

称号，维生素C含量相当丰富。每天吃一到两个猕猴桃，会全面补充身体所需要的维生素C。

这3种食物连续吃上一周，无论是你自己还是周围的人，都会注意到你的改变。而属于你的缘分，也将伴随着这3种奇特的食物悄悄向你走来。

七、旺夫食物

经常会听到老人说，某某某有旺夫相，也就是说，这位女子对丈夫的事业有很大帮助。那么，怎样可以让自己也拥有旺夫的能力呢？除了要了解、支持丈夫的事业外，我们还有其他潜力需要挖掘，例如，带来绝佳人缘的面相、周旋于各种场合的技巧、讨巧的性格与富有吸引力的语言等。有些需要我们去学习去培养，有些则需要我们通过日常饮食习惯来补充、增加。

下面，我们就来看看，最能提升旺夫运的食物有哪些：

第一，杏仁。要想拥有好的旺夫运，需多吃杏仁，尤其是杏仁糊，它是一种很旺夫的食物。在吃杏仁糊的时候，有些女性会在单纯的杏仁糊中加一些料，那么，什么可以加什么不能加呢？杏仁糊内加汤圆是上上之选，这样的食物可以让你精力充沛，魅力无限；杏仁糊加鸡蛋白是完全错误的。吃鸡蛋白对皮肤完全没有好处，它会消耗掉对皮肤最重要的维生素H，使皮肤易生皱纹，失去平滑细嫩的触感。这一点要注意。

第二，花生。花生可以为女性带来好的夫运。但要注意，要吃生花生，那层红色的薄皮不能去掉。如果去问医生，医生会告诉你那层皮是可以补血的，因为含有大量铁元素。但花生不太好消化，所以吃的时候不能过量。吃多少既不会给胃部造成负担又能增添夫运呢？答案是以2、4、7这3个数为尾数最好，也就是12、14或17粒。

八、使你吐出更多的甜言蜜语的食物

其实，我们的身边并不缺少桃花运，更多时候是不知该如何去把握。譬如，当一位你喜爱的异性站在你面前时，天时、地利与人和你都占据了，却因嘴巴笨或羞于出口而失之交臂。过后则懊悔不已，痛苦不堪，认为自己没有桃花运，殊不知是口才不好使自己与缘分擦肩而过。所以，好口才也是把握桃花的"必杀技"之一。那么，怎样可以获得一副好口才呢？

虽然我们说内在美是最重要的，油腔滑调的人不可靠，但适当地增加自己的口头表达能力，使自己在机遇面前能够挥洒自如，无论对于追求异性还是事业发展都是有好处的，而良好的口才也是成功人士所必备的基本素质之一。

有两种食物可以让自己的口才有一定程度的提高。

第一种食物是乳鸽。乳鸽是高蛋白、低脂肪，并含有18种氨基酸及多种微量元素的滋补佳

品，能加速恢复疲劳、增强免疫功能，对调节人体大脑神经系统、改善睡眠、增进食欲、帮助消化、激活性腺分泌和脑垂体分泌有着特殊的调节作用。故多吃乳鸽能提高你在说话时的反应能力。

第二种食物是鸭舌头。这道菜最好在中午吃，或者是猪舌、牛舌也可以。

九、增强异性缘的食物

女性增强异性缘的方法很简单，有一种极大众化的食物可以帮你带来极强的夫运。那就是——螃蟹。所以，如果女性想引起心仪男子的注意，不妨约他一起去吃螃蟹，尤其是炒蟹，不仅可以增加女性魅力，还可以提高自己的异性缘及夫运。有很多女性都非常喜欢吃阳澄湖大闸蟹，除了因为这确实是一道美味佳肴之外，她的潜意识也在告诉自己，选择这样的食物可以增添自己的魅力。

男性又该怎样提高自己的异性缘呢？答案也很简单，就是多吃虾。虾是增加男性魅力的最佳食物，而其中又以虾壳增加魅力的效果最强。要想自己富有男性魅力，充满男人味儿，有一道菜不妨经常吃，那就是将鸡蛋打散，和带软壳的大虾一起蒸蛋羹。而生虾肉刺身，亦是很好的男性魅力餐，可以在吃火锅时将虾涮得半生不熟吃下去，这样的虾很受男士的欢迎。

要提醒大家的是，如果是一对恋人或夫妻一同出去吃海鲜，那么有虾的话就不要吃螃蟹，有螃蟹就不要再点虾了，否则就抵消掉了增长魅力的效果。而在吃虾或螃蟹时，要配以大量新鲜蔬菜，主食可以是八宝粥，这些都是增加个人魅力的上好食物。当然，在一顿美味大餐之后，适当的运动也是必不可少的，这样才可以避免有脂肪和毒素囤积在我们体内，使健康和魅力双重加分。

十、旺妻运食物

从中医角度而言，具有补肾功能的药材和食物，多半具有增添男性魅力的元素，其中最盛行的一味药材就是冬虫夏草。但是，任何药材都要配合相应的体质需求才能有选择地服用，不是任何药对任何人都有相同的效果。而且，众所周知，药物会有副作用，长期服用还会产生依赖性。所以，在此我们并不提倡以药材去补充自己的魅力或运势。利用食物，我们同样可以达到相同的目的。

韭菜和莲藕是两种很能增添男性魅力的食物。如果夫妻二人一起吃，其效果会加倍，而且会令家庭生活更为美满，夫妻之间也更为和谐。这里所说的一起吃，不仅是说两个人一起吃饭，而是说当丈夫第一口吃了什么菜之后，妻子跟着也去吃那个菜。听上去有点荒唐，但这样确实会增进夫妻感情。如果两个人各吃各的，或在餐桌上只管选自己喜欢的吃，而不去考虑对方的感受和口味，连这一点体贴都做不到，又怎么会和谐？怎么会有更好的感情呢？在处理别的问题时，也许更是

寸土必争了。

有两个关于韭菜和莲藕的菜肴，妻子不妨常做，然后和丈夫一起吃。

第一，韭菜炒鸡蛋。这道菜很常见，但很少有人意识到它对男性身体的好处。韭菜可利尿消肿，自然是对肾有好处；而鸡蛋，不用说，蛋白质等营养成分是相当高的。同时，这道菜还可以使男性的魅力得到释放，因为韭菜有一种奇特的功效，就是可以激发雄性激素的分泌。

第二，莲藕花生盅。将莲藕、花生、豆角、冬菇放在一起炖，再加几粒去了核的红枣，就成了一道独特的痴心爱人盅。效果到底如何，你们自己试试就知道了。

十一、催动性格外向的食物

有些女性其实很喜欢身边的男朋友，但总是过于羞涩和木讷，对他的暗示及表白反应冷淡，以至于被称为"冷美人"。她很想改变这一点，但她的个性就是这样，有什么办法可以帮她热情起来呢？

实际上，一个人热情与否除了和个性有关，还和一种元素有关——硼。一般体内缺乏硼含量的人，都比较冷漠。而缺硼还有一个更大的隐患，就是容易导致老年后患骨质疏松。那么，怎样为自己补充硼呢？

首先，要养成喝葡萄酒的习惯。无论是饭前还是睡前，一杯葡萄酒都会为你带来足够的硼。硼会让你变得有热情有激情，而且比较容易动情。所以，一对恋人的烛光晚餐上必不可少的就是一瓶红葡萄酒。

其次，吃话梅。李时珍在《本草纲目》中写道："梅，血分之果，健胃、敛肺、温脾、止血、消肿解毒、生津止渴、治就嗽泻痢……"由此可见，话梅是一种益人的食物。再加上话梅味道酸酸甜甜，润喉生津，人们食用后，往往很容易打开话匣子。因此，如果你是一个生性寡言的人，不妨多吃点话梅吧。

十二、桃花运食物

1. 帮助恋爱运的食物

渴望身边有个情人、徒叹没有异性缘的人，必须自己动手"创造"缘分。提升恋爱运的食物首选面条之类的长形食物，因为长形东西具有结合异性缘的运气。

如全麦面、乌龙面、细面、意大利面、拉面、米粉等，只要是面类都行，尽量吃吧！即使不吃面类，鳗鱼或海鳗等长形鱼也OK。鳗鱼饭不错喔！

使用秋刀鱼、白带鱼或体鱼的料理也能提高恋爱运。此外，洋菜做成长条状也可以，透明的颜色可使男女关系变得亲密。

同时，长形食物中，

尽可能摄食味道较强、颜色较鲜艳者。味道较强、颜色较鲜艳者，具有提高女人、男人魅力的作用，使食用者增加吸引异性的魅力。

2.帮助婚姻运的食物

若要结婚，除了前述提高恋爱运的菜单外，必须再加上"家庭"或"配偶"运气，这时以日本料理为最佳。日本料理在风水上代表"丈夫"，婚姻是由丈夫与妻子所建立，因此大量吃日本料理最好。其中，为了增强"贤妻"的运气，尽量多多摄取根菜。

什锦饭是提高婚姻运的典型食物，因为除了使用白米外，还加入了大量的牛蒡、红萝卜等根菜。另外，圆而白的东西也能助长婚姻运，因为圆状物可提高异性运，白色物可使人红鸾星动。

换言之，提高"不想一个人独处""想和某人在一起"的情绪，自然而然令人朝结婚的方向发展，而芜菁和年糕是最适合婚姻运的食物。

除了以上的食物外，煮白扁豆和肉丸子也不错喔！

3.帮助子宝运的食物

何谓子宝运？就是拥有好孩子的意思，而首要条件乃提高家庭运。在没有任何压力的祥和家庭，只要夫妇感情好，拥有子宝运是不难的，夫妻感情好了，孩子就比较容易健康成长。

提升子宝运，建议摄取的食物也是根菜。大量进食从大地之母摄取营养的蔬菜，可以提升家庭运。其中尤以圆形食物更具效果。如前述，圆形食物会改善人际关系，它也能提高家庭运。煮豆或炖煮鲤鱼都是增强子宝运的理想菜单。

另外，尽量摄食具有北方位力量的豆腐或小鱼。北方位具备"孩子"的热能，因此吃豆腐或小鱼会增强儿女运。而有大幅提高子宝运效果的菜单是条纹状的海带，晚餐不妨放一盘条纹状的海带作为佐菜。

4.以红茶提升桃花运

每天都喝咖啡的人，认识异性的机会较少，未婚者想增加桃花运的话可以改喝红茶。红茶有许多种类，一天变换一种来喝，桃花多多哦！女生可选择花茶或奶茶；男生则可以喝香草茶，功效十分显著。

第八章 配饰助情缘

我们时常看到一些人配饰宝石、璞玉一类的装饰物件，这是因为人们都相信宝石、璞玉有着增益吉祥、强健身体的效果，其实人们不知道的是，在某种程度上，它们也是一种助旺情缘的东西。佩戴对的饰品，能让你的桃花运在不知不觉中加分。

一、宝石配饰

人只要抱有积极的态度，就可以战胜一切困难而取得胜利的硕果。经常照照镜子，鼓励一下镜子前的自己，学习微笑，习惯成自然。换一个发型，穿上漂亮的衣服，佩上一件有吉祥意味的饰品都有助于帮助人获得自尊和自信心，也使自己更为引人注目。尤其是初次见面，衣着佩饰在追求配偶的时候作用实在不可小觑。穿上一身漂漂亮亮的衣服就可以给人好的第一印象，单凭这一点，交往就先赢了一半。漂亮衣服的话题就留给服装设计师们去思考，我在这里向大家介绍一些在传统文化里有吉祥意义的配饰物品。

宝石，即是一种稀有的石，因为获取不太容易所以谓之"宝石"。玉也是宝石的一种，是石头当中的精华。宝石的种类繁多，品质上亦有差异，有些宝石价值连城，不是一般的社会人士可以拥有的。助旺运势的效果并非与其价值成正比，只要色泽品类合宜，佩在身上能形成相适宜的气场即可。

前面我已介绍了计算自己的命卦的方法，当年所在之星的卦象，就是当年出身之人的风水命卦。在此结合不同命卦给出一些佩饰上的建议：

坎命，以水扶水、金生水的观点而言，宜选蓝宝石、黑宝石、钻石、白水晶、珍珠、象牙。

坤命，以土扶土、火生土的观点而言，宜选黄宝石、红宝石、紫宝石、金发晶。

震命，以木扶木、水生木的观点而言，宜选绿宝石、蓝宝石、黑宝石、珍珠、琥珀。

巽命，以木扶木、水生木的观点而言，宜选绿宝石、蓝宝石、黑宝石、珍珠、琥珀。

乾命，以金扶金、土生金的观点而言，宜选钻石、黄宝石、珊瑚、象牙、白水晶、金发晶。

兑命，以金扶金、土生金的观点而言，宜选钻石、黄宝石、珊瑚、象牙、白水晶、金发晶。

艮命，以土扶土、火生土的观点而言，宜选黄宝石、红宝石、紫宝石、金发晶。

离命，以火扶火、木生火的观点而言，宜选红宝石、紫宝石、绿宝石、琥珀、玛瑙。

宁可采用天然的不甚纯美的"天然宝石"，也不要去选择那些人工的化学合成假宝石。虽然外形上差不多，但后者很难具有吉祥的助旺效果。

二、木炭与宝石

在术数师的眼中，木炭与宝石是没有多大分别的。

构成宝石的原子，是和构成木炭的原子一样，只不过是原子的排列组合不同，现代科学帮助我们了解了物质的本质。宝石在实际上就是碳原子组成的，和木炭相比较，两者在"价值"上虽然相去甚远，但从基本构成上来讲，则是可以用"近亲"一类的词语来划分关系。两者都是"碳质"，五行中必有火、土的特性，都蕴有火的精华。

火是什么？从风水上来说是桃花姻缘。

用木炭来取代宝石的功用是非常经济的做法，如果打算随身佩带木炭的话，一定要用一个香囊或带匣的锦盒一类的容器来包装它，这样既美观又不会把身上的衣服弄脏。平时若是出于"辟邪"的目的，可以配带的木炭以柳木制成的为佳，也就是平时素描绘画时用的"炭条"，一般美术用品商店都有卖的；若是出于助旺情缘的目的，则最宜以"相思树"制成的为佳。

木炭在室内布置时还可以结合"一白""九紫"飞伏的位置来使用之，有催旺桃花的作用。但木炭对某些使用的人是有一些不合宜的，这是因为木炭由木加火制成，五行属"木"，又含有"火"性，其色黑，黑色象征"水"，木炭的质地又非常接近"土"。水、火、木、土四种五行能量寄存在方位的北、南、东、东南、西南、东北和中宫的位置。木炭缺少了"金"的五行，在罗盘上金所代表的方位是西北方和西方，也就是"乾"卦和"兑"卦，你再看一遍洛书九宫图就很容易明白。从这个意义讲，乾卦在人物上是代表"老父"

卦符	卦名	代表人物	五行属性
☰	乾	父亲	金
☱	兑	少女	金
☲	离	中女	火
☳	震	长男	木
☴	巽	长女	木
☵	坎	中男	水
☶	艮	少男	土
☷	坤	母亲	土

"长者"，兑卦代表的人物是"少女"，所以木炭不适宜、50岁以上的年长者和18岁以下的未成年女子使用之。

三、君子必佩玉

中国人对玉石的特殊爱好自古有之，这不仅仅因为玉在宝石种类中比较容易取得，而且其天生丽质，手感极佳，古代诗人更是赋予玉石种种文化内涵，认为它是美好事物的象征。在古代，玉石饰品往往有着象征一个人的身份地位、道德修养、品格情操，具有"载道""比德""达礼""显贵"的人文价值。故历来会有"君子无故玉不离身""君子必佩玉"一类的讲究。

现代玉饰的品种款式多种多样，譬如有珠串、手镯、发夹、翡翠挂件、套装饰品、戒指、金镶玉品、玉腰带等，琳琅满目，数不胜数。除岫玉、玛瑙、密玉等玉料外，还有采用翡翠、青金、鸡肝石、孔雀石、东林石、珊瑚、水晶、芙蓉石、木变石等等玉石原料的。这些饰品和一颗颗珠子串在一起，有象征神奇和纯洁的意味。珠子在夜里能受反射发光，一般妖邪不敢侵近。珠子的串接有平串、宝塔串、花色串、异形串、随形串等等不同手法，规格款式不断翻新。

这些珠宝玉饰通过设计者的精心搭配，会和你的衣饰配合在一起而产生珠联璧合的效果，给人们的生活增添几分光彩。同时，珠宝在人文意义上也常常被作为吉祥的装饰品佩带在身上，用来避邪、保护人平安吉利。

选购饰品时要考虑质地、工艺、样式、寓意等因素。传统雕琢、造型简单且规则的玉石饰品很适合日常佩戴，选择手镯、花件，尤其以有象征了福、禄、寿的纹理、款式的为佳。常见的有葫芦、寿桃、福鼠、福豆等造型，还可以选观音、佛像的吊坠饰品。古医书称"玉乃石之美者，味甘性平无毒"，并称玉是人体蓄养元气最充沛的物质，认为吮含玉石，借助唾液与其协同作用，可"生津止渴，除胃中之热"。握玉在手中，轻轻地抚摸再抚摸，闲时触摸或在观赏、把玩的同时也会得到精神和文化的享受。

老年人挑选手镯应选圈口较大的，因为老人的骨质僵硬，圈口大的手镯佩戴方便，不易使老人受伤。

年轻人总走在时尚前端，可选择造型夸张、设计张扬的宝石饰品。K金镶玉也是不错的选择。女士可选购镶嵌类挂件、编结饰品、手镯、如意等，男士可选佛像、生肖、貔貅、竹节、马上封侯等吊坠、佩件，象征吉祥、步步高升。颜色应浓正或俏色，玉料材质应硕大、完整。小孩儿活泼好动，皮肤细嫩，雕工简单、没有棱角的更适合。选择品种有平安扣、生肖、母子坠，象征平安、健康、茁壮成长之意。另外，还要考虑饰品的重量，小巧、重量较轻的比较适合小孩佩戴。

四、宝石指环

我认识的许多正在行运的人都有戴指环的习惯。

指环就是现在俗称的"戒指"，圆形的环没有瑕疵和裂缝，象征美满和顺利。宝石被镶于指环上，就成了宝石指环，自古以来就一直被大人们视为一种装饰物品。

我说是指环而不说是戒指，是有些特殊的意味的，"戒指"称之为"戒"，即是很明显的有要遵守一些规则的意思，这一个戒字是要求佩戴的人要遵守一些规则，比方说"结婚戒指"就有这样的意思。"结婚戒指"是男女双方致送的定婚信物，具有特定的象征意义，是从北方的少数民族地区传入中原的习俗。《北堂书钞》引《胡俗传》说："始结婚姻，相然许者，便下金同心指环。"《晋书》中也说："大宛俗，娶妇先以金同心指环为聘。"

戒指其实是指环的一种特殊形态。如果你只是以装饰品的角度来戴一个"戒指"，那么这只能称之为"指环"。

配合指环来装饰的宝石的形状是有一些讲究的。宝石的形状以方、圆、生肖形态为主，指环上宝石以一颗为好，不要有许多颗宝石聚于一个指环上。太多太碎小的宝石镶在一起，没有助旺吉祥的作用。

男性宜选用"方形"的宝石。方的形状是"阴"的征兆，二、四数是偶数，属阴，故只可以戴在第二指和第四指上。中指属阳，不可以戴方的宝石指环，否则有阴居阳的意味，于阳刚之气不利。

女性宜用"圆形"宝石。不要太大，圆代表阳，所以女性戴圆形宝石的指环宜在左手，左是青龙方，属阳，代表有好的人际关系和得到助力。第一、三、五指为奇数，奇属阳故可以配戴，但最宜配戴在中指上。

有一种说法，戴指环在不同的五个手指上，由拇指到尾指分别寓意了"追—求—订—结—离"，那么将指环戴在尾指上岂不是代表了离婚？我认为这种说法不可信，毫无依据。相反的，由于尾指根部下的地方在掌相学里是水星丘，代表了子孙，戴戒指在尾指上还会有利于子女运。

有的指环上的宝石雕刻了兽肖的形态，兽肖宜选择与自己生肖相合的。

五、生肖佩饰

民俗中有喜欢佩戴个人自己属相的生肖饰件的做法。生肖佩饰除了可以结合指环上的宝石来使用外，还可以结合项链、吊坠使用之。

以术数的观点而言，还可以选择那些和自己生肖相和谐的生肖饰品来佩戴，或者挂一个在拎包、手机上。其吉祥理论就源自前文已经讲过了的三合的观念，一个命格喜有三方助力扶持，借助三合生肖的星象组合来加强自己的气运，做事畅顺，障碍减少，而获得理想成就。

三合是"申子辰三合，亥卯未三合，寅午戌三合，巳酉丑三合"。

申子辰三合一组合水，申、子、辰就是生肖猴、鼠、龙。

亥卯未三合一组合木，亥、卯、未就是生肖猪、兔、羊。

寅午戌三合一组合火，寅、午、戌就是生肖虎、马、狗。

巳酉丑三合一组合金，巳、酉、丑就是生肖蛇、鸡、牛。

例如，属牛的朋友，地支为"丑"，由于"巳酉丑"三合，所以可以选用蛇、鸡肖饰品佩戴；属虎的朋友，地支为"寅"，由于"寅午戌"三合，所以可以选用马、狗肖饰品佩戴；属兔的朋友，地支为"卯"，由于"亥卯未"三合，所以可以选用猪、羊肖饰品佩戴。属龙的朋友，地支为"辰"，由于"申子辰"三合，所以可以选用猴、鼠肖饰品佩戴。

和宗教有关的密宗风水分支认为，人生的福元（是指获得福分的根本元气）是由出生年的所属生肖定出的，生肖的另外两个三合地支方位就是这个人的福元位。佩戴和自己生肖相合的另外的两个生肖饰品

就有加强自己的福元的作用。

同时，所用配饰品的颜色也要合乎各个生肖地支所属的五行才是最好。一般的色彩五行观念以绿色象征木，以红色象征火，以白色象征金，以黑色象征水，以黄色象征土。

例如，"鸡"肖的吊坠最宜用白玉、白水晶制成，由于土生金，采用相生的黄色宝石也可；"马"肖的吊坠最宜用红色宝石、红玛瑙制成，由于木生火，采用相生的绿色宝石也可；"兔"肖的吊坠最宜用绿玉、翡翠制成，由于水生木，采用相生的黑色宝石也可；"鼠"肖的吊坠最宜用黑宝石、蓝宝石制成，由于金生水，采用相生的白色宝石也可，等等。

以上所说的是三合法则。风水学中还有一种六合的影响，它们是"子丑合、寅亥合、卯戌合、辰酉合、巳申合、午未合"。如果按照生肖六合的理论，还可以知道：

属鼠的人宜佩戴牛肖饰品，牛肖属土，选用黄色的为最佳，由于火能生土，故选用红色的为次之。

属牛的人宜佩戴鼠肖饰品，鼠肖属水，选用黑色的为最佳，由于金能生水，故选用白色的为次之。

属虎的人宜佩戴猪肖饰品，猪肖属水，选用黑色的为最佳，由于金能生水，故选用白色的为次之。

属兔的人宜佩戴狗肖饰品，狗肖属土，选用黄色的为最佳，由于火能生土，故选用红色的为次之。

属龙的人宜佩戴鸡肖饰品，鸡肖属金，选用白色的为最佳，由于土能生金，故选用黄色的为次之。

属蛇的人宜佩戴猴肖饰品，猴肖属金，选用白色的为最佳，由于土能生金，故选用黄色的为次之。

属马的人宜佩戴羊肖饰品，羊肖属土，选用黄色的为最佳，由于火能生土，故选用红色的为次之。

属羊的人宜佩戴马肖饰品，马肖属火，选用红色的为最佳，由于木能生火，故选用绿色的为次之。

属猴的人宜佩戴蛇肖饰品，蛇肖属火，宜选用红色的为最佳，由于木能生火，故选用绿色的为次之。

属鸡的人宜佩戴龙肖饰品，龙肖属土，选用黄色的为最佳，由于火能生土，故选用红色的为次之。

属狗的人宜佩戴兔肖饰品，兔肖属木，选用绿色的为最佳，由于水能生木，故选用黑色的为次之。

属猪的人宜佩戴虎肖饰品，虎肖属木，选用绿色的为最佳，由于水能生木，故选用黑色的为次之。

在卧室的床头柜上放置一个与自己生肖相配的玩偶、塑像摆设，这会有助于交际人缘，也有机会帮助未婚男女招来桃花运。玩偶是融合了设计者、制造者和持有者之精神感情的物品，一定要购买那些形象可爱、令人生起欢喜之心的玩偶才可以带来好运。

六、水晶

送一件水晶给自己，你会比你想象中更为成功。

水晶是宝石中的精灵，英文名称为kcrystal，别名晶石、水晶石，我国古代称之为"水精""千年冰""玉晶"和"菩萨石"等，新疆、山西、广西、广东、江苏、海南等地均有产出。李时珍在《本草纲目》中说，水晶"辛寒，无毒"，主治"惊悸心热"，能"安心明目，去赤眼，熨热肿，摩翳碍"，还可治疗"肺痛吐脓、咳逆上气",能"益毛发,悦颜色",久用可以"轻身延年"。现代医学研究证明,水晶具有明目、提神、利便、补脏、降血压的神奇功效,同时对眼疾、咽炎、失眠、肩周炎、乳腺癌有特殊的效果。

纯粹的水晶是一种无色透明的石英结晶体矿物,它的主要化学成分是二氧化硅,跟普通砂子是"同出娘胎"的一种物质。当二氧化硅结晶完美时就是水晶,二氧化硅胶化脱水后就是玛瑙,二氧化硅含水的胶体凝固后就成为蛋白石。

近年来,水晶饰品越来越热门,成为比较流行的摆设或配饰。人们笃信关于天然水晶的种种神奇传说,并相信它可以给自己带来好运。有此一说,天然水晶的主要成分是二氧化硅,是种具有特殊磁场的东西,而我们人体骨组织的特点是细胞间质中有大量的矿物盐,其中存有着极其少量的硅元素,得天独厚地形成二氧化硅,由此,同种元素在人与物之间就会产生感应。

《葬书》:"铜山西崩,洛钟东应。"有一天,汉朝的未央宫无故钟自鸣。东方朔说:"必主铜山崩应。"过了十多天,西蜀果然有来报告铜山崩塌,以日程推算,正是未央宫钟鸣之日。汉武帝问东方朔:"何以知之?"东方朔说:"铜出于山,钟为铜铸,气相感应,犹人受体于父母也。"汉武帝叹道:"物尚尔,况于人乎!"

西边的铜山崩塌了,东边洛阳城未央宫内的铜钟因为铸造的原料来自于铜山,同气相应的它竟自己发出了响声,这也是风水学先贤们提出的"气感而应"的思想。所以呢,流传水晶有神效的说法并非是空穴来风。

面对一颗质地优良的水晶,只需要把手指靠近它半寸至一寸的距离,就可以感觉到有少许麻痹的感觉,似乎有股气流影响到我们,这体现了一种微观的能量感应和联系。观察水晶的光泽,可用手握着它,以灯光或窗户投进来的光线看表面反射,透明水晶的亮度与光泽强弱有关。

特定种类的水晶会对使用的人产生特定的效果。紫水晶是市面上比较常见的品种,也是高贵、典雅浪漫和智慧的象征,颇适合催旺人缘来使用,有益于使用者获得他人的好感。紫色或紫色的光具有开启智慧、稳定情感,以及对外扩展人际关系的能量。

粉红晶又称玫瑰晶、红晶、芙蓉晶、粉晶、玫瑰石英。粉红色或粉红色光会唤起人们的温柔的情感,从而具有使人恋爱的能量,粉红晶有增加爱情、人缘、客缘等功用,被誉为最佳的感情之石。由粉红晶制成的吊坠、手链等饰品可以增强个人气场里的粉红光,可增加对异性的吸引力。粉红晶是很适合情侣们互相赠送来表达情意的礼物,最适宜未婚人士佩饰之。

在窗台上种植会开紫色鲜花的植栽有助于人缘发展和人际公共关系的建设,放上一盆粉红色花朵的植栽则有招桃花之效,如果可以在其旁边摆放天然紫色或粉红色水晶球则会使这种影响力变得更强。如果担心水晶球价格比较昂贵的话,也可以使用天然的水晶碎石,亦具效力。把水晶碎石放置在花盆或瓶里使花朵可以

充分吸收其能量，这是个不错的选择。

在床头柜上放紫水晶或者粉红晶都有助于夫妻关系的融洽。

配饰黄水晶、钛晶、发晶类的饰品有招"贵人桃花"的作用。"贵人"的概念与个人是有钱人还是穷人是没有关系的，关键是在你需要帮助的时候那个人能否给予帮助。相对于配饰紫水晶有招好人缘的功效而言，它们更有实际的协助力量，更能在时间和空间上正好需要外力支持的时候，吸引那些对自己有实质性帮助的人物。

在形成过程中，天然水晶往往受环境的影响而含有些许杂质，但这并不会影响其助缘的作用。世上极少十全十美的东西，所以凡事不要强求，顺其自然就好。千万不要去购买假的水晶石，也就是那些俗称人工水晶的玻璃制品，由于没有经过千万年的宇宙能量辐射，即便是内在结构相同，也是没有感应作用的。

七、香袋

香袋，顾名思义就是盛香料的小袋子。人们常常佩带在身上，用以辟秽恶之气，也可以作为装饰品来使用。

用绸缎缝制的香袋，制作规格大致是：漂白丝布作袋面，红布作袋里，内外两层，约为两寸高，两寸宽。以前古时候的富家子女很喜欢随身佩戴一个香袋，身上就散发出淡淡的香味来了，这跟现代人喜欢往身上喷点香水是一个道理。随身佩戴香袋来散发香味，是为了以香气之类来辟邪和讨周围人的喜欢，慢慢地就发展成为青年男女乃至家人之间的信物了。在过去，男青年得到姑娘送的一个香袋，就意味着得到了这个姑娘的芳心，男方请媒人去求亲基本上就十拿九稳了。在电影里我们也看到这样的情节，有位富家小姐迫于封建时代的父母之命或媒约之言，不能和自己爱慕的意中人定亲，就精心地制作一个香袋，托丫鬟去送给对方，而情人至死还保存着这件珍贵的礼物。香袋常常被作为古代年轻人相互馈赠的爱情礼物之一。

民间有在香袋中装入白芷、艾叶、辛夷、薄荷、冰片等中药香料的做法。香袋中所用的这些药物能够散发出天然的特殊香气，这种香气属中药学理论中的五臭范畴，具有开窍醒神、化湿醒脾、辟秽悦神等功效。现代医学研究表明，这些药物之所以有芳香气味，是由于其含有大量挥发油，这些挥发油具有抗菌、抗病毒等作用。香袋可以提神，是因为内里独特的中药香气作用于大脑或者是鼻黏膜，一方面使得病毒在鼻黏膜及呼吸道黏膜上不易存活，从而使人们患感冒的机会大大降低，另一方面可调节神经系统，使人精神振奋。从这个意义上讲，香袋成为人们的护身符也具有着一定的科学道理。

第九章 格局助桃花

第四部分 爱情婚姻篇

从小到大，从学校到家里，从电视机到报纸，从家中的天花板到地板，都发出大量对与不对的讯息，我们只能完全接收，似乎已经失去判断对错的能力，因为我们早已习惯于周边讯息给我们的"催眠"，对爱情也充满了困惑。

其实，只要改变格局，就能改变环境和讯息，就能调整你的思维和观念，使你获得理想的爱情！

一、避免西南方有缺角

我们在理解自然环境时，不自觉地会以自己所站立的位置为中心，建立起自然景物与我们之间的相对关系。风水理论认为，外物的种种状态会以一种象征的方式神秘地显示和对应着居住者的状态。智慧的永远标识就是从表象中看到真实，如果你可以读懂这些"设计图样"，你就可以感悟到答案。

风水学问主张在延年、六煞的方位作催旺布置的同时，还结合传统形势的理论，认为要注意家居内外的环境。

首先要避免西南方有缺角。中国传统建筑文化认为房型以"端正周方""匀称"为佳，但现代的许多建筑物都有缺角的情况，实在是件遗憾的事。风水学认为，如果住宅的西南方有较严重的缺角现象，住在屋内的人感情很难顺利。因为西南方在《易经》中属于坤卦的代表方位，坤为土，象征了大地和基础，坤卦也是阴气最盛的一个卦象，象征女性和母爱的力量，西南方有缺角，女性和母爱的力量得不到发挥，也就是情感不顺。如果西南方有缺角，往往还会印证在居住者的腹部，肠胃部位容易出毛病。

针对以上情况，可以在此方位摆设一件"牛"形的饰品或者是一幅《春牛图》进行补救，也可以装饰以布艺、陶瓷、雕刻品等，进行对该方位的强化。从五行的色彩喜用方面来讲，可以在此方位放置红、紫、黄、咖啡色之物。黄、咖啡色为土，红、紫色为火，在此取土扶土、火生土之义。同时也一定要在该方位设置明亮的灯光，光亮代表火，以火来生坤土进行补偿，增强土行能量。在西南方放置的台灯的灯罩色彩选用方面，我建议采用红色、黄色的，对增加桃花运很有效。

未婚男士在西南方加放一个紫色水晶球有象征寻得贤内助的寓意，已婚的家庭则可以在此方位放全家福的照片和天然水晶石，有促使夫妻关系和谐的作用。

二、避免西北方有缺角

西北是乾卦，五行属金，乾卦代表家中的父亲、老公，缺角不利女性居住者的桃花。家中西北角有缺角则已婚男士易有外遇情况发生，这是用卦义来看风水的方法。

乾卦为头、首、胸、大肠、肺，如果房屋在西北有缺角，主要会影响上述代表人物，而在身体部位之中又以头易患病痛或出现胸、肺、肠方面的不利症状。

以一家公司来说，总经理是指挥者、乾卦，所以总经理坐西北乾位就是得位，是正当和符合易理的，所以西北方宜作一间公司总经理的办公室，这是一向不变的风水设计法则。乾方宜强化、宜高大，可在房间里放高大的文件柜，乾方不可破陷，破陷则权位有损。

乾方有缺角，宜放置金属类、圆形的事物进行方位五行气场的补偿，其他意象还有神像、玉器、透明物体、寒冷的东西、水果等。风水学依据先天易理中的动物象征观念认为，放置一件"马"的饰品进行补救也可以。

从五行的色彩喜用方面来应用，可以在此方位放置白、金、黄、咖啡色之物。

三、无窗的卧房

卧房一定要有窗户，并且要把窗台打理干净。

在窗台上摆放粉红色的鲜花，平时把窗户微开，让窗外空气能对流入室内，吹动鲜花的做法最能招徕爱情运。

窗好比是人的眼睛，没有窗就好比太阳不能照亮你的眼睛。人的眼睛属于八卦里的离卦的代表事物，离卦亦

无窗的房间里住的人容易无精打采

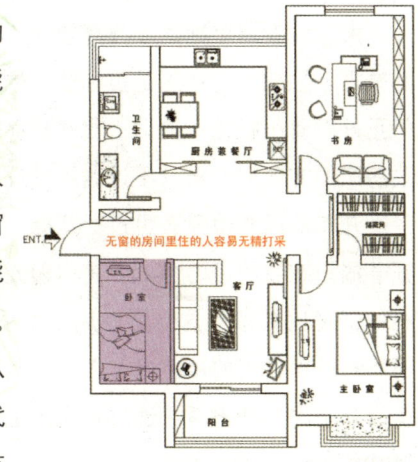

叫做九紫右弼桃花星（飞星派桃花的名词，后文有述）。与大门可以直接和外界接触不同，窗户可以看到外面却不可以进出，相当于非正式的对外联络管道，而恋爱是具有私密性的、是属于个人的事情，和窗户的意义有着某种难以言喻的关联性呢。

绝大多数卧室都有窗户，但也有例外的，某些家庭在地下室或阁楼上设置了房间或在客厅的一角隔出一个房间作卧室来用，就有可能使家庭成员住在没有窗户的房间里。无窗的房间象征着把居住者与外界隔离，里面居住的人容易无精打采，心情会自然而然变得孤僻，有不健全的精神状态。棉被湿气重则易患神经痛的毛病，长期下来就会对健康和运势都产生较严重的负面作用。我的经验里，没有窗户的房间很不容易招惹桃花，里面住的大多数是单身的人士。

无窗的卧室一定要光线明亮，通过更多的黄、白色灯光的混合使用，通过常开门、或是使用电风扇使室内气流顺畅来予以弥补。

四、卧房宜忌

1. 不可以有镜子照着床

卧室里不宜有太大的镜子，尤其不可照到床。根据古人的经验，如果有镜子照床的现象，会引起当事人的梦寐不安，也意味着会有忧伤缠绕，夫妻间会多口角争执。可以将镜子挪开，或在它上面贴上一层磨

砂纸予以解决。如果镜子是照着厨房的门，则对单身男女的桃花事有益处。

2.避免不同床

夫妻之间"同床共枕"是有重要意义的行为，已婚夫妇不宜分床而卧，或是把两张小床拼成一张"双人床"来使用之，这是裂缝的形象，对家庭感情会有负面作用。

3.卧房忌用深绿色、深蓝色、深灰色系作为主要色调

过多的冷色调装饰及饰物是悲剧的布景，会影响使用者的心灵状态，并不利感情发展，空间的色调和居住者的心理关系是人人可以感受得到的，一般情况下，卧室要有温暖的感觉才有利助益桃花气运，把基础的墙面改成粉红色、粉紫色、米黄色，对未婚男性的爱情运势催化有特别的效果，颜色以单纯为宜。如果是单身女性催桃花的话，则可以将卧室西南的墙漆成红色，还要增强照明来提升火行能量，这具有极佳的招桃花的作用。卧室里可以再点缀一些其他的鲜艳色彩，例如放两盏红色的台灯，会是个不错的选择。

4.卧房不可以乱挂杂件饰物

比如羊头、牛角、刀、枪等锋芒尖锐的饰品，这些都是不太和谐的形象，对夫妻间的感情容易造成莫名的伤害。此外，卧室也不宜乱挂他人的肖像照片或性爱色情画等，否则可能惹来烂桃花。

5.卧房应注意整洁

卧房如果太过杂乱，一方面居住起来不舒服，另一方面也会影响人的气运，间接地影响到个人情缘的发展。

五、注意门前的形象

大门前看到有单独的一幢高楼或单独的一棵高树不利婚姻，独树当门，这是孤独的"象"。讲到形象的问题，中国文化的哲学、中国的玄学的观点是，你看见什么就是什么。《易经》说："易者，象也。象也者，像也。"象就是相似、接近本质的意思，说的是同类的事物之间存在某种相通性的内在规律。古人谓"象外无词"，说的就是许多讯息可以直接从外在的形象中读到。

大门前看到单独的一幢高楼或单独的一棵高树不利婚姻，独树当门，这是孤独的"象如果家里卧室房门正好对着一根柱子的话，代表孤寡的形象，建议修改房门的方向来改善。不过这种情况并不太多，我看了十几年的风水也只有见过七八处，不过确实都是验证了的。在我的经验里，卧房门前光线昏暗、堆放杂物的情况比较多，这会影响风水学里的"明堂"，从而不利于居住者的事业运和人际公共关系，建议把卧房门外空间打扫干净，通过补充人工照明的手段使光线充足。

风水文化说，门前如有八字形的道路，是不利婚姻的形象。房门之外，最重道路。门前见八字、人字、叉字、反弓形路，这都是物理上的无情之象，代表家中配偶多外遇的机会，严重的还会破坏家庭关系，是"桃花煞"的形象。要在窗台上放置多盆观叶植物来聚气，避免家里的"人气"被扯走。

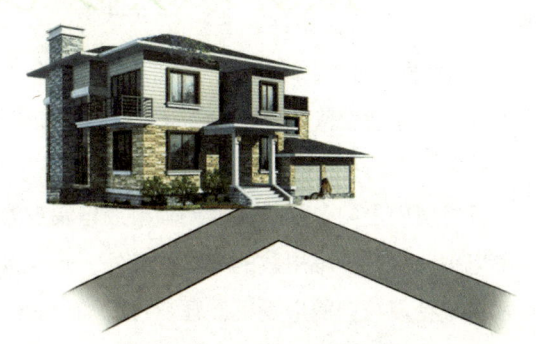

门前如有八字形的道路，是不利婚姻的形象。

一个住家的门前见到有池塘，同时这个住家的后面又有池塘的话，代表家人离家出门不归，有人独守空房。

居住在庙宇的附近不利婚嫁。神庙佛寺，宜远不宜近，忌开门即见。庙宇建筑造型都是飞檐尖脊，尖锐的形状在风水峦头学中被认为是无情的，是火的形象，火性猛烈而炎上，近则为煞，远则为秀为贵。

六、阳台有土可以助桃花

在金、木、水、火、土五行中，土行代表泥土，也象征安定、稳当。现代风水学说认为土气能量的增强会令人产生安定感，所以代表土行的黄色很适合在家居装饰中使用。黄色温暖的色彩特性也适合用来加强人际关系的运势。

可以在阳台设置属土的物品，譬如泥土、卵石、石雕、陶器或花瓶等，可以加强家人的人际运。还有一种说法是，如果在院子、阳台上种植球根植物，便会令家里的未婚者容易找到想一块建立家庭的伴侣。植物一定要种在土里，才能吸收土气的能量，不能种在水里养，否则所有的期望都将成为镜花水月。

七、18招改善爱情的风水格局

当你拥有一段浪漫爱情、一个理想情人的时候，是不是又常会庸人自扰地担心美好的爱情不易掌握，害怕情人随时离你而去。与其瞎操心，还不如赶快动手打造一个可以为恋情加固的幸福爱情风水格局！以下便针对各方面的爱情风水问题给予建议，让你在爱情中可以即时预防或做补救，而总是满面春风！

1. 房门对床，异性缘弱

房门对床的话，在风水上是很不好的，一来一开门从外面就可以看到你最私密的睡处，少了隐私权；二来，有着这样卧房风水格局的人容易分神，小烦恼不断，久了容易有神经质的倾向，一旦心胸不开阔，常常烦忧而愁眉苦脸的话，在爱情中就比较会烦躁和悲观，进而减弱异性缘。

破解法：

可摆设屏风或挂上门帘挡住，让房门和床之间有个阻隔物。

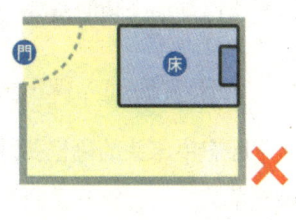

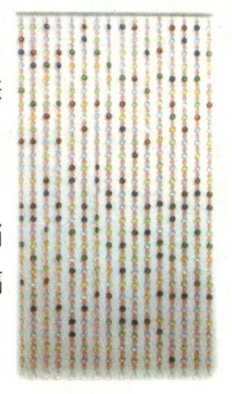

2. 厕所对床，恋曲堪忧愁

房间内有卫浴设备者，虽然方便，但就风水而言并不是好的格局，毕竟厕所是秽气排放、聚集之处，浊气在卧房内流动，对人的身体并不好，也易造成志气消沉、缺乏积极性，在爱情中被动或处于劣势，而让恋情堪忧。

破解法：

可用屏风或是挂上门帘挡住厕所秽气，或随手关上厕所门都是不错的方法。

3. 床头临空，脾气火爆

卧房中床头的隔壁要避免是厨房，因为厨房是生火煮菜的地方，火在五行中有炎上旺盛的特点，所以在其隔壁待久了，一个人的性情也容易因火气大而变得较为暴躁。一旦你的脾气差，容易动火，那么给人的外在观感自然也不会太好，在爱情中也容易因为火爆没耐性的脾气而常和另一半发生口角争执。

破解法：

若可更改安床的位置最好，若不行，可以放蓝色的装饰品于床头，因为蓝色在五行中属水，可以化解过旺的躁气。

4. 床尾对电视，恋情受干扰

有些人会在卧房内放置电视机，而且为了舒适还会将电视机摆放在床尾，也就是与床成一直线的摆法，虽然便利，但其实电视机的辐射波对人体有不良影响，对磁场也会带来不良的干扰，当气场被中断，本身的运势也会受到波及，长期如此则爱情多纷扰，会带来很多麻烦事情。

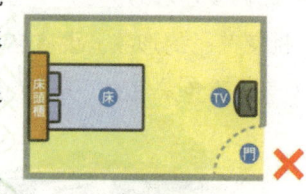

破解法：

可将房间里的电视机换成无辐射或低辐射的液晶屏幕电视，以减少辐射波的干扰。另外，也可以使用有木头或金属拉门的电视柜，睡前拉上加以阻隔。而电视机五行属火，最简单的方法就是用蓝色、白色或金色的布遮住电视机，或是将床单换成蓝色、白色或金色，来克泄火直冲而来的煞气。当然，不在房里放置电器产品是减少不良影响的最好的方法了。

5. 摆空花瓶，桃花劫重

很多人为了家中摆设上的好看，或是认为放花瓶即可招桃花，而在家中摆放漂亮的空花瓶。然而摆放空花瓶虽然美观，但以风水的角度来看，不合适地摆饰空花瓶却容易惹来桃花劫，而导致被骗钱、骗色的事情发生，所以招来的多半是不好的桃花。

破解法：

在属于自己的桃花方位悬挂有花朵图案的图画，或是摆放插有真花的花瓶，便能提升桃花运，招来好桃花。

6.双层床铺，姻缘晚成

现代人为了节省居住空间，所以拥有许多成员的家庭或许会给卧室添购一种上下相连的床铺，虽然节省了空间，但是以风水的角度来看，无论是睡上铺或睡下铺的人，都会因为离天花板太近或是上有床压而有压迫感，所以在情绪上会较为不安，而且不太容易有恋情发生，会有晚婚的现象。

破解法：

最好可以节省卧房内其他空间，买一张较小的双人床共睡，这样才易有恋情发生，也不容易发生迟婚的现象。

7.床不靠窗，恋情加分

卧房中若有窗户，较为通风，也能让人神清气爽，不过窗户其实有象征感情的意象，所以在很多爱情故事中常常会有男女主角在窗边互诉情衷、厮守一生的场景，因此对于卧房中的窗户可就不能大意了。首先，床尽量不要靠窗，有个小走道较好；再者，床头若对着窗户也不好，这样在夜间睡觉时易受不好的磁场干扰，长久下来恋情也会慢慢出现裂痕。

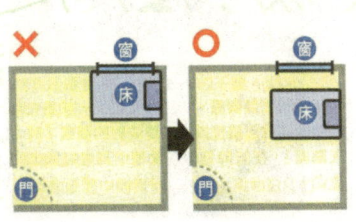

破解法：

加装窗帘，夜晚入睡前记得拉上窗帘，可以阻挡掉不好的秽气。

8.梁不压头，减少猜忌

睡觉时床头的正上方不可有梁，因为梁压着头，眼睛一望便容易有压迫感，也会间接地让爱人间产生过多的胡思乱想及不必要的猜忌，或是招来烂桃花，而影响你与对方本来良好的互动关系。

破解法：

摆放床头柜，以避开梁压头的格局，提高睡眠和爱情品质。

9.床对落地窗，爱往外跑

房间内有落地窗，爱情就比较容易往外跑，要是床还对着落地窗，那么往外跑的几率会更高，而且在外拈花惹草的机会也会增多。此外，在面对爱情时心性也较不定、浮躁，常常会有往外寻求新鲜刺激的念头。

破解法：

帮落地窗加装窗帘，夜晚睡时拉上，或是在落地窗的正对面墙壁挂上成双成对的图案（如天鹅图），便能消减不安分的心思。

10.房选方正，爱情更顺

卧房格局的好坏是爱情的投影，选择正方形的卧房格局可以让你的恋情发展更为平稳坚固，且爱情也

会呈现中庸的状态，不会太过也不会不及，双方会处在一种平等且和谐的关系中，对爱情有着理性的思考；反之，若卧房格局是属于狭长型的，那么彼此都容易脾气暴躁，缺乏耐性，以致争吵不断。

破解法：

选择方正且属于自己桃花方位的房间当做卧房，若非方正格局者，则可借物品与环境的布置来改善，例如在缺角装设镜子或布帘，让房间'看起来'是一个方正的格局。

11.床褥过软，不切实际

现代人为了睡起来舒适，常常会选择一些很软的床垫铺床，其实床垫过软不但对健康不太好，而且以风水而论，长期睡在过软的床垫上也会让一个人变得好高骛远，在爱情中也容易存有不切实际的想法，容易制造是非，让爱情常常遭受到一些不必要的干扰，进而常发生争执。

破解法：

选择软硬适中的床垫，并铺上柔和粉红色、粉蓝色系床单，可以增强你的爱情运。

12.尖锐物多，口角也多

有时候为了布置自己的卧室，大家都会摆放一些物品来装饰房间，不过若是不小心摆放到形状尖锐或三角形状居多的饰品时，反而很容易替你的爱情带来口角，产生很多不必要的纷争，使你与对方的感情因为争吵而由浓转淡喔！

破解法：

将尖锐物品收起来，多摆放一些象征圆融的圆形装饰物品，可以让你爱情更圆满。

13.床后有靠，爱情稳当

床，是你忙碌一天后最后放松休息的地方，也是你和另一半可以谈心、温存的愉悦空间，所以主卧室的床对你们之间的感情着实有不小的影响。首先先检查一下房间的床，背后是否有紧靠墙壁？而且最好以有床头柜者为佳，因为背后有靠，代表在感情中可以相互依靠且长久稳当；反之则情感不稳，易生风波。

破解法：

除了选择床头靠墙，

摆放床铺最好选在不靠窗的那面墙壁。

14. 床底空净，感情亲近

床下也是必须注意的重点之一，有时候为了节省空间或为美观起见，会将一些不常用到的东西堆放至床下，虽然这样就不会有碍观瞻，但是将东西放床下久而久之不但会积灰尘或生虫等，也会产生不干净的晦气，易使爱情蒙上阴影，加上床底气不流通，彼此在互动上也易产生沟通不良的问题。

破解法：

不要图方便而将东西堆放床下，最好收至储藏室，若无法不堆积物品，那床单一定要垂到底，而且最好选择有流苏或大波浪的床单作为遮掩。

15. 花俏吊饰，移情别恋

两个人在一起最担心的就是貌合神离，如果害怕对方跟你在一起时心里想的都是别人，那就要看看你是否在卧房内挂了花俏的吊灯或吊扇，有的话要赶快换掉，否则对方很容易受外面花花世界的迷惑而意乱情迷。

破解法：

整张床正上方的天花板，不要悬挂其他非灯饰的物品，而所悬挂的灯饰也不要选择华丽花俏的，灯泡最好是采用一种色系的。

16. 镜子对床，心慌意乱

一般来说，卧房内多半会有镜子，以便整理服装仪容，不过，卧房中的镜子不宜对着睡床，否则会让睡于其间的人心神不宁，或有时意识不清，因为猛然瞥见镜中的自己而受到惊吓；就感情而言，镜子若正对着床，则容易使双方对爱情感到心慌意乱，也容易发生外遇的。

破解法：

用装饰品将镜子挡住或用布盖着镜子，不过最好还是能选择可关式的镜子或桌上型的镜子为佳。

17. 卧室明亮，感情和睦

卧室是一个私密的空间，在此可以增进许多情趣，不过若卧室四周密闭，没有窗户可让阳光照射进来，或是光线过于昏暗，都容易导致彼此之间有愈来愈多误会无法化解，以及不愿相互倾吐心事。

破解法：

要选择有窗且可让阳光洒入的房间当主卧室，并选择柔和自然、不过于昏暗的灯饰为佳；若是卧房无

18.床选圆形，婚姻动荡

选择一张好床，可让人睡起来安稳舒服，身心愉悦，而就风水而言，床要选择方正有角者佳，圆形或是多角形的床会让人心中常有隐忧或莫名飞担心，进而造成彼此相处互动上的不安和猜疑。此外，也容易招来外面的桃花，让问题丛生，使感情经历更多波折。

破解法：

床选正方形或长方形为佳，并且由两人一同前往挑选，会让爱情更加甜蜜幸福。

风水知多一点点

※ 如何利用摆设增进夫妻感情？

一个房间如果摆设不好，就会影响到夫妻之间的感情。

第一，夫妻生活不和谐。卧室中摆放了鱼缸：鱼缸应该放在客厅，放在卧室会导致卧室变得很潮寒阴冷，而夫妻之间应该要有温暖的感觉。卧室中挂裸女像：在房间挂裸女画的话会影响夫妻之间的感情，很容易让另一半生出不好的联想，或者是让丈夫开始不满意妻子的身材。

第二，大小吵不断的风水。狮头向内、老虎下山：家里摆狮子的摆饰一定要狮头向外，向内的话夫妻会互相争吵；老虎的图案一定要是上山式，不可以摆老虎下山的画，否则会伤人，也就表示夫妻容易吵架。面具、露牙玩具：家里摆面具的话容易让人感觉很虚伪，如果家中摆面具或者露牙齿的玩具，容易增加吵架的几率。

第三，容易反目的风水。家里有摆前女友或前男友的礼物容易导致夫妻反目。卧室里面有电器，如电饭锅、微波炉等，这表示卧室有火在烧，火气很高亢，容易导致夫妻双方反目。

八、利用植物风水增进爱情运

1. 能提高恋爱运的植物

想要提高恋爱运，宜种植在三、四、五月及八、九月和十二月会开的粉红、白、红、黄、蓝色的花。

年末时是圣诞蔷薇，三月则是雏菊或紫罗兰、风信子、藏红花，鸢尾或燕子花也可以。此外，非洲菊、芍药、香豌豆也可以。香豌豆非常香。香雪兰或蔷薇、玛格丽特、罂粟等也很好。一串红及我最喜欢的百合莲对于恋爱也有效。

颜色	1	2	3	4	5	6	7	8	9	10	11	12
圣诞蔷薇 粉红、白												
雏菊 粉红、白、红												
紫罗兰 红、黄												
风信子 粉红、蓝、白、红												
藏红花 黄、白												
鸢尾 黄、白												
非洲菊 粉红、黄、红												
芍药 粉红、白、红												
香豌豆 粉红、红												

■ 开花时期　　≡ 播种时期

这些花最好从东向东南或南盛开，这样比较能提升恋爱运。当这些花盛开时，要让凉风从窗子吹进来。

2. 不同方位的桃花植物

未婚男女求姻缘，居家风水来帮忙。

到了适婚年龄却找不到另外一半的人愈来愈多了，改变居家环境风水就能够改变磁场。想要知道如何改变风水，帮你提升桃花缘吗？

桃花泛指贵人，在家里放上鲜花可以引来桃花。针对不同坐向的房子，摆设的位置会跟着有所不同。现列举八种方位的房子，一一解说其桃花方位。

坐西北朝东南

宜在正南方、东北偏东、西北偏西三个方向动线上，摆设红、黄、白色的鲜花。

坐北朝南

宜在东方、东南偏东、东南偏南、西北偏西四个方向动线上，摆设红、黄、白色的鲜花。

坐东北朝西南

宜在东北偏东方、正南、西南偏西三个方向动线上，摆设红、黄、白色的鲜花。

坐东朝西

宜在东北偏北、西南偏西、西北偏北三个方向动线上，摆设红、黄、白色的鲜花。

坐东南朝西北

宜在东南偏南、正西、正东三个方向动线上，摆设红、黄、白色的鲜花。

坐南朝北

宜在西南偏西、西北偏北、正南三个方向动线上，摆设红、黄、白色的鲜花。

坐西南朝东北

宜在正西、西北偏西、正东、东南偏东四个方向动线上，摆设红、黄、白色的鲜花。

坐西朝东

宜在正西、西北偏西、东南偏东、东南偏南四个方向动线上，摆设红、黄、白三色鲜花。

3. 尽快找到另一半的植物摆设法

下面的方法可以让未婚的男女早一点找到未来的另一半。

未婚的男性，可在居家阳台的右方（从房子里向外看，来区分左与右，男左女右，左方为男方，右方为女方）放红、白、黄三种颜色的花来催桃花。

未婚的女性则是在居家阳台的左方（左方为男方）放红、白、黄，三种颜色的花，这样就可以让你的白马王子早日出现。

4. 招桃花贵人，防外遇的植物摆设法

要招桃花贵人，可在居家阳台上种上整片的花。"花"代表"贵人"，在八字命理中，"桃花"也是泛指"贵人"。

因此，种花可以增进贵人运，但是要看运用的好不好，运用得好是贵人相助；运用得不好，桃花一多，就会有外遇事件发生，要如何防止另外一半发生外遇呢？

如果妻子担心丈夫会有外遇，那么在阳台的最右方（男左女右，右方指的是女方）放一盆有刺的仙人掌，这可以让老公有好的贵人运势，但是不会招来烂桃花。

丈夫如果怕妻子有外遇，那么可在阳台的最左侧放一棵仙人掌。

九、利用色彩增进爱情

1. 有利姻缘的淡黄色

吸收具有柔和火气的淡黄色可以引起风。风，可以传递姻缘。想引起他人注意可以借助淡黄色的作用，因为淡黄色可以产生吸引异性目光和积极性的能量。这个颜色的明亮色调可以给人以自信，营造出幸运的体质。使用给人好感的淡黄色出席社交场所会提升人气。

穿着象征具有呼唤传递姻缘之风力量的服装，关键是要有良好的透气感，头发、服装、鞋子等都要给人清爽的感觉。另外，家居装饰时使用淡黄色的窗帘也有效果。通风良好的房间使用清新剂、照明装饰也会增加约会的机会。清新剂最好使用柑橘香气的。

2. 利用粉色的能量延续、充实恋爱运

虽然现在的恋情进行得顺利，但是如想让这种甜蜜的状态持续下去或是得到更好的发展，就可以借助粉色的效果。如果吸收了有加深信任作用、强化恋爱运的粉色之气，两个人的爱情就会越来越丰富，亲密关系越来越巩固。

对于具有水体质的女性，粉色正是可以引导水气朝良好性质发展、调整气的平衡的颜色。粉色具有温柔、可爱等特性，它可让女人变得更加可爱，让人感觉到充实的幸福。

3. 象征爱情的粉红色与灰褐色搭配

想马上结婚的女性可以在粉红色的基础上再添加灰褐色，就会发挥效果。因为粉红色是具有培育爱情、温柔、女性化的粉红色之气和缔结姻缘的淡黄之气混合的颜色，所以可以提升结婚运。再与具有安定效果的灰褐色搭配，会使现在的恋情更牢固。

另外，在风水中，作为女性而言，结婚表示着成熟、结实、收获。所以，每天早上可以多吃水果，或者是选择使用带有水果图案的物品，或者是选择有水果图案的服装和装饰，也有提升运气的效果。

实现结婚梦想的另一个方法就是使用鲜花，因为鲜花所具有的气对女性的恋爱运和结婚运有极大的影响。

第十章 嫁娶择日

中国古代的人们讲究"天时""地利""人和"三者皆备，方能成其大事。

择日体现了中国传统文化中顺应"天时"的思想。古人在做重要的大事时是要择吉的，在时间安排上有回旋余地的情况下，希望通过选择来得到"天"的帮助。一些重要的事务如果结合择日术数文化来进行的话，则会对事件的进展有增益吉祥的意味。

一、黄道吉日

在生活中常会听人们说，某某日是"黄道吉日"，这一天大吉大利，诸事可行；某某日不吉利，不宜结婚，不宜外出，等等。"黄道吉日"一词在中华民俗文化中出现的频率是非常高的，那么究竟什么是黄道吉日呢？

"黄道"是古代天文学的一个名词，是地球围绕太阳公转的运行轨道。如果从地球上的视点去看，也就是太阳从东边升起，由西方落下，所绕的一圈又叫做黄道面，这种黄道面月月不同。"吉日"一词，顾名思义就是指吉利的日子，是代表了人们对美好事物的一种愿景。黄道吉日是依据天文现象构成的一种抽象的择日吉凶学问，后来又发展成为泛指可以办事的吉利日子。

在古代，如遇建屋、搬迁、结婚等大事，都会遵照一个选择吉日良辰、以祈获吉祥的习俗。一般认为从《黄历》中查找的黄道吉日是适宜选取的最吉利的日子，这一天去办事最容易获得成功。与黄道吉日相对应的是黑道凶日，这一天是不适宜办任何重要的事，凡事都要谨慎为之。古代的术数学家，把白、黑、碧、绿、黄、赤、紫共七种颜色分布在九宫中，又叫做"九道"，并认为其中的黄道最吉利，白道次之，紫道、碧道、绿道半吉半凶，赤道次凶，黑道最凶。

二、建除十二神

在选择吉日时，"建除十二神"的方法在民俗中使用较广。翻开《黄历》，我们就会看到"建、除、满、平、定、执、破、危、成、收、开、闭"这十二个字。这十二个字就是"建除十二神"，最初是象征十二辰，关于十二个月的吉凶。每年由春天开始，春天五行属木，以"寅"木代表欣欣向荣的新气象，因此正月建寅，二月建卯，三月建辰，四月建巳，五月建午，六月建未，七月建申，八月建酉，九月建戌，十月建亥，十一月建子，十二月建丑，古人如此依序将十二地支分配在每个月上。此乃用太阴历，以北斗七星（西名大熊座）之斗柄摇光星所指之位而立建。十二月指向丑方，正月又复还于寅位，循环往复，周而复始。

第四部分 爱情婚姻篇

"十二月建"后来又转为象征日的吉凶，通常认为建日是该月中最吉的日子，而破日为最凶的日子。

"建除十二神"的"建"为每月之主，建就是建立，要建立就要"除旧布新"，所以建立之后就是"除"。由一而生二，二生三，三者数之极，所以排在第三个的是"满"。再以满则必溢，溢而平之，所以满的后面是"平"。平则"定"，我们常说"平定"，"平"后面是"定"。定可"执"，事物平定以后就一定要守成，执就是"守成"的意思，所以"定"之后是"执"。

事物有成就一定有破，虽说可以守成但难逃有漏洞被破的命运，于是执后面是"破"。破必生"危"，破了以后一定会觉得危险，既然觉得危险就会分外小心，则又会有成就，所以"危"的后面是"成"。事成之后，一定会有收获，所以"成"的后面是"收"。

由建到收，刚好十数，玄学认为"十"是极数，又会从头开始，所以"收"后面是"开"，以表示数无终极。有张必有合，有开一定要有闭，这样万事万物才可以呼吸"气"，而有助于生命的滋长。"唯开方有闭，故复能后建"。"建除十二神"就是这样周而复始，循环不息地运行着，讲述着华夏几千年的历史文化。

建日：为一岁之君之义。众神之统帅，健旺之气，吉利。宜修造、嫁娶、出行、祈福、谒贵、上书，忌动土、开仓。

除日：为除旧布新之义，宜治疗、出行、嫁娶、祈福，忌开张、搬家、上任。

满日：为丰收圆满之义，宜祈福、开市、结亲、修造，忌动土、栽种、移徙、下葬。

平日：为平常平稳之义，万事可行，无凶，尤宜治病、出行、修造、祈福、动土、嫁娶。

定日：为死气不动之义，宜上任、祈福、协议、结婚、交易，忌词讼、出行、移徙。

执日：为固执之义，宜祈福、祭祀、结婚、立约，忌搬家、开仓、出行。

破日：为刚旺破败之义，不吉，婚姻不谐。宜求医、拆除，忌动土、出行、移徙、嫁娶、修造，百事俱忌。

危日：为危险之义，宜祈福、结婚、交易，忌行船、登高。

成日：为成就之义，故凡祈福、嫁娶、交易、开市、出行、移徙、入学、上任均宜，只忌词讼一事。

收日：为收成之义，宜修造、开市、嫁娶、纳财、治疗、种植、搬家、立约，忌下葬。

开日：为开放之义，宜开市、嫁娶、交易、立约、出行、入仓及求财，忌下葬。

闭日：为坚固之义，宜祈福、交易、收财、下葬，忌治疗、出行、动土、搬家、上任。

建、除、满、平、定、执、破、危、成、收、开、闭。十二神依此轮流"值日"，由于有时可以一次连"值"两天，所以它和十二地支的关系是轮流而并非是固定的。建除十二神表现为具有时间性和周期性，在日历上机械式地循环排列着，反应着某种消长规律。民俗中的《黄历》借此把日子的吉凶定性，并使之成为一种约定俗成的主流的择日方法。

"建除十二神"的做法已经深入人心，因此从另外一个角度来看，自然有它强大的心理暗示的作用。

三、四离四绝

二十四节气中的春分、秋分、夏至、冬至的前一天，在术数上叫做"离日"。全年共有四个这样的日子，所以称为"四离日"。

《玉门经》中说："离者，阴阳分至前一辰也。"分就是春分和秋分，至就是夏至和冬至，前一辰就是前一天的意思。四离者，春分前一日叫做木离，夏至前一日叫做火离，秋分前一日叫做金离，冬至前一日叫做水离。关于四离日，在"黄历"上一定是写着"日值四离，大事勿用"的字样，是一般择日忌用的日子。

二十四节气中的立春、立夏、立秋、立冬的前一天，叫做"绝日"。《玉门经》中说："四绝者，四立前一辰也。"一年中共有四个"绝日"。

绝日，听起来似乎不太吉利，其实它是"立春木旺水绝，立夏火旺木绝，立秋金旺土绝，立冬水旺金绝，故先一日为绝也"的意思。若你为自己选择的嫁娶或订婚的日子是一个"绝日"的话，那绝对是没有什么好彩头的，所以一定要在日历上仔细查对！

按玄学的说法，四离日和四绝日为四季相交，节令转移阴阳杂乱之时。在择日术数文化里，全年一共有四离四绝八个日子绝对不可以选用，包括婚嫁在内。

四、相冲宜忌

以玄学择吉的观点而言，选择日子要留意是否与当年的地支相冲，还要注意是否与自己的生肖，也就是个人出生年的地支相冲。

在十二地支图中，处于相对位置即是互"冲"，地支相差六位就在对宫，如子与午、丑与未、寅与申、卯与酉等。逢冲则破，"破"被视为不吉利，一些重要的事不适宜在破日办。前面我们说到的建除十二宫里的第七个"破"字，就是"破日"。

鼠年忌用午日，而且鼠肖人忌用午日；
牛年忌用未日，而且牛肖人忌用未日；
虎年忌用申日，而且虎肖人忌用申日；
兔年忌用酉日，而且兔肖人忌用酉日；
龙年忌用戌日，而且龙肖人忌用戌日；
蛇年忌用亥日，而且蛇肖人忌用亥日；
马年忌用子日，而且马肖人忌用子日；
羊年忌用丑日，而且羊肖人忌用丑日；
猴年忌用寅日，而且猴肖人忌用寅日；
鸡年忌用卯日，而且鸡肖人忌用卯日；
狗年忌用辰日，而且狗肖人忌用辰日；
猪年忌用巳日，而且猪肖人忌用巳日。

相冲表示有阻碍，被认为是不合谐、互相排斥、无法停止。相冲又叫做"六冲"。

在古代，有谓"男二十五不娶，女十九不嫁"及"男女相差六岁不婚配"之说。说男二十五岁、女十九岁，是生理变化之厄年，而相差六岁是出生年的地支相冲。除了"六冲"法则外，还有地支为辰、午、酉、亥的称为自刑，即生肖属龙者亦不能选用地支为

辰的日子及时辰，生肖属马者亦不能选用地支为午的日子及时辰，生肖属鸡者亦不能选用地支为酉的日子及时辰，生肖属猪者亦不能选用地支为亥的日子及时辰。至于其他刑害关系，还有如子刑卯、卯刑子、寅刑巳、巳刑申、申刑寅、丑刑未、未刑丑为地支相刑，子未、寅巳、卯辰、午丑、申亥、酉戌为地支相害。相刑相害的关系虽有多种，但有明显应验者较"六冲"远逊，其理尚不明。

五、三合法则

"冲"是冲击、冲毁，"合"是有情、联合。

有冲就有合，这是辩证法。

玄学里的三合学说，讲的是使方位和时间上的能量完全开放的方法，取生、旺、墓三者，会合成局。生、旺、墓是"十二长生宫"里的学问，反映了事物从出生、兴旺到消亡的演化规律，这是朴素的中国古代哲学。

水生于申、旺于子、墓于辰，故申、子、辰三合，也就是猴、鼠、龙三合，所以猴年宜选鼠日、龙日来用，鼠年宜选猴日、龙日来用，龙年宜选猴日、鼠日来用。肖猴的人宜选鼠日、龙日来用，肖鼠的人宜选猴日、龙日来用，肖龙的人宜选猴日、鼠日来用。

火生于寅、旺于午、墓于戌，故寅、午、戌三合，也就是虎、马、狗三合，所以虎年宜选马日、狗日来用，马年宜选虎日、狗日来用，狗年宜选虎日、马日来用。肖虎的人宜选马日、狗日来用，肖马的人宜选虎日、狗日来用，肖狗的人宜选虎日、马日来用。

木生于亥、旺于卯、墓于未，故亥、卯、未三合，也就是猪、兔、羊三合，所以猪年宜选兔日、羊日来用，兔年宜选猪日、羊日来用，羊年宜选猪日、兔日来用。肖猪的人宜选兔日、羊日来用，肖兔的人宜选猪日、羊日来用，肖羊的人宜选猪日、兔日来用。

金生于巳、旺于酉、墓于丑，故巳、酉、丑三合，也就是蛇、鸡、牛三合，所以蛇年宜选鸡日、牛日来用，鸡年宜选蛇日、牛日来用，牛年宜选蛇日、鸡日来用。肖蛇的人宜选鸡日、牛日来用；肖鸡的人宜选蛇日、牛日来用，肖牛的人宜选蛇日、鸡日来用。

生肖同属羊的何小姐与李先生拜托我为其结婚日

择吉，我为他们择了公历的2007年8月1日，星期三，是农历2007年6月19日。这一天是丁亥年丁未月丁卯日，十二值神为"成日"，宜嫁娶，天干上三个丁火，地支亥、未、卯三合，正是大吉大利的结婚日，在选择日子的时候能否会合是重要的考量依据之一。除了三合的学问之外，一般与当年当月或自己的生肖相六合的日子也很适宜选用的，不过还要结合其他的因素综合考虑来进行选择。

更精细的择吉推算还可以结合到时和分。根据"阴中有阳，阳中有阴"的道理，坏的日子里有吉利的时辰，好的日子里也有不利的时间点。如果不能选得一个好日子，选得一个好时辰也是不错的做法。

六、"寡年"之说

2005年2月4日立春是农历的腊月二十四，是农历2004年的岁尾。所以次年2005年就没有了立春，民间谓之"寡年"，进一步又直呼为"寡妇年"。寡妇年，说白了就是说会对这一年结婚的新郎不利，可能会"陨命"。

出现这种情况的原因是农历2004年有闰月，闰月的出现使2005年的春节后推，由于"立春"是依据古代天文历来产生的，被相对固定在2月4日左右的时间，这样就被前置了。

2006年的春节是1月29日，2007年的春节是2月18日，因此2006年的立春日和2007年的立春日都在农历2006年里面，碰到有两个立春日的年份，有人取"双喜双春"之意，说2006年是结婚的好年头，也有说要特意回避的，担心"喜冲喜"会不利。

农历2007年本年立春没有了，但2008年的春节是2月7日，在2月4日立春之后，也就是说农历2007年末有2008年的立春日。2009年春节是1月26日，2月4日立春日在其后面，这一年有立春。这样，2008年和2005年一样，整个农历年都没有立春日，又是一个"寡年"，2009年又是一个"双春年"。

为了与公历保持一致，农历采用了19年中加入7个月的做法，这样每19年中就有7个年头是缺少立春的"无春年"，7个年头是"双春年"，另外5个年头是"单春年"。农历的春节最早在公历1月20日出现，最晚甚至到了2月20日，而立春则固定在2月4日左右。立春是二十四节气的第一个，在玄学和天文历法上认为这才是一年之始，而不应该是春节的大年初一才是一年之始，这也是我说判断命卦要以立春日为分界线的原因。

第十一章 增加爱情运的挂画和吉祥物

家居装饰挂画、吉祥物,可以美化家居环境,放映主人的个性和审美观,陶冶个人情操,丰富个人的精神生活;亦能优化居室气场,从而使人在居室中住得健康,住得舒服,住得顺畅。

本章将从现代人的审美取向和优化气场的玄机,阐述装饰画、吉祥物旺气的理论依据,揭示其开运窍门,显露其奇妙功能,使您对装饰画和吉祥物有个全新的了解。

一、挂画

1.凤凰图

(1)寓意及效应

雄曰凤,雌曰凰,凤凰同飞,是夫妻和谐的象征。凤凰作为一种祥瑞之鸟,它的吉意是比较丰富的。《诗经》云:"凤凰鸣矣,于彼高岗。梧桐生矣,于彼朝阳。"于是古人创作"丹凤朝阳"图,即凤凰与太阳画在一起,来表示人们对光明未来、美好爱情、幸福生活的真诚热爱和向往。

(2)宜忌

◎凤凰图,适宜挂在夫妻卧室的吉利方位,催起空间的灵动性,使夫妻美满幸福。

◎凤凰具有鸡的属性,生肖属龙、蛇、牛的人与鸡相合,最适宜挂凤凰图;生肖属兔的人与鸡不合,不宜挂凤凰图。

◎从凤凰具有鸡的属性来说,住宅的正东方是不宜挂凤凰图的,因正东方为鸡的相冲位置。适宜挂在东南方、东北方的相合位置上,或挂在正西方鸡本身的方位上。

2.龙凤图

(1)寓意及效应

龙凤都是人们心中的瑞兽祥鸟,哪里出现龙,哪里便有凤来仪,象征着天下太平,五谷丰登。严格讲起来,凤实际是雄性,唯有"凰"才是雌性,凤和凰是一对,龙和凤并不是一对。但后来经过发展,龙和凤合在一起,以龙象征成功男士,以凤象征出类拔萃的女性。

龙和凤和形象,具有祝福夫妻双方事业成就的吉利性质。无论是男人想找在事业上有助力的妻子,还是女人想找到事业成就较高的男人做丈夫,都适合使用龙凤装饰画,也就是说,龙凤是婚恋的吉祥画。

(2)宜忌

◎未婚男士可把龙凤图挂在卧室的西南方。因西南方为坤卦方位,主妻室,主女性,能很好地催起空间的灵动性,有助于男士找到一个贤内助。

◎未婚女士可把龙凤图挂在卧室的西北方。因西北方为乾卦方位，主丈夫，为男性，能很好地催起空间的灵动性，有助于找到一个如意郎。

◎龙凤图也适宜在夫妻卧室里，挂在对着床头的墙上，对夫妻双方和睦相处、事业有成具有良好的祝福作用。

◎生肖属兔、狗的人与龙凤不合，不宜挂龙凤图，其余人皆可。

3.鸳鸯戏水图

(1)寓意及效应

鸳鸯，古人称之为"匹鸟"，其形影不相离，雄左雌右，飞则同振翅，游则同戏水，栖则连翼交颈而眠。如若丧偶，后者终身不再匹配。所以鸳鸯戏水图是祝福夫妻感情专一和谐的吉祥图，象征着婚姻美满。

以鸳鸯为题材的吉祥图案中，有绘鸳鸯和莲花，寓"连生"之意，象征新婚夫妻连生贵子，称"鸳鸯贵子"，有鸳鸯配长春花的，称"鸳鸯长安"、"鸳鸯长乐"。

(2)宜忌

◎鸳鸯戏水图，宜挂在夫妻卧房里对着床头的墙上，这样才具有良好的祝福力量，感染夫妻两人的心，避免其中一方的婚外情发生。

◎鸳鸯戏水图，因水气较重，最适宜五行喜水的人置挂，而不适宜忌水者。

4.麒麟图

(1)寓意及效应

麒麟为仁兽，它含仁怀义，行步折旋皆中规矩，择土而后踏，不踩任何活物，连青草也不践踏，被看做是美德的象征。

麒麟与龙、凤、龟合称"四灵"，清代时，武官一品官服都绣着麒麟，可见麒麟的地位仅次于龙。

麒麟被认为是送子神物。据传说，在孔子出生之前，有一麒麟来到他家院里，口吐玉书，玉书记载着这位大圣人的命运，说他是王侯的种子，却生不逢时。这便是"麒麟吐玉书"的故事。所以孔子出生后，人们都唤他作"麒麟儿"。

麒麟是送子之神兽，所以就有

"麒麟送子"图，图中一个小孩骑在麒麟背上，手里拿着一朵莲花，表示连生贵子，含有"麒麟送子"的意义。民间画中，还有画仙女抱一男孩骑于麒麟背上，谓"天仙送子"。麒麟与玉书、如意组成的图案谓"麒麟祥瑞"、"麒麟如意"。

麒麟除了能添丁送子外，还能招财增福、消灾解难、驱除邪魔、化解煞气。

(2)宜忌

◎家人若是希望添丁，可在卧室的吉方挂一幅"麒麟送子"图。

◎挂麒麟图，麒麟的头宜向外。

◎若家宅居住不安，常有人生病，多意外受伤，常争吵，破财等事，可在客厅吉利方位，挂一幅麒麟画。

◎麒麟图，挂在家宅的财气位上，可替家宅带来财运。

5.燕子图

(1)寓意及效应

燕子历来被我国的老百姓看做是最为吉祥的鸟。春天来了，如果哪家飞来了燕子，在自己家的屋檐下筑了窝，这家人就被认为是有德行的家庭；家人也认为燕子给自家带来了好运气。

双燕双飞又双栖，千里相随不分离。双飞燕用来比喻恩爱夫妻，又名为"燕侣"。民间传说，假如有紫燕双飞到某一家筑巢，那就预示着这一家的某个人很快就要结婚了。

(2)宜忌

◎燕子图，适宜挂在各居室的吉利方位，或挂在主人的三合、六合方位。

◎若是燕子双飞图，宜挂在夫妻卧室里对着床头的墙上，这样才具有良好的祝福力量，感染二人的心，使夫妻生活和谐。

6.鸿雁图

(1)寓意及效应

鸿与雁同为水鸟，鸿大雁小，鸿雁是典型的候鸟，它每年秋分后南飞，于次年春分后北返，鸿雁归返极为准时。鸿雁一来一往，成为春秋二季的标志。鸿雁成群飞行时，形成"人"字或"一"字。鸿雁之序与中国传统伦理的原则相吻合，所以用以比喻国之伦序。

鸿雁是鸟类中"情挚"的典型，母雁失去公雁，或公雁失去母雁，再不会另寻新配偶。这种特性，能感化夫妻用情的专一。即是说，鸿雁是作为两性之间稳固关系的象征。

鸿有巨大的意思，鸿文、鸿业、鸿恩、鸿途等均以"鸿"喻大，因此鸿雁也成为一种鸿大的吉祥物。

(2)宜忌

◎鸿雁比翼双飞图，宜挂在夫妻卧房里对着床头的墙上，这样才具有良好的祝福力量，感染二人的心，

以期避免其中一方婚外情的发生。

◎除鸿雁双飞图外，其他的鸿雁图，适宜挂在客厅或者书房的吉方，即表示家庭和乐美满，且能完成自己的宏图大志。

7. 比翼鸟图

(1) 寓意及效应

比翼鸟是中国古代传说中的鸟，又名鹣鹣、蛮蛮。此鸟仅一目一翼，雌雄须并翼飞行，故常比喻夫妇同心和美，亦比喻情深谊厚、形影不离的朋友。

比翼鸟被喻为和谐的夫妻，白居易的《长恨歌》有："在天愿作比翼鸟，在地愿为连理枝。"

(2) 宜忌

◎比翼鸟图，宜挂在夫妻卧室里对着床头的墙上，这样才具有良好的祝福力量，感染二人的心，使夫妻同心同德，过着和谐的生活。

◎比翼鸟图，也适合挂在客厅的吉利方位，使家庭和美，家人富有人情味。

8. 相思鸟图

(1) 寓意及效应

比翼鸟是传说中的吉祥鸟，而相思鸟是现实中存在的一种鸟，现代人常把相思鸟作为比翼鸟来看待。

相思鸟栖居在阔叶林、灌木丛或竹林中，它们喜欢成群地在树林中活动，在群体中，又常常成双成对地生活。在每年春天繁殖季节到来的时候，雌雄相思鸟更是形影不离。当雌鸟飞走时，雄鸟一定同行，如雄鸟先起飞，雌鸟也紧紧相随。谁先飞到目的地，谁就在枝头上发出"鹣鹣"的叫声，以召唤自己的伴侣。

相思鸟因相思而生，又为相思亡。相思鸟的一生全是因为相思而活。如果其中之一遇到不幸，它的伙伴将长久地徘徊于枝头，频繁地发出哀婉的鸣叫声。

相思鸟在筑巢时，雌雄相思鸟一起集合材料，一起施工建巢，合作得非常好。雌鸟产卵后，孵卵也由雌雄相思鸟共同负担，交替孵抱，直到幼雏出世，幼鸟随父母一起生活。

相思鸟象征着夫妻携手共进，夫妻感情专一和谐，家庭美满。

(2) 宜忌

◎相思鸟装饰画是结婚送礼的佳品，赠给新郎新娘，祝他们像相思鸟一样恩恩爱爱，白头偕老。

◎相思鸟装饰画，宜挂在夫妻卧室里对着床头的墙上，这样才具有良好的祝福力量，感染二人的心，使夫妻相亲相爱，情感专一，生活和谐。

◎相思鸟装饰画，也适合挂在客厅的吉利方位，使家庭和美，共同发展。

◎其他花鸟画中的双栖图，都具有相思鸟的特性，其挂画宜忌与此相思鸟图一致。

9.母子图

(1)寓意及效应

伟大的母爱缘于天性，缘于自然，不夹一点私，不掺一点假，不需要任何理由，是一种纯洁与神圣的爱。人们常说"儿女是母亲的心头肉"，即是一母所生的亲骨肉，其母子的关系是最密切的，正所谓"母子心连心"。

作为母子像的装饰画，不管是人物画还是动物画，都象征着因母爱的伟大，而使家庭生活美满幸福。

(2)宜忌

◎母子图，适宜挂在客厅或夫妻房的吉利方位或西南方位，其中西南方属坤卦，为母亲。

◎选择动物的母子装饰画，若动物在十二生肖范围内，应注意所选的动物不宜与两夫妻的生肖构成冲、刑、害，不宜将其挂在相冲的位置；若是在夫妻卧室里，还不宜选择凶猛动物的母子画(如虎的母子画)。

10.橄榄图

(1)寓意及效应

橄榄果实味虽苦涩，嚼之芳馥，这种苦涩且带甘果的品性，被文人看做是君子的象征。

橄榄象征着和平、幸福、安详等美好意愿。作为吉祥物，橄榄是爱情的象征，是夫妻和谐的象征，是夫妻幸福的象征。

(2)宜忌

◎橄榄图宜挂在客厅、卧室的吉利方位，有助于夫妻的生活和谐。

◎橄榄图挂在餐厅的位置，可增加餐厅"吃"的情调。

11.石榴图

(1)寓意及效应

石榴既可观赏又可食用，石榴花开于初夏，结果于秋季。

石榴与桃子、佛手、海棠的花合称为"四季花"。石榴与桃子、佛手，是中国的三大吉祥果，这三种吉祥果合在一起，可用于祝愿"三多"，即多子、多寿、多福。

人们借石榴多籽，来祝愿子孙繁衍，家族兴旺昌盛，因古人认为"多子"便是"多福"。石榴树还是富贵、吉祥、繁荣的象征。

一幅画着石榴半开的吉祥画，叫做"榴开百子"，或"石榴开笑口"。

石榴的"石"与"世"谐音，所以石榴亦可代表"世代"。一幅画着石榴、官帽、肩带的吉祥图，可以用来祝颂家族中的官职世代相袭。

(2)宜忌

◎石榴装饰画，可作为新婚夫妇的贺礼，祝愿人家早生贵子。

◎石榴装饰画，宜挂在客厅或夫妻房的吉方。

◎因石榴可食用，亦可以挂在餐厅，增加餐厅"吃"的情调。

12.和合二仙图

(1)寓意及效应

和合二仙为中国民间神话中的和美团圆之神，传说为唐代诗僧寒山与拾得，二人相交甚厚，和睦同心。清雍正十一年(1733年)封天台寒山大士为和圣，拾得大士为合圣，于是有"和合二仙"或"和合二圣"之称。

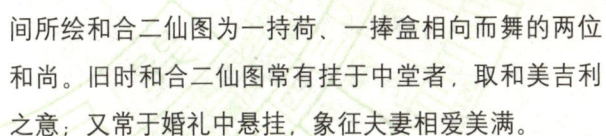

汉语"盒"与"合"、"荷"与"和"谐音，故民间所绘和合二仙图为一持荷、一捧盒相向而舞的两位和尚。旧时和合二仙图常有挂于中堂者，取和美吉利之意；又常于婚礼中悬挂，象征夫妻相爱美满。

和合二仙图在传统画中，是两个活泼可爱、长发披肩的孩童，一个手持荷花，另一个手捧圆盒。盒中飞出五只蝙蝠，他们相亲相爱，笑容满面，十分惹人喜爱，人们借此来祝贺新婚夫妇白头偕老，永结同心。

二仙手中所持之对象都是有讲究，且符合中国的传统理念和文化的。莲花取意并蒂莲，盒子象征好合的意思，而五只蝙蝠则寓意五福临门，可以说，"和合二仙"有"和谐合好"、"婚姻和合"、"家人和合"等丰富含义。

(2)宜忌

◎和合二仙图，宜挂在客厅的吉利方位，象征着家人和谐美好。

◎挂和合二仙图，不宜面向餐桌、厨房。

◎挂和合二仙图，不宜面向卫生间门，或挂在靠卫生间的墙上。

13.兰花图

(1)寓意及效应

在中国文化中，兰占有很重要的地位，是"梅兰竹菊"四君子之一。兰花叶态优美，花朵幽香清远，花质素洁，深受人们的喜爱。

兰花是美丽的象征。"兰"字更多地用于美人的身上，如"兰房"指美人之居室，"兰姿"谓美人的姿容等等。

兰花是爱情的象征。一对情真意切的情人常以兰花作为他们爱情的象征物，并山盟海誓："生结金兰，死同墓穴"。

兰花资质优美，人们希望子孙秉赋如兰花般高雅。所以，兰花可用来比喻子孙。

《易经》中有"二人同心，其利断金"，是说如果两个人同心同德，其锋利可以截断金子。同心同德的话语，具有如兰花般的芬芳。所以，兰花也象征着家庭和睦，万事如意。

(2)宜忌

◎兰花图,宜挂在居室的吉利方位,催动空间灵动性,能发挥更好的效应。

◎兰花图,若挂在桃花位上,则可催旺桃花。已婚人士不宜挂在桃花位上。

14.万年青图

(1)寓意及效应

万年青又名千年蒀,为多年生草本植物,春季开花,叶肥果红。

万年青是民间常用的吉祥物,建宅迁居,在新居挂一幅万年青装饰画,寓意顺遂长久。新婚夫妇在居室里挂一幅万年青装饰画,寓意夫妻生活如意,爱情忠贞,白头到老,永葆青春。万年青还可象征健康长寿。

在传统的吉祥图案中,画着万年青和灵芝同植于盆上,表示"万事如意",两个百合花和万年青画在一起,表示"和合万年"。

(2)宜忌

◎万年青图,宜挂在财气位上,能催动财气。

◎万年青图,宜挂在居室的吉利方位,也宜挂在餐厅中。

◎万年青图,若挂在桃花位上,则可催旺桃花。已婚人士不宜挂在桃花位上。

15.红豆图

(1)寓意及效应

"红豆生南国,春来发几枝。愿君多采撷,此物最相思。"这首王维的《相思》,是用来表达男女之间的相恋相思之情。

红豆,又称相思豆。它生长于高高的悬崖,吸取天地之灵气,是天地凝结神妙之心。红豆的红色由边缘向内部逐步加深,最里面又有一个心形曲线围住最深红的部分,真是一心套一心,被称"心心相印"而成名。红豆色艳如血、红而发亮,象征着"纯真爱情"。其种子不蛀不腐,被称为"天长地久、坚贞不变"。

红豆树又称相思树,相思红豆树则代表显达富贵。

(2)宜忌

◎红豆图,作为礼物送给情人,用来表达对情人的相恋相思之情。

◎红豆图,宜挂在卧室里对着床头的墙上。对未婚人士来说,能更好地激起相思之情,让爱情永久。对于已婚人士,能更好地感染夫妻二人的心,使两人心心相印,白头偕老。

◎红豆图,若挂在桃花位上,则可催旺桃花。已婚人士不宜挂在桃花位上。

16.桃花图

(1)寓意及效应

桃花有红、白、粉红等颜色、深红、烂漫芳菲,娇媚出众。人们常以桃花比喻美女娇容,与女人有关

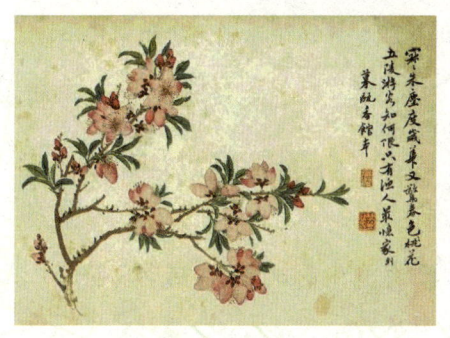

的事也常带"桃"字，如桃花妆、桃花运、桃色新闻等等。

桃花象征着爱情的到来，亦指人际关系良好互动。若想求得桃花运，挂桃花图会有帮助的。

(2)宜忌

◎未婚人士，可将桃花图挂在桃花位上，以催旺桃花。已婚人士不宜挂在桃花位上。

◎桃花图挂在各个居室的吉利方位，可增加人缘关系。

17.莲花图

(1)寓意及效应

莲花"出淤泥而不染，濯清涟而不妖"，素有花中君子之称。

莲花有并蒂同心，一蒂两花，是男女好合、夫妻恩爱的象征。

莲有莲蓬，莲蓬与花同时生长，故莲子寓"早生贵子"，多子的莲蓬也象征着多多生子。

"莲"与"廉"谐音，对为官者有"一品清廉"之意。

莲花也称荷花。"荷"与"和"、"合"谐音，所以一张画着两朵莲花的图案，象征着"和睦相爱"。

莲花根盘而枝、叶、花茂盛，一幅画着莲花丛生的吉祥图案，表示"本固枝荣"。多用于祝人世代绵延，家道昌盛。

"莲"与"连"谐音，一幅画着一个儿童拿着一条鲤鱼，旁边有一朵莲花的图案，表示"连年有余"。

画着一只喜鹊嘴衔一只果，站在一朵莲花的雄蕊上，表示连过考试大关的喜讯。

(2)宜忌

◎莲花图，宜挂在居室的吉利方位，也宜挂在餐厅中。

◎莲花图，若挂在桃花位上，则可催旺桃花。已婚人士不宜挂在桃花位上。

18.茶花图

(1)寓意及效应

茶花是"花中娇客"，四季常青，叶片翠绿光亮，冬春之际开红、粉、白花，花朵宛如牡丹，艳丽、娇媚，给人们带来无限生机和希望，是吉祥、长寿和繁殖的象征。

茶花又名曼陀罗花，是佛教中的吉祥花。相传佛祖传法时手拈曼陀罗花，且漫天下起曼陀罗花雨，所以，茶花也象征着宁静安详、吉祥如意、佛光普照。

"春心忽动茶花白，白色茶花送情人"，白色的茶

花是纯洁爱情的象征，生长在山区的青年男女，常常用茶花表达自己的爱情。

(2) 宜忌

◎茶花图，宜挂在各居室的吉利方位，也适宜挂在餐厅中。

◎茶花图，若挂在桃花位上，则可催旺桃花。已婚人士不宜挂在桃花位上。

19. 荔枝图

(1) 寓意及效应

"荔枝"与"立子"谐音，人们常用荔枝来预祝人生子。

一幅画着枣和荔枝的图案，有祝人"早立子"的寓意，因"枣"与"早"谐音。

又荔枝之"荔"与"俐"谐音，一幅画着葱、藕、菱和荔枝的图案，其意义是"聪明伶俐"。

(2) 宜忌

◎荔枝图，宜挂在客厅和卧室的吉利方位，或挂在餐厅中，具有增加食欲的情调。

◎荔枝图，适宜挂在居室的东北方，因东北方为艮卦之方位，主少男，为子孙。且东北方又为八运（2004～2023年）的旺气位，挂在这个方位易催起空间的灵动性，祝福人生子的力量大。

20. 青蛙图

(1) 寓意及效应

青蛙是一种蹦蹦跳跳的动物，显得活力十足，它代表生气。青蛙的造型，可感染家中的小孩变得活泼、健康。

(2) 宜忌

◎青蛙图，宜挂在小孩房的吉利方位，使小孩更有活力。

◎青蛙图，宜挂在小孩卧室或书房的文昌位上，使小孩对学习更有兴趣。

21. 婚纱照

(1) 寓意及效应

现在的婚纱照常做到很大之后，挂在墙上，所以婚纱照可以作为装饰画来看待。婚纱照留下了夫妻俩的"气"，挂婚纱照可令夫妻俩的心更加紧靠。

(2) 宜忌

婚纱照适宜依据术数原理布置在卧室的不同方位。

婚纱照适宜挂在人躺在床上自然能看到的墙上，使人的视觉与照片产生很好的接触，这样对夫妻的感情才是有利的。

婚纱照不宜挂在客厅。

22. 枣图

(1) 寓意及效应

"枣"音"早"，枣树就是"早"和"快"的象征，在家园里种枣树，就是祈愿"早生子"、"早发财"。

一幅画着枣与荔枝或栗子的图案，表示"早立子"，枣与桂圆组成的图案，表示"早生贵子"，枣树与樟树画在一起，表示祝早降生的儿子获得高官。

(2)宜忌

◎枣图，宜挂在客厅或卧室的吉利方位，或挂在餐厅中，增强"吃"的情调。

◎枣图，宜挂在居室的东北方，因东北方为艮卦之方位，主少男，为子孙，且东北方又为八运（2004～2023年）的旺气位，挂在这个方位易催起空间的灵动性，祝福人生子的力量大。

23.百合图

(1)寓意及效应

百合是一种姿态优美的草本花卉，每茎一花，状似喇叭，常有隐隐幽香。

百合被称为"送子仙女"，百合从字面来说，寓意百年好合，百事合意。若在新婚房里挂百合装饰画，则预示着夫妻恩爱，百年好合，早生贵子。

在基督教中，百合花象征着纯洁、贞洁和天真无邪。在复活节时，百合花束经常出现在基督徒家庭中，因为它是耶稣复活的象征。

吉祥画中，百合与柿、灵芝画在一起，表示"百事如意"。

(2)宜忌

百合图，宜挂在居室的吉利方位，或挂在餐厅中，可增强"吃"的情调。

百合图，若挂在桃花位上，则可催旺桃花。已婚人士不宜挂在桃花位上。

24.合欢图

(1)寓意及效应

合欢历来被认为是一种吉祥的树，合欢的叶"至暮而合"，又名夜合花。

每当夜色来临，它的叶片两两相对，合抱在一起，故合欢花象征夫妻恩爱和谐，婚姻美满。

(2)宜忌

◎合欢图，宜挂在卧室里对着床头的墙上。对未婚人士来说，能更好地激起相思之情，让爱情永久，对于已婚人士，能更好地感染夫妻二人的心，使两人心心相印，白头偕老。

◎合欢图，若挂在桃花位上，则可催旺桃花。已婚人士不宜挂在桃花位上。

二、吉祥物

1. 绿檀百鸟朝凤

(1)寓意及效应

绿檀又称圣檀，绿檀木放置的时间越久颜色越绿，木质会散发出独特的檀香味。"凤"是指凤凰，古代传说中的百鸟之王。百鸟朝凤是一个祥和盛世的美好境界，令人向往，在古时候喻指君主圣明而天下依附，后也比喻德高望重、众望所归者。"百鸟朝凤"后来常被用于刺绣、挂画、菜名中。

(2)宜忌

◎百鸟朝凤一般摆放在家庭的公共区域，可化解家庭矛盾，促进家庭和睦。

◎百鸟朝凤这款吉祥物需要注意的是，在生肖搭配上，属狗、兔、鸡生肖者摆放佩戴皆不利，其余各生肖都比较合适。

2. 八卦龙凤镜

(1)寓意及效应

青铜八卦龙凤镜直径约30厘米，纯桃木所制，为维护夫妻感情专用的吉祥物系列法器。龙凤镜可维持夫妻感情，使之合好如初，适合放于主卧室床头。

(2)宜忌

◎龙凤镜专为维持夫妻感情设计，可防止家庭感情出现危机、婚外情，也可确保家庭和睦，不被第三者打扰。

◎青铜八卦龙凤镜只适合挂于主卧室，挂于其他地方则不太好，尤其不宜挂于厕所等污秽之地。

3. 久久百合笔筒

(1)寓意及效应

久久百合笔筒最大直径约18厘米，为精致摆件，助运笔筒，经道教开光文化特殊处理。

(2)宜忌

◎久久百合笔筒针对夫妻感情设计，有合好如初、百年好合之意，笔筒内放置两人的合影照片，效果更佳。可将其安放于办公桌、书桌、床柜上。一般推荐女士送男士，安放男士办公桌使用为佳。

◎求姻缘是成年人的事，学生的职责就是读书、学习，如果使用此款笔筒，易出现早恋现象，不利学习。专业人士建议将久久百合笔筒摆放在左边，不要放在右边，以免引起不好的煞气。

4. 花好月圆

(1)寓意及效应

花好月圆最大直径约30厘米，为桃木底座精致摆件，经道教开光文化特殊处理。

(2)宜忌

◎花好月圆代表夫妻甜甜美美、团团圆圆，最适合新婚者摆放在新房。可安放于书桌、客桌、梳妆台等处。

◎建议将花好月圆摆放在左边，左边属于喜庆吉祥位置。右边是比较凶的，不要放在右边，以免引起不好的煞气。

5.如意玉瓶

(1)寓意及效应

如意玉瓶最大高度约25厘米，为汗白玉瓶体、桃木底座、精致摆件，经道教开光文化特殊处理。如意玉瓶是专门为家庭设计的维系家庭和睦、夫妻感情的专用吉祥法器。

(2)宜忌

◎如意玉瓶家庭使用为好，可致使合家欢乐，情意融融，主要是协助夫妻感情使用。在卧室床头摆放如意玉瓶，会增进夫妻感情，在客厅摆放如意玉瓶，能促进家庭和睦，吉祥如意。

◎如意玉瓶是维系家庭和睦、夫妻感情的专用吉祥法器，不宜摆放在办公空间；商业空间也不宜摆放，最好是摆放在左边。

6.心连心

(1)寓意及效应

心连心最大直径约3厘米，为天然玉精致项链，经道教开光文化特殊处理。

(2)宜忌

◎心连心是一款情侣扣，心连心，心中有心，也是表达爱意和真心相连的标志，可随身佩戴。适于情侣佩戴，推荐赠送给对方。

◎心连心不适合学生、孩子佩戴，只适合情侣、夫妻佩戴，学生佩戴会导致早恋，精力不集中，学习成绩下降。

第五部分

健康篇

健康是人类发展永恒的主题。从古至今,人类想尽各种方法来维持身体的健康以延长寿命,就算是集权势、天下财富于一身的一代天骄秦始皇,也派出徐福出海寻找长生不老的仙药,不过不得不接受的现实是:每个人都必须面对生命的结束。生老病死可以说是所有生命体皆必须接受的命运,我们应该选择以坚强有力的态度去面对生命,而非软弱无奈地接受环境对我们的生命造成的威胁。

因此,如何让风水的磁场为我们带来财富和身体的健康,以使每一个生命都活得有尊严、有价值,实在是值得堪天舆地的专业人士深入钻研与探讨的课题。

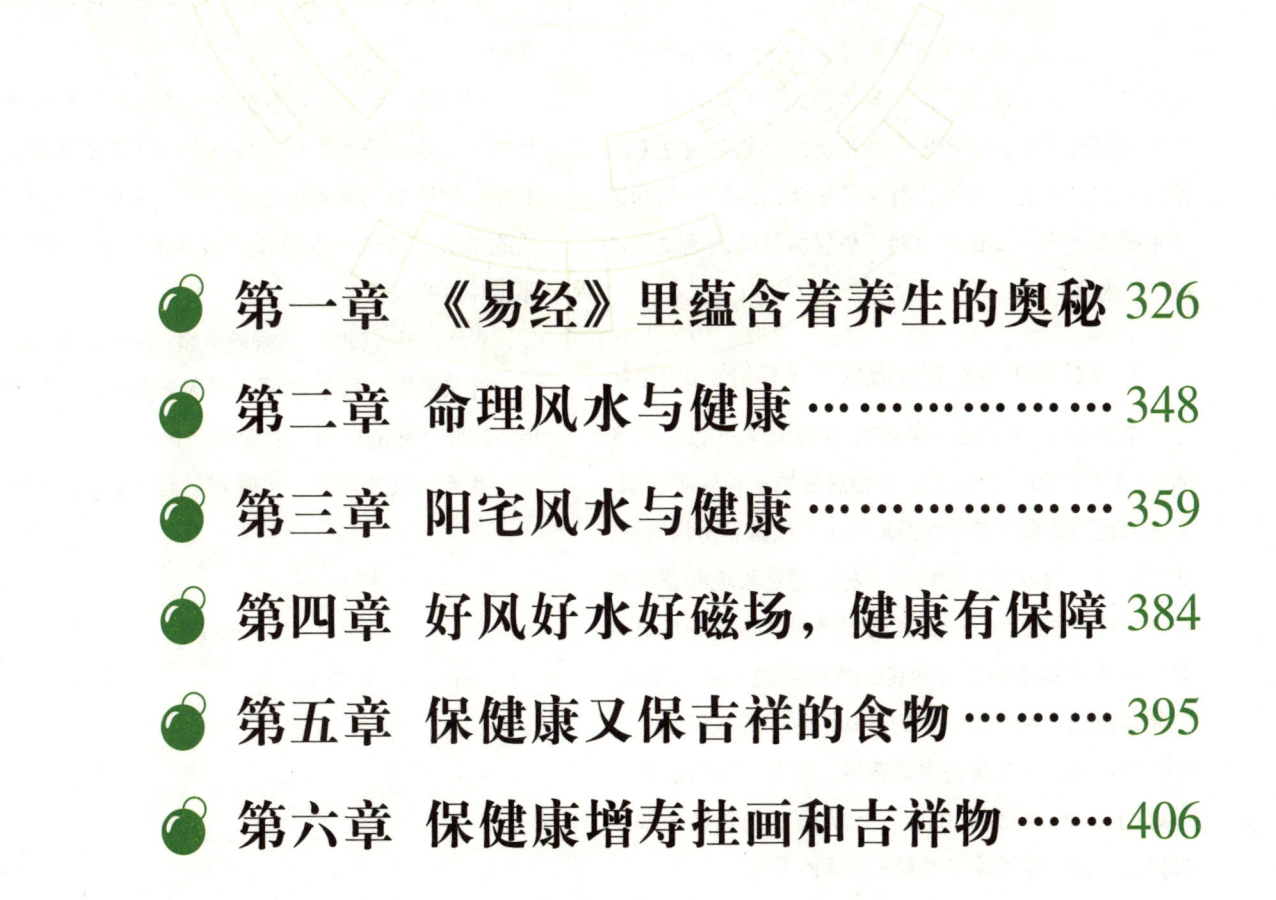

- 第一章 《易经》里蕴含着养生的奥秘 326
- 第二章 命理风水与健康 …………………… 348
- 第三章 阳宅风水与健康 …………………… 359
- 第四章 好风好水好磁场，健康有保障 384
- 第五章 保健康又保吉祥的食物 ……… 395
- 第六章 保健康增寿挂画和吉祥物 …… 406

第五部分 健康篇

第一章 《易经》里蕴含着养生的奥秘

易医文化，是太极文化的精粹，也是中华文化的代表之一。它是我国古代先民、先哲、先贤、先圣们的智慧结晶，源远流长而又博大精深，千百年来为中华民族的繁衍生息和发展富强作出了不可估量的贡献。总而言之，易医文化是中华民族引以为豪的瑰宝，是人类文明史上的奇观。

一、医易同源

当今的各门自然学科几乎都只有一个国际通行的学术体系，只有医学不同，分为两大独立的体系，即中医和西医。在人类历史上，中医、西医各自独立地朝同一方向前进，中医曾有过几千年的辉煌，而西医则主要在近代一二百年借助于现代科技的迅速发展占据了主导地位。

1.《黄帝内经》充分汲取了《易经》的精华

中医的理论基础与中国古代的哲学思想是相通的，"医易同源"就是对这种相通性的一种客观认识。中医的理论经典《黄帝内经》成书于战国至两汉时期，充分汲取了《易经》的精华，将其创造性地和医学相结合，使中医成为了一门具有很高哲学水平的自然科学。中医中的阴阳五行学说、气化学说、经络学说、脏象学说、药物归经、药的升降沉浮、四气五味、五运六气学说、子午流注学说等等，都与《易经》有着深厚的渊源。特别是阴阳五行学说，它直接来源于《易经》，在中医理论中得到了详尽的发挥。

2.中医将《易经》的阴阳五行学说创造性地与医学相结合

阴阳五行学说中，金、木、水、火、土这五种物质相生相克，相互推动又相互制约。五行被运用到中医中，说明人体脏器的联系：在正常生理状况下，它们是有规律性地活动；在病理状况下，正常的规律性活动则被破坏，平衡被打破。

3.《易经》天人合一的整体观对中医影响深远

《易经》天人合一的整体观也对中医理论的形成有很大影响。与西医把人体视为一个孤立的封闭系统不同，中医把人体看成是一个与外在世界对立统一的开放系统，在这个系统中，疾病的发展是阴阳失调、邪正斗争的过程。

春天，气候转暖，宜晚睡早起，使人体多摄取阳气。

春来肝旺，酸能助肝，春天养肝最好，得时也！但还应吃些甜的东西，以健脾。

夏天，气温较高，可晚睡早起，但露天睡觉要注

意保暖。

夏季，气候湿热，应预防消化系统疾病，多食解暑清热、醒脾开胃的食物。

夏天天气炎热，但夜晚和白天有一定温差，所以白天时少穿，但晚上可添加衣物。

秋季天气干燥，可早睡早起。

秋季可进食些偏于养阴养肺的水果，如梨、梅等。

虽然天气慢慢转凉，但不要急于加厚衣，先冻一冻也无妨。

冬天气候寒冷，万物蛰藏，可早睡晚起，使阳气内藏。

冬天易感寒邪，应少食生冷食物，多食用一些滋阴潜阳、热量较高的食物，如羊肉等。

冬季衣着应注意防寒保暖，防止生冻疮。

中医认为治病就是调整阴阳，扶正祛邪，调节人体各部分之间的平衡，从而避免人与自然变化之间矛盾的激化。

4. 《易经》的整体思维模式成就了中医

西方医学是在现代自然科学的基础上发展起来的。现代自然科学不仅为西方医学提供了理论基础，更提供了先进的技术和设备。从发现血液循环到心脏手术与器官移植；从合成抗生素到大量化学药物的出现；从最初使用的显微镜到目前的CT、核磁共振，西方医学的成就和优势是大家有目共睹的。

西医的这种诊断手段，是中医望尘莫及的，但传统的中医也并没有因此而衰弱下来。原因其实很简单。首先，随着近数十年来科学技术的飞速发展，同人类息息相关的森林、土壤、空气等不断受到污染和破坏，这对人们的健康造成了更大的隐患，可见西医的发展在一定程度上也是要以牺牲环境为代价的；其次，高度紧张的生活节奏让现代人的生理和心理严重失调，这就产生了新的医学难题：那就是疾病谱的不断翻新，一批批让西医感到棘手的病症，如心脑血管疾病、癌症、艾滋病等难治性疾病纷至沓来；最后，因为生活水平的提高，人们对生命质量的要求更高和对健康长寿有更多向往，也使得保健养生日益成为了医学科学的主要课题。

西医在以上这些方面显得力不从心。原因是这些病症多属于整体性疾病，病因复杂隐匿，疾病的发生和变化受到多种因素的影响和牵制，这就让用包括手术、药物在内的常规生物医学模式常常难以奏效。但是西医之短，却恰是中医所长，中医的整体动态观察特点，有助于深入认识现代难病的本质；中医的逆向思维方式，可以从疾病所显现的症候去探求现代难病的病因病机；尤其是中医的辨证施治，不仅可以根据疾病出现的症候进行细致的整体分析，而且可在不同

阶段作动态处理,这对于具有个体医学特征的现代难病有着重要意义。

中医的这种整体思维特点就来自于《易经》天人合一的整体性。与西医把人体视为一个孤立的封闭系统不同,中医把人体看成是一个与外在世界对立统一的开放系统,在这个系统中,内在各个部分之间的不平衡被认为是人体疾病产生的根本原因,疾病的发展就是阴阳失调、邪正斗争的过程。中医重视肌体的内因,有"邪之所凑,其气必虚"、"正气存内,邪不相干"的观点,所以中医认为治病就是调整阴阳,扶正祛邪,调节人体各部分之间的平衡,避免人与自然变化之间矛盾的激化。

中医的这种来自于《易经》的古老而独特的整体思维方式对现代人体科学的研究有着非常重要的启迪作用。中医认真地探讨人体内部与外部、生物与环境之间的复杂关系,在现代生命科学研究领域中也越来越受到重视。

二、《易经》与现代遗传学

《易经》中的"天地之大德曰生","生生之谓易",强调的是生命演化思想,在卦爻的设置上采取一卦六爻的形式,这与西方新近兴起的现代遗传学中的遗传算法的精神与具体计算方法内容相近。

同今天的计算机一样,《易经》所使用的程序化方法是建立在二进制数码基础上的,这也与遗传密码的表示方法有着惊人的相似之处。1996年,首幅发表的大型人类基因图谱绘出了1.6万个基因染色体所在的位置,它说明人一生的确定性和它们的遗传性程序是由14个碱基中任取三个构成的64个密码子基因控制

的。如果用二进制表示"卦"的顺序,并以太阴、少阴、少阳、太阳分别表示尿嘧(m1)啶(dlng)(U)、胞嘧啶(C)、鸟嘌(piao)呤(1ing)(G)、腺嘌呤(A)四个碱基的遗传密码表,会发现它们竟像是同一个密码。

《易经》也是一个由64个符号组成的系统,每个符号也是由四个可能的"字母"中的三个组成。它依赖于阴阳极性的基本规律,揭示人的生命和发展受控于一个包含64种可能的状态,每一种状态又有6种可能的变化,使之成为另一种状态的系统所确定的程序。以易经表示的遗传密码表,其中尿嘧啶、胞嘧啶、鸟嘌呤、腺嘌呤分别以卦象符号U二C二G二A表示。

通过对比,有人指出,《易经》与现代遗传学之间是否存在一种联系呢?它们都是一方面通过遗传密码表的64种三联体密码显示,另一方面又通过64种可能的状态及发展显示,而由《易经》推出的遗传密码表不仅整体上表现出一种十分严整的顺序,还发现原密码表示的缺陷,对高等生物密码变异情况等也全都可以给出解释。《易经》与遗传密码这两个系统都蕴含有极深的原理,一方是阴阳二级,另一方是对称的DNA双螺旋链,两个系统64个符号的一致性,使人可

以合理地假设，有一种既通过非物质的信息又通过物质的信息表现出来的密码体系，所有生命正是用这个体系的64个符号（密码子）表现出来的。

在生命奥秘进一步得到揭示的今天，分子生物学、分子遗传学与古代《易经》的相通之处说明，我们在科学上对世界的认识，与思维哲学其实是一个完整的整体。

在现代遗传学中，DNA（脱氧核糖核酸）核苷酸顺序和蛋白质中的氨基酸顺序之间的关系称为遗传密码。遗传密码是由碱基的三联体（相当于《易经》八卦的三爻）组成，可在DNA分子上按顺序读出，且互不重叠。

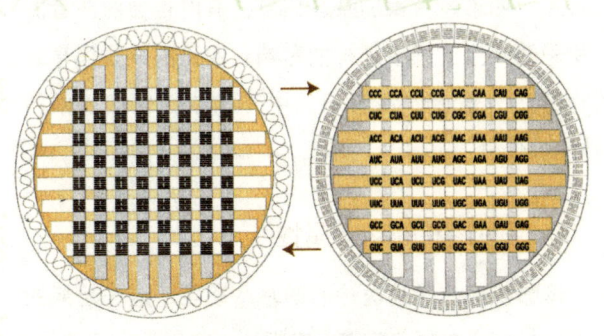

64卦与DNA遗传密码对应图

DNA是一切生命形式的普遍遗传物质。同《易经》的太阴、太阳、少阴、少阳一样，DNA也由四种不同的碱基组成，即腺嘌呤、鸟嘌呤、尿嘧啶和胞嘧啶。DNA的结构呈双螺旋形式，这也同《易经》中的阴阳两个基本符号相似。

三、易医的诊断方式

易医诊断的象数治疗，我们简称为易医诊治。

1.易医诊治的内涵

我们这里所说的易医诊治，是一个易医结合、诊治一体的临床医疗模式。其中易医诊断，是指运用梅花易数的技术以卦诊病与中医临床中的辩证论治的结合。易医诊断的易学特色在于临床中引易入医、以易论医、以卦解医、以卦测病；而中医的特色是辩证论治。易医诊断是易医互融、互补、互生、互用；而八卦疗法本身，是以易学阴阳、八卦、五行理论为核心，以中医藏象学说为基础，以气功默念激发人体内能量为基本方法的易医疗法。这样，易医诊断与八卦治疗，实际上就是易医的诊断与治疗在实践中自然而又必然地实现了"对接"，形成了一种易医结合、诊治一体的新模式，构成了一种维护人体健康的新科技。易医诊断与八卦治疗，体现了一体相融、一理相通、一脉相承，体现了易医科技中的大道同源、大道同德与大道同简。

我们这里的易医诊断，包括对疾病的诊断和对疾病的预测。

一般来说，对疾病的诊断与对疾病的预测是有联系又有区别的两个概念。所谓疾病预测是指对疾病未

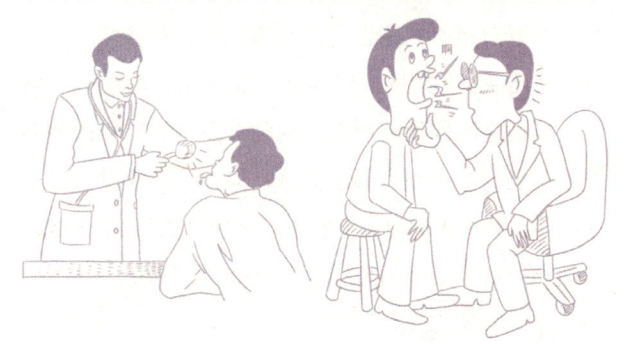

来发展变化状态的推测与描述；而疾病诊断，主要是对疾病现实状态的诊测与判断。易医诊断不同于一般的疾病预测，主要表现在，它不仅是对疾病的未来状态作出预测，更主要是对疾病的现实状态进行分析判断和辩证论治。因此这样的诊断不仅具有超前性，同时又体现了易医结合的特点。实践表明，易医诊断虽然具有一定的超前性，但这不是它的主要功能，而疾病预测也要以对疾病现实状态的判断为基础。正因如此，我们认为疾病预测一般还是属于诊断的范畴，但又不能将易医诊断完全等同于疾病预测。

另外，梅花易数测病不同于易医诊断。一般地说，从古至今的许多以卦测病的实例只是辨"症"而没能辨"证"，即只是指出患者有哪些病，而没有进一步辩证论治。我们的易医诊断，不仅以卦测病，诊断其病，还要进一步分析辩证，对疾病的病症、病位、病性、病势进行概括，揭示疾病的本质，从而根据治则提出治法和处方，或"同病异治"，或"异病同治"，以发挥辩证的优势。

2.易医诊断不完全等同于中医诊断

中医传统的诊断方法是望、闻、问、切，又称四诊。望诊，是通过医者的视觉去观察病人的形色变化的一种诊法。人体内部的病变必然反映到体表，所谓"有诸内，必有形诸外"。通过观察神色或形态的异常变化可以对患者的病因作出判断，包括辨神色（青黄赤白黑五色）、察目、辨络脉、望形态、舌诊等。闻诊，是通过听取病人所发出的种种声音的变化以测知患者的正气盈亏和病邪的盛衰。问诊，是通过病人的主诉，了解病人的自觉症状和疾病变化的情况。切诊，包括切脉和按诊，凡切按病人的脉搏、胸腹、皮肤、手足等，均属切诊的范围。

问诊的有些内容，实际上是通过询问病人或其陪诊者而得知的。

易医诊断，在方法上是对传统的望、闻、问、切这四诊的突破，主要是择取临床情境中的某些信息，比类取象，以象定卦、以卦诊病、辩证论治。当然易医诊断的用卦诊病的方法并非排斥望闻问切，在临床实践中，四诊所获得的某些信息，有时也会对医者的分析思路产生这样或那样的影响。四诊的某些信息有时也会进入医者的潜意识之中，构成临床情境中的"特殊的信息"。

3.易医诊断的功能属性

诊断疾病，是易医诊断的基本功能。这一功能的基本属性主要有如下几点：客观性、灵活性、间接性、超前性。

能否诊断出患者的疾病状态和致病的原因，能否客观地反映出事物（疾病）的本来面目，这是易医诊断价值的根本所在。客观性是易医诊断的生命。我们多年的临床实践和重复的实验表明，易医诊断具有这样的客观性。

在临床情境中，医者创造性地运用梅花易中时空讯息和"外应"的原理随机取象，捕捉首次感知并"为之心动"的信息，以象定卦。易医诊断，是由五个相互联系的环节（即临床情境、卦象、分析、结论、治法）所构成。易医诊断基础上的"八卦配方"、"方义"和"疗效"这三个环节则是施治过程。易医诊断的诸多环节中,如何捕捉信息起卦断卦具有关键性的作用。

万物同源论、宇宙全息论、万有相似论、万有相关论、万物类象论、天人相应论等都主张,世间万事万物是一个统一的、相互联系的整体,任何事物的发展变化都不是孤立的,任何事物都是宇宙大系统中的一个子系统,都是天道、物道与人道的载体,都浓缩着宇宙的信息,并与宇宙的其他事物息息相通。

这种息息相通,或隐或现,或实或虚,或直接或间接,或有形或无形,或已知或未知,或"远在天边,近在咫尺",或"扑朔迷离,不可思议"(于是留下了许多千古之谜),但是事物之间这种相互联系、息息相通是客观存在的,否则这个世界、这个统一的八卦结构的场就不会从无序到有序,就不会从混沌到谐调共振,当然也就不会存在。正是世界的这种物质性、整体性、统一性、联系性、有序性、共振性,才能"窥一斑而知全豹"、"一滴水可反映大千世界",才能"以一心观万心,一身观万身,一物观万物"。由此知彼,由一事物而测知其他事物,才能"近取诸身,远取诸物",才能同类互动、同气相求、同声相应,从而实现天人合一。

由此我们可以认为,人体的生理病理发展的状态,不仅与本人的外部形态、神色、声音等有内在的联系,同时与其言语与非言语行为(包括姓名、年龄、性别、衣着、坐落方位的选择、某种姿态等等)也有着某些内在的联系,甚至与一定情境下的其他事物也有着复杂的联系。因此,在临床情境中,医者依据患者的外部表现捕捉某些信息比类取象,以象定卦,以卦诊病,能够客观地反映患者体内疾病的状况。

四、养气为养生的根本

国人常说:"人活一口气。"易学认为,气是构成人体的最基本物质。人是由天地之气相合而产生的,即人是自然界的产物——人由先天之精气,包括男子之精子、女子之卵子相结合而成。气又是维持人体生命活动的最基本物质。

《易经》中有八个字非常著名:"天地氤氲,万物化醇。"意思就是"气"是一种"氤氲之气",这氤氲之气开始就是一团氤氲在一起的气,然后阴阳气化形成阴气和阳气,阴气阳气相互作用,才诞生了万事万物。易经中讲:易有太极,是生两仪,两仪生四象,四象生八卦。由此可见生命的形成,是逐渐的气化过程,阴阳二气相互作用化生万物。由于气的运动变化,就有物质和能量的转化,即称为"气化"。凡有生机的组织器官,都是气化的场所。整个生命过程就是气在人体不停地升降出入的过程,气化停止,生命也就终结。总之,生命活动的生与死,实际上寓于气的运动中,有气则生,无气则死。

1. 气的作用

气既是物质,又是功能。如把人体脏腑的功能活动称为"脏腑之气",人体血液的运行,要靠心气的推动;肺的呼吸运动,也要靠肺气的宣发与肃降功能;小便的贮藏与排泄,由肾的气化作用完成。又如经络的功能活动称之为"经气",在针刺治疗时,必须"得气"(酸、胀、麻的感觉),才能针对病邪,取得一定的疗效。

具体来说,气有下面的几个功能:

331

推动作用：促进内脏的机能与血和津液流动。人体的生长发育，脏腑经络的生理功能，血液的循环运行，津液的输布和代谢，都要依赖气的激发与推动，方能维持正常。若气的这一功能不足，就会影响人体的生长发育或出现早衰，脏腑、经络功能会减退，还会引起血虚、血脉淤滞和水湿停滞等病变。

温煦作用：维持体温、温暖内脏，以提高内脏的机能。《难经·二十二难》说"气主煦之"，即指气有熏蒸温煦的作用，是人体热量的来源，人体能维持正常的体温，与气的温煦作用密切相关。若温煦作用不足，便会出现畏寒肢冷、血运迟缓等。

防卫作用：保护身体肌肤表面，防止外邪侵入，又能与入侵之病邪作斗争。若驱邪外出，则身体康复；若气的这一功能不足，则会因无法抵抗病邪而导致发病。正如《素问·评热病论》说："邪之所凑，其气必虚。"

气化作用：气化是指通过气的运动而产生的各种变化。具体是指气将血转换成精，或者将津液转换成汗，使气、血、津液和精互相循环变换。若这一功能失常，就会影响到气、血、津液的新陈代谢，影响到食物的消化吸收，影响到汗液、尿液和粪便等的排泄。

固摄作用：调节汗水与经血的分量，调整体内物质的排泄。气的固摄作用，主要是指对血、精、津液等液态物质具有防止其无故流失的作用。若这一功能不足，便会出现出血、自汗、遗尿、遗精等病症。上述气的五种功能，它们密切配合，相互为用，才能保持人体正常的生命活动。

2.支撑人体生命的几种气

人体的气，由于其组成、分布部位及功能特点的不同，有元气、宗气、营气、卫气的不同名称：

元气：又名"原气"、"真气"，由肾中先天之精气所化生，又赖后天精气的滋养和补充。因此，元气是人体最根本之气，是人体生命活动的原动力。元气充沛，则脏腑功能强盛，抗病能力强，健康长寿；反之，元气衰弱，就会正气不足，抗病力差，易出现种种病变。

宗气：是胸中之气，由肺吸入清气和脾胃化生的水谷精气结合而成。宗气在胸中积聚之处，称为"气海"。宗气的功用：一是助肺呼吸，凡言语、声音、呼吸强弱，均与宗气的盛衰有关；二是贯注心脉而行气血，凡气血的运行，以及肢体的寒暖和活动能力，多与宗气有关。

营气和卫气：都来源于水谷之精气，由水谷精气

中的"精专之气"化为营气，运行于脉中，能化生血液，对人体有营养作用。水谷精气中"剽悍滑利"部分化为卫气，卫气行于脉外，内而胸腹脏腑，外而皮肤肌肉，无处不到，卫气有抵抗侵入身体的病邪的作用，主要对人体起保卫作用。

3. 气失去平衡会导致人体发病

气是构成人体并维持生命活动的物质。气聚合在一起便形成有机体，气协调运行则身体健康，不协调则身体失调。气不平衡的状况一般表现为：气虚、气滞、气逆三种形式。

气虚：是由于正气不足所引起的全身或某一脏腑功能减退的病变。造成气虚的原因，多半是由于元气或者营养不足，或者是因疲劳和疾病造成的消耗。发生气虚时，气的功能下降，新陈代谢减弱，内脏的机能也变差，也可能体温降低，从而会降低身体对疾病的抵抗力，所以容易生病。因气虚而导致的主要症状有：全身疲惫、食欲不振、呼吸困难、精力减退、精神衰退等。

气滞：气滞症又称气郁症，是指体内的气运行不畅，停留于某一部位所产生的病变。当气的流通不顺畅时，会引起各种问题。气滞发生是由于外邪入侵、营养失调，以及精神压力过大与血液循环失调而引起的。临床常见的有肝气郁结、脾胃气滞。发生气滞时，相应部位会感到疼痛并发热，也会因为血液停滞而导致血液循环不畅。一般气滞的症状表现有：疼痛、腹胀、胸闷、焦躁、失眠等。

气逆：气流逆向行驶而产生的状态。气逆发生通常是由外邪入侵、精神不安定、摄取过量的生冷和燥热食物所致。借由气的流动，人体将食物由胃送往小肠，将气送往肺部。当发生气逆时，这些功能将会逆向运作。因气逆引起的症状有：胃不适、呕吐、打嗝、咳嗽、气喘、头痛、目眩等。

4. 用养气法保养五脏六腑

（1）保养心气

五脏之气中，心气最重要，所以一定要养护好我们的心气。话说多一点、稍微劳累一点，就觉得心慌、气不够用，这是心气不足的一种表现。现代社会四十岁左右的人猝死的事常有发生，很大程度就源于心气不够。

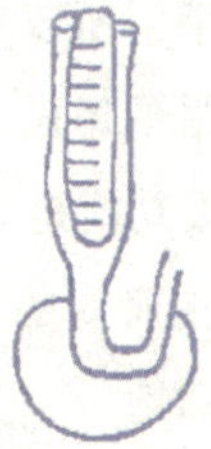

现代人生活和工作都讲究快节奏，殊不知，生活和工作节奏加快，心气耗散也会加快。因此，为了保养心气，你要注意多进行些慢养生和静养生。该快则快，该慢则慢。上班的时候保持快速的工作效率，下班时，则轻松悠然地享受属于自己的生活。另外，当你觉得心气不足时，也可以在医生的指导下，服用一些诸如人参之类的养生药。

（2）保养脾（胃）气

脾胃直接关系到人体的生命活动及其存亡，既是人体五脏六腑气机升降的枢纽，也是人体气血生化之源和赖以生存的"水谷之海"，被称为"后天之本"。

脾脏是主消化食物的器官，在五行中属土，脾为阴土，胃为阳土；脾主运化，胃主受纳；脾气主升，胃气主降。由于它们的作用，人体才能得以益气生血，使身体健康长寿。

脾胃气不足的主要原因多为病久或热病期耗伤了脾胃之阴液。因此，要保养脾（胃）气，就得注意以下几个方面：

首先，要保养脾气，饮食一定要节制，尤其不要撑着。其次是寒温要协调，饮食不要过凉，也不要过热。太烫了，容易得食管癌、胃癌；太凉了容易导致脾胃阳虚。我们在夏天尤其要注意养脾。因为脾胃为土脏，按照五行生克关系是怕火，因为火克土，夏是火的季节，所以夏天最要注意脾胃保健，否则脾胃在此时期最易患病，如腹泻、呕吐之类。第三，因为脾胃的主要功能是运化水谷，养脾之道在于进食有规律，不吃损伤脾胃的食品，如过辣、过甜、过咸、过辛、过苦的食物。

保养脾脏可以用山药、白术、薏仁、芡实、白扁豆炖肉或熬粥来吃。如感觉自己消化不良、腹胀、不思食等，饭前或饭后可服用山楂、炒谷麦芽。

（3）保养肝气

肝是人体贮藏血液和调节血量的重要脏器组织，肝的生理功能主要是调节气的流动和储存血液。如果肝功能正常，则气和血的流动就能正常；而若肝功能失调，则会影响到胆和消化器官的消化功能，引起消化不良、腹痛、呕吐、下痢等症状。"肝胆相照"，说的就是这个意思。另外，肝与情绪的变化有很深的关系，肝气不足，人容易郁郁寡欢；如果是肝气过甚，则容易烦躁、易怒等。因此，要保养肝气，务必保持开朗平和的心境，要劳逸结合。在饮食方面，如果肝气不足，可用人参泡枸杞子喝。

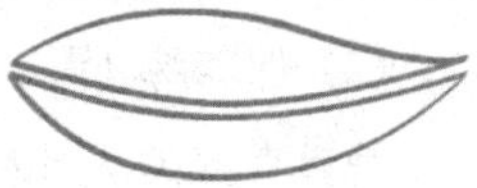

（4）保养肾气

人由精、气、神三部分组成，其中精和气为根，元气、元精都保存在肾里边，所以养肾尤为重要。肾主藏精，能促进人体生长发育和生殖；又主水液代谢，故又有"水脏"之称；同时还主纳气，为"气之根"。

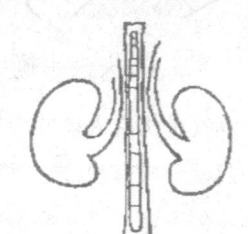

肾气不足会影响骨骼和听觉；肾的藏精功能失常，则精气流失；肾中精气不足则亏虚，影响机体的生长、发育和生殖功能，也可能导致骨质疏松等；肾控制津液的功能失常，则可导致津液代谢障碍。因此，一定要好好保养肾气。

首先，房事要节制。房事不节制对肾精、肾气的伤害很大，尤其夫妻到中年以后，一定要注意房事的节制。其次，不要用脑过度。肾生髓，脑髓靠肾来生长，用脑过度便会伤肾气。比如很多头晕并不是脑的问题，归根结底是肾虚。最后，还要注意腰的保养，不要随便伤了腰，因为腰里边藏着肾虚命门——两肾，所以也是不可忽视的地方。

（5）保养肺气

肺是主宰呼吸的器官，借由肺的运作，呼吸才能维持规律。肺通过呼吸功能，吸入自然界的清气，呼出体内的浊气，实现体内外气体的交换。正是由于肺不断地呼浊吸清，吐故纳新，促进了人体气的生成，调节着

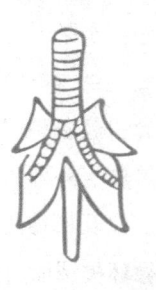

气的升降出入运动，从而保证了人体新陈代谢的正常运行。

肺气不足或肺阴亏虚，会造成肺功能失常。久病不愈会造成肺气虚弱；劳伤过度会耗伤肺气；咳嗽伤肺，也会造成肺气虚弱。肺气虚的病人最大的特点就是不爱动，不想动，动了以后就觉得气短，脉搏弱，身体乏力，一点精神都没有。补肺最好的食物是沙参，可再加一点人参，用人参和沙参炖肉吃。同时，再多吃一点羊杂汤，因为羊杂汤里边用到的羊肺比较多。中医讲以脏补脏，多喝一点用肺炖出来的汤，能补充肺气。

（6）一生都要保养阳气

根据《易经》的阴阳理论，我们受到启发，阳气才是生命的动力和源泉。我们要想永葆健康，必须坚持不懈地保养与延长我们的阳气，对抗阴气的生长，从而使阳气始终处于旺盛的状态。这就是《易经》这部玄妙与智慧之书告诉我们的养生真谛。

因为气为阳之始，阳为气之末。如果我们没有保养好阳气，就会发生阳虚，阳虚最大的表现就是气虚。气虚是什么呢？气弱、脉弱、怕冷、身体发凉，有了这些症状，就证明你出现阳虚了。

气虚最常出现的是中气虚，也就是脾气虚。脾气虚的表现就不想吃东西，吃下去不消化。中医上叫做食少腹胀，这是脾气虚的特点。如果还不注意，发展下去就会出现脾阳虚。发生脾阳虚，就会腹冷便溏、肚子发冷、拉肚子。所以我们在小的时候，可以不穿衣服，但是小红兜肚得带上，这是因为要保护脾胃不受寒，否则长大了就可能会脾阳虚。

阳虚还有心阳虚。心阳虚的表现就是胸部发凉、心脏部位发凉、怕冷，而且稍微劳累一点就心慌、脸色不好、气短。

肾阳虚最典型的症状，就是神疲乏力，最明显的是面色发暗。没有精神，没有气，这叫做神疲乏力。另外，会伴有腰以下发凉。腰部是藏肾的地方，肾阳虚了，火种减少了，火力减小了，所以腰以下发凉。腰以下发凉最典型的一个症状是小便多，夜尿尤其多。

肝阳虚的表现为生命萎靡不振，没有生机。因为生气是主肝，肝气是属木的，主生发，中医的肝和西医的肝不是划等号的，它是一种肝气。

还有肺阳虚。肺阳虚表现为肺部的阳气虚。肺部的阳气虚最大的特点就是气喘，所以动一点就气喘、气短，甚至咳嗽。

阳虚会导致多种疾病，所以，在这一生当中，你都要保养你的阳气。如果你出现了上边说的这些症状，就要做到早发现，早治疗，不要让气虚发展到阳虚。

阳气对于生命而言是这么的至关重要，那么，我们要如何来保养阳气呢？

首先，我们得和天时相应，学会四季养生。四季中，春夏是阳气最多的季节，我们春夏就应该养阳。养阳要和这个四时阴阳相结合，从根本上就是说要借助天之阳气，长养我们人之阳气，如此便可以起到事半功倍的效果。

其次，要多晒太阳。现代女性为了保养皮肤，往往怕晒太阳，其实这是有悖养生之道的。因为我们人身上的阳气，和天上的阳气是息息相通的，因此，如果要保养阳气，就得晒太阳。这是《易经》中最简单的道理，转化为了我们最简单的养生方法。

第三，结合阴阳消长来做运动。一天之中，早上的时候太阳就出来了，当太阳在上午逐渐升高的时候，自然界的阴阳是阳长阴消的，是阳气增加的时候。这时的运动要以动养为主，要多运动。《易经》讲"动则生阳"，特别是阳气虚的人，在这时养阳要比其他时间的效果更好。同样，下午到傍晚时段，太阳慢慢下降，此时自然界的阴气是逐渐增加，阳气逐渐减少，我们可利用天时，进行静养，"静则生阴"，特别是阴虚的人，此时养阴是最佳时刻。这就是说，我们的养生，如果能够顺应大自然，那么就会事半功倍。

五、维持阴阳平衡为生命之道

古人对各种自然现象，经过长期的观察，认识到宇宙间一切事物都存在着对立统一的两个方面，于是便用"阴阳"两个字来概括他们。提到阴阳，那就必须提到《易经》，《易经》中的太极图就是讲阴阳气化的最简单却又最实用的图示，它浓缩了《易经》最高深的阴阳哲理。

太极图由阴鱼及阳鱼所组成，如下图所示。

这张看上去简单的图示，浓缩了《易经》最高深的阴阳哲理——阴阳之间，永远进行着对立和统一的运动。这是一个哲学的大道理，也是世间万事万物运动的大道理。

这个太极图上，一边是阳，一边是阴。这象征了阴阳平分天下，天下的万事万物都是阴阳的运动，都是阴与阳的合抱体，他

们相互转化，互相制约，阴极则阳，阳极则阴，阴中有阳，阳中有阴……阴阳之间不用一根直线划分而用反S线，这就象征着万事万物都是变化的。世界上所有的事物都是盛极必衰，衰极必盛，太极图的阴阳消长变化就是遵循了这个规律。

1. 阴阳平分天下的四个方面

阴阳平分天下主要包括以下相互间联系密切的四个方面：

阴阳对立：阴阳对立，是说自然界相互联系的一切事物和现象都存在着相互对立的阴阳两个方面，如上与下、天与地、动与静、升与降、昼与夜、水与火、寒与热等。阴阳之间具有相互斗争、相互抑制与相互排斥的关系，但阴阳之间还有相互统一、相辅相成的另一方面。如人体组织结构上的上下、内外、表里、前后各部分之间，以及内脏、经络之间，无不包含着阴阳的对立统一。

阴阳互根：阴阳互根，是指相互对立的阴阳双方相互依存、互为促进、相互贯通的关系。如人体的物质和功能，物质是功能的基础，功能是物质的表现，功能要依赖物质产生，而物质必须由功能生成，此即所谓"阳根于阴，阴根于阳"。

阴阳消长阴阳消长，是指事物或现象对立着的阴

阳两个方面，并不是静止不变的状态，而始终处于此消彼长或此长彼消的不断变化之中，即"阴消阳长，阳消阴长"。一年四季及一天的昼夜都在消长变化，同样道理，人体的气与血都在不断地消长变化，只有消长变化，才能达到动态的相对平衡。

阴阳转化：阴阳转化，是指对立着的阴阳两个方面在一定的条件下可以向其对立面转化，即阴可以转化为阳，阳可以转化为阴，所谓"寒极生热，热极生寒"。中医学认为，疾病可以由寒转热，由热转寒，由表入里，由里出表，由实转虚，由虚至实，都是阴阳转化。如果说阴阳消长是一个量变的过程，那么阴阳转化是由量变到质变的过程。

总之，《易经》的阴阳学说，具有唯物主义的哲学思想。

2. 阴阳失衡是生病的根本原因

《易经》认为，阴阳存在着相互制约、相互依赖的关系，并在相互消长和相互转化的运动之中。根据这种理论，我们可以知道，只有保持人体阴阳平衡协调，才能维持人体的生理状态。若因某种原因破坏了人体的阴阳平衡协调，就会产生病理变化。人体患病后，就会出现各种病理现象，尽管疾病的表现错综复杂、千变万化，但均可用阴阳的观点加以概括。中医以望、闻、问、切四诊诊察疾病的症状和体征，以中医的理论，概括为表里、寒热、虚实、阴阳等八纲，而阴阳又是八纲的总纲，即表、实、热属阳，里、虚、寒属阴。辩证明确就能加以论治，这样才能取得较为满意的疗效。即使是一个普通的感冒病人，也要先以阴阳的观点来辨别表里、寒热，才能按病情进行治疗，这就是中医诊治的基本特点。

在中医看来，人体的气、血、津液等的和谐，其实就是阴阳和谐的结果。如果气、血、津液的运行失常，失去了原本的和谐状态，那么各种不适的症状就会产生。在中医的眼中，阴阳失和谐则预示着人体的某个部分出现了问题，也就是说，人体的某个器官无法进行正常的运行和活动，需要调理后才能够继续维持身体的正常活动。

3. 阴阳平衡，健康一生

明代大医家张景岳曾说，阴阳在《黄帝内经》已经很完备了，但是要了解它的变化无穷，我们还得要研究《易经》。这就是说，我们要把《易经》和《黄帝内经》不断地联系，抽出它们的理论，来产生我们的医学道理。其中，"阴阳平衡"原理就是很重要的道理。它告诉我们，一定要调整阴阳，让人的阴阳保持协调、保持平衡，这样，我们才不会生病。

维持阴阳平衡包括以下几个方面：

(1) 气的平衡

这在前文已有详述，这里就不再多讲。

(2) 血的平衡

血即血液，为循行于脉管中的富有营养的红色液体，是构成人体和维持人体生命活动的基本物质之一。血液必须在脉管中运行，才能发挥其正常的生理效应。脉则具有阻碍血液逸出的功能，故又有"血府"之称。如因某些原因而致血液逸出脉外，使其失去正常的营养和滋润生理作用，即为出血，又称为"离经之血"。

血的作用有：

营养和滋润：脾胃为气血生化之源。血液主要来源于水谷精微，而水谷精微主要靠脾脏将食物消化所得的营养。所以，血液是由水谷精微转化为营气和津液，所生成的血液被送往身体各个部分，并且提供营养支持着身体各个部分的活动。肌肉和骨骼是否强壮，眼睛能否看清东西，肌肤和头发是否有光泽等都是取决于血能否正常和谐地流通于身体的各个部分。

维持人体正常的神志活动：血为神志活动的物质基础。血气的充盛、血脉的和谐运行可以让人的精神充沛，神志清晰，感觉灵敏，活动自如。无论何种原因所形成的血虚或运行失常，都可能出现不同程度的神志方面的异常，如心血虚、肝血虚，常有惊悸、失眠、多梦等神志不安等表现。失血甚者，还会出现烦躁、恍惚、昏迷等神志失常的病理表现。可见，血液与神志活动有着密切的关系，血液供应充足，其神志活动才能正常进行。

如果血液能够正常流通，和身体各个需要营养的器官和机能可以和谐配合，那么身体会处于一种正常而健康的状态。如果血失和谐，则会出现很多问题，主要表现为：血虚、血热、血淤。

血虚：血虚是由血的不足或者血的功能减弱所引起的症状。造成血虚的原因有失血、血消耗太过，或者造血机能减弱等。月经出血量过多，也会造成血虚。如果血量不足，则血带来的营养与滋润作用也会不足，这样一来，人体的肌肤、毛发、筋肉等也会出现异常。例如若头部发生血虚，会发生眼翳与目眩；在心脏则会造成心悸等症状；在肝脏则会造成眼睛干涩及指甲变形；在经脉则会导致月经不顺和手脚发麻的症状。

血热：血热是因为热邪作用于血中，血的循环作用停滞而造成热累积，也可能是因为吃太多重口味的食物而引起的。血过于燥热会伤害血本身所通过的经络和脏腑，血的循环速度加快也会造成身体异常状况的出现。血过于燥热所引起的症状有：发烧、口发苦、便秘。如果血液循环过于迅速，则还会产生流鼻血、牙龈出血等症状。

血淤：血淤症是指由于体内血流不畅、经脉受阻、血液淤滞所引起的症状。如果血淤的状态持续下去，会产生淤血。血是由心脏送往全身各处的，由肝脏控制血液循环，因此，产生血淤症状的原因是肝与心脏的异常，除此之外，寒邪让血液循环停滞，热邪让血液循环过度粘稠，或者是气虚与气滞让气辅助血液循环的功能降低，以及摄取过多的油脂或者是抽烟喝酒等不良生活习惯等都是造成血淤的原因。血

淤的症状常伴随着疼痛，例如经痛与神经痛，还有便秘、肌肤失去光泽、黑眼圈、痔疮等症状。若血淤的情况加重，也有可能引起脑血管障碍等重大疾病。

出血：出血也叫血溢，是一种容易出血的症状。出血症是由多种病因所致的血无法正常流通、溢于脉外的症状。

根据出血原因不同，有不同的症状表现。

火热引起的出血症状：血色鲜红、面赤、烦热、口渴、舌红、苔黄、脉弦滑数。

气虚引起的出血症状：血色淡而难止、神疲乏力、心慌、气短、舌淡、脉细软。

阴虚火旺引起的症状：出血量不多、血色鲜红或淡红、颧红、心烦、口干咽燥、舌红少苔、脉细数。

(3) 血与气的共同平衡

血和气一起构成了人体运行所需的能量。古时候中医诊断所用的阴、阳、虚、实等名词，用在描述人体的整体状态时，就是对人体血气这种能源调度的描述。例如，"阴"代表储存的能源，"阳"代表日常生产的血气能量，"阳虚"就代表日常生产的能源不足，也就是中医所说的血气不足，"阴虚"则说明储存的能源正在透支。

在正常生理情况下，气血阴阳是相对平衡的；反之，血气不和、气血阴阳平衡失调，则会出现各种疾病。在治疗时候，应调整气血之间的关系，使之恢复平衡协调的状态。

阳虚水平：血气低于健康水平。造成血气下降的原因很多，如睡眠太晚或长期营养吸收不良等。这时人体抵抗疾病的能力和疾病侵入的能力很接近，在伯仲之间。当有外来的疾病侵入时，人体仍有能力抵抗，但是不像健康水平的人一样可以很快地击退疾病，而是会在人体的各个器官间发生激烈的战事，因此会出现各式各样的症状。有些人由于身体经常有这种战事的现象，传统上会认为他体弱多病。一般经常感冒甚至发烧的人，或者有过敏性体质的人，都是处在这个等级的血气水平。

阴虚水平：血气下降的趋势长期不能扭转，血气降至低于阳虚的下限后，由于人体的能量太低，人体抵抗疾病的机制无法完全正常运行，疾病入侵或器官的损伤如没有立即的危险，就暂时将之搁置。这时的血气只够维持日常工作或活动的需要。一般的疾病侵入时，人体并不抵抗，疾病长驱直入。由于是没有抵抗的战事，因此也没有任何不舒服的疾病症状，但是会在人体的肤色、体形及五官上留下痕迹，有经验的医生能够识别出来。

这样的人是目前社会的最大一群。许多人都觉得自己非常健康，有无穷的体力，每天忙到三更半夜，尽情地透支体力也不会生病，这些现象就是典型阴虚水平血气能力的症状。

这种血气水平的人，愈晚精神愈好，这是由于人体日常产生的"血气"无法支付每天的透支，只好从人体原来储存的"火"中提取。比较通俗的说法，这一级的人并不是没有病，而是没有能力生病。

每个人可以在这个血气水平维持的时间长短是不同的，一方面取决于幼年或年轻时的生活作息是不是正常，是不是储存了足够的能量；另一方面也取决于他平时是不是会抽空休息，补充能量。

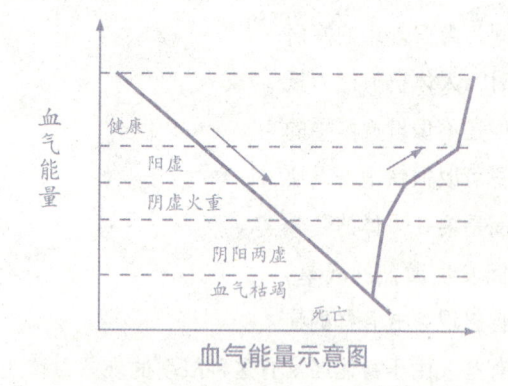

血气能量示意图（健康／阳虚／阴虚火重／阴阳两虚／血气枯竭／死亡）

农村长大的人比城市长大的人可以经得起更长时间的透支。这是由于农村长大的人，在幼年时的睡眠较早，身体储存了较多能量。现代的孩子，比上一代都晚睡，将来可以透支的能量必定较少，生大病的机会一定比较多也比较早。

阴阳两虚水平：由阴虚的状况继续消耗能量，等到储存的能量即将用尽的时候，也就是"火"快用完了，就到了"阴阳两虚"的水平，这时人体会经常处于疲倦的状态。这个时候人体为了取得必要的能量，会到肌肉里或其他部位汲取能量。

这时的"能量用尽"，指的是在安全库存的范围内的低水平，是真的完全用尽。人体的能量透支到了这个水平，会暂时停止能量的透支，使身体出现很容易疲倦的状态，强迫人体增加休息，这是一种人体的自我保护措施。

血气枯竭水平：由阴阳两虚的血气水平再继续下降，最终降低到中医所说的"阴阳大虚"的水平，用比较白话的说法，就是"血气枯竭"。这时人体血气虚亏导致肝火旺，夜间难以入睡，越晚精神越好。这个阶段的肝火旺，所透支的能量是超过人体安全库存下限的透支，身体已经到了山穷水尽的阶段，才会不得不透支各种可能转化的能量。这时越少睡觉，人会更虚，肝火越旺，形成恶性循环。由于胆经阻塞引起胆汁不分泌，所吃食物无法转化为造血材料，营养难以吸收。

这个阶段的患者，由于连控制五脏六腑的能力都丧失，发生的都是非常严重的疾病，而且多数是目前医疗系统无能为力的，例如各种癌症、肾衰竭、中风等。由于血气枯竭，同时五脏六腑都到了失控的地步，因此很容易演变成各个脏器在很短的期间里出现并发症，其实并不是第一个发病的器官拖累了其他的器官，而是各个器官同时都达到了发病的临界状态，一发不可收拾。

附图是五个血气水平的下降和上升示意图，人体的血气下降，速度很慢，数以十年计。但是上升却很快，数以月计。在血气上升至阳虚之前，如果能每天早睡早起，加上勤敲胆经，血气将很快上升，通常一个月的调养，自身就会有体力和精神明显改善的感觉。四五个月，就有很好的效果，旁人从气色就能看出明显的差异。

多数人就算血气很低，在一年之内都能到达阳虚水平。当血气到了阴虚水平时，由于身体开始处理部分较严重的潜在疾病，因此上升的速度大为降低。到了阳虚水平，则开始处理更多的疾病，血气上升的速度更慢。每个人的上升速度，视每个人的疾病种类、轻重程度和生活作息的改善状况，需要不同的康复时间。

处于任何一个血气水平的人，只要能将血气从下降的趋势转变为上升的趋势，假以时日，血气的水平就会不断上升。多数内脏的疾病都是慢性病，只是不同程度低血气水平的症状。因此，只要提升了血气水平，各种慢性病都有康复的机会。

（4）津液的平衡

津液是指机体除了血以外的一切正常水液的总称，包括各脏腑组织器官的内在体液及其正常的分泌物，如胃液、肠液、涕、泪等。津液同气和血一样，亦是构成人体和维持人体生命活动的基本物质。津液由脾脏将水谷的精华氧化而成。于脾脏生成的津液，在脾与肺、肾的作用下，以三焦为通络送往全身，并具有可滋润身体各部位的功能。

津与液虽然同属于水液，都来源于饮食物，有赖于脾和胃的运化功能而生成，但由于津和液在其性状、功能及其分布部位等方面有所不同，因而也有着一定的区别。一般来说，性质较清稀、流动性较大，分布于体表皮肤、肌肉和孔窍，并能渗注于血脉之中，起滋润作用的称为"津"；性质较稠厚，流动性小，灌注于骨节、脏腑、脑、髓等组织，起濡养作用的称为"液"。津和液之间，可以相互转化，故津与液常同时并称。

如果津液和谐地流通于身体的各个部分，让体内各器官之间可以顺畅地运作和活动，那么这个时候人体就是健康的；如果津液失去和谐，则会产生一些问题。津液失和谐，一般表现为津液不足和痰湿两种情况。

津液不足：津液不足是由营养不良、不卫生的饮食、脾胃的异常、津液的过量消耗与排出等原因造成的，热邪的入侵也会对津液造成一定的损伤。津液不足的症状表现有：口腔、咽喉及鼻腔的干燥、肌肤松弛、毛发失去光泽、便秘等。

痰湿：津液滞塞大多是因为负责将津液送往身体各处的肺与脾功能失调所引起。过剩的津液——"湿"便在体内泛滥。湿会吸收体内的热量，而造成身体寒冷，当湿囤积后便成为痰。痰具有停滞于固定部位的性质，因此会让气与血的流动更加困难。当痰湿发生时，会引起过敏性鼻炎、支气管哮喘、心悸气短、风湿痛、关节炎、全身水肿等症状。

(5) 津液与气血的共同平衡

气属阳，津液属阴，津液和气的关系与血和气的关系类似。

气能行(化)津：津液的输布和排泄，全赖于气的升降出入运动。津液的输布，首先由脾气的传输和"散津"的作用，上归于肺。肺气通过宣发，将津液向上向外散布，由汗及呼气排除一部分津液；通过肃降，把津液向下输送到胃，经肾中精气的蒸腾气化，下输膀胱称为尿液，这样，津液的代谢才能平衡协调。若气机不到，则津液的输布、排泄不畅，可导致水液停留而出现痰饮、水肿等病证。所以治疗痰饮、水肿等病证，常以行气利水为法。

津能载气：津液是气的载体，是气运动变化的场所。如津液的生成、输布、排泄正常，津液充足，则气得以正常存在于体内。当由于多汗、多尿、大吐大泻等津液大失时，则"气随津泄"，以致"气随津脱"，出现身倦乏力、气短息微、面色苍白、脉微欲绝等证。在临床治疗时，应急以益气固脱、回阳救逆之法治之。

气能摄津：气具有固摄的作用，可控制津液的排泄，防止其无故流失。具体而言，是指卫气对汗液，肾气对尿液的控制、调节的作用。正常情况下，卫气强盛，主司汗孔开合有变、汗液排泄正常；肾气充足，气化作用旺盛，则膀胱开合有度，能正常贮存和排泄尿液。若卫气亏虚，卫外不固，汗孔开合失司，是自汗、盗汗；肾气不足，气化作用低下，摄纳无权，则常见尿频、多尿、遗尿，甚至小便失禁等症。

气能生津：津液的生成，来源于摄入的饮食，通过胃的"游溢精气"，小肠的"泌别清浊"，其中精微的津液部分被吸收，经过脾的运化水谷精气和"散精"作用，输布于全身。所以，脾胃气旺，则津液化生有源；脾胃气衰，则津液化生不足，可出现津液亏乏之证，甚至出现气津两亏证。

津液为血的组成部分，二者相互交融，密不可分。

津血同源：津液和血同为液体，均属阴性，都来源于水谷精微，皆具有滋润濡养作用。二者相互为用，相互补充，共同完成滋养人体的作用，故有"津血同源"之说。

津血互化：在津液和血液的循行、输布过程中，津液可以由脉外注入脉内成为血的组成部分，血中的津液亦可渗出脉外成为津液。如失血过多，则津液渗入脉中，使脉外津液不足，导致津液亏损而口干舌燥；若因汗、吐、下等伤亡津液，则脉中津液渗出脉外，就会导致津伤血燥证。因此，在临床上，出血的病人不宜用发汗法，而多汗津亏的病人不宜用辛燥耗血的药物。

六、五行八卦中处处都是养生的奥秘

《易经》作为一部术数及伟大的哲学著作，它对人体生命之谜的阐释主要体现在五行八卦的学说之中，通过对八卦象数和义理的结合，我们就能更全面地知道一个人的精神和他的身体各方面的素质。《易经》八卦里人的分类比《黄帝内经》五行里人的分类要更全面，因为每一个卦象后面都有其独特的义理。

1. 八卦五行与人体的对应关系

八卦五行各有与其相对应的人体部位和穴位，我们用八卦之象来探寻人类的体质，事实上是在先觉先知人体的身体素质和健康状况。其价值体现在：由认识到应用，学会自我调治，真正做到把健康长寿的主动权掌握在自己手中。

根据五行八卦的理论，我们可以确定八卦对应的人体部位和穴位，具体来说，乾卦对应的部位在首，也就是人的头；坤卦对应的则是人体的肚子和腹部；震卦在足；巽卦在臀、股；艮卦在手；坎卦是耳朵；

离卦是眼睛；而兑卦则对应了嘴。我们可以据此具体分析五行八卦对人的体质、养生的影响，以及他的特征、他的阴阳、他的气质、他的寿夭等等。

乾卦（卦德为健，父亲）

象征：天

五行：金

颜色：金色，银色，白色

身体部位：头部、肺部、皮毛、喉、大肠、口

先天易数：1；后天易数：6

乾卦是由三阳爻（实线）所组成，代表强烈而持续的能量（气）。乾卦位于西北方的位置，象征父亲、丈夫，或者公司的董事长，甚至国家领导人，以及他最常用的房间，诸如书房、书斋或办公室。乾卦所象征的季节则是介于晚秋与早冬之间。

坤卦（卦德为顺，母亲）

象征：地

五行：土

颜色：褐色，黄色

身体部位：腹部、胃、脾、鼻、肌肉

先天易数：8；后天易数：2

坤卦由三阴爻（虚线）所组成，代表养育、包容的气。坤卦位于西南方，象征母亲以及与母亲有关的房间，诸如厨房、饭厅。所代表的季节则是晚夏。

震卦（卦德为动，长子）

象征：雷

五行：木

颜色：绿色

身体部位：脚足、筋膜、肝胆、头发

先天易数：4；后天易数：3

震卦由一阳爻（实线）、两阴爻（虚线）所组成，代表果断、突然及意料之外的能量。震卦位于东方，象征长子，意味着长子的卧室应该摆在东边。所象征的季节则是早春。

巽卦（卦德为入，长女）

象征：风

五行：木

颜色：绿色

身体部位：大腿，臀部，下背部、肝胆、筋膜

先天易数：5；后天易数：4

巽卦由两阳爻（实线）与一阴爻（虚线）组成，代表完整、良好而健全的心智以及强大的内在力量。巽卦位于东南方，象征长女，长女卧室应该摆在住宅东南方。所代表的季节是晚春或早夏。

坎卦（卦德为陷，次子）

象征：水

五行：水

颜色：蓝色，黑色
身体部位：耳朵、肾脏、骨髓、膀胱
先天易数：6；后天易数：1

坎卦的组成是两阴爻（虚线）中间夹着一阳爻（实线），代表了野心勃勃、急迫及勤勉的气。坎卦位于北方，象征次子，因此他的卧室应该摆在住宅的北方，而坎卦代表的季节是冬季。

艮卦（卦德为止，幺子）
象征：山
五行：土
颜色：褐色，黄色
身体部位：手、手指、胃、脾、鼻、关节
先天易数：7；后天易数：8

艮卦由一阳爻（实线）在顶，两阴爻（虚线）在下所组成，象征可靠、稳固、直觉的气。艮卦位于东北方，象征幺子，因此住宅东北方的卧室最适合幺子居住。艮卦代表的季节是晚冬。

离卦（卦德为丽，次女）
象征：火
五行：火
颜色：红色，紫色，暗橘色，粉红色
身体部位：眼、心部、血液、小肠
先天易数：3；后天易数：9

离卦的组成为两阳爻（实线）中间夹一阴爻（虚线），代表着成功、明丽灿烂、温暖的气。离卦位于南方，象征次女，意味着住宅南方最适合配置次女的卧室，而离卦代表的季节是夏季。

兑卦（卦德为悦，幺女）
象征：湖
五行：金
颜色：金色，银色，白色
身体部位：嘴、胸、肺、乳、口、喉、皮毛、大肠

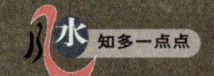

※ 如何找出你的卦命？

女性：首先，将出生年份（农历）的四个数字相加，如１９６７年出生者，就是1+9+6+7=23。然后，将得到的总数除以9，如1967年出生者总数为23，23除以9，余数为5。第三步，将余数加4，即4+5=9。计算所得为卦命。

男性：前两步与女性相同。第三步，以11减去余数，如11-5=6。计算结果为卦命。

先天易数：2；后天易数：7

兑卦的组成为一阴爻（虚线）叠着两阳爻（实线），代表快乐、令人满意的气。兑卦位于西方，象征幺女，表示住宅的西方最适合配置幺女的卧室，而兑卦代表的季节是秋季。

2. 不同卦象体质的人的养生方案

不同于乾卦人要凉润养生，坤卦人要注意风温养生以应对脾湿，尤其在夏天的时候一定要多开窗以便让湿气从房间里跑出去；离卦人则要低温养生，因为离卦是阳火、阳热，热就容易伤阴，导致阴虚，所以在冬天进行养生的时候离火之人要注意节能。

(1) 阴阳平衡的乾卦人

正所谓"达于上者谓之乾"，八卦之首乾卦，象征纯粹的阳和健，表示兴盛强健。乾卦的卦象为天，作为领导者，通过这个卦象，自然会推天道以明人事，把天道的刚健有力转化为自己的主体精神和内在品质，自强不息，以发挥自己的才能。

乾卦在五行中代表了"金"，乾卦人也就代表了一种阴阳平衡的状态。乾卦人的部位除了头还有胸肺和大肠，所以乾卦人的胸廓一般都很发达，头既圆且大。我们有时会说一些孩子头型真好，一看就很有活力、很健康；说谁胸廓发达、骨骼好就是说这个人在身体方面给人一种能够担重任的印象。

《易经》中讲乾为首，首领的首；乾为君，君臣的君。这也就是表示，乾卦人通常组织能力、领导能力比较强，具备领导者的素质。这样的人在公司中、团体中往往会成为领袖，但是这种人的缺点也很明显，就是他们容易唯我独尊。从阴阳学的角度来说，乾金体质人的特点就是比较平和，通常寿命也偏长。

在了解了乾金体质人的特点之后，再来看一下这种体质的人易患的疾病。

乾金体质的人被称作乾金之人，我们知道在五行中金属于燥，所以乾金之人容易患肺方面的病，比如肺燥；肺又和大肠相表里，因此也容易得肠燥、便秘，甚至哮喘病、糖尿病。我们观察一下就会发现，乾卦人中糖尿病比较多，气管炎也比较多，因为他们爱抽烟、爱喝酒。

乾金之人因为容易患燥热，因此在养生时就要注意多吃一些清凉润肺的食品，比如银耳、藕、百合、杏仁等等，像杏仁做的露露就很适合这类人饮用。此外，因为乾金之人还易患便秘，因此就要多吃一些润肠的食物，如木瓜，木瓜属于《易经》中的象意食品，对乾金之人很有益处。另外对于这类人还要让他们少抽烟、少喝酒，这对解决他们身体中的燥热有很大好处。乾金之人尤其要注意秋天的养生，因为秋天比较燥，外燥会引动内燥，如果再抽烟、喝酒，又不吃凉润的东西，就很容易得病。

兑卦命人的特性近似于乾卦命人，因五行相同的缘故。

(2) 多阴少阳的坎卦人

第二类人是坎卦人，他们在五行中代表了水。水性偏寒，寒气通于盛，坎卦人的特点就是多阴少阳，表现在面相上就是面青、偏黑、脸长且瘦。他们另外一个显著的特点就是耳朵偏大，这是因为坎卦是主耳的。

坎卦人的特点就是城府比较深，非常内向，但是他们长于心计，很善于出谋划策。往往这类人在开会的时候如果没人点到他他绝不会主动站出来说话，他就是用耳朵在听，在他们看来，这就叫耳听八方。这类人的寿命是偏长的，因为他们十分注重保养阳气，所以他们阳气耗得少。

坎卦人容易患的疾病往往和肾脏相关，因为坎属水，水气通于肾。此外，水性寒且阴，所以坎卦人也容易得寒病、阳稀方面的病，甚至抑郁症，这是因为他极端内向，不愿意把自己心里的话说出来，总是憋在心里就容易得抑郁症。

坎卦人在养生方面应注意三防，即防肾病、防寒、防阳稀。在饮食方面应该多吃一些温补的、温阳散寒的东西，少吃一些寒凉之物。

（3）稳重敦厚的坤卦人

我们在前面已经说过，坤卦代表了地，坤卦的部位在腹部，他们一般个子不高，比较矮壮，头偏大，腰粗，肚子偏大，四肢很结实。

坤土之人的显著特点就是非常敦厚老实，非常稳重，他们是实干家。在个性上坤卦人比较偏内向，但又没有坎卦人那么内向。他们的一个缺点就是比较缓慢，不仅仅是动作缓慢，其自身气血的流动也比较缓慢，比正常人更缓慢，这也导致他们的反应比其他人要更缓慢。他们不会是冲锋陷阵的人，但一旦他们看好了，觉得果然有效，就绝对是一个最好的实践者。

坤土之人通常容易患脾方面、湿气方面的病，比如说痰饮、水肿之类的症状，或是肚子疼、腹泻等等。因为坤属土，土是湿气，湿气则通于脾。

坤土之人因为湿气比较重，在养生时就要注意用燥、用温燥的食物来克制体内的湿气，可以多吃一些羊肉、辣椒、生姜之类的食物；另外还应多吃一点豆类，因为豆类可以有效帮助健脾利湿。如果是妇科的病症，还可以多吃一点牛肉，这对肌肉是最有利的。此外，在三伏天，湿气最重的时候一定要加强防范，在饮食上少食瓜果，多吃一些健脾的食物，如煮的肉、粥都有助于克制脾湿。

艮卦命人的特性近似于坤卦命人，因五行相同的缘故。

（4）多阳少阴的离卦人

离卦在象数中属火，其义理代表了丽（古时丽通日），象征了太阳和火，所以说这类人的火气非常重。上面我们说到了坤土之人，他们沉稳地就像一座山，没人能搬动他们，反而要时时刻刻依靠他们，每个单位都需要这样的人。但是离卦人呢？他们是多阳少阴的，也可以说他们是太阳之人，这类人的阳气很旺，也就是火气旺。所以他们的外形特征往往是面色比较偏红，头偏小，但是他们一个特点就是眼睛非常厉害。这是因为在八卦中，离卦是在眼睛，因此离火之人就是眼睛最厉害，看什么东西只要他一扫心里就全明白了。通常离火之人的思维是非常快的，就像闪电般，是爆发式的。他们善于创新，什么事情总是想在前、做在前。但是这类人的缺点也十分明显，就是有时候会过于自信。

在疾病方面，离火之人易得口疮这类火气重的疾病，这是因为他们急心好动，火性上涌。同时火气又通于心和脑，心又主脑，所以容易患脑抽动一类的疾病。我们发现，医院里的病人脑出血的大部分都是性子急的，这就是因为离火快。这类人平常也是火体热体，爱生气还一生气就控制不了，就容易造成气上到脑，导致脑出血。因此，这类人一旦患了高血压，就更要注意患脑中风的危险。除此之外，离火之人还容易得眼睛方面的疾病，如眼底出血什么的。因为火越上涌，气血也跟着上涌，然后就引发了眼底出血，一下子一只眼睛就看不见了。

离火之人的养生要注意静养生，要少生气、多安静，少吃动火的东西，少喝酒，平时不要动风，不要动火，也不要食用过于辛燥的食物，以此来维持体内水火阴阳的平衡。

（5）敏感善变的巽卦人

《易经》中说："巽为风，君子以申命行事。"巽卦柔而又柔，前风往而后风复兴。因而，"巽"又派生出顺从、谦逊的含义。但顺从非盲从，谦逊也不是优柔寡断。那么，巽风之人究竟有哪些性格特点？他们的养生奥秘又是什么？

巽卦的象数是风，是木卦，这类人的特点就是敏捷、灵巧、善变，但是他们还有一个特点就是忽冷忽热，因为风就是时而狂风暴雨，时而又和风细雨的。巽卦是多阳少阴的，所以巽卦人的寿命也要稍微偏短一些，但是比离火之人要长。

巽属风，风气通于肝，巽卦人通常易患外风引动内风的疾病，以及过敏方面的病。因为善变和敏感，他们也容易得神经方面的病症，如神经官能症、癔症这一类的病症。同时，他们也容易得高血压。

巽卦人在平时要注意少食发物，如豆芽、香椿、蒜苗等芽类食物，同时也不要吃腐乳、猪头肉、老母猪肉、老公鸡肉这类食物。羊肉和海鲜不是不能吃，而是应该少吃，这样才能调节体内的阴阳平衡。

巽卦人还要注意外风的影响，在大风天来临时更要注意养生。有许多高血压的病人，在大风天还没有来临之前一两天，就感到眼睛斜了、头晕了，他们去医院看医生说自己降压药也在吃，又没有动怒，没有劳累怎么血压就不对了？这就是因为外风影响了体内的肝风，肝脏发出了警报。等到大风过去了，一切就都好了，所以说巽卦人尤其要注意大风天前后的养生，不能生气、不能酗酒，也不要吃动风的药。

震卦命人的特性近似与巽卦命人，因五行相同的缘故。

第二章 命理风水与健康

第五部分 健康篇

　　四柱命理学是通过分析人出生时间的阴阳气场，预测人的生命现象的学说。人的基因气场与宇宙自然气场演化的和谐性，决定了自身的出生时间、空间。因此，出生时间、空间的阴阳气场与人的基因密码有重要关系。人的命运现象与人出生的时间、空间气场都有关系，而四柱命理学只注重时间气场，忽略了空间气场，所以仍有不完善的地方。但是四柱命理学提供的预测理论，基本符合人的命运规律，因此它还是一门很有价值的学说。

一、四柱命理学的健康价值

1. 子女孕育培养方面的价值

　　男：时柱有伤官星，一生多为子女操劳。时柱为用神，操劳得益；时柱为忌神，子女难成才，老年操劳成疾。要多注重子女的道德培养，修造财星之气场，以求泄伤生官。

　　男、女：时柱与它柱有冲克现象，子女多灾难。时柱弱，灾难重。流年、月气场克害时柱时，防重灾。冲克时柱中孕育的子女，多有残疾，夫妻应尽量避之。

2. 养生、防病方面的价值

　　四柱火热、土焦、水枯的人，幼年特征是：性格急躁，喜寒恶热，免疫功能不足，易患感冒，稍微发病就引起炎症发烧，大便常见干燥，爱饮冷水。此类幼童，应多饮食牛奶、梨水、大米汤等凉性物品，少用热性食品，患病期间禁用热性食品。身热、肾功能不足是原发病因，中、老年后的多种疾病都源于此因。

　　四柱水寒、金冷、火弱的人，幼年特征是：脉微弱，怕寒冷，稍见凉气就拉稀难止，脾胃寒，心脏弱，鼻梁部常带青气。此类幼童，应多食小米、羊奶、红糖、姜丝等热性食品，患病期禁用凉性食品。血寒稀、脾胃寒湿、心脏衰弱是原发病因，中、老年后的多种疾病都源于此因。

　　年、月柱水寒、金冷，四柱火弱的人，中老年后易患脑血管供血不足型疾病。病因是血稀不敛、心脏衰弱。养生中应加大热量营养；临床上应补血气，增强心脏能力。中药可用当归、熟地、山药、柏子仁、酸枣仁、红花、川芎等。脾胃虚寒者，可加附子、肉桂、豆蔻、砂仁等。

　　年、月柱火炎、土焦，四柱水弱的人，中老年后易患淤塞型脑血管病。养生中，应减少热量营养，宜用清淡、凉性食品，如茄子、黄瓜、菠菜等；临床上

应滋阴润肾、活血化淤。中药可用白茅、生地、赤芍、石膏、牡丹皮、柴胡、泽泄、知母等。

四柱中见阴木被火焚、天干透火的人，易患肝病。病因在肾阴不足。临床上应以润肾补阴为主，中药可用茵陈、龙胆草、夏枯草、决明子、泽泄、知母、麦冬、柴胡等。

四柱见金火相战、金脆火旺的人，易患糖尿病。临床上以润肾肺、降血糖为主，中药可用寸冬、麦冬、天花粉、石膏、柴胡、知母、山药、龙胆草、白茅、决明子等。眼冲血者，可重用夏枯草、决明子；血气弱者，可重用人参、山药。

中、西医学与命理学在认识疾病方面，本质上存在着一致性，只不过在语言文字及表达方式上存在不同。西医以研究病体为切入点，通过病体推导病理；命理学则是以天干地支的组合形式为切入点，通过病理预测病体。西医认识病体较容易，寻找病的原发基因有难度；命理学则很容易找到原发基因。如糖尿病命例：甲戌、庚午、辛亥、丙寅。地支见火局，身热是病根，庚金坐午火，主胰腺躁热且有炎症，甲木见火局，骨质脆弱。流年丙寅，旺火烧用神辛金、亥水，死于甲午月。身热、肾功能不足是主病因，并发过程中出现肺、脾胃、肾共燥热，中医谓之消渴病。医学与命理学都认为，三脏均燥热损伤后，才会导致胰腺病弱，从而并发糖尿病。实践证明，易学、西医结合，对于在临床中推导病理、查找病因，有重要意义。

中医用药讲四性五味、君臣佐使、升降沉浮，中医的对症组药方，是有深奥哲理的，同时也是很难做到精确无误的。命理学的四大平衡理论，可帮助掌握病理变化、明确组药方的思路。如身大热者，可重用石膏、柴胡；肝热者，可加茵陈、夏枯草；肺热者，可加桔梗、地骨皮等。用药量可根据表症、病理变化、四柱病因而定。药性各有阴阳五行属性，传统医学已有系统性论述，与命学理论相通。命气之不足，是可以用药气补给或克泄的。在临床上将中医与易学的结合，也有重要意义。

二、如何运用四柱命理学预测、治疗疾病

病因、病理、病症是研究疾病的三大内容。病因是根，病症是表。病因具有先天性、遗传性，存在于人的基因中，基因的先天不足，导致了病变。病症是基因对大自然环境适应性差、相斥、相冲克的体现。病症千姿百态，病因既成难变。大自然环境气场（包括时间、空间气场）有利于生命基因的活性，则能防止病变；不利于生命基因的活性，则会促成病变。生命气场（基因气场）与大自然环境气场的相互作用，决定着人生理变化发展的系统性。

祖国医学从宏观上分清了疾病发展的系统性，以望、问、闻、切为切入点，通过八纲（即阴阳、表里、寒热、虚实）论证，分析疾病的系统性发展，将疾病分阴阳两大系统，"阴胜则阳病，阳胜则阴病，阳胜则热，阴胜则寒，重寒则热，重热则寒"。（《黄帝内

经》阴阳应象大论篇）

四柱命理学认为，疾病的发展除了阴阳两大系统外，还有物化不良、脏腑气场不和两大系统。如四柱寒湿的人，常见阴寒性系统病；四柱燥焦的人，常见阳热性系统病；四柱金太过或不及的人，常见物化不良性系统病；四柱中一片冲克的人，常见脏腑不和病。现代医学把病症的扩展称作并发症，认为随着一种疾病的延续，将会并发多种疾病。这种并发性具有很强的系统性，下文将结合命、医学理论，论述疾病发展的系统性及养生、防病治病原则。

1. 疾病的防与治

（1）走出养生、防病治病的误区

一些患有多种疾病的人，时常抱怨自己为什么患那么多种病？其实在一个人身上，多种疾病也只是一类病因的反映。寒湿性的人，易患阴盛阳亏性疾病；热燥性的人，易患阳亢阴亏性系统病；金太过或不及的人，易患物化不良性系统病；四柱中一片冲克的人，易患脏、腑不和性系统病。疾病的系统性发展和并发，是终生性的。由于人们对疾病的系统性发展与并发缺乏正确的认识，于是往往在养生、防病治病的过程中进入误区。特别是有多种疾病的人，往往在没有明了疾病原发基因的情况下，盲目地针对表症采用治疗方法或服用多种药品。这些人中，因服用了不同类性质的药品或采用了不当的医疗方法，从而给身体造成严重危害的屡见不鲜。人们应该避免进入这种误区。

一种常见病，在不同的人身上出现存在不同的病因。如脑血管病：四柱水多、火弱，年、月柱水寒，脑部长期亏气血、凝血，会患脑血管病，此病发展的后果是脑溢血。四柱火炎土焦，年、月柱见火炎土焦，脑部因血黏、稠、淤，会形成淤塞，青年人易患脑瘤，中、老年人易患脑血栓。四柱金燥、水弱，年、月柱金多，因脑部血管滞留氧化产物过多，会患脑血管病，此病发展的后果是脑血管破裂。又如心脏病：四柱水寒，年、月柱见丁火被水克，因气血亏损患心脏病。四柱火炎土焦，月、时柱见火旺烧焦土（丙戌见戊戌、丁巳见戊戌、己巳），易患心血管淤塞症。日干丁火无根气，见阴阳土泄火，因操劳过度，患心脏衰弱病。再如肝病：四柱水寒、木多，无火土，因脾胃寒湿，运化血液不良，肝长期亏气血患病。四柱火旺，见乙木坐巳火，因肝热、肾阴不足，患肝病。四柱金多、木弱，无水，因肝中毒患病。不同的病因、病理作用，有相同的病症反应，是经常见到的。人们在养生、防病治病的过程中，应该根据自己的生命规律、疾病发展规律，选择正确的方式、方法，不可随波逐流。那些一药治百病、一式一方治百病的宣传，纯属谎言，害人最重，千万信不得。

（2）养生、防病治病原则

《黄帝内经》讲："善诊者，察色按脉，先别阴阳。……热则寒治，寒则热治。"养生、防病治病的原则是：阴盛阳亏，则壮阳抑阴；阳亢阴亏，则滋阴抑阳；物化不良，则清毒、催化；冲、克不和，则通关中和。寒极生热，在寒性病发展的过程中，有时会出现短期发热现象，在这种情况下，应在一定的时期内进行发汗、散热降温，但不可长时间重用凉药。热极生寒，热性病的后期，将会出现寒冷感觉，这是气血运化不良、提取营养不足、局部缺乏气血营养的表现，也是病入血液和多种脏腑的表现。在这种情况下，应增补营养、提高运化功能、促进病弱部位的气血供应，不可重用热药以增热补阳。物化不良性疾病，气血中多菌、毒，免疫功能不足，对内分泌系统、神经系统危害性极大，应注意提高免疫功能、清除菌毒、加强催化能力。各种系统病经过长期发展，都将出现免疫功能不足、气血运化不良、气血亏损现象，所以在养生、防病治病的过程中，应时刻注意增补营养、提高免疫力。

（3）养生、防病治病的方式

人们在呼吸、饮食、气候感应、听、说、闻等一系列的活动中，吸收大自然中的营养物质，并且与大自然进行物质交换。这种吸收与交换过程，是以有形与无形两种形式进行的，并且存在着体化气、气聚成体、体生气的过程。人在与大自然进行物质交换的过程中，维持平衡则身健、偏衡则病灾、失衡则死。也就是说，"阴平阳秘，精神乃治。阴阳离决，精神乃绝"（《黄帝内经》）。人在与大自然进行物质交换的一系列活动中，都要根据自身需要，坚持一条原则，保持一致性。热性人以吸收寒湿物质为主，要呼吸湿润之气；多饮水、多食梨、黄瓜等凉性水果；多食菠菜、茄子、冬瓜、白菜等凉性蔬菜；要宿住阴凉的环境中；要调整心性、稳定情绪、求静避乱、注重修身养性；参加体育运动时，要选择过午，在阴凉清静之所，

面向西北、北方。寒性人以吸收热干物质为主，要呼吸干热之气；忌冷食冷饮，应多食小米、面食、狗肉、羊肉之类，以提高热量为原则；要宿住阳光充实的环境中；要放宽心性，开阔眼界、容量，进德修业、厚德载物；参加体育活动时，要选择在中午前，在阳光充实之所，面向南、东南。有些人不懂生命规律，生活中随心所欲，毫无节制。如热性人，在患高黏血或肝病的过程中，吸烟、饮酒，贪食狗、羊肉等热性物品等，养成此种不良习惯，即使用贵重药品，也不会有疗效。又如寒性人，在患脑血管、心脏病时，不增强营养、不忌凉寒性食物，宿住在低洼潮湿的环境中，即使用高科技手段治疗，也无济于事。在生存、生活过程中，保持吸收物质营养的一致性，注重机体内在的需要性，是养生、防病治病的优良习性，人们应尽力而为之。

2. 阴盛阳亏、寒湿性系统病

（1）疾病特症

◎临床症状：脉细、微弱、沉、迟。面色有青、苍白之气，身寒恶冷。性静忧郁，精神萎靡不振，喜夏火，恶秋凉、冬寒。头昏沉，背胀气，常有心闷、头隐痛之感。血液稀、凝不常，热则稀、寒则凝。血压忽高忽低。

◎四柱特征：生冬季、初春的亥、子、丑时，易患阴盛阳亏、寒湿性系统病。寒湿天气生的人病重。四柱水寒，火弱土湿，易患阴盛阳亏、寒湿性系统病。水寒金冷之流年、行运易患病。

（2）阴盛阳亏、寒湿性疾病发展的系统性

机体阴盛、寒湿是病根，这种病根自幼儿期就有反映。幼儿期：长期大便偏稀，稍微见凉气（包括吃奶、饮食、呼吸、气候感应）就拉稀不止；睡眠时间

长、抗病能力差；感冒时先流清、白鼻涕，后流黄鼻涕，经常头痛，很少见高烧现象；额、唇、眼睑部常见青气；大便偏稀将贯穿一生。青、中年期：心脏衰弱；无明显病症时，脉沉细、数少，有明显病症时，脉急、数多，脉力忽高忽低；长期脾胃寒，时有胀气感觉；饮食寒冷性物品后，脾胃疼痛胀满；女性常见经期持续时间长，严重时血成紫黑色，四肢、头部常有阴疼之感，立秋、立冬交替时极易患病。老年后：血液易凝结，血液流动缓慢，血压忽高忽低，病弱部位供血不足，从而并发多种疾病。

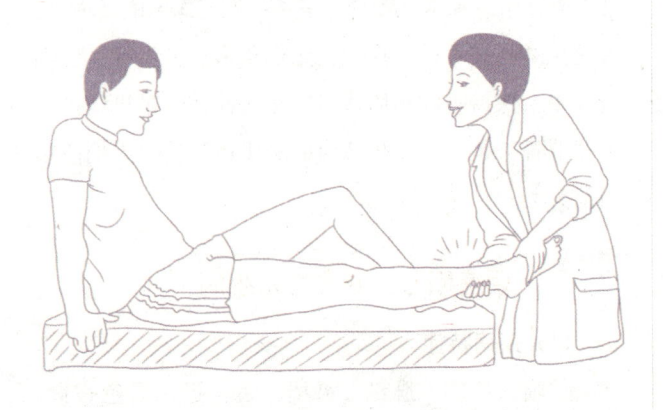

阴盛、寒湿的人，脾胃消化吸收、运化不良，不能为机体提供足够的气血营养物质，常因心力衰弱、气血不足，造成机体内气、血、水的循环、转化受阻，使先天病弱部位长期亏气、血，从而首先产生疾病。患病的四柱特点如下：

◎四柱中金寒水冷的人，易患呼吸系统疾病；年、月柱金寒的人，青、少期患鼻炎、气管炎，行运、流年寒湿时，易患病，立秋、立冬之季易患病；月、日柱金寒水冷的人，易患肺病，冬季易患病。

◎四柱水寒，年、月柱水寒的人，中老年后，脑血管供血不足，易患脑血管病；年、月柱见癸水克丁火的人，眼有疾病；月、日柱见癸水克丁火的人，易患心脏病。

◎四柱水旺多，柱中无木或木被盛水漂浮的人，少年期肾有病，青年期脾胃有病，中、老年后肝胆易患病。

◎四柱无火土，日、时柱金寒水冷的人，男下肢有痹症，女宫内易凝血，秋、冬之季易患病。

◎四柱寒金、寒木多见的人，脾胃早期患病。

◎四柱无火土，日、时柱金木相战的人，女宫多病。

3. 阳盛阴亏、热燥性系统病

(1) 疾病特征

◎临床症状：脉粗、数多、贪食、喝水多、性躁、语多；喜寒恶热；先病期脉洪有力、体温高、面赤黄色，病后期脉浮、深按无力、血质黏稠、血压呈持续性高血压，有血淤、血管栓塞现象。

◎四柱特征：生辰、巳、午、未、戌月时，易患阳盛阴亏、热燥性系统病；四柱中火炎土焦、水弱，或见地支结、会火局的人，易患阳盛阴亏性系统病。

(2) 阳盛阴亏、热燥性疾病发展的系统性

肾弱、水气不足、机体燥热、机体内热气熏蒸是病根。幼儿期的表现是：经常感冒，感冒时多见肺、气管炎症，时常发高烧；大便干燥，间隔时间长；尿频，时常尿铺；无明显病状时，贪食、饮、易发胖，有明显病状时，焦躁不安，性急多动，厌食。中年期：大便干燥，饮多、尿多；脉粗、洪有力；性暴躁，自我节制能力差；易患传染病，多见于高烧；无明显病状时，贪食、饮，易发胖；早年血压持续性升高。老年期：血黏稠，出现持续性的高血压，从而并发多种疾病。

在正常生理情况下，女性35岁时肾功能开始下降，49岁时下降速度增快；男性40岁时肾功能开始下降，48岁时下降速度增快。肾为先天之本，肾阴不足是热燥性疾病之根。患者的四柱特点如下：

◎木燥，临自焚之状，或四柱火旺无木，行运、流年火旺时，易患病。

例：坤造：丁未、乙巳、丙子、辛卯。8岁6个月开始行运：丙午、丁未、戊申、己酉。甲戌年患肝病，丙子年病重。

◎四柱火炎土焦，水缩金脆，行运流年火旺之季患肾病。

例：乾造：己巳、丙寅、庚戌、己卯。自幼肾气不足，常年服药，靠药维持生命。

◎四柱火旺土焦，易患心脏病，一般在行运、流年火旺时患病。

例：乾造：丁未、丙午、丙辰、癸巳。（注：四柱有丙午、丁巳见戊戌、己巳、己未者，易患心脏病。）

◎四柱火炎土焦，脾易染病菌，脾病失去运化功能，损耗体内血气，并发多种疾病。

例：坤造：戊戌、戊午、己巳、丙寅。常年患病。

◎四柱木弱，火炎土焦，易患胆囊脓肿。

例：乾造：甲午、己巳、戊寅、丁巳。甲戌始患胆囊脓肿。

◎四柱火土旺，金水弱，土旺于火，中、老年后易患血管肥厚、沉积物多、血淤（黏）性高血压病。

例：乾造：己巳、己巳、戊午、甲寅。甲戌年患病。

4. 物化不良性系统疾病

物化不良性系统疾病，主要指机体内因氧化、气水血转化、血液净化不良引发的系统性疾病，其中常见的是过热性物化不良、过寒性物化不良。物化不良性系统疾病，主病根在呼吸系统，常见病症有血液中毒、糖尿病、皮肤病、红斑狼疮病、脑血管破裂、肝炎、肺炎、气管炎等。金主肺，肺主消化系统，金气有宣化功能，呼吸系统对机体内的解毒、转化、代谢起催化作用，肺气过盛或过弱，都将对机体内的物质运化产生不良影响。四柱中无金或金气太过、不及，都意味着易患物化不良性疾病。金弱又有金寒水冷、金脆火燥之分，金太过又有金多无克、金盛无泄之分。具体特点如下：

◎四柱中水弱、金弱，见火旺克金，中、老年后易患糖尿病。

例：坤造：壬午、甲辰、己巳、甲戌。甲戌年发现糖尿病，丙子年病重。

◎ 四柱水弱，见金火相战，无通关之气，中、老年后易患糖尿病。

例：乾造：癸卯、丁巳、戊申、丁巳。甲戌年患糖尿病。

◎ 四柱火旺，金在火土宫中（日时柱见甲戌、戊戌、丙戌、庚戌、丁巳、己巳、辛巳）易患糖尿病。

例：乾造：戊寅、甲寅、甲戌、甲子。丙寅、丁卯、己巳年患糖尿病。

坤造：己丑、辛未、戊午、壬戌。甲戌年发现糖尿病。

◎年、月柱见两金以上，四柱无水，中、老年后易患脑血管破裂病。

◎年、月柱金寒水冷，四柱水旺，青年期易患鼻炎。

◎月、时柱火炎土焦，四柱无金，易患肺炎（无金则肺弱）。

◎四柱金多，土干无水，血液中易染菌毒。女易患红斑狼疮。

◎四柱火炎土焦，柱中见戌土、未土，天干无金，易患皮肤病。

◎四柱金多，无木、水，易患肝病。

◎四柱火炎土焦，月柱见甲戌、戊戌、丙戌，易患鼻癌。

5. 脏腑不和性系统疾病

脏、腑不和性系统疾病，主要指脏、腑之间的湿、热、寒、燥度有较大的差别，产生相冲、克、斥、忌，从而造成疾病，如肾燥脾湿、肝热胃寒等。四柱中两气相战，无通关之气，易患脏、腑不和性疾病。具体特点如下：

◎四柱中见辰、戌相冲，无水、木通关，先有脾胃病，后有肝病。

◎四柱中见亥、巳相冲，四柱水旺，易患胃肠病。四柱火旺，易患肝病。

◎四柱中见子、午相冲，四柱火旺，易患肝病。四柱水旺，易患心脏病。

◎四柱中见寅、申相冲，四柱火旺，易患神经系统疾病。四柱金旺，易患胆病。

◎年、月柱见甲、庚相冲，头部易患病。日、时柱见甲、庚相冲，男下肢有伤，女宫易患病。

◎乙、辛相冲在年月柱，上肢、肩易被伤；在日时柱，男下肢易伤，女宫易患病。

◎癸、丁相冲，在年月柱，眼有病；在月、日柱，心脏有病。

◎丙、壬相冲，无辰、丑通关，性傲暴，火旺肾有病，水旺肠有病。

◎月、日柱见辰、戌相见，脾胃不和。

三、易理对症诊疗

1. 易理防治脾病

中医称脾主太阴经。临床中分析病因时，每遇湿寒症，应首先重视脾之症状。病例中可见肝硬化、脾肝大、胃燥脾寒、全身消瘦、风湿性心脏病、脏器水肿等，其多数是由脾寒湿、病弱造成的。

脾性属己土，己土为田园之土，中正蓄藏，有生化万物之功能。需火湿生土，水湿润土，但不可火炎无水，无水土则焦躁，失去生养之功。又不可水泛无火，水泛无火，土湿物病。水火既济，阳光普照，雨露滋润，万物则茁壮成长。土薄又怕盛木克，贫瘠碱洼的土地上，难以生物，必成不毛之地。弱土又怕阴、阳金重泄，土中掘金，土将受折磨，耗尽生机，成病弱之躯。用阴、阳五行规律分析脾病，应熟记此理。

一般身寒脉细沉之人，多有脾寒之基因。若早防治，则免其大害；如任其风湿邪侵，当筑成重病之根。

身热脾燥的人，多不思饮食，脾染病毒，免疫不足，成机体之大害。肝木过盛恣狂，欺脾最重。肝统气上行，脾弱耗气，缺养，也造成脾之病变。脾弱，水谷精微物质被肺气宣蒸怠尽，也成病变之源。

根据四柱分析，脾病变规律及应采取的防治方法如下：

（1）四柱水寒，土弱，脾湿寒多病，一般在行运、流年水寒时患病

例：

坤造：辛卯、庚子、乙巳、甲申。

坤造：癸未、壬戌、丙子、辛卯。

乾造：壬寅、壬子、己亥、丁卯。

乾造：辛丑、己亥、壬子、癸卯。

以上病例，均患风湿性综合病症。

◎病状：脉细数无力，胸肋脊背串痛，消瘦，四肢无力，大便稀，面露紫青色，胃满气胀，肝胆微微作痛。

◎病因：性忧郁，多愁善感；脾胃虚寒，多生寒湿之气，寒湿之气串行于三焦之中，故周身疼痛；脾肌缺血，轻时风寒侵体，重时积寒成瘀，染综合性风湿病。

◎易引发病：风湿性疾病、贫血、心脏病、血质病变、肝硬化等。

◎治疗原则：生火固土。

◎治法：祛寒助阳，养血益脾。

◎中医用药：熟地、当归、何首乌、附子、肉桂、香附、没药、麻黄、苍术等。

◎饮食：宜甘味及热性食物，忌辛、酸味及寒性食物。

◎生活习性：宜平心静气，宽以待人，忌多愁善感、悲怒生气。

◎住宿位置：干燥多见阳光为宜，宜住宅基的南方，风水场的天医宫。忌风寒潮湿地，忌住宅基的北、西北方，忌风水场的六煞、延年、绝命之宫。

◎室内布局：红、黄色为宜，室内宜见火旺标志。忌黑白、暗色，忌见水泛标志。

◎生活方位：宜南、东南，忌北、西北方。

（2）四柱土薄受盛木之克，脾弱难施运化之功，一般在行运、流年木盛时患病

例：

乾造：癸卯、甲寅、己卯、甲子。

乾造：甲寅、乙亥、戊戌、甲寅。

乾造：壬辰、壬寅、辛卯、丁酉。

坤造：癸未、甲寅、辛酉、丁酉。

◎病状：脾肿大，胸肋串痛，消瘦无力，左脉浮弦，右脉弱，心中烦躁。

◎病因：脾弱，胃酸过多，伤脾；肝气过盛欺脾；经常遭受意外打击，生活在愤怒之中，怒则肝木乘脾，脾伤则运化津液不利，脏、器肢体缺养，易患综合病变。

◎易引发病：胃溃疡、食道癌、子宫瘤等。

◎治疗原则：泄木生火，固土生金。

◎治法：养血补心，养胃益脾，活血理气。

◎中医用药：熟地、红花、当归、六曲、砂仁、鸡内金、木香、乌药、橘皮、姜黄、干姜等。

◎饮食：宜甘味及热温性食物，忌咸、酸寒性食物。

◎生活习性：宜心情宁静、食匀精细，宽心度世，宽和待人。忌吸毒酗酒，饮食无节，玩世不恭，惊吓创伤。

◎住宿选择：宜朝阳干燥之地，宜宅基的南方、中土，宜风水场的天医之宫。忌寒潮湿之地，忌宅基的东、东北地，忌风水场的生气、六煞之宫。

◎室内布局：宜红、黄色，宜见火炎、土厚标志。忌绿、黑色，忌见木盛标志。

◎生活方位：宜南、西南、当地，忌东、东北。

(3) 四柱火炎土焦，脾易染病毒、菌，脾病失去运化能力，损耗体内精养物质，一般在行运、流年火旺年患病

例：

乾造：丁未、丙午、丙辰、癸巳。

坤造：戊子、甲寅、丙午、甲午。

乾造：戊戌、丁巳、己未、丙寅。

坤造：戊戌、戊午、己巳、丙寅。

◎病状：脉浮，沉按无力，身热，不思饮食，消瘦，四肢无力。焦躁不安，肾、肺功能皆弱，大便燥结，小便赤黄。

◎病因：脾胃燥结，缺少营养；脾生燥气，熏蒸三焦，气、血经络通道多积瘀；肾失滋润之功，脾见热邪侵体，免疫功能不足；肝阳上亢，乘热欺脾。

◎易引发病：血液病、红斑狼疮、肾肺虚弱。

◎治疗原则：生水湿木，强金生水。

◎治法：滋阴补肾，利水渗湿，清热凉血，清毒化瘀。

◎中医用药：天门冬、麦门冬、何首乌、远志、茯神、大生地、杭白芍、党参、女贞子、生龙骨、生牡蛎。

◎饮食：宜苦、咸、辛味及寒性食物，忌甘味及热性食物。

◎生活习性：宜轻度活动，爽凉多饮，五味均食，平心静气。忌剧烈活动，干食曝晒，饮食无节，思虑过甚。

◎住宿位置：阴凉为宜，即宅基方位的北、西北地，风水场的延年宫。忌火地，五鬼宫。

◎室舍布局：暗色、绿色，阴凉为宜。忌见火炎标志。

◎生活方位：宜北、西北方，忌南方。

2. 易理防治胃病

中医称胃主阳明经。胃为水谷之海，容纳来自食道的食物，并且对食物进行化学性消化和胃壁肌肉的机械性消化。胃具有分泌功能，胃分泌的激素对消化、吸收及酸碱平衡度起重要作用。

脾胃同命，多患同类疾病。脾主太阴湿土，得阳而运；胃属阳明燥土，得阴则安。胃过寒湿，消化功能减退，水谷粗而不化，随大便流出，胃积寒成郁，对周身灌输寒气。胃过热，胃内燥结，运化不利，热气熏蒸胃肠，积热成瘀，饮食不下，水谷难进。胃弱，酸碱度过盛，胃膜受伤，失去消化功能。胃的常见疾病有：胃溃疡、胃炎、胃寒、胃出血、胃穿孔、癌变等。

根据四柱分析，胃病的规律及应采取的防治办法如下：

四柱木盛无火，土弱逢克、泄，易患胃病。一般在木旺年患病。

金重泄土，木盛克土，易患胃病。一般在金强或木盛年患病。

3. 易理防治糖尿病

糖尿病是内、外环境中热邪结党造成的。那么，糖尿病的防与治还须从优化内环境、改造外环境入手，在滋阴抑阳、增强水湿、消弱热邪方面下功夫。

(1) 优化内环境

内环境的先天不足与出生时的时、空气场有关，出生时、空的必然性与遗传基因有重要关系。从病例统计看，出生在春夏月的白天9:00~14:00、19:00~21:00点，天气晴朗干燥时，糖尿病患病率较高。从四柱看，带有火克金、火生焦土、水弱枯，出生在晴朗干燥之时，糖尿病患病率最高。另外，出生在火旺土焦流年的夏月白天、晴天时，糖尿病患病率也较高。如果人们选择怀孕时间或利用剖腹产选择出生时辰，尽量采用水火既济的时、空生育子女，可在很大程度上优化生育，避免子女潜伏下糖尿病的隐患。研习命理发现，四柱中水火既济、自身阴阳平衡的人，抗病能力最强。

(2) 改造生活习性，改变外部环境

内环境是既定的，但内环境只有在外环境的作用下，才能发生变化。要想使内环境保持阴阳平衡，还须根据内环境需要，在改变外部环境方面下功夫。内环境主要通过以下六种形式与外环境发生关系：饮食、呼吸、观看、听、闻、气场感应。

有糖尿病隐患的人多数有饮食粗糙，爱食大油、大肉的习惯，男性酗酒者众多。应该改变饮食习惯，尽量饮食偏寒、辛凉性食物，如青茶、菠菜、茄子、芹菜、空心菜、黄瓜等；尽量减少食用热温食物，如酒、羊肉、狗肉、肥猪肉等。尽量呼湿润、清凉之气，避免呼吸燥热混浊之气。有糖尿病隐患的人，多数性暴、急躁、感情易发，应尽量避免观看、听刺激性较强的事、理，减少闻刺激性较强的味，以避免激发不稳定的情绪，引起内分泌紊乱。

有糖尿病隐患的人感应阴气不足，感应阳热、暑燥气有余。因此，有糖尿病隐患的人，宜吸收寒湿、凉之气，忌吸收暑、热、燥之气；练气功应吸北方、西北方之气。适宜申、酉、亥、子月、时练功，练功方位在单位环境中的坎、兑、乾位。宿住应在八卦方位的坎、兑、乾宫；风水场的六煞、延年之宫，禁忌离宫、五鬼火地。住宅应设在单位环境的坎、兑、乾地。宅基正负零点，不可高于周围建筑物。实践证明，有糖尿病隐患的人，宿住于正负零点孤高之宅，患病率最高；宿住于干燥、暴晒的室内，患病率高。

饮食、呼吸、观看、听、闻是人体与自然进行物质交换的一种方式，气场感应也是人与大自然进行物

质交换的既定方式，而且是非常重要的交换方式。所有糖尿病患者，都应该认真掌握自身气场的特性，根据自身需要调整生活、生存方式及生存空间，以求适宜大自然的气场特性，利用之，顺应之。

（3）糖尿病的治疗：治疗糖尿病，应以降低血糖、尿糖含量为准则

现代医学习惯于用消糖、刺激胰岛素细胞分泌及补给胰岛素的方法治疗糖尿病。祖国医学则以滋阴，润肾、肺、胃脾、肠为治疗总纲。实践证明，二者兼用，根据临床症状，适时、适量、适类用药疗效较好。

治疗糖尿病的常见中药：滋阴药，如知母、石膏、天花粉、葛根、麦冬、山茱萸、五味子、泽泻、茯苓、沙苑子、黄连、地骨皮等等；凉血、活血药，如红花、赤芍、川芎、当归、玄参、丹皮、黄精等；补气血药，如人参、鸡内金、熟地、生地、山药等。

从总体上讲，糖尿病是肾、胃脾、肺全部热燥，造成三焦运化热燥形成的。但是具体分析病变，还须分清，哪一脏处于诱因热燥的主导地位，也就是发病本源；哪一脏病情表现严重。临床中根据本、表变化，辨证论治。如肾虚，早有尿频史，应以补肾阴为主，须重用知母、生石膏、天花粉、葛根、五味子、山茱萸。如肺火量大、见炎症，须重用地骨皮、败酱草、桔梗、丹皮、石膏。如脾胃结火，须重用黄连、鸡内金、玄参、知母、生石膏等。

易、医理论中，都习惯于将糖尿病的发展分为三个阶段，临床治疗中还须根据各阶段的病情变化、辨证论治。

◎糖尿病处于无症状期，或空腹检测，血糖≤13.9mmol/l，也就是中医讲的阴衰阳盛期，应以预防和中药治疗为主，以恢复机体的阴阳平衡、平稳降低血糖为准则。以滋阴为主，重用滋阴药；以凉血、活血为辅，附用凉血、活血药。

◎糖尿病处于症状明显阶段，空腹检测，血糖在13.9～16.7mmol/l之间，也就是中医讲的阴亏阳亢阶段。应以中药为主，附用西药。中医用药，应以滋阴、固阴为主导，以凉血、活血为根本，两者齐用，不得偏重。

◎糖尿病处于危险发展阶段，空腹检测血糖＞16.7mmol/l，也就是中医讲的阴阳双亏阶段，应以西药为主、中药为辅。应以西药保持机体的营养供给和尽快地降低血糖含量，同时还要防止并发症的出现。用中药，应以补气血为主，活血、凉血为辅。另外发现并发症时，也须对症加药，如眼底出血，可加夏枯草、决明子、菊花类；如见炎症，可加败酱草、野菊类；如心脏衰弱，可加酸枣仁、柏子仁类。如发现糖尿病患者的胃脾肠的运化功能严重减弱，身由恶热逐渐变恶凉，气力衰弱严重，应停止使用中药。因为中药入胃，经胃、肠、脾运化，提取精味化津液后，才能发挥效能，今胃、肠、脾已失去运化功能，再用中药不但无益，反而有害。在此阶段应主用西药，以补给营养、保证气血活力为主。

第三章 阳宅风水与健康

"吉凶悔吝生乎动。"一间好房子，当有人住进去之后，它就由静变动，因布局陈设产生吉凶效应，又会接受人体的能量，并反射与人体生物波相同的波谱，进而产生共扩吸收的效果，对改善人体健康具有下列六大辅助功能：促进血液循环，改善微循环；降低血液黏稠度；促进新陈代谢；活化细胞；抑制有害细菌生长；调节人体经络平衡。

相反地，一间有问题的房子，当有人住进去之后，因为其八大方位的能量被破坏，导致其无法承接人体的能量，并且无法反射与人体生物波相同的波谱，进而产生共扩吸收的效果，三年以上就会对居住者的健康、财富、运势产生很大的影响。

一、8大影响身体健康的住宅外部风水

1. 住宅接近公共厕所

接近公厕的住宅属于不好的住宅，主身体不健康，会引起面部气色阴暗晦滞、暗疾缠身。这是因为：第一，公厕为阴气凝聚之地，会影响人的健康，尤其会令泌尿系统经常发生一些小毛病。第二，从环境学来论，公厕的臭气，会招来蟑螂、老鼠等害物，都会影响健康。

化解方法：在屋内安装长明灯或将厅中任何一盏灯24小时亮着，以化解厕所的阴气。同时，日常要保持住宅干爽清洁，这样，蛇鼠虫蚁就不会来寄居了。

2. 住宅接近垃圾站

垃圾房为藏污聚垢的场所，所以阴气特别重，容易招惹鼠蚁等聚居，且容易发出臭味，给居家生活带来大量有害健康的细菌。

化解方法：在门外安长明灯，以属阳的灯光来驱除阴气。除此之外，家居的卫生也要非常留意。

3. 住宅接近变电所

变电所是火力最强的地方，为孤阳燥火之气。有些住宅的大门便是正对着变电所的，这会导致家人脾气变得暴躁，而且容易出现皮肤上的疾病。

化解方法：在门位挂或摆放一些玉器或瓷器之类的物件，以土来泄火。

4. 住宅接近坟场或殡仪馆

殡仪馆或坟场都是阴气弥漫的地方，住宅接近这种地方会阴气比较重，主家人多一些小毛病或身边有很多是非之人。

化解方法：第一，住宅要开当运卦线之门。第二，经常将当运之窗打开，以收旺气。第三，若自己不精通风水，那么上述第一及第二点是不容易实行的，可于住宅的客厅安一盏长明灯，以增强屋内的阳气。

5. 住宅接近寺庙

风水学中有句俗语："神前庙后为孤煞之地。"所谓神前庙后，就是指接近寺院、庙宇、教堂的房屋。从前化解的方法是在窗外悬挂一口做菜的锅，因为凸出的弧形物体可以卸煞，而锅正是半圆形，合此要求。锅为黑色，且曾使用过的底部必沾上油脂，一般人认为这样的情形下，挡煞的力量会更大。但现在的住宅如果在窗外挂一口锅，不被行人指指点点才怪，而且铁锅可能会冲射到其他人家。所以要利用其他风水用品来化解，可以在寺庙、教堂之方位挂凸出的镜子。

若不化解，家人会比较容易生病，脾气暴躁。

6. 住宅接近地铁

随着地铁的发展，地铁站上修建的建筑物越来越多，因为交通方便，所以附近房价一般比较高。从有关风水方面来说，房屋接近地铁站本来是没有什么问题的，但有些问题要注意：如果地铁的路轨从楼下面穿过，这栋大楼的风水便较差，这是"地底穿心煞"，尤其对居住底层者影响更大，主身体不健康，运气反复。不过，如果住宅内的布局合乎风水布置，家人的财运及健康还是可以保持平稳。

7. 大门口对着天线

现代常见的天线有两种：一种是直的，如棒状或电缆式天线；另一种是圆形的卫星天线。卫星天线接收的是低频电波，如果一栋大楼的天台上安装了卫星天线，卫星天线就会增强大楼的磁场，意味着大楼可以吸纳更强的电波。这个接收器如果背向着你的话，是一种很好的风水布局。但是如果卫星天线朝向你的住宅，在天线所放射的磁场干扰下，会产生不平衡的电波在你的家中游走，由此会引发疾病甚至绝症。

一般来说，天线最影响的是人的大脑系统。特别

是住在顶楼或者天台的人，所受的影响更大，因为大楼的卫星天线都是设置在天台上。天线放在哪个位置，便会影响那个方位所代表之家庭成员。

8. 窗户外有霓虹灯

晚上有窗户外面的灯光照射进房间里，均为不吉，代表有极多不稳定磁场进入屋内，造成凶煞。为了吸引顾客，很多城市的建筑物外墙加装了大量灯饰，但对于居住在附近的居民来说，这种不断闪烁的五彩缤纷的灯光也是一种煞。如果命卦缺火，而所见到的灯光又没有直接射进屋内，只产生观赏性的视觉效果，可作吉论；但假如命卦忌火，窗外不断闪动甚至照射进屋内的灯光便是凶煞。这种光线使人的情绪经常处于躁动和不稳定的状态中，长期受这种光线侵扰，易患神经衰弱。

二、12大不利健康的宅形

1. 丁字屋

主屋和另一栋房屋呈"丁"字形排列住宅，又称"冲丁煞"。住在这种宅形的屋子中，有招致灾祸、损伤身体的危险。

2. 反曲尺屋

在主屋的后方有像曲尺之形般的另一栋房屋，住在这种形状的房屋中的人，除了损失金钱和健康容易出现问题以外，在人际关系方面也会因为反目、对立、不合而烦恼。

3. 扛轿屋

所谓"扛轿"，就是两个人或四个人搬运物品的工具。扛轿屋指在主屋前方和后方，共有四栋房子的住宅。住在这种屋形住宅里面的人，会有金钱上的损失，易患疾病，容易受伤，而且纠纷不断。

4. 曲尺屋

曲尺屋就是形状好像曲尺般的住宅。从主屋来看，无论向右弯还是向左弯，都会产生凶的作用。居住在

里面的人，容易生病且容易产生手脚痛的毛病。

5. 捶胸屋

从主屋来看，右手边与其他呈钥匙形的住宅相通，家人会有口腔疼痛、消化不良的烦恼。也会出现忤逆双亲的不孝子，很难出现好的后代。

6. 单耳房

主屋旁边有一栋小房屋的住宅，令人联想到只有一只耳朵的模样，因此命名。除了住在住宅里面的人，连家畜及宠物都会产生健康方面的问题。

7. 双耳房

主屋两旁分别与两栋小屋相连，有如主屋是脸，两旁小屋是耳朵的形状。住在这种住宅里面的家庭内部纠纷不断，恐有流血的纷争，健康方面则容易患肿瘤。

8. 白虎抬头

主屋的右手或左手边有另一栋直角连接的住宅，而且此屋比主屋还高，与忤逆屋类似。要特别注意与主屋分离的另一栋房子比较高一点。住入这种住宅，家人有血光之灾，也可能遭受金钱上的损失。

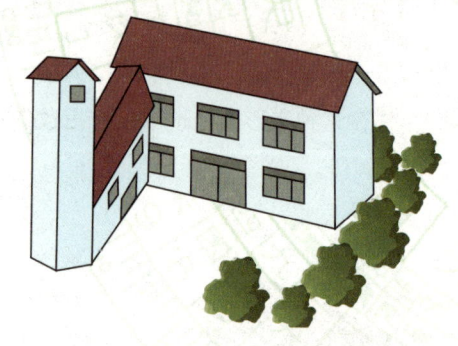

9. 塞胸屋

基本上属于三合院建筑，主屋正面中庭另有一栋建筑物，就好像人的胸口被塞住一样，居住者的心情总是开朗不了，闷闷不乐，容易患眼疾、头痛，出现堕胎、难产等状况。

10. 射肋屋

所谓"射肋"就是指左手或右手的肋下遭受攻击的形状。射肋屋指主屋与另一栋房屋的位置既不平行也不垂直，而是呈斜边的住宅。住在这栋房屋里面的人容易患手脚疾、风湿病、神经痛。此外，还有腰及大腿的损伤、骨折、肝脏及肺脏的毛病、咳血的烦恼。

11. 鹅头射门

就好像鹅的头射到门一样，建筑物屋顶的头部朝向房屋的入口或玄关。暗示住在这里的人可能发生头部、眼部的疾病等健康上的损伤、诉讼及法律上的纠纷等。

12. 前后有枯树

也就是住宅的前方或后方有枯树。住在这种住宅中的人容易患肿瘤、气喘，生命力低落，甚至有可能走到自杀的地步。

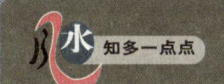

风水知多一点点

※ 辐射

×射线、紫外线、可见光、无线电波及电力系统所释放出来的磁场，都是电磁能量的来源。这些不同的电磁波，频率与波长各不相同，且频率越高波长越短。电磁波对人体健康的影响，取决于频率高低。风水理论建议，平时就要多留意周遭的环境，尽量减少接触高频率的电磁能量。

三、健康家居风水的基本要求

1. 拥有好的磁场

罗盘、潮汐与天候模式之间有个共通性，那就是都受到磁场的影响。把地球想象成一根巨大无比的磁条，那么其四周就围绕着所谓的磁场。磁场又称为磁层，从地核开始一路延伸到太空中。此外，太阳与月球本身都有磁场，两者都与地球磁场交互作用，产生一股推力与拉力，进而造成潮汐、暴风雨、地球自转以及其他各种自然现象。

风水的理气学派认为，人体本身也有磁场，因此建议在重大行事时应该依照自身的吉向做适当安排，这正是风水东西四命系统的基础。

一般来说，独立住宅一定比和许多人家共住一幢大楼要好。理由是：好的磁场，由一家独享比分摊给数十数百家好。住得高一点可以拥有较好的明堂和视野。因此，独立住宅最好的楼层为由上而下的第二层。如果3楼是顶层，2楼便是最好；如果4楼是顶层，3楼就是最好的。这是从整幢楼宇吸纳最佳气场的角度来考虑的。

地球磁场的流动缓慢且持续不断，是一股看不见的力量，对人体无害。不过这并不是人类接触到的唯一一种磁性能量，一般常见的人工电磁能量来源还包括电线、收音机、电子钟、电脑、电视及微波炉等。在日常生活中应尽量少用电器，因为人体本身就是一个大型的导电体，家里如果有太多的电器，身体负荷量会过大，易造成体力流失。改善的方法是：将家用电器尽量往会转移电磁场的墙壁附近靠，最好别将电器放在出入动线、生活起居常经过的地方，以及卧室。如果无法做到前面的要求，那么至少要遵循以下的原则——

电脑：应该离床至少60厘米远，此外，在电脑前工作时，椅子的位置与电脑屏幕之间至少也要有60厘米的距离。

电视：如果是19寸以下的电视，应该距离床头、书桌、沙发、椅子至少1.5厘米远；20寸至39寸电视，至少应该距离1.8厘米；如果是40寸或更大的电视至少要距离2.5厘米远。

收音机、音响与电子钟：这类电器至少应该距离床、书桌（办公桌）、沙发与椅子60厘米远。

同时，我们应该不时地给自己的身体放电，因为

风水知多一点点

※ 月经

鸟类、蝙蝠以及某些鱼类都依赖地球磁场来导航，而磁场对人类的影响似乎不那么明显。然而，在传统观念里，人类本身也有磁场，也同样受到地球、太阳、月亮的磁场影响。由于人体内95%都是水，月球对我们的影响，就像影响海洋潮汐的方式一样。因此，满月经常与人类行为的改变以及女性的月经联系在一起。在许多古文明当中，女性的生殖循环与阴历关系密切，例如中国人注意到，月亮运行一个循环的周期与女性的经期循环大略相同，因此才将女性每个月的来潮称为"月经"。

人体本身也会产生静电。肉眼无法看见的电磁波对人体的伤害远超过我们的想象，高压电波可能会导致健忘症，甚至致癌。虽然家里的一般电器所放出的电磁波很微弱，但长期下去仍会对人体造成伤害。改善的方法是：每隔一段时间就赤脚在泥土地上走一走，将身上所带的电磁粒子转入土地中。

请注意，电磁能量可能会对婴儿、老人以及其他身体虚弱、生病或免疫系统受损的人有更强烈的影响。

2. 保持对人体有益的室内温度

在古代，风水师们非常重视住宅的朝向和日照，一般观念认为向阳府邸是最佳选择，而背阴之宅是不适宜居住的，所谓"何知人家有福分，三阳开泰直射中，何知人家得长寿，迎天沐日无忧愁"；并在实际操作中一再强调山墙应如何如何、院墙应如何如何等。这些除了可以汲取好的住宅日照、改善住房的卫生条件外，对保持住宅的温度也有极大影响。因为，居室中的温度过高或过低都将导致不良后果。

住宅的小气候要能保证居住者肌体温热的大致平衡，不使体温调节机能长期处于紧张状态，要让居者有良好的温热感觉、正常的工作效率和休息睡眠，保持温热平衡或体温调节机能的正常状态。也就是说，在住宅内，人们正常衣着，在安静或中度劳动的情况下，机体的产热量、体温、皮肤温度、皮肤发汗量、散热量、温热感觉以及其他有关生理指标（呼吸、脉搏等）的变化范围不超过正常的限度。因此住宅小气候的各个因素都必须保持在一定的范围内，在时间上和空间上保持相对的稳定性。通常认为在住宅中人们感觉舒适的保证率达65%~70%者为适宜的临界标准，保证率达80%~90%者则为最适宜的标准。

通过实验理论的推算，夏季室内的适宜温度为21~32℃，最适范围为24~26℃；冬季室温为19~24℃最为舒适，这个温度相当于冬季妇女在室内换衣服时，不至于感到冷的温度。目前，全球气候在变暖，人们对住宅内的温度要求也为之增高。如在起居室和卧室要求22~23℃，餐厅要求20~22℃，厨房因有热源和要活动，则希望温度保持在20℃左右等等。房间要注意通风，保持空气新鲜。

夏季，室内微气候受太阳辐射、围护结构隔热性能和室内通风情况等因素的影响较大。因而，要选择适宜的住宅内部设计和主要房间的合理朝向，创造穿堂风、绿化、遮阳、围护结构的隔热作用、设置机械通风和空调等，来保证夏季居室具有适宜的温度。冬季，室内微气候主要受室外气温、围护结构传热性能、门窗漏风量和采暖条件的影响。为保证冬季室内的温度，一般是采用较厚且保温较好的围护结构、密闭的门窗以及采暖设备和空调等。

除了室温以外，人体对建筑材料的触感温度也是不容忽视的。从实验结果和日常生活经验得知，当地面为木地板，表面具有17～18℃的温度时，才能使人感到舒适。换句话说，脚掌的瞬时下降温度在1℃以内，对人才是适宜的。因此，在住宅中人的皮肤经常触及的地方，应选择那些体感好的材料。也正因如此，在种种建筑材料充斥市场的现代，人们仍喜欢用木材来做家具、地板、墙裙、楼梯、门窗等。

3. 保持合适的室内湿度

风水学之中对水是非常重视的，前有弯曲的河流或宅前修一池塘，均被认为是吉兆。近水的住宅除了有灌溉、饮用、排污之利外，还可使住宅微气候保持稳定的湿度。

一般说来，空气湿度高可增加机体的传导而流散热量，引起体温下降，神经系统和其他系统的机能活动也随之降低，出现一系列的病态，如长期生活在寒冷污浊的环境中，就容易患感冒、冻疮、风湿病等；相反，极干燥的空气也不利于人体健康，从医学角度来看，干燥和喉咙的炎症存在着一定的因果关系。

因此，居室内的相对湿度一般要求为30%～65%。要保持这一状态，在干燥季节，我们可以在居室中种植常绿植物，或利用加湿器、喷壶等来保证房间内的湿度；而在潮湿的季节，则需要用抽湿机或空调等设备来帮助我们排出多余的湿气，以保证房间内的湿度。

4. 健康必论山

所有人都希望自己能够事业发达、财运亨通，但这一切都必须以健康的身体为基础。

如果没有健康的身体，即使名贯五洲、富甲一方又能怎么样呢？还不是无福消受吗？因此，在为大家介绍财运局的同时，笔者亦会把健康摆在第一位。而真正的发达风水，在重视水局的同时，也同样重视山局。所谓的"山水并重，人丁两旺"即如是。

但很多人往往忽略了这一点，他们总是很强调财运或事业，不仅找来风水师为自己摆最霸道的招财局，还不惜以身体健康为代价拼命工作。而一些见效显著且快速的招财局，多半会漠视山局的存在，这就使人们在获得大量财富与声望的同时，却失去了健康。当他们意识到这一点时，为时已晚，要么耗费大量金钱，再用财富换回健康；要么就是死后空留万古名了。所以，不管什么时候，人的健康应该是第一位的，只有保证了自己的健康，才有可能再去谈其他的。

看山，首先要看靠山。任何一所住宅都应该是后靠有山的，也就是说，住宅所在的建筑物背面要有好的峦头。所谓："左青龙，右白虎，前朱雀，后玄武。"这里的后玄武，就是指靠山，有靠山之局才能藏风纳气。而靠山在风水学中，还表示能够帮助和保护你的贵人，如长辈、领导或有声望的人。也就是说，好的靠山不仅能保证你的健康，在事业上亦能助你一臂之力。现在世运为八运，因此土形山为当时得令；下一个世运为九运，作为未来星峰，火形山亦属当时得令。所以，选择这两种靠山对于当前的运势是很有帮助的。至于这两种山的具体形状，我们在之前的风水常识介绍中已经讲过。在此不再赘述。

随着社会发展，城市建筑中想要有真正的山来做靠山已是很不容易了，而此时，在风水学中会把所靠的建筑物或很高的墙看做是靠山。由于现代建筑普遍又高又大，线条简洁流畅，与风水学中所说的木形山形相吻合。因此，城市建筑的靠山大多为木形山。

如果是山间别墅等建筑的话，则是以真正的山为靠山。在选择这类靠山的时候，一定要选择草木茂盛、山形秀丽圆润、无突兀嶙峋怪石、山体无崩损的山体作为靠山。否则的话，不仅不能保证家人的健康，反而会使健康受损。

但如果你搬过去之后，那座山因泥石流或山体滑坡等原因造成变形，使原本的吉山变为凶山，而你一时又不可能马上搬家，这个时候，还是有解决办法的。那就是将一块叫做"泰山石敢当"的风水石放在家中的坐山处以震慑煞气。但要注意，在摆放"石敢当"时亦要选择吉日吉时，方能使之发挥最大效能。

5.选择有益健康的风水楼

（1）楼层

风水讲究的是承气、纳气，对人体健康的影响是最明显的。住得太高容易因收不到地球磁能而造成心情浮躁；而吸收过多的太阳能量，也会让人负荷过量电子，有碍健康。此外，住太高也会受到"经常性微幅摆动"的影响，使神经系统失调，外加失眠。改善的方法是，种盆栽及加窗帘，这样可以调节这些物理作用。

此外，每个房间不能太小，房高不宜太低。有些住宅为了硬挤出房间，把每个房间都隔得很小，摆一张床后几乎就没有了转身的余地，造成"气"场无法流通凝聚；还有些住宅房高很低，使人感觉自己的脑

袋快顶到了天花板，无形中有一种压迫感。这两种情形对于我们的身心健康都是没有好处的，应该避免。

（2）方位

好的风水，是有好的五行方位坐向配合的，但并不是每个五行方位都适合于每一个人，还需要配合每一个人的八字命格来断定是否适合居住。

◎春天出生的人木太旺，利火、金。宜选住南区、西南区。屋宅方向宜坐北向南或坐东北向西南。

◎夏天出生的人火太旺，利金、水。宜选住西北区、北区。屋宅方向宜坐东南向西北及坐南向北。

◎秋天出生的人金太旺，利火。宜选住南区。屋宅方向宜坐北向南。

◎冬天出生的人水太旺，利木、火。宜选住东南区、南区。屋宅方向宜坐西北向东南及坐北向南。

6. 布置健康的生活环境

（1）利用好"风"和"水"

日常生活中要利用好"风"和"水"这两大健康要素为自己改善生活环境。

水要平衡。人体内本来具有水火二元能量在不停互动，寻求平衡。在现代社会中，房子周遭多被各种动态能量所围绕，形成风水学上所说的"火宅"；由于火宅所释放出的强大能量，远远超过我们一般人所需要的，容易让人虚火上升，导致内脏方面出问题。改善的方法是：用活水植物来化解，例如培养水栽植物、在鱼缸中放入水草等。

风宜流动。中国古人善谈风水，谈得最多的就是水与风平衡能量及流动气场对人产生的影响。因此，气场的流动在人群聚居的地方是十分重要的。除了自然风之外，在家里可利用电风扇来加强空气的对流，引导自然风进来，也可营造出一个空气清新的环境，令人精神振奋，并杜绝呼吸器官方面的毛病。

（2）避免影响人健康、导致人孤独终老的居住环境

以下几种会影响人健康、并导致人孤独终老的居住环境应尽量避免。

第一，地下室暗房。地下室的房间，或者虽然不是地下室，但是房间非常阴僻寒冷的的话，这种地方住久了之后人会自然而然地变得孤僻，因此很不容易招惹桃花，时间久了就容易成为老处女了。

第二，床上堆满书本或杂物。床除了可以容纳多人睡觉之外，多余的空间还可以容纳桃花，如果睡觉的床上全部都放满东西，完全没有空间，这样很不容易招惹桃花。

第三，困字屋。房子的中间有一株大树，形状就

像是一个困字，例如四合院，或者是房子的中心有天井，树木是木代表桃花，房子是土，木克土，因此桃花就没有了。

第四，孤寡屋。房屋很狭窄而且四周都没有房屋，或者居住的房间离家中其他人太远，这种房子或房间住久了之后容易排斥、逃离人群，因此不容易有桃花。

7. 布置明亮、温暖的光照氛围

明亮、温暖的光线让人心情愉悦，也可以使我们在工作中精力充沛，自然光线是最好的选择。居家环境与办公室不同，最好避免用亮晃晃的日光灯照明，光源直接投射到天花板上的间接照明最适合居家设计，或是多摆几盏立灯、台灯，让黄色、白色光源相互搭配，会使人感觉舒适而不刺眼。

客厅的主灯最好选择黄光，传统风水学中提到，黄光可以聚财，以实际运用面而言，暖黄光确实能使居家气氛显得更温馨。靠沙发或墙角处应多添一盏桌灯或立灯，可以柔化室内气氛，让狭窄的空间变大。

此外，住宅的大门口是能量、气场及好运进来的地方，因此玄关的灯最好24小时点亮，点亮玄关，才可以帮助财神爷找到去你家的路。

小小的蜡烛也有光亮效应，且蜡烛在风水里面代表火，也是能量的意思。

8. 布置合适的色调、隔间

（1）室内色彩布置

色彩对人有相当大的影响，尤其是整天待在家里的人，更要注意。通常房间的颜色以感觉舒服为主。根据色彩的五行冷暖学，春夏两季出生的人，宜采用清凉淡雅的颜色，如浅蓝、白色等；而秋冬出生的人，则适合明亮而有生气的色系，如红、绿、黄色系。

（2）室内隔间设置

隔间的目的在于设计出适合居住的环境，应注意以下两条原则：第一，保持屋内动线流畅；第二，避免屋角冲射。

无论是用矮柜、花墙、屏风，还是用其他装饰品来做室内隔间，都不要让客厅有七弯八转的死角，否则气流受阻，家中人易生病及生口角。如果室内本有避不开的屋角，放棵常绿盆栽在墙角，可挡煞气，避免犯小人、口舌争执和灾伤。

9. 布置出一个既利健康又旺财运的厨房

厨房在洗涤和烹调食物的过程中，会用掉大量的水，而水正是财富的象征，所以就风水而言，厨房具有一些先天的缺陷。但其所在位置的吉凶往往会左右宅运的兴衰。下面，就提出一些可行的建议，帮你调整厨房的位置和厨具的摆设，布置出良好的厨房风水，以长保身体健康，旺财旺运。

厨房要置于凶方：厨房具有压制凶方煞气的功能，将厨房安置在无关紧要的方位或是凶方，反而对居住者有利。因此，风水师通常会建议宅主将厨房安置在家长本命卦的4个凶方，因为炉火所产生的阳气可调和凶方的秽气，改善其风水。此外，厨房应位于住宅的后半部，尽量远离大门。

五行生克：水槽所产生的水气与炉灶的火气是相冲的，所以炉灶不能与水槽或冰箱对冲，亦不可紧邻水槽。同时，炉灶也不能独立于厨房中央，因为厨房的中心位置火气过旺，会导致家庭失合。

炉口：所谓的炉口原本是指炉灶的柴薪入口，就现代人家中用的燃气灶而言，就是指天然气的进气口。炉口应位于点火开关的后方，还要尽可能朝向男主人或女主人的生气方。

以母亲为重：如果因厨房设计上的限制，无法将炉口朝向家长的任何一个吉方，就要设法将炉口朝向母亲的延年方，这样就可以增进家庭关系的和谐。

厨具摆设：如果用到微波炉或电饭锅，那么应置于宅主的4个吉方之一。电饭锅和微波炉的插座也应位于吉方。同样的原则也适用于烤面包机和高压锅等。

四、家具、电器风水与健康

1. 电视

现代人的生活水准高，物质享受丰富，家中有多部电视机实不为奇，放一部在睡房内，睡在床上"慢慢看"也很常见。某些城市寸金尺土，新盖的睡房面积都十分有限，近距离对着一部有电流辐射的物体实在不健康，已有科学证明，床头放电视机的人染上某类绝症的几率是比较高的，而电流辐射还会影响地气。如果睡房内要摆电视机时，在风水上要留意床头床尾均不宜摆放电视机。风水师认为床头及床尾摆电视机，就好似自己睡进坟墓里，电视机就是墓碑，甚为不吉利。既然床头、床尾皆不宜摆放电视机，那么剩下来的位置就只有床两边，或是床头床尾的侧面位置了，距离当然是愈远愈好。

2. 空调

为了对抗夏日的酷暑，几乎家家都装上了空调。但若是空调的位置装得不好，很可能会让家中风水失调，从而导致个人的运势变差。如何放置空调才符合风水学中的健康要求？

厨房：厨房的炉灶掌管着全家人的胃，如果空调直接对着灶火，会使灶火不旺，连带破坏烹饪中食物的能量，进而影响到家人的身体健康。此外，灶火还代表性，因此空调直接对着灶火对夫妻的性生活也很有影响。因此，厨房中能不装空调就尽量不要装。如果一定要装的话，就尽可能地让风向冲着天花板。

饭厅：空调使用了一段时间之后，难免会堆积灰

尘。当这样的空调再吹向餐桌，很有可能让灰尘伴随着风而掉落在热腾腾的食物里，当然也很容易让桌上美味的饭菜变凉。所以，餐厅里的空调最好不要在餐桌的上方或附近。

卧室：人在睡眠的时候，毛细孔是打开的，呼吸系统也较不设防。因此，如果空调风直吹人体，不仅会导致身体不适，患上感冒，更容易招来邪气。因此，将空调的出风口往上调，或将房中的窗户微开，以均衡直吹过来的冷风。

书房：空调可以给人带来爽的感觉，所以有凝聚思考、提高读书专注度的功能。如果能将书房的空调机移于北方，利用空调运转的能量，将带动文昌好运，必能利于考生或研究学问之人。当然，必须注意的是，一定不能将空调的出风口朝向人的脸或头部直吹，免得书还没读完，头就已经痛得受不了了。

客厅：首先，空调是一种快速运转的电器，会把外面的气流转入家中，只有将空调装置于适当方位，才能开运转运。其次，空调出风口最忌讳的就是吹向财位，这会把家中的财运连同冷风不着痕迹地一起带走。家中的大门就是主财位，因此空调不能面对大门，那样不但泄财，也象征着人气被吹走、家中不温暖的意思，可以在玄关处挂个玻璃屏风或布帘来化解。再次，空调的出风口也不宜直吹客厅中的主椅（即三人沙发），使坐在这的人被空调的风直吹到脸，这表示其靠山不稳，将影响其工作、事业运。因此，要让空调的出风口来自侧边，或移动主沙发的位置。

3. 卧床

人一生有三分之一的时间都会在床上度过，可见床对人的身心健康作用有多大。床作为传统的单一型休息工具，现在已向着集休息、享受与理疗保健于一体的多功能卧具方向发展。具体来说，卧室安床有八大讲究。

第一，对于床本身，要考虑的是其长度、宽度是否足够、床体是否平整，并且是否有良好的支撑和舒适性。

第二，床安放于何处，关键在于应该让卧者可以自床上看见卧室的门与窗，并且在黎明时分，会有阳光照射到床上，这样有助于卧者吸收大自然的能量。

第三，床头不能靠门，如果迁就卧室有限的空间，而把床位放在大门口侧，就犯了卧室的大忌。

第四，床位最好的选择南北朝向，顺和地磁引力，头朝南或北睡眠，有益于健康。因为人体的血液循环系统中，主动脉和大静脉最重要，其走向与人体的头

脚方向一致，人体处于南北睡向时，主动脉与大静脉朝向、人体睡向和地球南北的磁力线方向三者一致，这时人最容易入睡，睡眠质量也最高。因此，南北睡向具有一定的防病和保健功能。

第五，床头宜实不宜虚，床头应该靠墙，不可靠窗。床如果不靠墙的话，床头必须有床头板，令头部不至于悬空，并且，床头后面不可是厕所或厨房。

第六，床不可对门，以免被人一览无遗，毫无私密性和安全感，也影响休息。如果遇房门相冲，则可以用屏风来挡门，不仅阻隔了床门相冲，同时也维护了卧室的私密性。

第七，床不可对镜。首先，人在半梦半醒之间，夜半起床容易被镜中影所惊吓，精神不安宁，会导致头晕目眩；其次，人在入睡时，气能最弱，而镜子是反射力极强的物体，易将人体的能量反射出去，特别是年轻夫妇，如果卧室镜对床，长此以往，易患不育症。如果睡房中有镜子对床，可在晚上盖住它或把它转向墙壁，当然最好的办法是将镜子镶嵌在卧室衣柜内部，照镜时打开，平时不用时将门合上。

第八，床头位两侧，不可被柜角或厨角、书桌、化妆台冲射，否则易使人患偏头痛。叶子尖长的植物、方形或长方形的家具不能太靠近睡床。

4. 镜子

镜子不宜对着床或门。镜子对着床的话，当睡眼惺忪或被噩梦惊醒时，镜中的影像很容易让人产生恐惧心理；镜子面对卫生间门的话，会让夫妇在处理事情时钻牛角尖，并且家中的男性性功能减弱，女性则易有妇科病。即使撇开风水之论不谈，门前也不应该对着镜子。试想一下，当你回到家中，就看到对面一个人影一晃，那是一种什么感觉？尤其是在晚上。久之，容易把自己弄得神经衰弱。

5. 壁灯

通常人们会在床的两边各放一个壁灯，这在风水布局中并不是好的布局方式。两盏灯代表二黑，对健康不利。如果要在床上看书的话，可以将床稍向外移，在天花板位置做一排内藏的灯。灯的数目忌2、3、5，表面以磨砂玻璃为灯罩，开关可以设置在床头，方便控制。

6. 鞋柜

相传，孔子注释《易经》时写了《系辞》，其中

说道："吉凶悔吝者，生乎动也。"所谓吉凶，便是得与失的意思。家里的鞋柜会影响吉凶吗？很多人都有这样的疑问。

鞋柜是收藏属于地才的物品，自然也属于"地才"。所以住宅的鞋柜，其高度只可以占屋内高度的三分之一。高于这个高度，便是侵占人才了，主家人的呼吸系统容易发生毛病，如咳嗽、感冒、鼻敏感等。如果已经买了一座很高的鞋柜，只要把曾穿过的鞋子摆放在鞋柜三尺以下的柜格内，将没有穿过的新鞋安放在三尺以上的柜格内，这是地才配地才的摆放方法，没有穿过的鞋子便属于人才，放在鞋柜稍高的柜格为人才配人才。

从科学的角度来说，旧鞋子所藏的细菌无数，因此不宜摆放在稍高的位置。否则，空间弥漫细菌，家人怎能不生病呢？

7. 墙壁上的钉子或挂钩

为了摆放杂物或装饰品，通常会在墙壁上使用钉子或挂钩。用钉子挂画，画挂好后其磁场会对风水布局造成影响，而钉子则不会构成影响。但将画取下来之后，外露的钉子便会产生不良效应。西方的墙壁上有钉子，预示着大女儿的身体将会出现问题；西南方的墙上有钉子，则母亲的健康会出现问题。因此，不再使用的钉子要马上拔去，以免破坏家居风水布局。

8. 家居中常用的电线

电线的形态就像一条蛇，属火，一般称之为"火蛇煞"，对风水布局很不利。火蛇煞会使一个人易疲劳、神经紧张，甚至肌肉抽搐，且筋骨常处于热毒、硬化、酸痛的状态。

电脑是使电线大量出现的"元凶"之一，普通的电脑也需要三四个电脑插座。而那些所谓的高科技产品，如数码相机、DV等，大多需要充电器，使现代家庭中布满了电线和插座，令人眼花缭乱。

在搬进新家前，可以请装修工人尽量加装入墙的电插座，便可避免因为电插座不足使用插线板，导致电线横跨整个大厅。有的家庭日常使用几个插线板，制造了极恶劣的风水磁场。

9. 吸尘器

吸尘器五行属木，当家中土太强时，会招致二黑五黄聚集，因为二黑五黄的五行也属土。我们知道，二黑五黄是最厉害的凶星，他们的到来会带来病符和灾难，影响到家人的身体健康。同时，土多的地方也是容易产生灵界的地方。这个时候，我们就可以用吸尘器来化泄土的五行。尽管吸尘器的五行属木，但吸尘器在使用时，长长的电线犹如蛇身，吸尘器的吸盘则是蛇头，在风水上也是火蛇煞的一种。因此，在用完吸尘器后，不能随处摆放，应收拾好电线放回储物柜内。吸尘器最好不要露光，吸盘也应拆下来放置为好。

10. 垃圾桶

垃圾桶是二黑病符星的典型代表。垃圾桶的位置，不但影响到家中成员的身体健康，也决定了那一方位所属家庭成员的成就与吉凶。因此，垃圾桶最好能隐藏起来，风水上称"眼不见不为煞"，就是说，看不到的物品不会对你形成冲煞。

将垃圾桶收藏起来或买一个漂亮的垃圾桶，使人远远看去分辨不清那是否为垃圾桶，这种摆设方式是比较有保障的。在风水学中，辰、戌、丑、未四方位称为"墓"，也称为"库"，即落叶归根的聚集之处，在这四方位摆放垃圾桶便不会招来凶运。

家中的垃圾桶越少越小越漂亮越好，大型的垃圾桶最好通过黄历"择"日将之弃置。家中的垃圾桶每天都要及时清理，并经常清洗，不能让它发出臭味。同时，不管是什么样的垃圾桶，都应该加盖，每次使用后要及时将它盖住，以阻挡其中不好的气味和气流弥漫到空气中。

五、12招打造健康家居风水

从环境心理学或中国风水的角度论，不同的房子会对人们的健康造成不同的影响。建议学习下面的风水知识，让自己的身心健康随时都保持满档的状态。

1. 别住得太高

不要住得太高，因为你可能会吸收不到地球的磁能，反而吸收过多的太阳能量，这容易使你心情躁动。另外，住太高还有一个坏处，那就是"经常性微幅摆动"会让你神经系统失调，并且失眠。如果你现在住的就是高楼，有一个好方法可以帮你——快种点盆栽和加装窗帘！

2. 别离电器太近

需要用到电的东西都对人体不太好，第一，不天然；第二，电磁场的威力很恐怖。有一个美国的案例就实际展现出电磁场恐怖的杀伤力，一个小男孩12岁时突然得了健忘症，而且成绩也一落千丈，调查之后，才知道原来是因为隔壁的高压电厂在发功。一般家里的电器威力较弱，但是吸尘器和吹风机算较强的。

3. 多接近水

水有"生命之母"之称，水是影响风水好坏的重要因素。房子就像人一样，少不了水，因为水可以轻而易举地将气场调顺，让你住屋时健健康康。因此，可以放个水族箱在家里，养几只可爱的鱼，赏心悦目又可以让你事事顺心，但注意水族箱不要放太高，水要是流动水。

4. 不要黑暗

风水中讲到了所谓的阴宅，即阴气较重的宅第。这种风水形成的原因其实很简单，就是能量不足，而能量不足往往是由于房子在白天缺乏太阳照射、夜晚

缺乏灯光照射所致。如果家里有某个地方常常缺乏灯光或阳光的照射，就会造成身体某个部分不适，改善这种状况最好的做法就是，在固定的时间让灯火通明一下。

5. 床头不要有音响

人一天的睡眠时间是6~8个小时，如果你的床头放着音响的话，代表它也在你身旁陪你睡了6~8个小时。床头音响真的是一个非常不好的床头摆设，越不自然的东西应该离得越远越好，已经有科学家证实电器会干扰脑细胞的生长。

6. 电磁场就在你身边

人体就如同一个电磁场的导电体，家里有太多电器的话，你的体力通常会较容易流失。要想时常保持最佳体力，应该把电器尽量往会转移电磁场的墙壁附近移，让电器尽量不要在生活起居常经过的地方出现，避免你的体力过快散失。

7. 电扇魔力

古代人谈风水，讲的就是水平衡能量的作用和风流动气场的功用对于人的影响。其中的风强调的是自然风，当然，现在每个人都待在家里，很难遇到自然风。但可以用个小技巧来解决这个普遍的现代难题，那就是利用电风扇来加强空气的对流，引导自然风进来，清新气爽的环境自然会让你精神振奋，而且没有呼吸器官上的毛病。

8. 火宅去，健康来

人体内本来就有水火二元能量在不停互动，同时寻求平衡。火宅是指周遭环境被静态较多的能量所围绕的房子，例如餐厅。火宅通常都释放了超量的能量，会远多于一般人所需，一般水火二元平衡的人住到火宅，会容易上火，而产生内脏方面的问题。改善方法就是引来活水或栽培植物，例如园艺。

9. 家里不要有"金字塔"

家里应该避免尖锐物的出现，因为这些东西会产生类似金字塔之中的"尖端效应"，伤害你的神经系统和内分泌系统，且气场的活动也将受到阻挠。原因是尖角形状会放射出不稳定的能量来，让你的家十足成了一个身体机能不会自然运转的活金字塔！

10. 天然清净机的功用

什么是天然清净机呢？就是花花草草之类的植

物。植物在家中大概是最合于自然的生物，也是最适合协助居住的人调节气场的，在风水上，它可以化冲煞之气、除地磁气，还可以调节室内温度和活化气流方向。家里在适当的地方摆株生命力强的阔叶树，对健康非常有利。

11. 路线畅通

情绪焦躁或是生活不正常的人，肝脏会比一般人容易老化，怎样才能顾照好肝呢？其实很简单，只要保持家里行走路线的畅通，不要常碰碰撞撞的，情绪一好，神清气爽起来，肝脏自然就好了。

12. 摆饰多，多到生病

很多人喜欢在房间里摆个海报，买数个堆起来之后不再可爱的玩偶，或者是有一大堆杂七杂八的装饰品。其实，这些东西久而久之会对身体产生不良的影响，因为摆饰若太多了，除了会让你眼睛变差外，也会让你比较容易患上感冒。原因是气场阻塞，会让人抵抗力变差。

六、日常起居中的健康风水

1. 时尚健康的家居布置

时尚健康的家居布置应具备以下几个条件：

阳台应有生活趣味。阳台是人与自然交流的空间，特别是有老人的家庭，阳台上的一棵植物、一个棋盘、一张躺椅，都会让整个居室生动起来。

装修应立足于能养心。人在家中也应该有开阔的视野，过多、过厚的天花板吊顶会让居住者产生压抑感。家里应少用阻隔视线的玄关材料，通透、线条简单的设计是现代人最需要的。如果对西方生活习惯和文化缺乏深入的了解，最好摒弃罗马柱、西洋雕塑等装饰。

将书架搬进客厅。现代人的生活节奏日趋加快，获取信息的渠道增多，不少人没有大块的时间拿来专门阅读书籍，因此将书藏进书房已没有太大意义。最好能把书架搬进客厅，以便随手阅读。在这种氛围里，孩子会很自然受到熏陶，养成爱读书的习惯。

家装摆设忌虚浮。有很多家庭喜欢模仿国外家庭装饰，在酒柜里放置洋酒。但是，东西方酒文化有着很大的差异，如果家中没有人对西方酒文化有足够了解的话，这样做不免显得虚伪做作。

给孩子留一个自由空间。不要为了保持客厅的整齐和清洁，过早地把孩子赶进书房单独学习或游戏。孩子学习或游戏时最需要别人的鼓励，他们给家庭带来的欢乐也最多。父母应把有限的时间和空间留给孩子，因为孩子在迅速成长，与他们共处的时间不会很长。

尽量不要约束孩子随意涂画的天性。涂鸦，是孩子们在表现自己的想象力。可以在装修时给孩子留出一面创意墙，让他（她）在上面随意钉钉子、涂写。甚至可以把孩子从野外拣来的树根、树叶、石头等物品也搜集起来，清理干净后与孩子共同制成装饰标本，留作永久的纪念。

2. 根据自己的生肖选择健康开运的手机

现代通信技术的发展，让手机越来越普遍。根据命理专家的说法，运用五行"相生、同旺、综合"的原理，可分别解读出十二生肖最开运的手机颜色、号码与形状。

属鼠的人，开运色是白色、黑色。（五行属"水"，金生水为"生气"，所以对肖鼠者最佳手机开运色是白色。另外，五行中水与水可生旺气，水的代表是黑色。）开运物是白、金、银、灰、黑色系的方形或圆形手机，与属猴者三合，所以可戴个和猴子有关的吊饰。开运数字以4、9最佳，1、6次之。带衰色是黄色。带衰数字是0、5。

属牛的人，开运色是黄色。（五行属"土中带金"，对肖牛者来说，让运气上涨的颜色是黄色、咖啡色，其次是金色与白色。）开运物是黄色、咖啡色、白、金、银色系之方形、方中带圆手机、黄水晶或黄色手机架。开运数字是0、5。带衰色是绿色、蓝色。（这2个五行所代表的绿、蓝色最好少用。）带衰数字是3、8。

属虎的人，开运色是绿色、蓝色。（五行属"木中带火"，木生火为生气，木与木同类为旺气，因此绿色、蓝色是肖虎者用来提升人际关系再幸运不过的色彩了。）开运物是长方形绿色的手机吊饰。开运数字是2、7。带衰色是白色。（金克木，火克金，所对应出的白色对肖虎者利空大于利多。）带衰数字是4、9。

属兔的人，开运色是黑色、绿色、蓝色。（五行属"木"，水生木为生气，因此速配色彩为黑色，再者木与木同类为旺气，所以绿色、蓝色也可搭配着使用。）开运物是长方形蓝色或绿色系的手机吊饰。开运数字1、6最佳，3、8其次。带衰色是白色。带衰数字是4、9。

属龙的人，开运色是白色。（五行属"土中带水"，土生金、金生水为生气，因此白色可为肖龙者提升运势指数。）开运物是白、金、银色系的方形手机的手机吊饰。开运数字是4、9。带衰色是绿色、蓝色。（若你对绿色与蓝色有很深的喜好，那好运会渐渐远离你。）带衰数字是3、8。

属蛇的人，开运色是黄色。（五行属"火中带

金"，火生土、土生金为生气，所以想让好运用不完的人，可多用黄色的手机。）开运物是黄色、咖啡色系方中带圆的手机，或其他相关的手机吊饰。开运数字是0、5。带衰色是黑色。（水克火，建议所有不想和衰神打交道的肖蛇者，一定要让黑色少上你的身。）带衰数字是1、6。

属马的人，开运色是绿色、蓝色、红色。（五行属"火"，木生火为生气，适绿色、蓝色。火与火为旺气，适红色，所以希望运气高人一等的人，宜大量的使用绿色、蓝色、红色系的物品。）开运物是红色、橙红色、紫红色、绿色、蓝色的手机。开运数字是2、7。带衰色是黑色。（火克水，水与水相克，想和歹运说再见，少用黑。）带衰数字是1、6。

属羊的人，开运色是红色。（五行属"土中带木"，木生火、火生土为生气，希望运势比人强，宜使用红色系手机。）开运物是红色、橙红色、紫红色相关手机或吊饰。开运数字是2、7。带衰色是白色。带衰数字是4、9。

属猴的人，开运色是白色。（五行属"金中带水"，金生水为生气，金与金为旺气，想让好运黏着你，那每天所携带的手机最好是白的。）开运物是白、金、银方形相关手机或吊饰。开运数字是4、9。带衰色是红色。带衰数字是2、7。

属鸡的人，开运色是黄色、白色。（五行属"金"，土生金为生气，金与金为旺气，黄色白色不可少。）开运物是白、金、银、黄色方形或方中带圆的吊饰。开运数字0、5最佳，其次4、9。带衰色是红色。（火克金，远离不顺，少碰红色为妙。）带衰数字是2、7。

属狗的人，开运色是红色。（五行属"土中带火"，火生土为生气，火与火为旺气，希望好运源源不断，建议多采用红、黄色系的物品。）开运物是红色系、黄色、咖啡色相关手机或吊饰。开运数字是2、7。带衰色是黑色。（火克水，水与水相克，少用黑色。）带衰数字是1。

属猪的人，开运色是黑色、黄色。（五行属"水中带木"，水生木是生气，肖猪者开运最HOT颜色是黑色。）开运物是黑色圆形或黄色方中带圆手机，或其他相关手机吊饰。开运数字是1、6。带衰色是黄色。（黄色代表土，土克水，会产生煞气。）带衰数字是0、5。

3. 丢掉晦气

人难免会遇到不顺心的事，所以常会听到某人抱怨自己"倒霉"。那么，当我们遇到了什么"倒霉"的事情后，怎样破解并改运呢？下面集中了几个民间最为典型的案例，为大家提供参考。

撞死猫狗：当你早晨着急上班或是下班后匆匆忙忙回家，忽然从路边钻出一只狗或猫冲到了你的车前，你刹车不及，最终辗了过去……化解之法：动物都有灵性，不小心压死了猫狗必须将它们妥当安置。根据传统说法，"死猫挂树头，死狗放水流"，但因客观环境限制，挂树上与放水流的方法已经变得不合时宜。所以，我们需要将它们的尸体就地掩埋在土里，而非弃之不管。不管怎么样，善待动物是我们的义务和责任。从风水的角度看，善待动物还有助于化解煞气、提升运气呢。

遇见吵架、争执：本来你的心情很好，但一出门就看到有熟人在吵架、争执，于是上前劝解，之后深感自己触了霉头，怕给自己带来厄运。化解之法：遇到有人吵架去开解或是遇见冲突时会轧霉头，回家后可端一盆水，泡入可以除秽气的艾草、芙蓉，以及代表贵气的桂花和大吉大利的金橘，然后用这盆水清洗全身。如果不方便洗全身，也可以洗洗脸和手脚。撇开风水的角度，从心理学的角度看，利用桂花等具有浓香的植物清洗全身，有利于舒缓神经，让自己全身清爽而彻底忘掉因为遇见别人吵架而带来的不快。心情好了，霉运也就不会光临了。

打破镜：有人认为镜子不可以被打破，否则会带来霉运。化解之法：小心地把镜子碎片收拾好，用红纸把它整个包起来，另外再准备一张红纸，上面写上"疏离灾难，灾难疏离"后，把这一包东西丢到垃圾桶里去。

当然，这只是民间的做法，有一定的迷信成分。不过，这也并非毫无可取之处——如果你不小心打碎了镜子，一定要将镜子碎片处理好，并迅速地丢到垃圾桶处理掉，否则，划伤手脚之类的倒霉事可就真的要光临咯！

玉器断裂：佩戴在手上的首饰，日子久了会与身体的磁场产生关联。民间有这样的说法：如果在没有任何碰撞的情况下忽然断裂，就意味着它帮主人挡下了灾难和麻烦，它以牺牲自己来保护主人，这是好事。

化解之法：当事者如果很喜欢这个首饰，不妨重新串起来；如果是难以黏合的玉镯之类，不妨取其一部分改成项链、戒指、耳坠等，使用前要先以粗盐浸泡，化解煞气。当然，已经破碎过的玉器再次挡煞的效果亦会随之减半。如果是很富有纪念意义的物品，舍不得丢弃，可以在化煞后在红纸包内装红豆、黄豆、黑豆、绿豆、薏仁，再将破碎玉器一并放进去，妥善收藏即可。

4.改变自己运程的小窍门

试试以下几种方法或许能够帮你改变自己的运程：

抱抱婴儿：抱抱婴儿可加强运势。婴儿感应特强，若是对你微笑，表示你正在行运，状态良好。多抱婴儿会激发你潜藏在心底的爱，让你拥有包容、关怀、勇敢和积极等品质。触摸老人家的手也有相同的效果。

常常叙旧：这是催旺人缘的最好方法。

多多讲价：学习讲价就是学习成功。讲价可以训练人的反应能力，并让人学会妥协和适可而止。

亲亲孩子：据说，儿童拥有13种超能力，但随着他们的成长这些能力就会消失。所以，要多亲亲孩子，可以找回一些能力。

以眼还眼：当有人的视线与你相遇时，千万不要躲开，眼神犀利的人意志坚强，亦是行运的象征。

唱唱歌：如果感到自己最近情绪低落，人缘欠佳，做事颇多阻碍，最好去唱歌。唱歌能练气，抒发情绪，并培养自信心。行运的人大多中气十足。

香薰：对于八字五行缺火的人来说，香薰有很好的催运作用。

水晶：八字五行缺土的人，可考虑佩带水晶饰物。

泡温泉：最适合八字五行缺水的人。

打打赤脚：打赤脚可以接触到地面，帮助人体释放出多余的和负性的能量。赤脚踩沙滩、草地，实在

不行就踩木地板。若是在公共场合不好意思脱鞋，还可以抱大树。

染发：影星苏珊娜·西蒙说，去一次美容师那里就等于获得了一次新的生命。通过换发型、发色等可以增加人的自信和愉悦的情绪。

多看现场演出：一定要挑那种上座率极高的演出，感受与一大群人一起看真人演出的体验，感受当中的人气，这样可以带旺个人运程。

下厨：给人做饭是结缘，是分享。

旅行：这是改运工程中最热门的选择。出门既能行大运又可开阔眼界，更可重组个人散乱的磁场，最重要的是让一个人潜藏的第二性格登场，许多人在旅程中会有性格变异的现象。

写日记：记性差是行衰运的表征之一，勤记日记是应付失忆的好方法，有助改运。

5. 根据季节变换调整心态

现代社会中，人们的生活总是充满着各式各样的压力，使心情往往处于一种紧绷的状态中。但"健康才是最大的财富"，所以无论平日如何繁忙，都应该抽时间好好照料自己的健康，舒缓自己的心灵。在不同的季节，都有最适合的放松方式，因此我们可以依据季节的属性，选择最有益身、心、灵的方法。

春在五行之中属木，所以春天最适合去爬山、赏花，享受自然。走在充满芬芳的森林中，对呼吸系统相当有益。此外，对久居都市的人而言，到森林中深呼吸，无论是清新的空气还是泥土的芬芳，都会使人精神振奋、心情舒畅。

夏在五行之中属火，容易使人心浮气躁。因此，

※《相宅经》论门前忌

门前有十四忌，须注意：

1. 凡立门柱，皆宜到地，不可架空为之，则吉。
2. 门扇高于墙壁，多主哭泣。
3. 门口有水坑，家破伶仃。
4. 大树当门，主招天瘟。
5. 墙头直冲门，当被人论。
6. 交叉路夹门，人口不存。
7. 众路相冲，家无老翁。
8. 门被水射，家散人哑。
9. 神庙对门，常病时瘟。
10. 水路冲门，悖逆子孙。
11. 粪屋对门，瘫痪长浸。
12. 桥口向门，家退遭瘟。
13. 门前直屋，家无余谷。
14. 门下水出（或挖井水），财源不聚，门着井水，家遭邪鬼。

夏天可以多到水边游玩，因为水边的空气新鲜洁净，阴离子的含量较多，对人体有益。此外，夏天也是适合多运动的季节，因为运动会让人排出大量汗水，能加速新陈代谢、振奋精神。

秋在五行之中属金，秋天早晚温差大，容易感冒及引起呼吸道疾病。因此，秋天以保暖与养肺为主。此外，秋天较不适合远行或从事户外活动，应尽量以室内活动为主，多与亲友聚会，增进感情交流。

冬在五行之中属水，为寒气逼人之态，容易损伤人体的阳气。此时可多吃一些药膳补品，如姜母鸭、桂圆、红枣、羊肉等，以增强体力，提高抗寒能力及人体免疫力。而且，冬天应以休养生息为主，可利用这段时间多看一些书，养精蓄锐，让身体和心灵都得到休息和满足。

七、健康长寿的布局法

家是让人安心、放心、感觉温馨、充满爱心的地方。有了这些基础，就会心情轻松、精神饱满，加上风水流畅，要增加财富、官运亨通、身体健康，当然就非常容易了。

1. 远离呼吸道疾病，让呼吸自然通畅

在风水上，的确有一些方位是容易导致身体不适的。例如，呼吸道出现问题，可以检视家中厕所、浴室及厨房的位置。

厨房是每日煮食食物的地方，这些食物吃进家人肚中，与全家人健康息息相关。根据五行的对照，家中的厕所及厨房方位的确都有相对应的身体疾病，或是可能影响的对象（家中成员），但根本问题还是：将这两个区域维持干净、清爽、无异味，对人的影响自然就能降到最低。

厕所或厨房的位置处在房屋的西方或西北方会对呼吸系统的健康造成不利。西方及西北方属金，在中医五行中，被视为主肺、大肠、呼吸系统，因此，若是厕所或厨房刚好坐落在这两个方位，可以留意家人有没有呼吸系统较弱的毛病。

破解法：将家中面积分成井字型等分的九宫格，拿指南针标出厕所及厨房的位置，如刚好位于西或西北方，可于这两个地方放置黄色或白色水晶；若风水上没问题，但家人有呼吸道的毛病，可于此人卧房的西方或西北方放置黄色或白色的天然水晶。

2. 远离睡眠烦恼，每天都能酣然入梦

现代人睡眠质量不佳的原因很多，要先检查卧室是否是一个能让人放松、适合休息的地方。此外，时间过久、姿势不对、温度不适、寝具品质不佳、噪音太大等等，都会影响睡眠的质量与舒适度，从而引起头痛、筋骨关节疼痛等问题。此外，如果风水有问题，也会影响睡眠质量。

（1）床头在梁下或紧贴柱

梁和柱都是建筑结构中承受重力的地方，若睡觉时头部位置正在梁下或是柱旁，光是视觉都会备受压力，自然就会睡不好了。

破解法：将床头位置移离梁柱，若无法移开，可用天花板隔开横梁。采用紫水晶碎石枕头可以帮助睡眠。

（2）床头背向窗户或空悬无靠

睡眠是用来补充精神的，好让我们能消除疲劳、恢复体力。中医保健之道有云："避风如避箭。"亦有云："神仙也怕脑后风。"倘若床头背向窗户或床头空悬无靠，邪风自然由后方吹送，日子久了便容易产生偏头痛的现象，甚或引起脑部病变。

破解法：建议尽快调整床向，务必使床头紧靠墙壁。

（3）睡床的正上方或正下方装有不当设备

假设安置在二楼的睡床，被设置在三楼相同位置的马桶正压，或被设置在一楼相同位置的炉火烤，虽然相隔了一段距离，但对于睡眠者的健康也会构成一定程度的负面影响。

破解法：建议尽快将睡床迁移至适当的地方。

（4）在紧贴着床头的墙壁背后，设有马桶、水龙头、淋浴用的莲蓬头或炉灶

马桶乃排泄废物之所，紧贴床头当然有污染之忧。水龙头或莲蓬头紧贴床头，在风水学上称为"淋头水"，必定感受潮湿之气，湿气长期渗透至床头，易患风湿痛症。炉灶生燥火，燥火长期紧贴床头，使床头失却润泽之气，易导致血压高或其他血气失调之症候。以上不良设施虽然与床头有一墙之隔，但其负面影响依然有效。

破解法：建议尽早将睡床迁移至适当的地方，远离"危险源"方为上策。

（5）睡房设有不当的装潢及摆设

张太太一家人最近搬进了新别墅。不过，搬进新宅的喜悦并没有持续很久，因为，自从他们搬入新家后，全家小病就不断。在风水上，有什么不对的地方呢？

原来，他们的室内设计师为了消除在睡房边上的一条横梁，而以该横梁的尺寸为准，在其他三边的对应位置上建造了假的横梁，构成一个口字形的天花基本造型，并设置在睡床的正上方。糟糕的是，他们的睡床床头刚好被新建造的假横梁压住头部，而在口字形的内部，设计师更用网状图案的壁纸贴上，在中央位置还装配了一盏多角形，且底部呈尖锐状正对睡床中央的吊灯，恰似一张"鱼网"由上往下笼罩，同时还被作势下刺的"鱼叉"所威胁。因为他们两夫妻跟小婴儿一起睡在大床上，于是导致全家睡眠不好，小病不断，于是睡眠质量更差，形成恶性循环。

破解法：择一良辰吉日，拆除睡房内所有不必要及错误的装潢，天花板则漆上白漆，符合"地浊天清"的风水原则，更重要的是移走床上形似"鱼叉"的尖形吊灯。

3. 远离心血管疾病，让心脏健康强壮

吴先生应酬多，常喝酒，但身体检查一直都很健

康，既没有高血压的毛病，也没有血脂过高。但是，近几年内，他已经因心肌梗塞开过两次刀了。那么在家中风水上，是不是有什么该注意的问题呢？

（1）厕所、厨房位居中宫

"宅心"有如屋宅之神经中枢，而"本命卦"的方位则与"本人"的气脉同气相连，亦有如体内经络与四肢、五脏之相互感应。厕所充斥着污浊之气，倘若错压"宅心"或"本命卦"方位，对宅中人健康难免产生负面效应。

破解法：将厕所打理清洁、整齐、干燥、除潮秽气，并摆设植物，楼梯清理干净、不堆放杂物，光线打亮；将厨房打理清洁、整齐、干燥、除潮秽气，并摆设水晶球。

（2）楼梯设计在屋宅中央部位

直型楼梯形似剑刃，旋转型楼梯形似螺旋式开瓶刀，若错误设置在"宅心"，则宅心遭受重压，有如剑刃穿心，多主心脏病变，甚或发生凶灾。

破解法：建议选择良辰吉日，在宅中适当部位另建楼梯，拆除压住宅心的楼梯方为上策。

4. 远离肥胖，纤体又健康

减肥已是全民运动，不论男女老幼都以严格的标准来追求纤细的身材。那么，在风水上，如何才能助瘦呢？

若是住宅中厕所位置位于北方，或厕所位居卧室的北方，这对减肥是不利的。

破解法：若厕所正好位居家中或卧室的北方，可在厕所中摆设土种的植物，利用属木的植物来吸收属水的北方能量。若要效果更佳，可用一盏小灯投射。当然，厕所一定要保持清洁才行。

5. 远离筋骨酸痛，强身又健体

如果全身筋骨酸痛，但是在医学的检查上却不能得到具体的答案，那么可以回家检视一下家中横梁的走势，以及住宅天花板是否太低，让人产生压迫感。此外，若是横梁压在煤气炉上，则横梁承受的大楼建筑的压力移至炉火，再释放到食物中，食物吃到人体内，会造成人体似乎承受了所有重量压力的感觉。由此反应在健康上，就会让人感到全身筋骨酸痛。

（1）屋宅高度低、横梁多、横压床面的人体部位，或压在煤气炉上

破解法：若是天花板太低，可利用光线的亮度来造成空间更大的感觉；家中横梁多，则注意不要坐或睡在横梁底下；如果能将横梁利用天花板的装潢包起来最好，或做悬吊柜，并在柜中梁下的位置摆放天然水晶或碎石。煤气炉上的布置同横梁。

（2）套房的卫浴门横对睡床

有的别墅的卫浴设备在使用后会产生大量潮湿之气，如果别墅的卫浴门长期横对睡床，那么居住在该别墅的人就会慢慢地感到身体不适，每况愈下，包括肝胆肠胃的不适，甚至会感到筋骨酸痛。

破解法：彻底更改套房的卫浴门向，使卫浴门正对走道或墙壁，不要对着睡床，方为治本之道。

第四章 好风好水好磁场，健康有保障

前面说过阳宅良性磁场长期与人接触后，会承接人体的能量并反射出与人体生物波相同的波谱，从而产生共振吸收以及微按摩的效果，达到调节人体生物信息场、平衡经络、补充血气、改善体质、强化机能，进而将人体调整到最健康的境地。所以，要想拥有健康，不妨先打造出一个良好的居家风水环境吧。

一、科学风水好空气，家居也需要循环与呼吸

所谓风水，首先得有好"风"，即拥有高质量的空气。一个好的空间要能够自己呼吸，开对的窗、作好房子的呼吸系统，就是科学风水。但是，在装修的过程中，我们却常常会在不知不觉间破坏这种"风"，导致家人健康及运势都不佳。

1. 你家房子空气新鲜吗

很多人都认为，外面的空气比室内空气脏。事实上，室内、室外各有对人体不好的物质存在。室外主要是二氧化氮（NO_2）及柴油车所排放的悬浮微粒，室内则是二氧化碳、挥发性有机化合物，如甲苯、甲醛、二甲苯等，这些气体的浓度比室外明显高出好几倍。

事实上，除了家居和建材外，我们常用的一些居家用品，往往也含有甲醛等有害物质，只不过通常不自觉罢了。

很多住过新房的人都知道，刚搬进新房时，房子里会弥漫着很大的一股味道。很多人都会说，没关系，这是难免的，只要过一阵子就没有味道了。所以认为刚装潢好的房子只要开窗通风一阵子就没事了，但其实不然。国外的研究已经证实，挥发性有机化合物大约需要3～12年才能使其挥发量降到安全的范围，试问你可以等上好几年才搬进去住吗？

为什么挥发性有机化合物如此可怕呢？其实，可怕的并不是那股味道，而是警示气味的背后，藏着可怕的杀伤力。事实上，甲醛、甲苯等都是会造成癌症的可怕杀手，然而现代不论是台板的桌子、椅子、窗帘，还是地毯里，都含有高浓度的挥发性有机化合物，如果不慎选，这些可怕的气体随时会侵入身体，造成视、听觉下降、神经系统受损、神经质、忧郁症、记忆混淆、迷乱、握力变弱、肺中毒、肝肾功能受损等，严重的话还会导致癌症病变。

要如何才能知道家中是否有过高的挥发性有机化合物呢？其实最简单的方法就是用自己的鼻子闻闻

看。如果房子闻起来有新房子的味道，那么不用怀疑，铁定有过高的挥发性有机化合物。

新房子我们或许可以用鼻子来闻，那老房子怎么办？除了添购新家具有可能闻到一些味道外，我们又该如何检测呢？由于检测挥发性有机化合物需要有特别的仪器，因此若想确切知道家中是否有过高的挥发性有机化合物，最好的方式还是委托专业机构进行房屋健检。

不过，需要特别注意的是，由于白天几乎没人在家，所以往往家中门窗会紧闭，这时候挥发性有机化合物的浓度就会大幅提升，等到傍晚时全家都回来了，这些浓浓的有害气体，刚好陪着大家共进晚餐……是不是觉得很恐怖呢？

2. 谋杀空气质量的杀手

（1）挥发性有机化合物

挥发性有机化合物有很多种，像常听到的甲醛、甲苯等。前面提到过的"新房子的味道"，正是挥发性有机化合物逸散所造成的。挥发性有机化合物对人体伤害很大，浓度越高伤害性越大。我们的家具、常用的一些居家用品都含有甲醛等有害物质，只不过我们通常不自觉罢了。然而你可知道，世界卫生组织（WHO）已经将甲醛列入致癌物质中，长期接触甲醛容易引起慢性呼吸道疾病、不孕症、畸形儿、女性月经紊乱、妊娠综合征等，导致鼻腔、口腔、咽喉、皮肤等各器官罹患癌症的几率也会增大。

（2）石棉

一般家中或办公室会出现的石棉，主要是矽酸钙板或是石棉瓦。矽酸钙板是用来做办公室天花板或者隔间用的，有些店面装潢也会经常使用到。

由于石棉相当细小，很容易透过呼吸进入我们体内，甚至跑到血管里头。一旦石棉跑到微细血管中，就会刺激淋巴结反应。因为石棉不是细菌，所以无法靠身体的方位系统来排除，持久刺激就容易造成细胞病变，引起肋膜癌、肺癌等。石棉的伤害还有一个特点就是发病很慢，研究发现，血管中有石棉的话，要15年后才会产生肺癌等疾病。

（3）氡气

氡气主要来源于装潢的大理石、花岗石，甚至可以来源于房子所处地基的岩盘。人们很喜欢使用石材来装潢，却忽略了这种具有伤害性的有毒气体。长期吸入氡气，对人体最大的伤害就是引起癌症。在英国，每年约有上千名的肺癌患者的发病与氡气有关。

（4）微菌孢子

微菌实在是令人伤透脑筋，因为它们通常在湿度50°、温度11℃以上就可以快速地繁殖生长。微菌孢子可怕的地方就在于它的大量快速发展与繁殖，它繁殖时所喷发的大量孢子一旦被人体吸入，就会对呼吸道产生影响，最大的危害就是引发气喘，以及引起病屋症候群、慢性疲劳、关节疼痛等症状。

（5）二氧化碳

现代人常常冬天怕冷、夏天怕热，喜欢门窗紧闭，用空调来调节室内空气，因此室内新鲜空气明显不足。

人在屋内待久了，就会感到头昏脑胀、精神不济，这就是吸入过多二氧化碳的结果。

通常，室内二氧化碳浓度在600ppm以下时，对人体不会产生什么不良影响，但超过600ppm就会产生影响。见下表：

二氧化碳浓度(ppm)	症 状
600	无
600～1000	偶尔会有头痛、昏睡、闷热的感觉
1000～10,000	呼吸、循环器官及大脑机能受影响
10,000～30,000	呼吸加快、脸上有温热感
30,000～40,000	耳鸣、头疼及血压增高
40,000～60,000	皮肤血管扩张、恶心呕吐
70,000～80,000	精神活动混乱、呼吸困难
80,000～100,000	意识混乱及痉挛，并发生呼吸停止
100,000～200,000	发生中枢神经障碍，造成生命危险

（6）一氧化碳

一氧化碳无色无味，主要是由热水器或瓦斯不完全燃烧而产生的。刚开始吸入一氧化碳时，常没感觉，

空气中一氧化碳的浓度	吸入时间和出现的症状
100ppm（0.01％）	在6～8小时内，会产生头痛、昏沉、恶心、肌肉无力、判断力丧失等症状。
200ppm（0.02％）	约2～3小时后，产生轻微头痛。
400ppm（0.04％）	约2.5～3.5小时后，头痛加剧。
800ppm（0.08％）	约45分钟后会头昏、作呕和痉挛。
1,600ppm（0.16％）	约20分钟后会头痛、晕眩，2小时候会死亡。
3,200ppm（0.32％）	5～10分钟会头痛、晕眩，10～15分钟后会死亡。
6,400ppm（0.64％）	1～2分钟内会头痛、晕眩、呕吐，10～15分钟内会死亡。
12,800ppm（1.28％）	1～3分钟内会死亡。

等到一氧化碳浓度渐增后，会产生恶心、呕吐的感觉，严重时可能会造成抽筋、昏迷，甚至死亡。见上表。

3. 让房子自由呼吸的方案

透过室内设计的"健诊"调整空间，可以掌握几个方式，包括：开窗、开门考虑"热空气上升冷空气下降"的原理，"双层墙"降低户外的冷与热对室内的影响，原生种植物自然调节室内外温度等。主要方案如下：

方案一：选用绿建材标章材料及产品

想要避免家中有过多的挥发性有机化合物，最好的原则当然是"预防胜于治疗"，最好在装潢及选购家具前，就要求装潢业者或是家具制造者使用不含挥发性有机化合物的材料。

很多人在装潢房子的时候，总喜欢就价格和业者讨价还价，想着怎样才能比较省钱，却没想过业者为了赚钱，会不会提供不符合健康安全标准的材料呢？健康是无价的财富，因此在杀价之余，装潢前一定要指定使用符合各国绿建材标章的材料，因为如果不向室内设计师或装潢业者要求的话，那么，大部分所采用的材料，都会含超过建议上限值的挥发性有机化合物。

我个人认为，装潢材料的品质可以视使用地点的不同，而略有宽严不一的标准，像是孩子的房间、卧房等建议采取比较严格的标准，至于客厅由于使用的时间有限，因此可以略微降低标准，但原则上最低的标准不应低于绿建材的健康标准。

方案二：提高室内通风效果

当家中的挥发性有机化合物浓度过高时，最好的方法就是增加通风。我们每个人每分钟就需要10公升的新鲜空气，然而由于长年使用冷气（现在流行的分离式冷气机绝大部分没有办法交换新鲜空气），常常达不到这个标准。日本的房子在设计的时候，一定会要求装上通风设备，然而我们却没有这样的做法，全靠屋主的想法而定。

建筑坐落东西向的房子，可用遮阳板与水平百叶窗遮蔽过多的光线与热气，同时还能让空气进入室内；而南北向的房子，可使用垂直百叶窗让更多阳光进入室内，也能让空气进入室内。南北向房子可开大窗；东西向房子窗户可做上推式，避免吹东北季风、下雨时，雨水泼进室内。

室内空气与温度要能与户外达成平衡，才能创造气流的流通。通过天花板保留通风空间，在阳台天花板上设计通风孔，那么即使关窗户也能让空气达到流通效果，这就是房子的自然呼吸系统。气流的流通还能自然降低室内温度，减少能源浪费。

方案三：种植净化空气的植物

许多人很喜欢在住宅中摆设绿色植物，绿色植物不仅美化了住宅，给房间带来生机勃勃的活力，还能有效地吸收住宅空气中的有害气体，净化空气，使房间环境舒适宜人。

除了打开门窗通风外，除去室内化学物质污染的有效而简便的方法就是栽种绿色植物。相关的科学研究和实验证明：一盆吊兰在24小时内，能将炉灶、电器、塑料制品等物品散发的一氧化碳、过氧化氮全部吸收掉，同时还能吸收掉86%的甲醛。在24小时有照明的条件下，芦荟能吸收1立方米空气中所含的90%的醛；而常春藤能吸收90%的苯。植物不仅能吸收空气中的有害气体，还能起到净化空气中的粉尘、减弱噪音、调节室内温度的作用。

家庭养花好处多，但这些植物并不是没有缺点的，这些缺点决定了有些植物不适合摆放在卧室中，请您一定要注意，最好在卧室中不要摆放过多的植物。

白天，花卉进行光合作用，会吸收二氧化碳和释放氧气；夜间，花卉进行呼吸作用，吐出二氧化碳，吸收氧气，这时，如果在卧室摆花，就会不利于人的呼吸。因此，白天可将花草放入室内以净化、调节空气，晚上则应搬出卧室。

有些花卉虽然能使空气清新，但也会对人产生一些负面影响，例如：月季花虽能吸收大量的有害气体，但其所散发的浓郁香味，轻者会使人产生郁闷不适、憋气，重者会使人呼吸困难。杜鹃花、郁金香、百合花和猩猩木等，虽也可挥发性的化学物质，但杜鹃的花朵含有一种毒素，误食者轻者中毒，重者则会休克；郁金香花朵含有一种毒碱，接触太多会加快毛发脱落；百合花的香味，久闻会使人的中枢神经过度兴奋，从而引起失眠。还有一些花卉，如紫荆花的花粉，接触过久会诱发哮喘症或使咳嗽加重。含羞草体内的含羞草碱是一种毒性很强的有机物，过多接触会引起毛发脱落。夜来香是一种可供观赏的花，它浓烈的香气可以驱蚊，一般用于庭院和阳台，但夜来香夜间散发的刺激嗅觉的微粒，会使高血压和心脏病患者感到头晕、郁闷，使病情加重。

方案四：丢掉有害家具

如果发现房子的挥发性有机化合物主要是来自于家具，如桌子等，那么建议最好重新换过，如果考量成本过高，也可以考虑采买符合绿建材标章的合板家具。但若真的舍不得把家具扔掉，也不想再有太大花费，那么也可以使用在建材行买得到的含铝胶带，将家具密密地贴起来，因为含铝的金属胶带不会透气，可以将有害气体的逸散量降低。然后再重新漆上低甲醛、低挥发性有机化合物等的涂料。当然，这样的做法难完全兼顾到美观。

也有些人会问，如果不丢掉家具，也懒得自行加工贴胶带，可不可以用通风的方式来去除毒气呢？事实上，如果是甲醛的话，可能要12年才能挥发完成；若是其他气体至少也要3年，怪味才会比较少且危害会降低一些，但是把家具摆个3年，也是不太切实际的。如果想要安心点，建议再添点预算，请空气触媒、光触媒或去甲醛等业者施工处理这些家具，这是比较可以兼顾美观和安全的方法。

二、好水才会保健康

风水学中，水当然是相当重要的一个内容。风水学理论主张考察水的来龙去脉，辨析水质，掌握水的流量，优化水环境，这条原则值得深入研究和推广。

1. 你家的水够干净吗？

我们天天在喝水，但是，你有没有想过自己饮用的水是否健康呢？

我们看着貌似洁净的水,就以为这是对人体健康的水。但是,美国纽约市曾经调查过,纽约市的水里面有火箭燃料、杀虫剂、除草剂、三卤甲烷,甚至还有女性荷尔蒙等。我们的生活用水,大部分都是自来水,自来水在输送过程中,有可能会因为水管破裂,导致许多细菌、微生物入侵。另外,家中的进水池、水塔也是一个很大的污染源。

除自来水外,很多人相当喜爱饮用山泉水或者井水,认为这些水质天然,对人体较好。这在还没工业化之前或许还可以,然而,现在工业污染严重,很多土壤和水源已经被工厂废水污染了,直接饮用这些水对人体其实是有害的。

水占了人体的70%,我们除了平均每天要饮用2升的水外,还有洗澡、洗菜、洗衣、拖地板等都需要用到水,水质的好坏直接或间接地会影响我们的身体健康。

2. 躲在用水中的可怕杀手

(1) 重金属

水中重金属的来源相当复杂,其中最严重的当然是工业污染了。其次还有家庭废水、养殖废水等。含有重金属的水,会导致儿童智力下降、人的精神状况异常、暴力倾向、脑病变、肾功能障碍、荷尔蒙浓度降低、贫血,甚至引发癌症。含有重金属的水除了在人饮用或使用时会对人体造成伤害,同时它还会破坏

水中重金属的伤害力

重金属元素	来源	对身体的影响
铅	家庭用水、玩具、装潢材料	脑病变、智能障碍、神经行为异常、孩童发育及智商受限、甲状腺荷尔蒙浓度降低、慢性肾衰竭、降低精子活动力及数目、致癌等
锌	家庭用水、玩具、装潢材料	贫血、白血球稀少、免疫力受损、体重减轻等
铬	家庭用水、装潢材料	出血性胃炎、急性肾衰竭等
汞	家庭用水、装潢材料	中枢神经异常、视力受损、感觉及运动障碍、肌肉萎缩及智能受损、帕金森症、肾衰竭等
砷	家庭用水、装潢材料	湿疹、皮肤癌、中枢及周边神经病变、贫血、白血病、周边血管病变、四肢坏死、肝功能异常、肝癌、肺癌等
镍	家庭用水、装潢材料	恶心、呕吐、头痛、心悸、虚弱、腹泻等
铜	家庭用水、装潢材料	脑部病变、肝硬化等
镉	家庭用水、装潢材料	肾病变、高血压、心脏血管疾病、致癌等
锰	家庭用水、装潢材料	神经及精神异常等

土壤，让农作物也受污染，如出现镉米、砷番薯等。

(2) 三卤甲烷

饮用过自来水的你，一定会对饮水中那讨人厌的"药味"不陌生，那就是氯。氯是自来水厂用来消毒杀菌的，喝多了自然不好。除此之外，游泳池也普遍用氯来消毒。游泳池中的氯会与人体分泌的汗水、尿液或口水发生反应，成为无机的氯胺化合物。这些化学物质会刺激鼻黏膜、眼睛，也会伤害肺部，导致更容易过敏或气喘等。除此之外，当氯遇到有机物，如水中的枯叶或是腐植土等，就会形成三卤甲烷，而三卤甲烷中最可怕、最容易导致的就是三氯甲烷，也就是氯仿（GHCL₃）。事实上，三卤甲烷吃进去对人体的伤害并不大，因为肠胃吸收力不强，但是肺部对此吸收却非常好。因此，吸入三卤甲烷的危险性比喝进去要高许多，这也是为什么洗澡太久，甚至会增加致癌风险的原因。

3. 让家中水质长清、风生"水"起的对策

对策一：想要杜绝饮水中的重金属，最好的方法是使用家中净水器，彻底过滤可能残留在水中的有毒物质，确保饮水、用水的安全无毒。

对策二：为了避免吸入三卤甲烷，如果没有装设过滤器的话，最好的方式就是保持浴室通风。除了洗澡会吸入氯气外，一些加装氯键的热水瓶，也会形成氯气，因为当你按下氯键之后，氯气会变成蒸汽在家中飘散，如果家里通风不良那就麻烦大了。

对策三：加装滤水器是比较安全的去除三卤甲烷的方式。

三、增加正面能量，拥有良好磁场

一个良好的风水居家环境，不但讲究风（空气）和水，还要讲究磁场。良好的磁场不但能招来好运，而且也会对健康有益。反之，则为害无穷。

1. 你家的磁场好吗？

在居家生活中，常常会有一些负面的能量，影响居住者的健康，但不痛不痒，只不过偶尔令人心烦气躁，像噪音让你几乎感觉不到它的存在，但却暗地里每天啃噬你的健康本钱；又如户外的高压电缆、变电所或是家中的电器设备等，都会发出影响身心健康的电磁波，这些看不到的波后到底有多可怕呢？它会导致儿童罹患血癌的几率增加！对于大环境，我们或许无能为力，但至少在居家环境方面，我们可以做到彻底隔绝负面能量的入侵，这样，才能住得健康又开心。

2. 危害人体健康的负面能量

(1) 游离辐射（含微粒和电磁波）

游离辐射指的是一种高能量的辐射，我们所熟知的α、β射线，都属于游离辐射。游离辐射依形态分为微粒和电磁波两种。微粒型游离辐射包含α粒子、β粒子、中子、质子等，可能有带电荷，也可能没有。

电磁波型的游离辐射则没有电荷也没有质量，就像光一样传送，但是波长更短，能量更高，包含R射线和X射线。

游离射线对身体的伤害是累进的，目前已知，若在不知情的情况下住进辐射屋，那相当于每天被拍上好几十张X光照，如此一来，致癌、免疫力低下、流产、早产等的风险也就相对提高了。因此，不妨请人用专业仪器（盖格计数器）进行房屋健康检查，看看屋内是否有辐射线。

（2）低频辐射

低频辐射，指的是低于300赫兹（Hz）频率的辐射。室内来源是家电设备及配电系统（如墙壁内的配电线等），而户外来源则为住宅附近的电力设施，如变电所、高压输电线、配电线等。前文说过，住宅接近变电所为八大不利健康的外部住宅环境之一。为什么呢？从健康的角度看，医学界早就证实了低频辐射和儿童癌症的关系，世界卫生组织更将它列为B级致癌物。所以当你在购买房子时，最好先勘查一下附近的环境，不要让住宅靠近变电所、高压电塔太近，以免受到伤害。

不过，低频辐射除了来自户外，也有可能是自家的配电设计出了问题，以及家中许多可能产生低频电磁辐射的电气用品，如电脑、冰箱等。

另外，发生在床位附近的低频辐射，对人体的伤害最大，因为我们躺在床上睡觉的时间越长，受低频辐射干扰的时间当然也就越久，长期下来，就等于让自己暴露在致癌的风险里。有许多研究都指出，暴露在居家或职场里的低频辐射中，有可能会得白血病、脑瘤或乳癌等，而部分研究还发现低频辐射会导致生殖器异常或神经行为改变，包括睡眠障碍、沮丧、自杀、神经退化性疾病等。

（3）噪音（含低频噪音）

噪音在风水上被称为"声煞"。一般人买房子时，很容易忽略了"噪音"这个问题，例如住宅附近是否有大型工厂、是否有庙宇、是否临近大马路，交通流量大的时候会不会产生太多噪音等。

千万别以为噪音只是让耳朵听到不舒服而已，事实上，噪音对人体的伤害相当直接。

噪音对人体产生的影响

声音种类	分贝	生理上的影响
喷射引擎	140	鼓膜会破
喷射机起飞	130	耳朵会痛
修马路	120	心电图变化
警笛	110	心电图变化
地铁、公车内	90	内分泌及心电图变化
道路交通	80	血管收缩、血流量减少、注意力降低等
电视、收音机	70	血管收缩、血流量减少、注意力降低等
普通回话	60	计算能力降低
郊外晚上	30	无影响
微风、耳语	20	无影响

如果长期处在噪音的环境下，很快就会出现身心方面的问题。尤其是有糖尿病、心血管疾病的患者，对噪音的耐受力较差，在物理性的刺激下，也较可能诱发神经性的伤害，使病情恶化。另外，躁郁、妄想、精神分裂等患者，对噪音相当敏感，小至电脑键盘声或手机铃声，都可能使他们的病情加剧。

噪音除了会对生病的人产生影响，也会影响正常人的睡眠质量，容易造成失眠、注意力不集中、烦躁不安、心律不整等情形。噪音对人体的伤害，是广泛系统性的整体伤害，并不是单单只会影响到听力而已，已知噪音会降低人的记忆力、阅读能力及学习动机等。

（4）光害

过亮的光线或是闪烁的光线会影响视觉，在睡觉时更会影响睡眠质量。根据多处医学研究指出，视觉环境中的光害大致可分为三种：一是室外视环境污染，如大都市的灯光、广告霓虹灯、建筑物的高反射玻璃外墙等；二是室内视环境污染，如室内装修、室内不良的光色环境等；三是局部视环境污染，如书本纸张、某些工业产品等。

在此，我以室内装潢的粉刷墙面、镜子等的反射系数来做进一步解说。常见的白色粉刷墙面反射系数为69%～80%，镜面玻璃为82%～88%，至于特别光滑的粉墙和洁白的书本纸张的光反射系数高达90%，比起大自然中的草地、森林等要高出10倍，这些数值大大超过了人体所能承受的生理适应范围。因此室内装修时所选用的涂料颜色、墙面材质、灯具，以及引入室内的自然光线等，都会影响居家的照明品质。

光害是导致近视的一大原因。近视除了和照明是否足够、阅读书报的距离及姿势等有关之外，开灯睡觉也是造成近视的原因之一。1999年美国宾夕法尼亚大学医学院儿童医院研究人员针对79名幼童、青少年进行研究，当他们睡在大灯房间，近视比例高达55%；若睡在小夜灯房间，近视比例还有34%；而2岁前若在黑暗房间睡觉，日后近视比例只有10%。

3.提升正面能量，健康有保障

(1) 内部防御和外部防御结合，有效抵抗辐射危害

人们怎样才能有效抵御看不见、摸不着的辐射污染，怎样才能把它的危害降到最低呢？ 在目前已有的防护方法中，主要有两种：内部防御和外部防御。

◎ 内部防御

通过食用具有抗辐射、保护视力、抗疲劳、补充脑力营养素功能的食品，提高自身免疫功能，主动地、由内而外地抵御辐射，是第一种抗辐射方法。

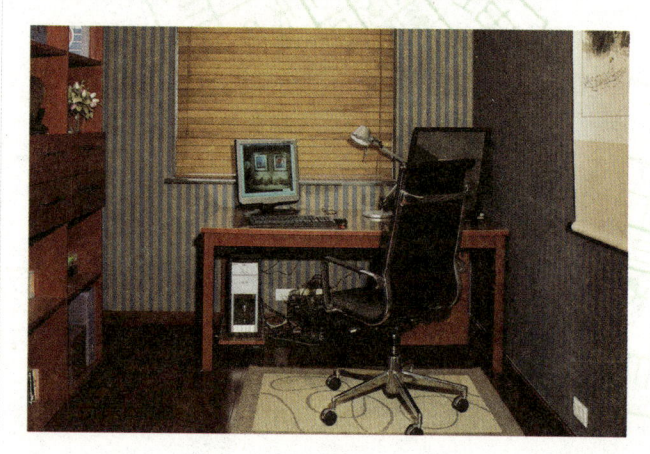

计算机对视力危害很大，经常操作计算机的人应多吃些明目食品，如枸杞、菊花、决明子。枸杞清肝明目，对保护视力有很大好处。饮茶能防止视力衰退和恢复视力，常喝菊花茶也能收到清心明目的效果。国际上普遍认为饮茶有抗辐射的作用，能减少计算机荧光屏X射线的辐射危害。茶中富含的茶多酚（50%）和脂多糖等成分可以吸附和捕捉放射性物质并与其结合后排出体外。

研究表明，必需脂肪酸、维生素A、维生素K、维生素E及B族维生素的缺乏均可降低机体对辐射的耐受性，因此在膳食中要适当供给，如要摄取牛奶、蛋、肝、花菜、卷心菜、茄子、扁豆、胡萝卜、黄瓜、番茄、香蕉、苹果等食物。油菜、青菜、芥菜、卷心菜、萝卜等十字花科蔬菜，不仅是人们餐桌上常见的可口菜肴，而且还具有防辐射损伤的功能。

内部防御需要长期养成良好的饮食习惯，并且是针对长期受辐射的人员，仅有内部防御是不够的，还必须采用如下的第二种防御方法。

◎ 外部防御

穿防电磁波服饰、挡电磁辐射防护屏以及戴对付手机辐射的防磁贴等，采用的都是体外防护。

(2) 改善窗户隔音效果

"声煞"是一种不易化解的煞，若是在坤方（西南）出现，凶性尤强。可以在坤方安放铜葫芦或两串麒麟风铃，以吸收凶气及镇煞，但这不能消除全部声煞，还要再加上尽量关闭窗户，或选用较厚及隔声效能较佳的玻璃。情况严重时，可用双层玻璃。

为了避免受到噪音的干扰，在买房子前，除了考量地理位置，最好也要请专家代为检测房子四周的声音量，然后再看看哪个方向的噪音量最大（虽然钢筋混凝土的建筑物本身就有一定的隔音效果，但窗户却成了屋内的重要漏音来源）。

窗户的设计是一大学问，一般而言，左右推拉的传统窗户，其隔音效果有限，前后推拉的推射窗隔音效果比较好，另外双层气密窗也会比单层气密窗来得更有用。最后要提醒家长特别注意，千万不要把孩子的房间设在高噪音来源处，否则会严重干扰孩子的学习效果。还有失眠的人，也最好避开噪音来源的那一方，这样对提高睡眠质量会比较有帮助。

(3) 装置理想的居家照明

在居家照明方面，必须让眼睛觉得舒服。所谓的舒服且适度的照明，便是光线要均匀、柔和，眼睛不会因为光差过大而让瞳孔收缩、放大过于频繁。许多人在客厅、卧室等只装一盏大灯，而没有在需要看书报处附近添加灯具或台灯，或是以间接照明的方式改善室内光线不均匀的问题。在此，建议可以依照居家空间的不同，来选择配置光源，兼顾照明及人体舒适度。不过在装潢或买灯具的时候，要特别注意室内要

避免大面积的白墙，以及要降低台灯的散射等。以下提供居家空间的灯光营造要诀：

◎ 客厅或起居间

这两处是光源需求最复杂的地方，约需5～10盏的光源。最容易被忽略的是电视后面的光源，如果没有设置照亮墙面的光源的话，电视与周遭光线强烈对比，将对视力造成伤害。另外，如果常看报纸杂志，建议也在附近增设可调式阅读灯，要注意的是，光线要尽量柔和，不要和周围光源相差太大。室内有栽种植物的话，可考虑采用日光灯，以便植物进行光合作用，既经济又耐用。

◎ 餐厅

餐桌上可以考虑设置能调整高低的吊灯，灯罩底部距桌面最好有55～60厘米，这样才能避免灯光过于刺眼。

◎ 厨房

很多家庭往往只在厨房装一盏大灯。事实上，流理台及橱柜上若能再增加光源，在切菜及找东西时就会更方便，也可降低刀伤、水烫伤等风险。

◎ 书房或工作室

电脑旁最好设可调式夹灯，并且使用荧光灯管，让灯具可依需要调整角度及亮度，除保护视力外，也方便移动。要注意，最亮的不见得是最好的，要避免炫光和反射光产生。另外，若要预防眼睛疲劳，除上述提到的集中性光源外，可同时搭配调和性光源或一般性普照式的灯，以这三种层次的光来降低对比，不过别忽略了桌灯的摆设位置，像是惯用右手的话，桌灯就应该放在左边。

◎ 主卧室

建议运用多种灯光，一般性的普照式光源（像是吸顶灯）是必要的，因为可以满足整理床铺和打扫的需求。如果你喜欢躺在床上看书，建议增加可调整角度的集中性光源阅读灯，以保护视力，也方便变换姿势。若想要营造温馨浪漫的气氛，则可适时运用调和性的光源。

◎ 孩童房

为了保护孩子还在发展中的视力，建议在书桌上用集中性光源，再加设调和性光源来降低对比。另外，请选择防漏电、触电的灯具，以确保孩子的使用安全。

◎ 老人房

有研究发现，60岁左右的人比10岁上下的儿童需要多7倍光才能看清楚想要看的东西，建议选用可调式灯具，避免炫光及明暗过度对比。

第五章 保健康又保吉祥的食物

人们餐餐要接触食物，食物对健康的作用自是不言而喻的。关于各类养生食物，各种养生书籍里都有过详细的说明，在这里，我们就不再赘述。我们将从风水的角度，来论述食物与健康和运气的关系。

一、让你聪明又健康的食物

1. 及第粥

随着现代社会经济的发展，城市中的人们对于食物的要求越来越高。同时，大多数人每天上下班坐车，到了办公室还是坐着，非常缺乏运动，导致体内胆固醇过高，于是人们又开始讲求素食，尤其不愿意吃胆固醇含量较高的动物内脏。但实际上，胆固醇是补充脑力的原动力，只是由于人们在摄取这些物质时方法不当，导致其比例失调，未能转化为补充脑力的细胞，反而成了肥胖症的罪魁祸首。其实，只要适量运动并配以大量蔬菜水果，胆固醇并不可怕，而动物的内脏则是能使人变得聪明的最佳食物。

古代科举制度流行，要参加科举的人多半都会吃及第粥，一则取其吉祥之意，二则这种用猪肝、猪心、猪肚配成的食物确实有健脑及提高记忆力的作用。

猪心是欠火的孩子最应该吃的食物，心为火，用沙茶（一种传统酱料，由印度传入我国，采用花生仁、椰子肉、虾米、扁鱼、川椒、葱头、蒜头、白芝麻、陈皮、核桃、芹菜籽、咖喱酱、白糖等30多种原料，经过磨碎、炒干、再加花生油、精盐熬制而成。编者注）炒猪心是冬季生人最佳的改运食品。

2. 爱因斯坦的健脑食品

有一个人，大家都听说过他的名字，而且对他的成就都非常了解，这个人就是爱因斯坦。爱因斯坦的聪明不仅跟他的勤奋有关系，还和他的一日三餐有很大的关系，爱因斯坦特别喜欢吃鸡蛋。科学家在研究爱因斯坦的脑部结构时，发现他的大脑非常特别，显然是长期摄取某种食物的营养所造成的结果。而这种食物，就是我们日常所见的鸡蛋。

大家还记得那个著名的故事吧，爱因斯坦因过于沉迷于工作，错把闹钟当鸡蛋放进了锅里，当他打算吃煮好的鸡蛋时，才发现锅里是一个已经坏了的闹钟。这里也透露给我们一个重要的信息，对于补充脑力来说，鸡蛋最恰当的吃法既不是炒也不是煎，而是白水煮蛋，而鸡蛋黄的五行恰好是火。

3. 用神为火的人要多吃动物的头部

动物头部的健脑功效已经得到了科学验证。风水学中头部五行属火，用神为火的孩子只要平时多吃鱼头、鱼眼、鸡头、鸭头、猪脑、乳鸽头（尤其是它的脑部）等，就会脱胎换骨，精神面貌大为改观。当然，在吃这些食物的时候，还应该配以大量蔬菜，并加强运动，以防胆固醇过高，引起青少年肥胖症。

实际上，鱼头已经成为大家公认的可以使人更聪明的食物。而吃猪脑补脑，更是民间流传已久的传统。如果你的孩子很抗拒吃这些，那么，你可以将这些动物的脑子取出煲汤或做羹，使他看不出是什么东西做的，乖乖把它们吃进去，从此孩子就能变成一个慧质兰心的聪明人。

4. 补充记忆力的状元糕

在古代有一种糕点叫做"状元糕"，是专门做给参加科举的儒生们吃的。和及第粥一样，除了取其名字吉祥之外，还因为这是一种可以大助文昌运的食物。

这种糕点的制成原料其一便是我们刚才提到的补脑佳品——鸡蛋黄；其二是核桃。核桃是自古以来中国人所公认的补脑食品中之极品。首先，当我们剥开核桃，会发现核桃肉的形状与人脑极为相像，望形取意，便觉其有补脑之效；其次，从营养学角度而言，各种科学数据已经证明，核桃是最好的补脑食品，而孕妇在怀孕期间多吃核桃，也会促进胎儿的智力发育；再次，从风水学角度而言，核桃的五行为木火五行，恰好可以补充冬季生人的火性。

所以，当你的孩子学习状态欠佳或自言记忆力减退的时候，不妨让他每天早晨以核桃鸡蛋糕（即状元糕）为早点。长期坚持，到学期结束的时候，他一定会带给你们一个大大的惊喜。

5. 辣椒

我们经常会说四川人、湖南人聪明，而这两个地方的饮食都以辣而闻名于世。近年来，在中国富豪榜乃至世界富豪榜上出现的华人，大多嗜辣如命。从这里就可以看出，多吃辣椒不仅可以使人变得聪明，还可以改变运程。话虽如此，究竟道理何在呢？

首先，爱吃辣椒的人不容易得感冒。感冒是五行中的水在作怪，冬天出生的人水比较多，且冷，尤其容易感冒或感到疲倦，而辣椒属火，多吃辣椒，则可以达到水火平衡。

其次，辣椒的维生素C含量是所有食物中最高的。而维生素C正是我们提高记忆力不可缺少的养分。

所以，如果你的孩子喜欢吃辣椒，就由他去吃。如果他不喜欢吃的话，可以从沙茶酱、咖喱等先开始，慢慢过渡到辣椒。

二、健康又开运的食物8问

1. 带来健康的同时也带来好运的食物有哪些？

一个人拥有充足的能量，自然会交好运，而能量的产生有赖于我们每天补充的食物。但并不是所有的食物都能为我们带来正面的、积极的能量，如我们的传统早点油条，吃多了不但没好处，反而会招致破财。

现代社会，人们在关注健康的同时，开始崇尚素食。但众所周知，素食很容易造成我们某些方面的营养缺失，因此，在选择素食的同时，我们还要考虑到均衡营养。

下面几种食物，是常吃素食的人要注意补充的：

荞麦面：荞麦含有丰富的维生素E和可溶性膳食纤维，同时还含有烟碱酸和芦丁，芦丁具有降血脂和胆固醇、软化血管、保护视力及预防脑血管出血的作用；而烟碱酸成分能促进机体的新陈代谢，增强解毒能力，还具有扩张小血管和降低血液胆固醇的作用。荞麦中还含有丰富的镁，能促进人体纤维蛋白溶解，使血管扩张，抑制凝血块的形成，具有抗栓塞的作用，也有利于降低血清胆固醇。荞麦中的黄酮成分还具有抗菌、消炎、止咳、平喘、祛痰的作用。中医认为，荞麦性味甘平，有健脾益气、开胃宽肠、消食化滞的功效。在吃荞麦时要注意，一次不能吃太多，否则易造成消化不良。另外脾胃虚寒、消化功能不佳、经常腹泻的人不宜食用荞麦。

米线：米线是一种古老的食物，古代烹饪书《食次》之中记米线为"粲"。米线为糯米所制，糯米其质柔黏，性味甘、温，入脾、胃、肺经。糯米的药用功能，孙思邈谓"益气止泻"，并称之为"脾之谷"。缪希雍在《本草经疏》中论道，糯米"补脾胃、益肺气之谷。脾胃得补，则中自温，大便亦坚实。温能养气，气充则身自多热。大抵脾肺虚寒者忌之"。以糯米粉制成的米线，在保留了糯米的特性之余，又增加了口感且更易消化吸收。

土豆：土豆营养价值之高，使美国营养学家断言："每餐只要吃全脂奶和土豆，便可得到人体需要的全部营养素。"你也不必担心肚皮有难熬的饥饿感，土豆在补足人体需要的几乎全部营养素的同时，所含丰富的纤维素可以让胃胀鼓鼓的，使人有"酒足饭饱"之感。需要注意的是，要将土豆做主食而非菜品来食用，可以吃煮土豆、做土豆条或煎土豆饼，一定不要做成炸薯条来吃。最好的吃法当然是带皮烘熟后，去皮食用。

粟米：明代著名医学家李时珍称："粟米煮粥食益丹田，补虚损，开肠胃。"粟米煮饭，《食医心镜》中说："治消渴口干，粟米炊饭，食之良。"粟米的营养成分包括脂肪、蛋白质（有谷蛋白、醇溶蛋白、球蛋白等多类）、灰分、淀粉、还原糖等。粟米粥加热牛奶就是很好的早餐了。

麦片：麦片主要成分是燕麦，含有能增进骨骼发育的矿物质、促进消化系统发育成熟的纤维素、调节人体机理平衡的无机物等，是正餐外最佳的营养补充。一项新的研究认为，喜欢吃麦片做早餐的女性与选择其他早餐食品或干脆不吃早饭的女性相比，前者体重轻于后者的概率比较高。研究人员认为，麦片里富含的纤维、维生素和矿物质成分有一定的功劳。同时，吃高纤维麦片可降低得高胰岛素血症的男性体内胰岛素的产生，并且能降低血糖。

香蕉：香蕉中的碳水化合物含量丰富，对于肠胃有问题的人来说，每天吃一根香蕉可以起到润肠护肠的作用。同时，之前我们已经介绍过，香蕉可以使人心情愉快，精神焕发。

面包：面包的营养成分在这里就不多说了，面包包装纸上的介绍比这里要详细得多。但在买面包时要注意，想利用吃面包的方法来增强运势的话，一定要选择咖啡色的，次选是黄色的，白色的面包最好不要选。

米汤：最好每个星期煲一次米汤喝。这是在正常饮食之外，最好的行运饮品。米汤具有调养肠胃的作用，很容易消化。米汤中含有大量的烟酸、维生素B_1、维生素B_2和磷、铁等无机盐，还有一定的碳水化合物及脂肪等营养素。米汤性味甘平，有益气、养阴、润燥的功能，饮用它对孩子的健康和发育有益，有助于促进消化和对脂肪的吸收。小孩子常喝放一点盐的米汤，比喝别的饮料要更好，不仅有营养而且味道也很不错。

2. 哪些人更适合吃莲藕

莲藕在食用时要配合八字，不同八字的人吃莲藕会产生不同的补运效果，而以下4种人是最适合吃莲藕的：

生于阳历1月5日～2月3日（生于丑月）的人，男性吃莲藕可增进其与上流社会、权力阶层之间的联系，女性吃莲藕可大旺桃花运。

生于阳历4月5日～5月4日（生于辰月）的人，吃莲藕会使其减轻疑神疑鬼、瞻前顾后、犹豫不决的性格，使夫妻之间和谐美满、家庭幸福。

生于阳历7月6日～8月7日（生于未月）的人，莲藕会使其心情开朗、戒骄戒躁，使其人际关系资源得到巩固和进一步加强，长盛不衰。

生于阳历10月8日～11月7日（生于戌月）的人，吃了莲藕会马上变得聪明起来，并且不再对人生感到茫然，整个人变得目标明确、积极向上，成为众人瞩目的焦点。

在食疗中，莲藕具有养阴清热、散淤止血的功能，可补虚益气。但其虽具醒胃功能，却不宜多吃，因为不好消化。在风水学中，莲藕可以驱散人的"土"气，特别是脸上有斑或黑点及大面积胎记的人，每两天吃一次莲藕，两周后就会发现情况大为改善，连运气都变得好了起来。

此外，莲藕可以催旺九紫桃花星，俗话说"藕断丝连"，意指男女之间两情相悦，缱绻缠绵。可见，

莲藕是一种长情的食物。而其补虚益气的功效，可增进男女对感情的专一和耐性。

3. 为什么说洋葱是风水宝物？

洋葱是一种很奇怪的蔬菜，你在切它的时候会眼泪汪汪，但吃了它之后，又会心情大好，运势大旺。有些人不喜欢洋葱的味道，所以不吃洋葱，这是不对的。洋葱具有消除压力、增加自信心的效果。如果经常吃洋葱，会让你的生活与事业大有改观。

洋葱除了可以让人变得自信而开朗，还可以消除口腔异味。八字生于夏天的人，是最容易有口腔异味的；而八字为"戌午寅"三合火局的人，容易出现口气。而洋葱是消除口气及口腔异味最好的食品。

洋葱还可以起到镇定剂的作用，如果你神经紧张，或有严重的神经衰弱及神经官能症，可以在每天的饮食中加入洋葱，可以喝洋葱汤，也可以用洋葱配其他菜，如菠菜、荷兰豆、鸡蛋、肉丝等来炒，会有很好的疗效。特别是对于经常失眠的人而言，一碗洋葱汤就可以让你摆脱睡眠方面的困扰。

4. 五行缺火命人怎样利用食物来补运

以下三个时段出生的人是五行缺火命。零食和小点心可以提升恋爱运。

第一，生于阳历11月8日～次年2月19日的人，也就是农历的亥、子、丑这3个月，再加上寅月的前15日。

第二，生于凌晨子时的人，即晚上11时～次日凌晨1时。

第三，生于丑时的人，即凌晨1～3时。如果是12月初到2月初的子丑月出生之人，是寒日寒时，为命中缺火最严重者。

这类人如何在日常饮食中为自己补运呢？他们只需经常食用以下5种红色食品就可确保有备无患：红葡萄、红辣椒、红番茄、红皮洋葱、红皮苹果。当然，这里并不是说凡是红色的食品就一定是缺火人所需要的，就可以补火性。以上5种食品是经过科学验证的。

据新加坡营养学家研究证明，这5种食品是防治乳癌及前列腺癌的最佳食品。而对于五行缺火的人来说，是最有效的。

据专家分析，红皮蔬果中含有山奈酚和解皮黄酮，能够阻止癌细胞为生成血管制造蛋白质。由于癌组织依靠自制蛋白生成的血管获得营养，一旦此类蛋白质无法发挥作用，癌细胞便会因营养断绝而逐渐萎缩直至死亡。研究者将人体内的乳癌及前列腺癌组织植入老鼠体内，然后给他们吃这类红色食物，发现癌细胞的扩散速度减少了3／4。由此可见，五行缺火人常吃这5种食物，不仅可以为自己补运，还可以预防癌症的发生。

5. 五行缺水命人补运的最佳食物是什么？

对于五行缺水命人来说，要想一直走好运，经常吃豆腐便有神效。豆腐是五行缺水人的最佳补运食物。但豆腐也不是每天每顿饭都要吃的，因为豆腐是补充水功能之极品，属性寒之物，虽然中医认为豆腐宽中益气、消胀利水、清热解毒，可治痰喘、久痢及血崩之症，但如果一个人的八字很寒，常年吃豆腐就会出问题。

如果你虽然生于冬天，八字很寒，但又喜欢吃豆腐，怎么办呢？不妨试吃油炸豆腐，至于豆腐汤和豆腐花还是不要常吃为好。吃豆腐的最好季节是在：夏天——阳历5月5日～8月8日；秋老虎——阳历10月初～11月初；早春——阳历2月19日～3月初。

一般最好在中午吃豆腐，而集中在一段时间吃豆腐，能起到清理肠胃的作用。同时，豆腐可以帮助祛除身体上的积热，因此，当你去医院拔完火罐后，一定要吃豆腐。豆腐可以帮你祛除身体内残留的火灸。

如果是五行缺水的人偏偏喜欢吃豆腐，还有一个好办法可以参考，那就是吃麻婆豆腐或麻辣豆腐花，或者在豆腐中加胡椒。这样既可以平衡豆腐的寒气，又补充了椒类的火气。

6. 用神为水的人怎样利用食物旺运？

对于用神为水（缺水缺金）的人来说，旺运的最好食物是银耳。银耳具有滋阴润肺、生津养胃的功效，口感柔润且不腻不燥，是现代人的养生佳品。

对于因加班加点总开夜车而过于劳累、体虚的人来说，以银耳、花旗参、龙眼肉各3钱炖服，可起到滋养身体的作用。同时，银耳对于那些神经衰弱者也有疗效，它可以起到安神的作用。因为，神经衰弱者大多是八字中火多之人，这类人最容易紧张而导致心神混乱。

要补金的人，可以吃用银耳、人参、川贝及冬虫夏草加去核红枣炖的汤。

补"水木"的人，可以用银耳加南北杏、蜜枣、鸭肾及猪脚一起炖汤，如果在汤里再放少许雪梨干，则更有清心润肺之功。

生肖为羊、兔、猪的人，吃银耳特别旺运。当他们因情绪不安，特别是感情生活不安定，或因感情问题而心绪不宁的时候，最好的治疗方法就是吃"银耳汤"。

生于巳、午、未、戌、寅这几个月的人，以及出生于11：00～15：00的人，是火最多及阳气最旺的时间，这类人吃银耳汤，可有效地祛除体内的火气。

7. 家人脾气不好，怎么办？

所谓脾气不好，其实就是肝火旺盛，心浮气躁。那么，有什么办法让家人改掉坏脾气呢？对一个发脾气的人讲道理是没有用的，所以，要从他的日常饮食着手。

在日常饮食中，可以专为这个脾气不好的人准备芋头，多吃芋头即可使他心胸宽广，将坏脾气统统收敛起来。这是为什么呢？中医认为，芋头利水消肿、清热散湿，且益脾胃、调中气。要注意的是，吃过芋

头后不能大量饮水，否则会腹胀。

不同的人所吃的芋头烹调方法亦有所不同，如八字用神为"土金"的人宜吃"芋头焖鸡"；八字用神为"丑土"的人适合吃"芋头炖牛腩"；肠胃不好的人要用"芋头糖水"来做辅助治疗；而八字五行为"己土"及"辛金"的人，多为金命人生于春天，如果他们的出生日天干为"庚"或"辛"，生于"寅"或"卯"月，吃芋角或芋头糕，可以催旺好运。

但并不是所有人都适合吃芋头，以下4个时段出生的人便不宜吃芋头：

辰月：阳历4月5日～5月5日；

戌月：阳历10月8日～11月8日；

丑月：阳历1月5日～2月4日；

未月：阳历7月8日～8月8日。

这4个时间段出生的人，要金而不要土，所以不能吃芋头。

8.吃多大的鱼才可以使其发挥最好的补运效果？

清蒸鱼对于用神为火的人来说，是最好的补运食品，且在中午吃这道菜，效果是最好的。是否越大的鱼补运效果越好呢？事实并非如此。在做清蒸鱼补运的时候，一定要选择25厘米（一根筷子的长度）以内的鲜活的鱼。因为，鱼越小，其活动能力及身体摆动的频率就越大。这一点，我们去过水族馆的人都应该很了解。那些五彩缤纷的小鱼在水中总是不停游动，非常活跃；反过来，体型较大的鱼则显得有些笨重，尾巴总是极缓慢地摆动一下，而其身体也几乎是静止不动的，除非受到惊吓，否则它们可以一直呆呆地停在水底，任那些小鱼嬉闹着在身边闪来闪去。至于已经死了的鱼，不论大小，都已经没有任何活力和生命力可言，根本不适合拿来清蒸，不仅味道大打折扣，其在补运方面也根本没有任何助益。因为活力和生命力方面的精神营养，只有活蹦乱跳的鱼才能提供。

所以，我们要记得，在做清蒸鱼的时候，请一定选择长度适中的鲜活的鱼来为自己补运。

三、缓解亚健康状态的食物

1. 去掉"起床气"的食物

常会听到有些朋友说，他们早晨有"起床气"。意思是说，早晨一起来就心情低落，遇到熟人也不想打招呼，别人招呼自己又嫌人家烦。严重的，甚至会在上班途中因挤公车而和人家口角起来，或者是到单位后和同事闹别扭。但只要过了这段时间，他们的气就消了，那种奇怪的憋气的感觉也没有了。这是为什么呢？实际上，这是你的身体在向你发出警告，你的体内需要补充维生素B6和烟碱酸。

那么，在日常生活中，如何为自己补充这两种元素呢？当然没必要去买大把的药片来吃，在有些食物中就蕴含着丰富的维生素B6和烟碱酸。

维生素B6：要补充维生素B6，香蕉是最好的选择。香蕉是一种可以舒缓紧张情绪、令人心情舒畅的水果，当你感到焦躁、忧虑等情绪在困扰着你时，不妨吃一根香蕉，烦乱的情绪就会逐渐平复下来。平时多吃香蕉，会使你变成一个笑口常开、开朗乐观的人。而睡前吃一根香蕉，当你早晨起来，就会感到精神焕发、心情愉快。

烟碱酸：在所有含有烟碱酸的食物中，以乳酪中的含量最为丰富。我们经常会说蒙古人性情豪爽、大气，这除了和他们的生活环境及地域有关，他们的饮食习惯也注定了这是一个乐观的民族。因为，他们的生活中少不了乳酪、奶茶等奶制品。

因此，不妨为自己泡制一杯香蕉味的乳酪，原料和做法都很简单，一杯乳酪（各大超市各种品牌都可以买到），一根香蕉，将香蕉打成泥混入乳酪中搅拌均匀即可。一杯美味又开怀的"开心果杯"是你每天早晨和下午休息时最好的点心。

2.对付忧郁症的食物

随着生活压力的增大及现代社会发展速度的增快，很多人都感到自己并非想象中的那样快乐。心理门诊中的忧郁症患者也日益增多，而且几乎各年龄层次的人都有。心理辅导也好，药物辅助治疗也好，其目的都是要让患者的人生重新为乐观向上的情绪所围绕，不再消沉、抑郁。在这里，我要为大家介绍几种食物，它们的共同点在于，含有丰富的烟碱酸，是对抗忧郁情绪的最好食物。

无花果：无论是干果还是新鲜的无花果，对于忧郁者来说，都是很好的开怀食物。但要注意，每天吃三五粒就可以了，不要过量。

绿豆糕：绿豆糕在各个食品店都可以看到，是很普通的一种食物。但它香甜细腻的口感和丰富的烟碱酸含量，使它成为忧郁症状的终结者。

黑芝麻酱：黑芝麻酱很常见，可以像果酱那样拿来抹在馒头或面包片上。因为不太好消化，且脂肪含量和热量都很高，所以，食用要适量。

雪梨：连皮带肉大口大口痛快地啃雪梨，单是那咔嚓咔嚓的声音已经非常过瘾，还有充分的汁液会将你内心的无名之火彻底浇灭。

在补充烟碱酸的同时，还要补充维生素B6。刚才我们已经讲过，香蕉中维生素B6的含量最为丰富。除了香蕉，还有3种食物中也含有丰富的维生素B6：

麦片：早晨以麦片粥为早点，可以让你从一天的开始就拥有好心情。而且，麦片不仅可以补充维生素B6，还可以降低你体内的胆固醇,是爱美女士的最佳选择。但在为麦片粥选择配料时要注意根据自己的生日来搭配:如果你的生日是阳历2月19日~8月7日,属于八字较热的人,那么,可以在麦片中加燕窝或冬虫夏草。当然,燕窝或冬虫夏草都要事先煮好,再加到麦片中。注意,在吃麦片时要吃咸的,因为,咸者入肝而甜者入胃。肝决定了我们的情绪好坏,一个肝火旺的人情绪绝对好不到哪里去。如果你的生日是阳历8月8日~次年2月18日,属于八字较冷的人,可以在麦片中加红枣、果仁、枸杞等同煮。这些可以给你带来温暖的被呵护的感觉。

番茄:番茄是蔬菜中的"开心果",尤其是生番茄比熟番茄效果要更好一些。

橙:除了含有丰富的维生素C外,在橙中还含有大量维生素B_6,而且橙中的维生素很容易被吸收。

还有一种食物,同时含有烟碱酸和维生素B_6,可以说是忧郁者最需要的食物,而且价格便宜,随处可见。这种食物就是——花生。每天下午15:00~18:00之间,吃十几粒花生,不仅可以有效改善坏情绪,还可以为你增强桃花运。如果不喜欢生吃花生的话,也可以在每天的早餐中加花生酱。一家人坐在一起吃抹了花生酱的面包或馒头,整个家庭都充满和睦、幸福、快乐的气氛。

3. 补救"电脑综合征"的食物

现代人每天的生活和工作几乎都离不开电脑。长期如此,定然会影响到视力及身体各机能的健康。那么,除了注意减少在电脑前的时间,还有什么方法可以补救呢?

除了医生教我们的看远方及看绿色,隔一段时间就起来休息一下,四处走一走,或是在风水布局时放一瓶水养富贵竹或开运竹,我们还可以利用食物来进行补救。

苦瓜便是我们用来治疗电脑综合征的最好食物。因为苦瓜具有明目消暑、清热解毒的功效。苦瓜尤以败火的功能最强,特别是生的苦瓜汁,在午时喝下,效果奇好。

用神为水的人,每年夏天或是在电脑前工作一天之后,都一定要喝一杯苦瓜汁,或是吃凉拌苦瓜。这样不仅可以败火以利身体健康,还可以为其补运。

4. 让自己"动"起来的食物

每天经过繁忙的工作之后,回到家就想陷在沙发里一动不动。这可能是大多数朝九晚五族的生活状态。而周末,亦会想好好睡个懒觉,在家休息休息。实际上,这样的生活状态对我们的身体及精神状态并没有好处,反而会使人变得消极、倦怠。人只有动起来,才会越动越灵活,才会思维敏捷、身体健康。那么,如何赶走身体里的懒虫,变得好动起来呢?有一样食物可以让你自觉自愿地动起来。我们已经很熟悉它了,就是前面提到的洋葱。

中医及营养学家对洋葱的评价极高,主要集中在以下几点:抑制高脂肪;控制胆固醇过高;防止动脉硬化;防止静脉曲张;防止心脏病;防止高血压。因此,在日常饮食中,一定要经常吃洋葱。有一道洋葱炮制的素菜，是上班族的最佳菜肴：用洋葱炒丝瓜海蜇皮。这道菜不但可降血压，还可散淤祛风、清凉解毒。丝瓜可以通经络，对于上班族因久坐而导致的周身疼痛、经络不通有良好的效果。

而中年男子最担心的便是前列腺疾病。洋葱对于前列腺肥大具有很好的防治效果：洋葱4～5个切碎放入汤锅中，然后加水大火煮沸，改文火煎至汤水呈茶色，每天15：00～17：00（申时）喝大半杯，既可降低胆固醇，对前列腺疾病患者也有很好的疗效。

洋葱为湿土，具有清凉解毒、活化血管、降低血液黏稠度的功效，兼具"辰土"与"丑土"之特性。不好动的人，是因为命卦中缺少湿土。需要湿土的人，在客厅里多放几个洋葱，就可起到开运转运的效果。如果是一家之主的丈夫要湿土，可以将洋葱放在客厅的西北角；如果是主妇要湿土，可以将洋葱放在客厅的西南角。一个月之后，不好动的你就会发现，自己忽然有了想要出去旅行的欲望。因为，洋葱可以催动驿马星，使你产生"出去走走"的想法。

在吃洋葱时要注意，不要剥掉太多层的皮，只需将表面干枯的皮薄薄去掉一层就可以了，因为越靠外的皮中所含的多解皮酮越多，而这种元素是最能化解脂肪的。

5. 对上班一族的健康有好处的食物

现代人总是为了生活而忙碌奔波着，从周一到周五，只有到了中午休息时才能稍稍放松一下。因此，对上班族而言，午餐就显得格外重要。下面是专为上班族量身订做的健康招财食谱，是依照五行原理所调配的，可以让你在享受食物美味的同时，也将财气吃进体内，所以想要加强自己在金钱上的好运，那么每天中餐别忘了吃点这些既补充元气又招财的开运食物：

星期一，所谓好的开始是成功的一半，星期一是财气聚集的开始，所以中餐时吃一些菠菜或是四季豆，可以让财运一路领先。

星期二，第二天，工作上的冲劲可能会稍稍递减，但是却在慢慢步入轨道，所以中餐吃一些牛肉或是胡萝卜，可以让财运稳扎稳打。

星期三，工作的感觉是越来越驾轻就熟了，所有的事情都在稳步进行。如果想要加强财运，中餐可以吃些玉米或是油豆腐，都会有不错的帮助。

星期四，若是感到有些疲倦，精力也不如前些天充沛的话，那财运自然也会受到影响。因此，中餐可以吃些竹笋或花枝，都可以提升财运、补充元气。

星期五，一周的工作接近尾声，在心态上容易过于紧张或是过于放松，这时的中餐需要吃一些海带或紫菜汤，可以有效地再次提升财运。

6. 对皮肤有好处的食物

俗话说："一白遮百丑。"可见皮肤对人外貌的重要性。有很多人其实五官都长得很普通，但健康漂亮的皮肤给他们的外貌加了不少分。要想有漂亮的皮肤，必不可少的一种营养元素就是维生素H。

在我们的食物中，有一样食品是维生素H的敌人，那就是蛋白。一个煮蛋的蛋白就足以消耗掉你这一天中所吸收的维生素H。

长此以往，吸收不足而损耗不断，皮肤很快就会变得不像样，任你五官再漂亮，没有好的皮肤烘托也是枉然。所以，要想皮肤好，又要桃花旺，那么就放弃鸡蛋白，只吃蛋黄就足够了。

与蛋白恰恰相反，鸡蛋黄对于消化器官有增加其消化吸收维生素H能力的作用。再辅以大量蔬菜，如海带、菠菜等，又可促进体内"镁"的吸收，可谓一举两得。

此外，花生、果仁也都可以加强人体对维生素H的吸收能力。要注意的是，花生一定要生吃，而且每次不能超过30～40粒。

而用花生、果仁、糙米、水果等做成的八宝粥，当然更是催旺桃花、增添魅力的最佳食品了，如果能和鸡蛋黄一起吃，效果更是好上加好。

7. 想要留住青春活力的饮食要求

要想留住自己的青春，最好的食物就是植物的嫩芽，而且要生吃，这样才能最大限度地吸收其青春能量。在一些饭店中，会用大量鲜嫩的芽菜来做生菜沙拉，如苜蓿芽、小麦草芽、黄豆芽、绿豆芽、豌豆尖等。这些鲜嫩的刚冒出头的小菜，蕴涵着无限的生命力和能量，经常吃这样的食物，可以使我们青春常驻。

关于青春健康，还有一点就是吃饭不能吃得太饱。

民间有一句关于养育小孩子的俗语叫："若要小儿安，常带三分饥和寒。"这句话是很有道理的。有些老人因为过于节俭，看到剩饭剩菜就很生气，一定要家人或自己把剩的都吃光。不管自己是不是撑得很不舒服，总之，以他们的理论是"不能浪费"。但实际上，为了"节省"这一点点剩饭菜，他们却付出了最可宝贵的健康做代价。其实，想节省，完全有别的方法，如是自己做来吃，可以少做一些，根据家人的需要量来做；如果是在外面吃，完全可以把剩的菜打包带回家，下一顿继续吃。吃得过多过饱，不仅会造成消化系统的负担，还会导致营养过剩、营养不良、肥胖症、脂肪肝等。所以，在吃饭的时候，不要以"饱"为标准，而应该以"不饿"为停嘴的标准。

此外，吃饭的时候一定要细嚼慢咽，吃得越慢，寿命就越长。而且，要在日常饮食中加大生食所占的比例，因为高温烹调及长时间的炖煮，会使食物中的维生素、矿物质、酵素等受到破坏，而一切促使老化的物质都是因为高温而产生的。主食方面，当然是粗纤维的食物要比精细食物更符合身体健康的需要，因为我们所说的精米白面实际上多经历了几道加工程序，将其中的大量营养素都过滤掉了。所以，米饭应选择糙米饭，面食也不需要特意去买什么雪花粉、高精粉之类。

第六章 保健康增寿挂画和吉祥物

挂画和吉祥物对健康的风水效应，并非是玄之又玄的事情。比方说，翡翠能发出有益人体的良性磁场，并吸纳人体中的戾气；龟形饰品、百寿图等能给人强烈的长寿暗示。因此，在对的地方、对的时候张贴相应的挂画或佩带相应的吉祥物，是能为人的健康保驾护航的。

一、保健康增寿挂画

1. 百寿图

（1）寓意及效应

一幅字画内，用不同笔法写出一百多个寿字，便称为"百寿图"。"百寿图"是颂扬年高的吉祥图案，祝愿老人平安健康，福寿双全，寓意吉祥如意，益寿延年。

（2）宜忌

◎从文字五行来说，"寿"字属金，五行喜金的人最适宜挂百寿图，忌金者则不宜。

◎百寿图，宜挂在老人房或客厅的吉利方位，或家中老人的三合、六合方位上。

2. 八仙图

（1）寓意及效应

八仙，就是道教供奉的并且在民间广泛流传的八名得道仙人，指的是汉钟离、张果老、吕洞宾、李铁拐、何仙姑、蓝采和、韩湘子和曹国舅八人。

八仙本为仙人，又定期赴西王母蟠桃会祝寿，所以，八仙图常作为祝寿的吉祥礼物。

八仙仰望寿星图，称"八仙仰寿"，八仙向西王母祝寿图，称"八仙祝寿"，八仙与古松、仙鹤画在一起，其吉祥意义则是"群仙拱寿"。

八仙所持的八种法器，称为"暗八仙"。其八种法器可以代表八仙，既有吉祥寓意，又代表万能的法术。在长期的民间流传及民间艺人的演绎中，人们赋予了"暗八仙"如下功能。

渔鼓，张果老所持宝物，"渔鼓频敲有梵音"，能占卜人生。

宝剑，吕洞宾所持宝物，"剑现灵光魑魅惊"，可镇邪驱魔。

竹箫，韩湘子所持宝物，"紫箫吹度千波静"，使万物滋生。

荷花，何仙姑所持宝物，"手执荷花不染尘"，能修身养性。

葫芦，李铁拐所持宝物，"葫芦岂只存五福"，可救济众生。

扇子，汉钟离所持宝物，"轻摇小扇乐陶然"，能起死回生。

玉板，曹国舅所持宝物，"玉板和声万籁清"，可静化环境。

花篮，蓝采和所持宝物，"花篮内蓄无凡品"，能广通神明。

(2) 宜忌

◎有关八仙图及暗八仙图，都可作为为人祝寿的礼物。

◎八仙图及暗八仙图，宜挂于客厅的吉利方位，可更好地催起空间的灵气。

◎挂八仙图，不宜面向餐桌、厨房。

◎挂八仙图，不宜面向卫生间门，或挂在靠卫生间的墙上。

3. 寿星图

(1) 寓意及效应

寿星又称南极老人、南极仙翁，经常以一慈祥老翁的形象出现在各种吉祥图案中南极仙翁身材不高，弯背弓腰一手拄着龙头拐杖一手托着仙桃，慈眉悦目，笑逐颜开，白须飘逸，长过腰际，且头部隆起。南极仙翁常伴的有一仙童、鹤、鹿等。若寿星与两星在一起则称为福禄寿三星。

寿星代表着生命，人们向他献祭，祈求他赐予健康而幸福的长寿。寿星的图案作为装饰，也寓健康长寿之意。

(2) 宜忌

◎有关寿星图，适合作为对男性祝寿的礼物。

◎寿星图，宜挂在客厅或老人房的吉利方位，或家中男性老人的三合、六合方位上。

◎挂寿星图，不宜面向餐桌、厨房。

◎挂寿星图，不宜面向卫生间门，或挂在靠卫生间的墙上。

◎寿星伴有鹤、鹿的图，可再参考鹤、鹿的宜忌置挂。

4. 麻姑献寿图

(1) 寓意及效应

麻姑是古代的神话人物。相传三月三日西王母寿辰时，庆典上开设的蟠桃盛会总要汇集各路神仙，带来各自美好的祝福。纯洁美丽的麻姑，和百花、牡丹、芍药、海棠四位采花仙子，特邀同往。麻姑带来的礼物，是在绛珠河畔以灵芝酿成的美酒。

据传麻姑自己说，曾见东海三次变为桑田。可见，麻姑的寿命很长，所以"麻姑献寿"是象征妇女长寿的。

(2) 宜忌

◎寿星图是男人作寿的好礼物，而麻姑献寿图则是祝颂妇女长寿的专门礼物。

◎麻姑献寿图，宜挂在客厅或老人房的吉利方位，或年长妇女的三合、六合方位上。

◎挂麻姑献寿图，不宜面向餐桌、厨房。

◎挂麻姑献寿图，不宜面向卫生间门，或挂在靠卫生间的墙上。

5. 竹图

(1) 寓意及效应

竹子长得亭亭玉立、节坚心虚，有君子之风，象征挺拔和坚强不屈，故人们将竹以高洁品质而称颂，为一种吉祥象征物；竹心空虚，所以象征着谦虚的美德。竹子四季长青不变色，因此也用来作为老年人健康的象征。

竹类中有一种天竹；天竹与南瓜、长春花画在一起；表示"天地长春"。

"竹"又与"祝"谐音，有美好祝福的习俗意蕴。

竹与梅花、松同耐寒岁，结为挚友，被称为"岁寒三友"。梅、兰、竹、菊被称为"四君子"，是文人的最高理想的象征。

竹子与梅花画在一起，称之为"竹梅双喜"，是用于贺婚的好礼物。竹插在花瓶中的画，表示"竹报平安"。

竹和其他两种吉祥花草或两只小鸟画在一起，称之为"华封三祝"。

(2) 宜忌

◎竹的装饰画，宜挂在客人厅或书房的吉利方位。

◎以竹为主体的装饰画，其五行属木，"则五行喜木的人最适宜挂，忌木者则不宜。

◎以竹为主体的装饰画，其五行属木，则宜挂在南方；东方、东南方相生相助的方位；不宜挂在东北方、西南方、北方相克、泄耗的方位；挂在西北方、西方为中等论之。

6. 苹果图

(1) 寓意及效应

苹果外形清丽，颜色怡人，因此常用于象征姑娘的美丽可爱。苹果的"苹"与"平"谐音，所以苹果代表着平平安安。苹果的模样与"心"形近，所以也常用以表示姑娘的爱心。

(2) 宜忌

◎苹果图，宜挂在客厅的吉利方位，代表家人平平安安。

◎苹果图，宜挂在姑娘房里的吉利方位，表示自己的美丽可爱和富有爱心。若挂在桃花位上，亦能催起桃花运。

◎苹果图，宜挂在餐厅里，可营造出"吃"的情调。

7. 月季图

(1) 寓意及效应

《群芳谱》说月季"逐月一开，四时不绝"，杨万里的《月季花》诗有："只道花无十日红，此花无日不春风。"因月季四季开花而被认为是吉祥的象征，有"四季平安"的意蕴。

图案中常见四朵月季代表"四季"，如四朵月季插于花瓶之中的图案，亦是象征"四季平（瓶）安"，月季四周用如意连续图案围合，象征"四季如意"；月季与天竹画在一起的图案，表示"四季常春"。

(2) 宜忌

◎月季图，宜挂在各居室的吉利方位。

◎月季图，若挂在桃花位上，则能催起桃花运。已婚人士则不宜挂在桃花位上。

8. 菊花图

(1) 寓意及效应

菊花秋季开放，耐寒凌霜，多为文人所咏唱。晋代陶渊明以爱菊而闻名于世，可见于他的佳句"采菊东篱下，悠然见南山。"

自陶渊明以后，菊花逐渐受到我国人民的喜爱与重视。到了明清之际，爱菊之风更盛，人们根据菊花的种种特点，赋予了它许多富有诗情画意的名称，如凤凰振羽、凌波仙子、嫦娥奔月、十丈珠帘、大黄袍、玉绣球和醉杨妃等。菊花与梅、兰、竹并称为"四君子"，菊即为四君子之一，成了质洁、凌霜、不俗的知识分子高尚品格的象征。

菊花具有"养性上药，能轻身延年"之效用，被誉为"十二客"中的"寿客"。菊花在中国农历九月盛开，因为"九"与"久"谐音，所以菊花可以用来象征长寿和长久。

若把菊花与其他音韵相同的花草、物象以及文字等相搭配，能组成种种内涵丰富的"吉祥语"图案。下面将常用的组合列举如下。

菊花配竹子，寓意"祝寿"。

菊花配莲花，寓意"连寿"。

菊花配水仙，寓意"仙寿"。

菊花配桂花，寓意"贵寿"。

菊花配仙鹤，寓意"贺寿"。

菊花配佛手或蝙蝠，寓意"福寿"。

菊花配牡丹，寓意"富贵寿"。

菊花配佛手、双喜字，寓意"福寿双喜"。

菊花配佛手、金鱼，寓意"福寿有余"。

菊花配灵芝、水仙、竹子，寓意"灵仙祝寿"。

菊花配暗八仙、竹子，寓意"八仙祝寿"。

菊花配桃花、海棠，寓意"寿寿满堂"。

菊花配莲花、蝴蝶，寓意"捷报连寿"。

菊花配牡丹、莲花，寓意"富贵连寿"。

菊花配花瓶、桃花、鹌鹑，寓意"寿寿平安"。
菊花配万字、如意，寓意"万寿如意"。
菊花配佛手、山茶花、海棠，寓意"寿山福海"。
菊花配瓶子、鹌鹑、长寿字，寓意"平安长寿"。
菊花配莲花、石榴，寓意"连寿多子"。
菊花配牡丹、寿山石，寓意"富贵寿考"。
菊花配荷花，寓意"和平有寿"。

(2) 宜忌

◎菊花图，宜挂在客厅、书房、老人房的吉利方位。挂在书房意指人品格高尚；挂在老人房象征长寿；挂在客厅既表示家人品格高尚，又希望家中老人长寿。

◎菊花图，若挂在老人房中，宜挂在老人的三合、六合方位上。

◎未婚人士，可将菊花图挂在桃花位上，能催旺桃花。已婚人士则不宜挂在桃花位上。

9. 寿桃图

(1) 寓意及效应

传说中的仙桃，食之可延年益寿，就种在西王母的花园里。这种仙桃三千年一开花、三千年一结实，食一枚增寿六百年。当仙桃成熟时，西王母就邀请所有的神仙到她宫中来举行蟠桃会。

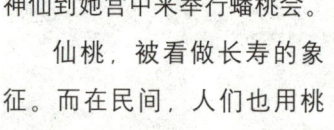

仙桃，被看做长寿的象征。而在民间，人们也用桃（或以鲜果、或以蒸面桃），来祝人寿诞。

在装饰画中，多只蝙蝠与桃子画在一起，称"多福多寿图"；蝙蝠、桃子和两枚古钱画在一起的称"福寿双全"，其中，"双全"是借两枚古钱"双钱"谐音而用。

(2) 宜忌

有关仙桃图，非常适宜作为祝寿的礼物。

仙桃图，宜挂在客厅或老人房的吉利方位，或家中老人的三合、六合方位上。

10. 松柏图

(1) 寓意及效应

松为百木之长，地位很高，人们常借松以自励。松树耐寒耐旱，阴处枯石缝中可生；冬夏常青，凌霜不凋，可傲霜雪。由此，松树被人们视为长青之木，赋予延年益寿、长生不老的吉祥意义。民俗祝寿词常有"福如东海长流水，寿比南山不老松"。

在装饰画中，松与鹤画在一起，称之为"松鹤同龄"，表示长寿；松与菊花画在一起，称之为"松菊延年"，表示长寿；松与竹、梅画在一起，称为"岁寒三友"，表示吉祥。

另外，松树的针叶是成对而生的，松树也具有象征婚姻幸福的吉祥寓意。

柏与松并称，也是百木之长。

松与柏齐寿。传说魑魅喜食死人的肝脑，最怕柏树，故阴宅陵墓多植柏以避邪。每年的正月初一这天，如果采柏树叶浸酒，此酒可以避邪，遇有妖邪之处，以酒喷洒，妖邪即散。

在装饰画中，松树与柏树画在一起，称之为"松柏同春"，柏与如意画在一起，称之为"百事如意"（"柏"与"百"谐音），柏与橘子画在一起，称之为"百事大吉"（"橘"与"吉"谐音）。

(2) 宜忌

◎有关松柏的装饰画，宜作为祝寿的礼物。

◎有关松柏的装饰画，宜挂在客厅或老人房的吉利方位，或家中老人的三合、六合方位上。

◎以松柏为主体的装饰画，因松、柏五行属木，故五行喜木的人最适宜挂，而忌木者不宜。

◎以松柏为主体的装饰画，因松、柏五行属木，故适宜挂在南方、东方、东南方相生相助的方位；不宜挂在东北方、西南方、北方相克、泄耗的方位。挂在西北方、正西方则为中等论之。

11. 椿树图

(1) 寓意及效应

椿树象征长寿。庄子说："上古有大椿，以八千岁为春，以八千岁为秋。"

"椿年"、"椿龄"和"松龄"、"鹤算"都是用来比喻长寿的，这些词常常是并用的。

(2) 宜忌

◎有关椿树的装饰画，常作为向年长者祝颂长寿的贺礼。

◎椿树五行属木，五行喜木的人较适宜挂椿树图，忌木者则不宜。

◎椿树五行属木，椿树图宜挂在南方、东方、东南方相生相助的方位不宜挂在东北方、西南方、北方相克、泄耗的方位，挂在西北方、西方为中等论之。

◎椿树图，宜挂在客厅或老人房的吉利方位，或家中老人的三合、六合方位上。

12. 鹌鹑图

(1) 寓意及效应

"鹌鹑"简称"鹌"，"鹌"与"安"谐音，因此"鹌鹑图"即表示平安。鹌鹑栖于落叶之上的画，表示"安居乐业"，因为"落叶"与"乐业"谐音。传统的吉祥画中有鹌鹑与菊花组合在一起，表示"安居乐业"，其中"菊"与"居"谐音。画有九只鹌鹑的图为"九世同居图"，九只鹌鹑喻九世，表示大家庭的和睦、安康生活。

(2) 宜忌

◎画有鹌鹑的装饰画，作为乔迁新居的贺礼，便是"平安"的祝福。

◎鹌鹑具有鸡的属性，生肖属龙、蛇、牛的人与

鸡相合，最适宜挂鹌鹑图；生肖属兔的人与鸡不合，不宜挂鹌鹑图。

◎从鹌鹑具有鸡的属性来说，住宅的正东方不宜挂有鹌鹑的图，因正东方为鸡的相冲位置。适宜挂在东南方、东北方相合的方位，或挂在正西方鸡本身的方位。

13. 鹤图

（1）寓意及效应

鹤是吉祥、长寿、忠诚、高雅和健美的象征。鹤仙风道骨，被称为"一品鸟"，地位仅次于凤凰。据说，鹤寿无量，与龟一样被视为长寿之王。后世常以"鹤寿"、"鹤龄"、"鹤算"作为祝寿之词。

鹤与松树画在一起，以"千年鹤、万年松"取名为"松鹤长春"、"鹤寿松龄"等。鹤与龟画在一起，构成吉祥图案，表示"龟鹤齐龄"、"龟鹤延年"。鹤与鹿、梧桐画在一起，表示"六合同春"，六合者，天、地、东、南、西、北，其中"六"与"鹿"谐音，"合"与"鹤"谐音，"同"与"桐"谐音。

（2）宜忌

◎有关鹤的装饰画，常用于向年长者祝颂长寿的贺礼。

◎鹤具有鸡的属性，生肖属龙、蛇、牛的人与鸡相合，最适宜挂鹤图；生肖属兔的人与鸡不命，不宜挂鹤图。

◎从鹤具有鸡的属性来说，住宅的正东方不宜挂鹤图，因正东方为鸡的相冲位置。适宜挂在东南方、东北方相合的位置，或挂在正西方鸡本身的方位。

◎鹤图，宜挂在客厅或老人房的吉利方位，或家中老人的三合、六合方位上。

二、吉祥物

1. 揭玉之龙

（1）寓意及效应

龙，是中华民族最为古老的图腾，华夏子孙皆是"龙子龙孙"，自称为"龙的传人"。古人把龙分为四类：天龙代表天的更新力量，神龙能够兴云布雨，地龙掌管地上的泉水和水源，护藏龙看守着天下的宝藏。龙是我国古代传说中的神异动物，龙文化在中国文化中占据着极其重要的地位。属龙之人把龙视为自己生命中最重要的吉祥物，拿着玉的龙会给人带来好运。

（2）宜忌

◎揭玉之龙象征着好运长伴、开运吉祥。如果想开运、改运、吉祥，可在办公室、居家空间为摆放揭玉之龙。

◎根据不同生肖的属性冲克，生肖为狗和兔的人，不适合摆放龙类制品，否则会带来不良的运势。

2. 麒麟

(1) 寓意及效应

麒麟是四灵兽之一，集龙头、鹿角、狮眼、虎背、熊腰、蛇鳞、马蹄、猪尾于一身，公为麒，母为麟。麒麟是吉祥物之首，能够消灾解难、趋吉避凶、镇宅避煞、催财升官；与龙神、凤神、龟神一起并称为四灵兽。将麒麟摆放在居家或办公场所，有招福、辟邪、利生男丁之功效。

(2) 宜忌

◎古人多喜欢摆放麒麟在门口镇守，作为家宅的守护神。现代住宅将这些灵兽摆在门口有诸多不便，退而求其次，将其摆放在玄关也有同样的效应。麒麟具有很强的"镇宅"作用，可以安定周围的气，被广泛应用以消解收入不稳、家庭不和、生意不佳、人际关系不好、夫妻关系不和等问题；也可以平息、镇定日常生活中的琐碎问题。如果将麒麟摆放在屋外，往往会受到诸多限制，但如果将其摆在玄关面向大门之处，则同样可以起到护宅的作用。

◎用麒麟催财，可放一对于财位；化解三煞，则可放三只于三煞方，放时头向门外或窗外，其功能更强，宅主财运必佳，男女皆旺。如果将麒麟头向着屋内，则其发挥的能量会降低。

3. 玉兔

(1) 寓意及效应

兔为瑞兽，寿命很长，民间有谚云："蛇盘兔，必定富"。玉兔是由白玉手工雕刻制成，象征美丽、温顺、祥瑞。兔子温柔乖巧，玉兔更是美丽聪颖。

(2) 宜忌

◎属相为兔的朋友，玉兔就是自己的吉物。如有玉兔在旁，则可事事顺意、遇难呈祥。一般可在办公桌的青龙位（左上角）上摆放玉兔，或在身上佩戴玉兔吊坠。

◎根据属相的相生相冲，属龙、鸡、鼠者与兔相冲，所以属相为龙、鸡、鼠者不可使用玉兔。

◆ 参考书目

◎《家居旺财风水32局》
白鹤鸣著,聚贤馆文化有限公司出版
◎《现代住宅风水》
黄一真编,陕西旅游出版社
◎《风水图文百科》
石桥青著,陕西师范大学出版社
◎《发达风水秘籍》
李居明著,陕西师范大学出版社
◎《装饰画开运旺气》
北星勾月编,北京科技技术出版社
◎《色彩风水学》
黄一真编,新疆电子出版社
◎《现代职场风水》
崔江编,山东电子音像出版社

◎《爱情风水魔法书》
楚茜茜著,高富国际文化股份有限公司
◎《风水吉祥物宜忌》
董易林编,新疆电子出版社
◎《图解易经》
祖行编著,陕西师范大学出版社
◎《易经养生》
杨力著,中国城市出版社
◎《求医就求老中医》
陈益石编,南海出版公司
◎《家居设计与风水》
朱伟著,上海科学技术文献出版社
◎《营商环境风水设计》
朱伟著,上海科学技术文献出版社

宏思堂风水设计罗盘

宏思堂6寸风水设计罗盘(尺寸：20mm×20mm)，朱伟先生的最新专利发明，版权所有，翻版必究。

设计依据

　　按宇宙规律，人生活在带有大量信息的八卦场中，人体受周围场效应影响同步谐振，影响生理与心理。万事万物都归类于八卦，五行生克寓理于日常生活中，百姓"日用而不知"。本罗盘对一些日用物品据易学原理归纳分类，使一般社会人仕在"知"的立场应用易学文化于生活中，也有利于对空间的失衡要素进行有效调理，以达到整体设计、场态平衡和谐的目的。

独特优点

　　1.用法简便，读完说明书，即会使用。
　　2."二十四山"标注拼音，有利于一般社会人士学习中华传统术数文化。
　　3.八宅、八卦、玄空派以及陈设设计资料直观地写在盘面上，可以直接读取应用。
　　4.质效卓越，较市面上一般的指南针稳定准确，独家专利设计，为少量定制产品，自用送礼两相宜。
　　5.以罗盘面向煞气方位，能助化解煞气。

订购处：上海莘建东路198弄10号地铁明珠商务楼503室
Rm.503，Building10，No.198 XinJian East Rd.，Shanghai
电话：021-54136299-21
传真：021-54136289
网址：www.fengshui168.com.cn
E-mail:service@fengshui168.com.cn

图书在版编目(CIP)数据

开运风水/朱伟主编.—海口：南方出版社，2009.9
(图解中国传统文化)
ISBN 978-7-80760-540-9

Ⅰ.开… Ⅱ.朱… Ⅲ.风水—中国—图解 Ⅳ.B992.4-64

中国版本图书馆CIP数据核字(2009)第145236号

图解中国传统文化A·开运风水
朱 伟 主编

责任编辑	陈正云
出版发行	南方出版社
邮政编码	570208
社　　址	海南省海口市和平大道70号
电　　话	(0898)66160822　传真：(0898)66160830
印　　刷	深圳市佳信达印务有限公司
经　　销	各地新华书店
开　　本	16开
印　　张	26
版　　次	2009年9月第1版　2009年9第1次印刷
定　　价	68.80元